KB177402

우리의 맥을 잇는

한국사
이야기

우리의 맥을 잇는
한국사 이야기

첫판 펴낸날 2022년 5월 30일
첫판 3쇄 펴낸날 2024년 4월 30일
편역 디오기획
펴낸이 배태수 ___펴낸곳 신라출판사
등록 1975년 5월 23일
전화 032)341-1289 ___팩스 02)6935-1285
주소 경기도 부천시 소사구 범안로 95번길 32

ISBN 978-89-7244-153-3 03900
*잘못된 책은 구입한 곳에서 바꾸어 드립니다.

우리의 맥을 잇는

한국사
이야기

신라출판사

|머리말|

역사란 세월이 흐름에 따라 바뀌고 변하는 과정들을 사실 그대로 기록해 놓습니다. 21세기를 살아가고 있는 지금 이 순간도 우리들은 역사의 한 부분입니다.

우리나라는 5천 년의 역사를 이어오면서 우리 조상들은 후손들에게 찬란한 문화 유산을 전하고자 외세의 침략과 나라의 혼란 속에서도 문화유산들을 보존해 왔습니다. 아울러 현재를 살아가고 있는 후손들은 선조들이 보존한 문화유산뿐만 아니라 잃어버린 우리 역사를 되찾기 위해 노력하고, 우리의 문화를 세계적인 문화유산으로 보존하도록 최선을 다합니다.

『한국사 이야기』는 이러한 역사의 변천과정들을 21세기를 살고 있는 우리들이 이것만은 반드시 알아야 할 우리 역사를 이야기 형식으로 풀어내어 독자들이 보다 쉽게 역사를 이해할 수 있도록 하였습니다.

『한국사 이야기』는 삼국시대, 고려시대, 조선시대, 근·현대사로 나누고, 시대별 〈왕위계승도〉를 수록하여 시대적 흐름을 빠르게 이해할 수 있도록 하였습니다.

아무쪼록 이 책이 우리 역사를 공부하는 중·고등학생들과 역사에 관심 있는 보다 성숙한 독자들에게 조금이나마 도움이 되기를 간절히 바랍니다.

차례

제1부
삼국시대

우리 민족의 기원

한반도에 구석기 사람들이 살았을까

지구는 지금으로부터 약 46억 년 전에 생성되었다. 처음엔 아무것도 없었던 이곳은 수차례에 걸친 지각 변동과 기후 변화로 오늘날과 같은 형태를 갖추게 되었고 수많은 생명체들이 살게 되었다.

인간이 지구상에 살기 시작한 것은 약 300~350만 년 전으로 알려져 있다. 후세 학자들은 이들을 원인(猿人), 혹은 오스탈로피테쿠스라고 부른다. 이들의 두뇌 용량은 현생 인류의 3분의 1 정도에 불과했지만 차츰 진화해 두 발로 서서 걸어 다닐 수 있게 되면서 간단한 도구를 만들어 사용했다.

인류의 역사는 일반적으로 어떤 도구를 사용했느냐에 따라 구분되어진다. 기원전 3,000년 전까지를 석기 시대, 그 이후를 청동기 시대, 철기 시대로 구분한다. 석기 시대는 도구 제작 방법에 따라 *구석기 시대, *신석기 시대로 나누어진다.

우리나라의 역사가 언제 시작되었는지에 대해선 아직까지 연구가 계속되고 있어 한마디로 단정 짓기는 어렵다. 그러나 충북 단양의 금굴과 평남 덕천 승리산 동굴에서 사람의 어금니와 어깨뼈 등이 발견되어 한반도에도 구석기 사람들이 살았음을 짐작할 수 있다.

이들은 약 70만 년 전인 구석기 시대 중기의 인간으로 중국 운남성에서 발견된 최초의 인간 원모인(元謨人)보다 진화된 모습을 하고 있다.

이외에도 충북 단양의 상시 동굴에서 네안데르탈인과 크로마뇽인의 특징을 지니고 있는 인간의 화석이 발견되었으며, 충북 청원의 두루봉 동굴, 황해도 평산의 해상동굴, 함북 웅기군 굴포리, 평양 만달리, 평남 상원군 검은모루 동굴, 충남 공주의 석장리, 경기도 연천군 전곡리 등지에서 구석기 시대의 유적과 유물이 발굴되어 구석기 사람들이 여러 지역에 퍼져 살았던 것으로 추측된다.

*구석기 시대
약 70만 년~1만 년 전의 시기로 구석기, 골각기를 사용하고 동물을 사냥하거나 나무열매를 채집하여 생활하였다.

*신석기 시대
약 1만 년 전~기원전 3,000년 무렵의 시기로 간석기, 골각기를 사용하고 토기와 직물을 만들기 시작하였으며 농경과 목축을 하였다.

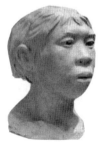
▲ 역포인 복원상(북한)

▲ 승리산인

▲ 만달인

구석기 시대 사람들의 모습

구석기 사람들은 나무와 뼈 등의 도구를 사용할 줄 알았지만 개개인의 힘이 약했기 때문에 무리를 지어 살며 사냥으로 얻은 동물이나 나무 열매 등을 똑같이 나누어 먹었다.

지금까지 발견된 구석기 유적지에서 나온 동물의 뼈는 털코끼리, 큰뿔사슴, 코뿔소 등 큰 짐승부터 쥐, 토끼 등 작은 짐승에 이르기까지 매우 다양하다. 이 중에는 추운 지방에 사는 동물과 더운 지방에 사는 동물은 물론 지금은 사라져 버린 동물들도 섞여 있어 당시의 자연 환경과 변천 상황을 짐작할 수 있다.

그리고 함께 출토된 유적과 유물을 통해 전기 구석기 시대에는 기후가 따뜻하여 열대 지방의 포유동물들이 살았고, 중기 구석기 시대에는 차츰 추워지면서 불을 사용했고, 후기 구석기 시대에는 동굴과 더불어 움집을 짓고 살았음을 알 수 있다.

그러나 이러한 유물, 유적만으로는 구석기 사람들이 살았던 사회 모습을 정확하게 그려내기 어렵다. 또 몇 차례의 빙하기가 있어서 생태계의 변화로 죽어 없어지거나 다른 지방으로 이동했을 것으로 추측된다. 따라서 구석기 사람들이 오늘날 한국인의 조상인지는 아직 확실하지 않다.

신석기 사람들의 변화된 생활 모습

　한반도에 신석기 사람들이 나타난 것은 빙하기가 끝나갈 즈음
인 기원전 6,000년경으로 추정되고 있다. 이들은 *뗀석기(타제석
기)만을 사용했던 구석기 사람들과는 달리 돌을 갈아 만든 간석기
(마제석기)를 사용했고, 해안가나 강가에 정착해 사냥과 어업을
하며 농사를 짓고 살았다. 이들이 물가에 자리 잡은 이유는 농사
를 짓기 위해선 무엇보다도 물이 필요했기 때문이다.

*뗀석기
(=타제석기)
구석기 시대에 사용
한 도구로 돌을 깨서
만든 연장

　신석기 시대의 유물과 유적은 서울의 암사동, 경기도 하남 미사
동, 평남 온천 궁산리, 황해도 봉산 지탑리 등지에서 발굴되었다.
봉산 지탑리와 평양 남경 유적에서 발견된 피와 조는 신석기 시대
에 이미 잡곡류가 경작되었음을 알려준다. 그리고 돌로 만든 괭
이, 삽, 보습 등이 출토되어 다양한 농기구를 사용했다는 것이 밝
혀졌다.

　농경 기술이 발달하면서 사냥과 어업의 비중은 줄어들었지만
여전히 식량을 마련하
는 데 큰 몫을 했다. 신
석기 사람들은 주로 창
과 활을 이용해 사냥을
했고, 다양한 크기의
그물을 이용해서 물고
기를 잡은 흔적도 보인

▲ 빗살무늬토기(황해도 봉산 지탑리)
　(크기 25.9×19㎝/국립중앙박물관 소장)

▲ 빗살무늬토기(서울 강동구 암사동)
　(크기 49×40.3㎝/조선미술박물관 소장)

▲ 신석기 시대 토기들 (국립 중앙 박물관)

*빗살무늬 토기
  신석기 시대의 토기
  로 붉은 찰흙을 이용
  하여 표면에 빗살 모
  양의 무늬를 넣어 얄
  팍하게 만들었다.

*민무늬 토기
  청동기 시대의 토기
  로 붉은 갈색이다. 지
  역에 따라 팽이형 토
  기, 미송리식 토기,
  화분형 토기가 있다.

*덧무늬 토기
  빗살무늬 토기보다
  앞선 것으로 표면이
  약간 돋아 나오게 띠
  모양으로 흙을 덧붙
  여 무늬를 만든 토기
  이다.

다. 또한 점차 동굴생활에서 벗어나 땅이나 조개무지를 파서 움집을 짓고 5~6명의 가족이 함께 살았으며 개, 돼지 등의 가축을 기르기도 했다.

　신석기 사람들은 진흙을 빚어 불에 구워 만든 토기를 사용했다. 그 대표적인 토기는 *빗살무늬 토기라 할 수 있다. 하지만 이보다 앞서 사용된 *민무늬 토기와 *덧무늬 토기가 부산 동삼동, 함북 웅기군 굴포리, 평북 만포진, 강원도 양상 오산리 등지에서 출토된 바 있다.

　한곳에 정착한 신석기 사람들은 농사를 지어 충분한 식량을 얻고 음식을 요리하거나 저장할 수 있게 되면서 차츰 생활이 안정되어 갔다. 이때부터 부락이 형성되고 씨족들이 모여 살면서 신석기 사람들은 농사에 큰 영향을 미치는 자연 현상과 자연물에 경외심을 갖게 되었다. 그들은 해, 구름, 비, 천둥, 우박, 홍수 등과 산, 하천, 바위 등에 정령이 있다고 믿었는데 가장 숭배한 것은 태양과 물이었다.

이러한 애니미즘뿐만 아니라 사람이 죽어도 영혼은 사라지지 않는다는 영혼 숭배와 조상 숭배가 나타났고, 인간과 영혼 또는 하늘을 연결해 주는 무당과 주술을 믿는 샤머니즘이 널리 퍼지게 되었다. 또한 자기 부족의 기원을 특정한 동식물과 연결시켜 숭배하는 토테미즘도 생겨났다.

우리의 조상을 형성한 것은 이들 신석기 시대 사람들과 그 다음에 오는 청동기 시대의 사람들인 것으로 보인다.

최초의 부족 국가
탄생과 발전

청동기 사회와 계급의 형성

　　우리나라에서 청동기가 시작된 것은 기원전 1천 년경이었다. 청동기 시대에는 신석기 시대보다 생산 경제가 더욱 발달하고, 분업이 이루어지면서 사유 재산과 계급이 나타나기 시작했으며 사회 전반에 걸쳐 많은 변화가 일어났다.

　　청동기 시대의 유적은 만주의 요령성, 길림성 지방을 비롯해 한반도 전역에 널리 분포되어 있다. 대표적인 유적지로는 함북 회령 오동리, 나진 초도, 평북 강계 공귀리, 의주 미송리, 평남 승모군 금탄리, 경기도 여주 혼암리, 파주 덕은리, 충남 부여 송국리, 충북 제천 양평리 등을 들 수 있다.

　　이 시기의 유물로는 반달 돌칼, 바퀴날 도끼 같은 석기와 비파형 동검, 거친무늬 거울, 화살촉 등의 청동기, 그리고 미송리식 토기와 민무늬 토기 등이 있다. 이들은 주로 고인돌이나 돌무지무덤 등에서 나오고 있는데, 밑바닥이 납작한 항아리 양쪽 옆에 손잡이가 하나씩 달린 미송리식 토기는 의주 미송리 동굴에서 처음 발견되었다.

우리나라 청동기 사람들은 여전히 빗살무늬 토기를 쓰면서 민무늬 토기라는 새로운 형태의 토기를 만들어 썼다. 이 민무늬 토기는 무늬가 없다는 점에서 신석기 시대의 것과 비슷하지만 형태가 다양하고 모양이 훨씬 세련된 그릇으로 적갈색을 띠고 있다. 빗살무늬 토기보다 분포 지역이 넓고 비옥한 평야를 바라보는 야산 지대에서 주로 발견되고 있어 주민들이 농경문화에 익숙해져 있음을 알 수 있다.

▲ 비파형 동검
(=요령식 동검)
– 국립중앙박물관 소장

*청동기 시대에는 농업의 비중이 커짐에 따라 사람들이 보다 넓은 평야 지대로 모여 들어 야산 지대에 촌락을 이루고 살았으며 개와 돼지만이 아니라 소와 말 등을 기르게 되었다. 가축이 식량으로서만이 아니라 노동수단, 교통수단으로 쓰이기 시작한 것이다.

또한 청동기 시대에는 청동으로 만든 무기 외에도 돌칼을 정교하게 갈아 칼날을 세운 마제석검을 즐겨 썼다. 이러한 무기의 발달로 부족들 간에 서로를 정복하기 위한 전쟁이 벌어졌을 것이 분명해 보인다. 전쟁은 일부 힘 있는 부족에게 권력과 재산을 모아 주는 결과를 낳았고, 자연스럽게 지배 계급과 피지배 계급이 성립되었다. 정복 전쟁은 무기의 발달과 함께 갈수록 활발해졌으며 부족의 장이 다스리는 사회가 형성되기 시작했다. 이들 중에서

▲ 세형 동검
(=한국식 동검)
– 국립중앙박물관 소장

*청동기 시대
기원전 1천년 경, 석기 시대와 철기 시대의 중간 시대로 무기나 생산 도구 등을 청동으로 만들어 사용하던 시대이다.

▲ 돌널무덤 (부여 송국리)

세력이 강한 족장은 주변의 약한 부족들을 통합하고 점차 권력을 강화해 나갔다.

부족의 장들은 청동 무기로 무장하고 청동으로 장식한 말을 타고 다니며 권위를 뽐냈다. 그리고 스스로 하늘의 아들임을 자처하며 부족을 다스리는 것을 정당화했다. 다시 말해 족장들은 인간을 다스리는 무당이기도 했다. 이들은 죽은 뒤에도 일반 사람들과는 다른 무덤을 썼다. 고인돌(지석묘)과 돌널무덤(석관묘)이 바로 그것이다.

청동기 시대의 강력한 족장이며 무당인 영웅은 한두 사람이 아니었다. 이들 중에서 훗날 우리의 조상으로 받들어지는 이가 있으니 바로 천제(天帝)인 환인(桓因)의 후손임을 자처한 단군이다. 큰 고인돌이 있는 황해도 은율이나 강화도, 그리고 산둥 지방 같은 곳에 단군과 관련된 전설이 내려오는 것은 결코 우연이 아니다.

최초의 부족 국가, 고조선

단군왕검(檀君王儉)이 한반도에 우리나라 최초의 부족 국가인 고조선(古朝鮮)을 건국한 것은 지금으로부터 4,339년 전인 기원전 2,333년의 일이다. 고조선 건국에 대한 기록은 고대 중국 북위의 역사책인 『위서(魏書)』에서 찾아볼 수 있는데 우리나라 역사책에는 고려 충렬왕 때 일연(一然)이 쓴 『삼국유사』에 처음 나온다.

▲ 《삼국유사》에 실려있는 단군 신화

『위서』에 따르면 지금으로부터 2,000년 전 단군왕검이 아사달에 도읍을 정하고 새로이 나라를 세워 국호를 조선(朝鮮)이라 했는데 이는 중국 요(堯) 임금과 같은 때였다고 한다.

『고기(古記)』에는 이런 말이 있다. 옛날 하느님(桓因)의 서자인 환웅(桓雄)이 하늘 아래로 내려가 인간 세상을 다스리고자 했다. 아버지가 아들의 뜻을 알고 삼위태백산(三危太白山)을 내려다보니 과연 인간 세상을 널리 이롭게 할 만한 곳이었다. 이에 환인은 천부인(天符印) 세 개를 주어 내려가 다스리게 하였다. 환웅은 3,000명의 무리를 이끌고 태백산(지금의 묘향산) 꼭대기에 있는 신단수 밑으로 내려와 이곳을 신시(神市)라 이름 지었다. 이분이 바로 환웅천왕이시다.

환웅천왕은 풍백(風伯:바람), 우사(雨師:비), 운사(雲師:구름)를 거느리고, 곡식과 생명, 질병, 법률, 선악 등 인간 세상의 360여 가지의 일을 주관하여 세상을 다스리고 교화시켰다.

이때 곰 한 마리와 호랑이 한 마리가 한 굴에서 살며 항상 신웅(神雄)에게 사람이 되게 해달라고 빌었다. 이들의 뜻이 너무 간절하여 환웅은 신령한 쑥 한 줌과 마늘 20개를 주면서 너희들이 이것을 먹고 백일 동안 햇빛을 보지 않는다면 곧 사람이 될 것이라

*『위서』
중국 전한 말기부터 후한에 걸쳐서 유학의 경전인 경서(經書)에 대응하여 만들어진책

*『삼국유사』
단군 · 기자 · 대방 · 부여의 사적과 고구려 · 백제 · 신라의 역사를 기록하고, 불교에 관한 기사 · 신화 · 전설 · 시가 등을 수록한 일연이 쓴 역사책

하였다. 곰은 쑥과 마늘을 먹으며 3 · 7(21)일 동안 금기하여 마침내 여자의 몸을 얻었지만 호랑이는 참지 못하여 사람이 되지 못했다. 여자가 된 곰(熊女)은 혼인할 상대가 없어 날마다 신단수 밑에서 잉태하기를 빌고 원하였다. 이에 환웅이 잠시 사람으로 변하여 그와 혼인했다. 웅녀는 곧 잉태하여 아들을 낳았으니, 이분이 바로 단군왕검이시다.

단군왕검은 당고(唐高 : 요 임금)가 왕위에 오른 지 50년인 경인년(庚寅年)에 평양성에 도읍을 정하고 비로소 국호를 조선이라 했다. 이후 백악산 아사달로 도읍을 옮겼는데, 이곳을 궁홀산이라고도 하고 금미달이라고도 한다. 단군왕검은 1,500년 동안 나라를 다스리다가 주나라 무왕이 왕위에 오른 기묘년(己卯年)에 기자(箕子)를 조선 왕에 봉하자 황해도 구월산 장당경으로 옮겼다. 그 뒤다시 돌아와 아사달에 숨어 산신이 되었다. 이때 나이가 1,908세였다고 한다.

고조선 건국에 관한 기록은 『삼국유사』 외에 『제왕운기』 『응제시주』 『세종실록지리지』 『동국여지승람』 등에도 나타나 있다. 하지만 일연이 응용한 『위서』와 『고기』는 전해지지 않고 있다.

단군 신화에는 청동기 문화를 배경으로 한 고조선 건국이라는 역사적 사실과 함께 홍익인간의 이념이 들어 있다. 이로 인해 단군은 고려 통일 이후 우리 민족의 조상으로 부각되었고, 주변 국가의 침입이 있을 때면 민족의식을 드높이는 데 도움이 되었다. 이처럼 단군 신화는 고려, 조선, 근현대를 거치면서 우리 민족의

▲ 삼국유사

▲ 세종실록지리지

▲ 동국여지승람

정신적인 지주 역할을 하게 되었다. 특히 우리나라에는 사람의 질병과 생명, 그리고 농사의 풍흉과 관련하여 삼신(三神)에게 치성을 올리는 풍습이 있는데 이때 삼신은 단군 신화에 나오는 환인 · 환웅 · 단군을 가리킨다.

고조선의 팔조금법

　단군 신화는 오랜 세월 동안 입에서 입으로 전해 내려온 것이다. 따라서 그 내용이 고조선 건국 당시를 정확하게 나타냈다고는 할 수 없다. 단군 신화에는 고조선을 건국한 것이 기원전 2,333년으로 나오지만 청동기 문화가 이 시기를 넘어서지 못한다. 고조선은 처음엔 작은 규모의 성읍 국가로 시작하여 차츰 주변의 성읍 국가들을 하나로 모으면서 규모가 큰 연맹 국가로 발전했다고 볼 수 있다.

　기원전 7세기경 중국 제나라의 관중(管仲)이 쓴 『관자(管子)』라

＊『관자』
　중국 춘추 시대의 제나라 재상인 관중이 지은 책으로 부민 · 치국 · 경신 · 포교를 서술하고 패도 정치를 역설한 책

는 책에 보면 '조선의 반점 박힌 짐승 가죽'에 대한 대가를 쳐주면 '조공을 바칠 것'이라고 임금인 환공(桓公)에게 충고하는 대목이 나온다. 이는 당시 중국이 고조선에 대해 알고 있었고 서로 왕래가 있었음을 뜻한다.

고조선 사회에 대해선 중국 『한서지리지』에 나오는 고조선의 기본 법률인 *팔조금법(八條禁法)'을 통해 어느 정도 엿볼 수 있는데, 아쉽게도 다음 세 가지 조목만 전해지고 있다.

*『한서지리지』
후한의 반고가 편찬한 전한 왕조 1대의 역사를 기록한 한서 중의 한 편

*팔조금법
고조선 때에 시행한 여덟 가지 금법

1. 사람을 죽인 자는 즉시 사형에 처한다.
2. 남에게 상해를 입힌 자는 곡물로써 갚는다.
3. 남의 물건을 훔친 자는 데려다 노비로 삼는다. 노비를 면하고자 할 때는 50만 전의 돈을 내야 한다.

이 세가지 조목만 보더라도 당시 고조선 사회가 사람의 목숨을 중요시 했다는 것을 알 수 있다. 사람의 노동력은 곧 경제력이었기 때문이다. 사람에게 상해를 입히면 그에 따른 배상을 해야 했고, 남의 물건을 훔치면 그 집의 노비가 되었다는 것은 당시에 사유재산과 신분 구조가 있었음을 알 수 있다.

한편 고조선 사회에서는 사람이 죽으면 그가 쓰던 물건과 곡식 등을 함께 무덤에 넣어주었다. 노비가 있으면 노비도 함께 묻었다. 이는 죽은 사람이 다시 태어났을 때 불편함이 없도록 한 것으로 당시 사람들이 후세를 믿었음을 알 수 있다.

기자 동래설의 진위

단군 신화에는 중국 주나라 무왕이 기자를 조선의 왕으로 봉해 단군의 뒤를 잇게 했다는 '기자 동래설'이 나온다. 이와 비슷한 내용은 중국의 『한서지리지』『사기』『함허자』 등에도 실려 있다.

기원전 12세기경 은나라가 주나라에 의해 나라를 빼앗기자 주나라 귀족이었던 기자가 5,000명의 지식인과 기술자들을 데리고 고조선으로 망명해 왕이 된 후, 시·서·예·악을 발전시키고 팔조의 교화를 베풀었다는 것이다.

'기자 동래설'의 진위에 대해서는 다음과 같은 여러 이견(異見)이 있는데 아직까지 확실하게 밝혀진 것은 없다.

첫째, 한족(漢族)이 한사군(漢四郡)을 지배할 당시 그들의 통치를 합리화하기 위해 억지로 꾸며냈다. 둘째, 위만에게 멸망당한 준왕의 성이 한씨였다는 점으로 미루어 볼 때 기자가 아닌 한씨가 자신의 권위를 나타내기 위하여 스스로를 기자라고 칭한 것이다. 셋째, 기자 조선은 고조선의 발전 과정에서 사회 내부에 나타난 강력한 지배 세력이다. 넷째, 동이족의 이동 과정에서 기자로 지칭되는 부족이 고조선의 권력을 장악한 것이다.

위만 조선의 등장과 철기 문화

한반도에서 고조선이 꾸준히 성장하고 있을 무렵 춘추전국시대를 맞이한 중국에서는 각 나라의 왕들이 세력을 확장하기 위해 빈번히 이웃 나라와 전쟁을 벌였다. 그러다 기원전 221년에 진(秦)나라가 중국을 통일하였으나 15년 만에 망하고 중국은 다시 큰 혼란 속으로 빠져 들었다.

그 후 전쟁은 5년 동안 계속되었고 그 여파로 생긴 수많은 이재민들이 만주와 한반도를 향해 떠나기 시작했다. 위만(衛滿)은 그중 한 사람이었다. 기원전 3세기말 중국을 재통일한 한(漢)나라에 의해 연나라가 통합되고 연왕 노관(盧官)이 흉노로 도망치자 노관의 부관이었던 위만도 1,000여 명의 무리를 이끌고 고조선으로 들어왔다. 그는 고조선의 준왕(準王)에게 변방의 서쪽 지대에서 살게 해줄 것을 요청하여 국경인 서변에 머물게 되었다. 이후 그는 준왕의 신임을 얻어 박사라는 벼슬을 받고 국경을 지키게 되었으며 나중에는 중국의 유이민들까지 통솔하는 책임을 맡게 되었다.

위만은 차츰 자신의 세력이 커지자 기원전 194년 준왕을 몰아내고 스스로 왕이 되어 왕검성(王儉城)에 도읍을 정했는데, 이 시기를 위만 조선이라 한다. 위만은 준왕 때의 통치체제를 이어받아 국호를 그대로 '조선'이라 했고, 지배 체제에 위만을 중심으로 한 유이민 집단과 고조선인 토착 세력을 함께 참여시켜 갈등을 줄이고 정치를 안정시켰다.

위만은 고조선에 들어올 때 상투를 틀고 조선옷을 입었다고 한다. 따라서 연나라에 살던 조선인이 아닐까 하는 추측을 하기도 한다. 위만 조선은 우수한 철기 문화를 본격적으로 받아들여 농업과 수공업이 더욱 성하였고, 발달된 철기문화를 바탕으로 영토를 확장하여 진번(眞蕃), 임둔(臨屯) 등의 주변 부족 국가들을 예속시켰다. 그리고 중간 지역에 위치한 지리적인 이점을 이용해 진국(辰國) 등 한강 이남에 있는 여러 나라들이 한(漢)과 직접 교역하는 것을 막고 중계 무역으로 이익을 독점했다. 그 결과 위만의 손자인 우거왕(右渠王) 때에는 고조선의 세력이 더욱 막강해졌다.

당시 진번과 진국이 한나라에 글을 올려 천자(天子)를 뵙고자 했으나 우거왕은 길을 막고 지나지 못하게 했다. 원봉(元封) 2년에 한나라에서는 섭하(涉何)를 보내 우거를 타일렀지만 우거왕은 끝내 그들의 말을 듣지 않았다. 결국 섭하는 교섭에 실패하고 돌아가게 되었는데 국경에 이르러 패수에 당도하자 말을 모으는 구종(驅從)을 시켜 자신을 호송하러 온 조선의 비왕(裨王) 장(長)을 찔러 죽였다. 그리고는 곧 패수를 건너고 변경을 넘어 한나라로 돌아가 이 같은 사실을 보고했다.

내막을 모르는 무제는 만족감을 표하고 섭하를 요동의 동부도위(東部都尉)로 삼았다. 이 소식을 들은 우거왕은 섭하를 괘씸하게 여겨 즉시 대군을 이끌고 압록강을 건너 섭하의 목을 잘랐다. 이 사건을 계기로 한과 위만 조선의 관계는 극도로 악화되었고, 마침내 전쟁이 시작되었다.

한무제는 누선장군(樓船將軍) 양복(楊僕)을 시켜 제(齊)나라의 군사를 거느리고 조선을 치게 했다. 양복은 군사 7,000명을 이끌고 먼저 왕검성(王儉城)에 이르렀다. 성을 지키고 있던 우거왕은 양복의 군사가 얼마 되지 않는 것을 알고 곧 나가서 누선을 공격했다. 우거왕을 얕잡아 보던 양복은 크게 패해 군사를 거의 모두 잃고 산속으로 몸을 피했다. 패전 소식이 전해지자 한 무제는 좌장군 순체를 보내 육로로 패수 서쪽을 쳤으나 역시 패했다.

두 번의 공격이 실패로 끝나자 한무제는 작전을 바꾸었다. 그는 사신 위산(衛山)을 보내 무력으로 위엄을 보이며 화의를 맺도록 했다. 우거왕도 강경한 태도를 누그러뜨려 화의에 응하고 태자를 보내 말(馬)을 바치겠다고 했다. 태자가 무장한 군사 1만 여 명을 이끌고 패수를 건너려 할 때 사신 위산과 좌장군 순체는 혹시 이들이 전쟁을 일으키진 않을까 염려하여 태자에게 "이미 항복한 터이니 병기는 가져오지 마라."고 말했다. 이에 신변의 위험을 느낀 태자는 패수를 건너지 않고 왕검성으로 되돌아왔고, 화의는 깨지고 말았다.

위산에게 이 같은 사실을 보고받은 무제는 즉시 그의 목을 베고 다시 조선을 공격했다. 좌장군 순체는 패수 상류에 있는 조선 군사를 무찌르고 나아가 왕검성 밑에 이르러 성의 서북쪽을 포위했다. 도망쳤던 누선장군도 나타나 성 남쪽을 공략했다. 하지만 우거왕이 성을 굳게 지켜 몇 달이 지나도 함락시킬 수가 없었다. 이때 양복이 은밀히 평화 협상을 제의하여 조선의 상(相) 노인(路人)

과 한도(韓陶), 이계상(尼谿相) 삼(參)과 왕겹 등이 교섭을 벌였다.

한무제는 전쟁이 오래도록 끝나지 않자 제남태수(濟南太守)로 있던 공손수(公孫遂)에게 전권을 주어 일을 처리하도록 했다. 조선에 도착한 공손수는 양복과 조선이 한통속이 되어 한나라를 칠 것이라는 순체의 말만 믿고 양복을 잡아 가두고 그의 군사를 순체의 군사에 합병시켰다. 이 일을 한무제에게 보고하자 무제는 공손수를 죽였고, 두 개의 군사를 합쳐 사기가 오른 순체는 왕검성을 공격했다.

우거왕은 물러서지 않고 최후의 결전을 각오하였으나 양복과 은밀히 교섭을 벌이던 노인과 한도, 삼과 왕겹 등은 모두 도망쳐 한나라에 항복했고, 노인은 도중에 죽고 말았다. 해를 넘겨 계속되는 싸움에 지친 사람들은 평화를 바라는 마음 간절했지만 한나라 군사와 맞서 싸우려는 우거왕의 결심은 변하지 않았다.

그러던 중 한나라에 투항했던 이계상 삼은 원봉 3년 여름에 사람을 몰래 보내 우거왕을 죽이고 말았다. 그러나 우거왕의 대신(大臣) 성기(成己)가 왕검성을 굳게 지켜 함락되지 않았다. 이에 순체는 먼저 투항한 왕자 장(長)과 노인의 아들 최(最)로 하여금 성내의 백성들을 설득하여 성기를 죽였다. 이로써 마침내 기원전 108년에 왕검성은 함락되고 고조선은 멸망하였다.

한무제는 고조선의 옛 땅에 낙랑(樂浪), 진번(眞蕃), 임둔(臨屯)의 세 군(郡)을 설치하고, 그 이듬해에는 예맥 지방까지 합쳐 현도군을 설치한 것으로 보인다. 그리고 20년 후 진번과 임둔을 폐지하면서 진번은 낙랑에, 임둔은 현도에 병합시켰다. 이들 한사군(漢四郡)의 중심지는 낙랑이었는데 이곳으로 옮겨 온 한문화가 주변 사회에 널리 퍼지게 되었다.

위만 조선이 1년 가까이 한의 대군에 맞서 버틸 수 있었던 것은 철기 문화와 이를 기반으로 한 강한 군사력 덕분이었다. 당시 부장품으로 많이 발견되는 것이 실제 사용된 것으로 보이는 단검·창·도끼들과 전차로 추측되는 거여구(車輿具)라는 점에서 고조선 사회가 정복 전쟁이 잦았고 지배력이 컸음을 알 수 있다.

위만 조선은 사회 발전에 따른 여러 구성원을 통치하기 위해 어느 정도 지배 체제를 갖추고 있었다. 사료에는 상(相)·대신(大臣)·장군(將軍)·비왕(裨王) 등의 관직을 지닌 관료들이 존재했음이 보인다. 즉 위만 조선은 왕(王)을 정점으로 각 지역 공동체에 상당한 기반을 유지하고 있던 수장(首長)들을 중앙 관직에 편입시켜 문관직인 상직(相職)과 무관직인 장군직(將軍職)으로 편제해 국가 체제를 갖추어 나갔다. 그러나 위만 조선은 충분한 관직 및 통치 체제를 갖추지는 못했다. 다만 우세한 병기와 군사력을 바탕으로 주변 지역을 정복해 넓은 영토를 가졌고, 정복 지역으로부터 공납을 받는 국가 형태를 띠고 있었다.

고조선이 멸망하고 한사군이 설치된 후 한인들의 수탈 정치가 시작되면서 그 저항 운동의 결과로 민족적 자각 의식이 생기고, 우수한 철기 문화가 도입되면서 여러 개의 부족 국가가 건설되었다.

부여

우리나라 역사에서 고조선 다음으로 등장하는 나라는 부여다. 부여를 세운 종족은 예맥족이고, 이들의 후예가 훗날 고구려와 백제를 세웠으므로 부여가 한국사에서 차지하는 비중은 크다고 할 수 있다.

부여에 대한 기록은 『삼국유사』에서 찾아볼 수 있다.

천제의 아들 해모수(解慕漱)가 다섯 마리 용이 끄는 수레를 타고 내려와 흘승골성에 도읍을 정하고 나라 이름을 북부여라 하였다. 해모수는 아들을 낳자 이름을 부루라 지었다.

어느 날 북부여 왕 부루의 신하 아란불의 꿈에 천제가 내려와 "장차 나의 자손으로 하여 이곳에 나라를 세우게 할 것이니 너는 다른 곳으로 피해 가라. 동해의 바닷가에 가섭원이라는 곳이 있다. 땅이 기름져 나라를 세울 만한 곳이다."라고 하였다. 아란불이 이 말을 왕에게 전하여 그곳으로 수도를 옮기고 나라 이름을 동부여라 하였다.

북부여의 위치는 확실치 않지만 발해만 연안으로 보는 견해가 유력하다. 그리고 동부여의 건국을 전하고 있는 뒤의 설화는 부여족이 지금의 동남성 송화강 유역의 길림성 부여현(장춘·농안 부근) 지방으로 이동하였음을 보여준다.

송화강 일대의 넓은 들판에 위치한 부여는 농업과 목축을 주로 하면서 말·주옥·모피 등의 특산물을 중국에 수출하기도 했다. 부여는 고조선과 마찬가지로 여러 소국들로 나뉘어 있다가 점차 합하여 부족 연맹 국가로 발전했으며, 중앙에는 궁궐, 성책, 감옥, 창고 등의 시설을 갖추고 있었다.

부여의 왕은 밑에 가축의 이름을 딴 마가(馬加)·우가(牛加)·저가(豬加)·구가(狗加)와 대사자(大使)·사자(使者) 등의 관리를 두었다. 이들 가(加)는 각각 맡은 지역을 다스렸는데, 그 규모는 수천 호 혹은 수백 집을 헤아렸다고 한다. 가(加)들이 다스리는 지역 중에서 동서남북의 큰 지역을 사출도(四出道) 혹은 사가도(四街道)라 불러 왕이 직접 통치하는 중앙과 함께 5부제를 이루었다. 가(加)들은 또한 전쟁이 벌어지면 부대를 이끌고 왕 아래 모여 싸웠다.

부여 초기에는 여러 가들이 모인 족장 회의에서 국가의 중요 행사를 결정하여 왕권은 그리 강하지 못하였다. 때로는 족장 회의에서 왕을 선출하기도 하고 폐하기도 했다. 왕은 또한 주술적인 능력을 지닌 제사장적인 성격도 띠고 있었다. 날씨가 고르지 못해 농사에 흉년이 들면 그 허물을 왕에게 돌려 죽이거나 교체하기도 했다.

그 뒤 점차 사회 문화가 진전되어 감에 따라 왕권도 강화되어 갔다. 3세기 전반 부여의 왕위는 간위거(簡位居)-마여(麻余)-의려(依慮)로 이어지는 부자 계승이 이루어졌다. 하지만 아직 세습제가 정착되지 못했고 부족 공동체적인 성격이 계속 남아 있었다.

부여의 법률은 고조선과 마찬가지로 매우 엄격했다. 살인자는 사형에 처하고 그 가족은 노비로 삼았으며, 남의 물건을 훔쳤을 때는 12배로 배상하고, 간음을 한 남녀와 남편에 대해 질투하는 여자는 죽였다 한다.

부여의 풍습으로는 *영고(迎鼓)라는 제천(祭天) 행사가 유명하다. 매년 12월에는 노비나 외래민을 제외한 모든 부여인들이 함께 하늘에 제사지내고 술과 음식을 나누어 먹으며 춤과 노래를 즐겼다. 12월은 본격적인 사냥철이 시작되는 시기다. 이때 축제를 연 것은 공동 수렵을 행하던 전통을 계승한 것이다. 축제 때 귀족들은 국가의 중요 문제들을 토의하였고, 죄 지은 자를 재판하여 처형하기도 하고 석방하기도 하였다.

부여는 남쪽 고구려와 서쪽 유목민의 압박을 받고 있었다. 부여는 이들에 대항하기 위해 중국과의 연결을 꾀하였다. 중국도 선비족과 고구려의 세력이 확장되는 것을 막기 위해 부여와 우호적인 관계를 유지하였다.

그러다 3세기 후반 중국의 통일 세력이 무너지면서 부여는 고구려와 선비족에 의해 여러 차례 공략을 당했다. 3세기 말에는 선비족 모용씨(慕容氏)가 부여를 침략해 수도를 함락시키고 1만 여 명을 포로로 잡아갔다. 이때 국왕 의려는 자살했고, 부여 왕실은 두만강 유역의 북옥저 방면으로 도망쳤다. 이후 왕위를 계승한 의라(衣羅)가 진(晉)나라의 지원을 받아 선비족을 격퇴하고 나라를 되찾았지만 진나라가 망하고 점차 국력이 약화되다가 마침내 5세기 말에 고구려에 편입되었다.

*영고
부여국에서 추수가 끝난 12월에 행하던 제천 의식으로 모든 백성이 모여 하늘에 제사를 지내고 추수를 감사하며 날마다 춤과 노래와 술을 즐겼다.

옥저와 동예

부여족의 한 갈래인 옥저와 동예는 기원 후 3세기경까지 강력한 연맹 국가를 형성하지 못하고 있었다. 옥저는 지금의 함경남도 해안 지대에서 두만강 유역 일대에 위치했던 5,000여 호의 나라로 함흥 일대를 중심으로 거주하던 집단을 '동옥저'라 하고, 두만강 유역의 집단을 '북옥저'라 하였다. 토지가 비옥하여 농사가 잘되었고 어물과 소금 등 해산물이 풍부했다. 그러나 고구려의 강압으로 소금, 어물 등을 바칠 수밖에 없었다. 그리고 아름다운 여인들도 보내져 고구려 사람들의 첩이 되었는데, 그녀들은 노예처럼 대우받았다고 한다.

옥저는 언어와 음식, 의복 등이 고구려와 비슷했지만 풍속이 달라서 *민며느리제가 있었다. 즉 소녀는 10여 세가 되면 혼인을 약속한 남자 집에 가게 된다. 소녀가 자라 처녀가 되면 본가로 돌려보내고 처녀 집에서는 돈을 요구한다. 이 돈을 받은 후에 처녀는 남자 집으로 가게 된다. 또한 가족이 죽으면 시체를 풀이나 흙 등으로 덮어 가매장했다가 나중에 그 뼈를 추려 가족공동묘인 커다란 목곽(木槨)에 넣었고, 입구에는 죽은 자가 먹을 수 있도록 쌀을 담은 항아리를 매달아 놓았다.

동예는 지금의 원산·안변 일대에서부터 경상북도 영덕에 이르는 동해안 지역과 강원도 북부 지방에 위치했던 2만여 호의 나라다. 언어와 혼인·장례 등의 풍속이 고구려와 비슷했지만 의복에는 다른 점이 있었다고 한다.

*민며느리제
며느리가 될 여자 아이를 미리 데려다 키워 성인이 되면 남자쪽에서 물품으로 대가를 치르고 혼례를 올리던 매매혼 제도

동예 역시 토지가 비옥하고 해산물이 풍부하여 생활에 부족함이 없었다. 동예 사람들은 별자리의 움직임을 관찰해 농사의 풍흉을 점치기도 했으며, 누에를 길러 명주를 짜고, 삼베도 짜는 등 방직 기술이 발달했다. 특산물로는 단궁(檀弓)이라는 활과 반어피(班魚皮), 조랑말인 과하마(果下馬) 등이 유명하다.

동예에서는 매년 10월에 *무천(舞天)'이라는 제천 행사가 열렸다. 이때는 하늘에 제사를 지내고 밤낮으로 술마시고 노래 부르며 춤추기를 즐겼다. 동예 사람들은 같은 성(姓)끼리는 결혼하지 않았다. 가족 중 한 사람이 질병으로 사망하면 곧 살던 집을 버리고 새 집으로 옮겼다.

*무천
동예에서 음력 10월에 농사를 마치고 행하던 제천 의식으로 하늘에 제사를 지내고 밤낮으로 술을 마시며 춤과 노래 등을 즐겼다.

동예가 농업과 어업을 주로 하고 방직 기술이 있는 등 상당한 생산력을 가졌음에도 불구하고 크게 발전하지 못했던 이유 중 하나는 위만조선과 고구려 등 주변 강대국들의 잇따른 침탈 때문인 것으로 보인다. 2세기 후반 동예의 읍락들은 대부분 고구려에 복속되었다.

고구려

고구려는 부여에서 남하한 주몽이 세운 나라로 알려져 있다. 『삼국사기』에는 기원전 37년에 건국된 것으로 되어 있지만 현도군 내의 여러 현 중에 고구려현이 있는 것으로 미루어 기원전 2세기경에 이미 고구려라는 명칭이 있었음을 알 수 있다.

고구려는 압록강의 지류인 동가강 유역의 산악 지대에 자리 잡

* 『삼국사기』
고려 인종 때 김부식이 펴낸 구구려 · 백제 · 신라의 역사를 기전체로 적은 역사책으로 우리나라에서 현존하는 가장 오래된 역사책이다. 50권 10책

앉는데, 일찍부터 철기 문화를 받아들여 주변의 소국들을 정복하고 평야 지대로 진출하고자 하였다. 고구려는 기원 후 1세기경에는 강력한 고대 왕국을 건설하고 수도를 압록강 유역의 국내성(지금의 길림성 집안)으로 옮겨 5부족(소노부, 관노부, 절노부, 순노부, 계루부) 연맹을 토대로 발전하게 되었다. 그 후 활발한 정복 전쟁으로 한의 군현을 공략하고 요동 지방으로 진출하였으며 동쪽으로는 부전고원을 넘어 옥저를 정복하고 공물을 받았다.

고구려도 왕 아래 대가들을 두었다. 대가들은 각기 사자, 조의, 선인 등의 관리를 거느리고 독립된 세력을 유지하였다.

고구려의 독특한 풍속으로는 *데릴사위제를 들 수 있다. 이는 모계 사회에서 전해 내려오는 것으로 노동력 확보에 그 의미가 있다. 고구려 사람들은 또 건국 시조인 주몽과 그의 어머니 유화 부인을 조상신으로 섬겨 제사를 지냈다. 또한 10월에는 *동맹이라는 제천 행사를 열었는데 추수 감사제인 이 행사는 전국적으로 성대하게 개최되었다.

*데릴사위제
남자와 여자가 혼인이 이루어지면 남자가 여자의 집으로 가서 살던 풍속 제도

*동맹
고구려 때 해마다 10월에 지내던 제천 의식으로 모든 백성이 추수에 대한 감사로 하늘에 제사를 지냄

진국과 삼한

한강 이북의 예맥족들이 고조선과 부여 등 연맹 국가를 형성해 갈 무렵 한강 이남의 한족 사회에서도 정치적인 통합 운동이 일어나 기원전 4세기경 한강에서 금강에 이르는 지역에 진국(辰國)이라는 큰 연맹 국가를 형성하였다. 진국은 위만에게 밀려 내려온 준왕을 비롯한 많은 유이민들을 받아들이면서 더욱 강대해졌고

마한·진한·변한의 연맹체들이 나타나기 시작했다.

『삼국지』* 위지 동이전에 따르면 마한은 54개의 소국으로 이루어져 있었다고 한다. 그중에서 큰 것은 1만여 호, 작은 것은 수천 호로 총 10만여 호였다. 마한은 오늘날 대전, 익산 지역을 중심으로 경기, 충청, 전라도 지역에서 발전하였다.

한편 진한과 변한은 각각 12개의 소국으로 이루어져 있었다. 큰 것은 4,000~5,000호, 작은 것은 600~700호로 모두 합쳐 4만~5만여 호였다. 진한은 오늘날 대구, 경주 지역에서, 변한은 김해, 마산 지역에서 성장하였다.

삼한 중에서 마한이 가장 세력이 컸으며 초기에는 주도적인 역할을 하였다. 마한 소국의 하나였던 목지국의 지배자가 마한왕 또는 진왕으로 추대되어 삼한 전체에 영향력을 행사했다고 한다. 삼한의 족장들은 세력의 크기에 따라 신지, 견지, 험측, 번예, 부례, 읍차 등으로 불렸는데 모두 우두머리라는 뜻을 지니고 있다.

삼한의 족장이 정치적 지도자였다면 종교적 지도자는 제사장인 천군(天君)이었다. 천군은 무당과 같은 존재로 솟대(소도蘇塗)라는 독립된 영역을 두고 이곳에서 농경과 종교에 대한 의례를 주관했다. 소도는 족장의 세력이 미치지 못하는 곳이어서 죄인이 도망쳐 들어오더라도 잡아가지 못했다. 이는 당시에 이미 정치와 종교가 분리되는 단계에 이르렀음을 짐작케 한다.

삼한 사회에는 부여의 영고, 고구려의 동맹, 동예의 무천과 비슷한 추수 감사제인 10월제가 있었다. 행사 때에는 온 나라 사람

* 『삼국지』
중국 진나라 때 진수가 지은 위·오·촉 삼국의 정치적인 역사를 기전체로 기록한 책으로 위지 30권, 촉지 15권, 오지 20권, 모두 65권으로 되어 있다.

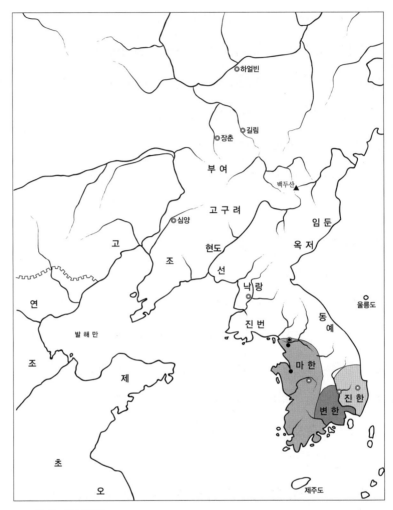

▲ 고조선 · 삼한 형세도

들이 모두 모여 하늘에 제사 지내고 연일 음식을 먹고 술을 마시고 춤과 노래를 즐겼다. 제사뿐만 아니라 농사일도 마을 사람들이 공동으로 했다. 이는 훗날 '*두레'라는 풍습으로 이어져 오늘날까지도 전해지고 있다.

철기 문화가 더욱 발전하자 삼한 사회에 큰 변화가 일어났다.

*두레
농민들이 농번기에 농사일을 공동으로 하기 위하여 부락이나 마을을 단위로 만든 조직

삼한의 소국들이 점차 독자적인 정치 조직을 갖추게 되면서 목지국의 존재도 약해졌고, 고구려에서 남하한 비류·온조 집단은 마한 지역에 백제를 세워 강력한 정복 국가로 성장시켰다. 백제는 목지국이 하던 역할을 대신 하게 되었고, 목지국은 예산, 익산을 거쳐 전남 나주 지역으로 밀려가게 되었다.

진한의 경우 경주 지역의 사로국이 6부를 중심으로 한 정치 조직을 갖추면서 실질적인 맹주가 되었고, 주변의 여러 소국들을 통합해 나갔다.

변한 지역에서도 김해 지방의 구야국을 중심으로 여러 소국들 간의 결합이 이루어졌다. 김해 지역은 낙동강 하류에 위치하여 농업에 알맞은 조건을 갖추고 있었다. 또한 철산지가 가까이 있어 낙랑과 일본에 철을 수출하고 두 지역의 교역을 중개하여 경제력을 성장시켰다.

그러나 구야국은 주변 소국들을 통합하지는 못하였다. 남해안 지역에 퍼져 있던 소국들 역시 교역을 통해 차츰 경제력을 쌓아 나가고 구야국 못지않은 독립성을 갖추어 갔기 때문이었다. 따라서 구야국은 문화 수준이 높았음에도 불구하고 *6가야 또는 9가야로 불리는 단계를 벗어나지 못하고 신라에게 멸망하고 말았다.

반면 마한과 진한 지역은 백제와 사로국에 의한 통합 과정이 순조롭게 진행되어 3~4세기경에 일단락되었다. 이에 따라 백제와 신라가 각각 마한과 진한을 대표하게 되었고, 우리 역사는 실질적인 삼국 시대로 접어들었다.

*6가야
금관가야, 대가야, 성산가야, 아라가야, 고령가야, 소가야를 말한다.

고구려 왕실 계승도

※ 기원전(B.C.)은 기원 원년 이전, 기원후(A.D.)는 서기를 말한다.

제1대 | 동명성왕(주몽) (B.C. 58년~19년) 재위 기간 : B.C. 37년~19년

고구려의 시조. 성은 고(高) 이름은 주몽. 동부여 금와 왕의 아들 대소의 모해를 피해 졸본에 나라를 세우고 국호를 '고구려'라 하였다.

제2대 | 유리명왕 (B.C. ?년~A.D. 18년) 재위 기간 : B.C. 19년~A.D. 18년

이름은 유리. 22년에 도읍을 국내성으로 옮기고, 33년에 양맥을 쳐서 멸망시키고, 한나라의 고구려현을 빼앗았다.

제3대 | 대무신왕 (A.D. ?년~44년)) 재위 기간 : A.D. 18년~44년

이름은 무휼. 유리왕의 셋째 아들. 동부여·개마국을 쳐서 병합하고 낙랑군을 정벌하여 국토를 이북까지 확대하였다.

제4대 | 민중왕 (A.D. ?년~48년) 재위 기간 : A.D. 44년~48년

이름은 해색주. 대무신왕(3대)의 아우로 대무신왕이 죽은 후 나이어린 태자를 대신하여 즉위하였다.

제5대 | 모본왕 (A.D. ?년~53년) 재위 기간 : A.D. 48년~53년

이름은 해우·해애루. 성품이 사납고 정사를 돌보지 않아 백성들의 원망을 들었다.

제6대 | 태조왕 (A.D. 47년~165년) 재위 기간 : A.D. 53년~146년

이름은 궁. 고구려가 실질적인 중앙 집권적 국가로 전환하는 기틀을 마련하였다.

제7대 **차대왕** (A.D. 71년~165년) 재위 기간 : A.D. 146년~165년

이름은 수성. 자신의 왕위계승을 반대하던 고복장, 태조왕의 태자인 막근을 살해하고 왕권을 굳혔다.

제8대 **신대왕** (A.D. ?년~179년) 재위 기간 : A.D. 165년~179년

이름은 백고 · 백구. 좌 · 우보의 직제를 국상으로 바꾸고 172년에 중국 한나라 군대의 침입을 물리쳤다.

제9대 **고국천왕** (A.D. ?년~197년) 재위 기간 : A.D. 179년~197년

이름은 남무. 을파소를 재상으로 등용하여 선정을 베풀었으며 빈민구제책으로 진대법을 실시하였다.

제10대 **산상왕** (A.D. ?년~227년) 재위 기간 : A.D. 197년~227년

이름은 연우 · 이이모. 209년에 도읍을 환도성으로 옮겼다.

제11대 **동천왕** (A.D. ?년~248년) 재위 기간 : A.D. 227년~248년

이름은 우위거. 동황성으로 도읍을 옮기고 신라와 화친하였다.

제12대 **중천왕** (A.D. 224년~270년) 재위 기간 : A.D. 248년~270년

이름은 연불. 259년에 위나라의 장수 위지해가 쳐들어왔을 때 양맥 계곡에서 크게 무찔렀다.

제13대 **서천왕** (A.D. ?년~292년) 재위 기간 : A.D. 270년~292년

이름은 약로 · 약우. 280년에 숙신국이 침입하자 아우 달고를 보내어 물리쳤다.

제14대 **봉상왕** (A.D. ?년~300년) 재위 기간 : A.D. 292년~300년

이름은 상부 · 삽시루. 293년과 296년에 중국 연나라 모용외의 침입을 격퇴하였으나 사치와 방탕에 빠져 폐위되었다.

| 제15대 | **미천왕** (A.D. ?년~331년) 재위 기간 : A.D. 300년~331년 |

이름은 우불 · 을불. 현도군을 공격하고 낙랑군을 점령하는 등 고구려의 영토 확장에 큰 공을 세웠다.

| 제16대 | **고국원왕** (A.D. ?년~371년) 재위 기간 : A.D. 331년~371년 |

이름은 사유 · 교 · 유. 342년에 도읍을 환도성으로 옮겼다가 343년에 다시 평양의 동황성으로 옮겼다.

| 제17대 | **소수림왕** (A.D. ?년~384년) 재위 기간 : A.D. 371년~384년 |

이름은 구부. 372년에 중국 전진에서 순도가 불상과 경문을 가져오자 이를 받아들여 최초로 불교를 수입하였다.

| 제18대 | **고국양왕** (A.D. ?년~391년) 재위 기간 : A.D. 384년~391년 |

이름은 이련 · 이속. 요동과 백제를 정벌하여 국토를 넓혔다.

| 제19대 | **광개토대왕** (A.D. 374년~413년) 재위 기간 : A.D. 391년~413년 |

이름은 담덕. 18세 왕위에 올라 불교를 신봉하였다. 남북으로 영토를 크게 넓혀 만주와 한강 이북을 차지하는 등 고구려의 전성시대를 이룩하였다.

| 제20대 | **장수왕** (A.D. 394년~491년) 재위 기간 : A.D. 413년~491년 |

이름은 거련 · 연. 427년에 도읍을 평양으로 옮기고 남하 정책을 펼쳐 고구려의 판도를 넓혔다. 5부를 개설하고 고구려의 전성기를 이루었다.

| 제21대 | **문자명왕** (A.D. ?년~519년) 재위 기간 : A.D. 491년~519년 |

이름은 나운. 부여, 신라, 백제를 침공하여 영토를 확장하였다.

제22대 **안장왕** (A.D. ?년~531년) 재위 기간 : A.D. 519년~531년

이름은 흥안. 백제와 두 차례 싸웠으며 남쪽의 양나라와 우정을 맺었다.

제23대 **안원왕** (A.D. ?년~545년) 재위 기간 : A.D. 531년~545년

이름은 보연. 남쪽의 양나라 북쪽의 동위와 수교하였다.

제24대 **양원왕** (A.D. ?년~559년) 재위 기간 : A.D. 545년~559년

이름은 평성. 돌궐의 침입을 격퇴하였으나 신라와 백제에게 한강 유역을 빼앗겼다.

제25대 **평원왕** (A.D. ?년~590년) 재위 기간 : A.D. 559년~590년

이름은 양성. 중국의 진나라·수나라·북제 등과 수교하고 장안성(평양)으로 도읍을 옮겼다.

제26대 **영양왕** (A.D. ?년~618년) 재위 기간 : A.D. 590년~618년

이름은 원. 598년에 수나라 문제의 30만 대군을 격퇴하였다. 612년에는 수나라 양제가 침입하자 을지문덕을 시켜 무찔렀다.

제27대 **영류왕** (A.D. ?년~642년) 재위 기간 : A.D. 618년~642년

이름은 건무. 중국 당나라와 평화적인 관계를 맺어 수나라의 고구려 원정 때 잡혀간 포로를 찾아왔으며, 도교를 처음으로 받아들였다.

제28대 **보장왕** (A.D. ?년~682년) 재위 기간 : A.D. 642년~668년

이름은 장·보장. 연개소문에 의하여 왕위에 오른 고구려 마지막 왕이다. 668년 나당 연합군의 침공으로 고구려는 망하고 왕은 중국 당나라로 압송되었다.

고구려의 건국과 성장

고구려의 시조 동명성왕

고구려의 시조 동명성왕의 성은 고씨요 이름은 주몽이다. 고주몽의 탄생에 대해선 다음과 같은 이야기가 전해진다.

동부여의 왕 해부루는 많은 나이에도 불구하고 아들이 없어 온갖 명산을 찾아다니며 아들을 낳게 해달라고 기도를 올렸다. 그러던 어느 날 기도를 마치고 돌아가는 길에 해부루가 탄 말이 곤연 (鯤淵) 연못가에 이르자 갑자기 큰 돌을 보고 눈물을 흘렸다. 해부루는 이상하게 여기고 부하들을 시켜 돌을 들추게 하였다. 돌 밑에는 금빛으로 빛나는 노란 개구리 모양의 어린아이가 있었다.

해부루는 하늘이 자신의 소원을 들어준 것이라 여기고 아이를 궁으로 데려가 이름을 금와(金蛙:황금 개구리)라 짓고 태자로 삼았다. 금와는 해부루가 세상을 떠나자 뒤를 이어 왕이 되었다.

하루는 금와왕이 태백산 남쪽 우발수로 사냥을 나갔다가 아름다운 처녀를 만나게 되었다. 금와왕이 그녀에게 내력을 물었다.

"그대는 누구기에 이곳에 있는가?"

"소녀는 본래 하백의 딸로 이름은 유화라 하옵니다."

처녀는 조심스럽게 대답했다.

"제가 여러 동생들과 함께 노닐고 있을 때 한 남자가 나타나 자신이 천재의 아들 해모수라며 저를 꼬여냈습니다. 그는 웅심산(熊心山) 밑 압록강 근처에 있는 집으로 저를 데려가더니 욕심을 채운 다음 돌아오지 않았습니다. 이 사실을 알게 된 부모님이 여자로서의 정절을 지키지 못했다 하여 이곳으로 귀양 보낸 것입니다."

금와왕은 이상한 생각이 들어 그녀를 데리고 궁으로 돌아와 방속에 가두었더니 해 그림자가 나타나 유화를 비추기 시작했다. 유화가 다른 곳으로 피하면 해 그림자 역시 그대로 따라가 비치는 것이었다. 이 일이 있은 후 유화의 몸에 태기가 있어 얼마 후 커다란 알을 하나 낳았다.

금와왕은 불길한 징조라 여기고 알을 갖다 버리라 명령했다. 처음에는 개와 돼지에게 던져 주었으나 모두 먹지 않았고, 길바닥에 버려도 소나 말이 피해 갔다. 마지막으로 들판에 버렸더니 새들이 날아들어 날개로 덮어 주었다. 금아왕은 더욱 이상하게 여겨 도끼로 알을 깨뜨리려 했지만 깨어지지 않았다. 이에 놀란 금와왕은 할 수 없이 알을 유화에게 되돌려 주었다.

유화가 천으로 알을 감싸 따뜻한 곳에 얼마 동안 놓아두자 한 사

▲ 고구려인의 사냥모습(무용총 수렵도)

내아이가 알을 깨고 나왔다. 아이의 생김새가 비범하고 영특하여 나이 일곱 살에 스스로 활과 화살을 만들어 쏘는데 백발백중이었다.

부여에서는 활을 잘 쏘는 사람을 일컬어 주몽이라 했으므로 아이 이름도 주몽으로 지었다. 금와왕에게는 일곱 명의 아들이 있었는데 누구도 주몽을 이길 수 없었다. 큰아들 대소(帶素)는 주몽을 시기하여 부왕에게 "주몽은 재주가 뛰어나고 용감해 미리 없애지 않으면 후환이 있을까 두렵다."고 아뢰었다.

그러나 왕은 듣지 않고 주몽에게 마구간에서 말을 돌보도록 하였다. 주몽은 말을 식별할 수 있는 지혜가 있어 날랜 말은 먹이를 적게 주어 여위게 하고, 둔한 말은 먹이를 많이 주어 살찌게 하였다. 왕은 그 사실을 모르고 살찐 말을 자기가 타고 여윈 말은 주몽에게 주었다.

그 뒤 왕과 함께 사냥할 기회가 있었는데 주몽의 활솜씨를 잘 아는 왕이 화살을 적게 주었는데도 주몽이 잡은 짐승이 월등히 많았다. 대소를 비롯한 왕자와 신하들은 또다시 음모를 꾸며 주몽을 죽이려고 했다. 이를 눈치 챈 유화가 아들 주몽을 살짝 불러내 말했다.

"지금 여러 사람이 너를 해치려고 한다. 이곳에서 머물다 해를 당하기 전에 멀리 가서 너의 큰 뜻을 펼치도록 하여라."

이 말을 들은 주몽은 즉시 오이(烏伊)·마리(摩離)·협보(陝父) 등 마음이 맞는 사람들과 함께 길을 떠났다. 한편 대소의 무리들은 주몽이 떠난 것을 알고 급히 군사를 보내 뒤쫓게 했다. 이때 엄사수에 도착한 주몽 일행은 다리가 없어 강을 건널 수 없었다. 바로 뒤까지 쫓아온 군사들에게 붙잡힐 형편에 처한 주몽은 강물에게 말했다.

"나는 천제의 아들이요, 하백의 외손자다. 강을 건너려는데 다리는 없고 뒤쫓아 온 군사들이 다가오고 있으니 이를 어찌하면 좋겠는가."

순간 물속에서 자라들이 수없이 떠올라 다리를 만들어 주었다. 주몽이 강을 건너자 자라들은 곧 흩어져 뒤쫓아 온 군사들은 건널 수 없었다.

한편 유화는 비둘기 한 쌍을 보내 보리씨를 전해 주었다. 주몽은 모둔곡(毛屯谷)에 이르러 재사(再思)·무골(武骨)·수거(獸居) 등 세 사람을 만났다. 한 사람은 마의(麻衣), 한 사람은 납의(衲衣), 또 한 사람은 수조의(水藻衣)를 입고 있었는데 생김새가 범상치 않았다.

주몽은 그들의 재능을 헤아려 각기 임무를 맡기고 졸본(卒本)에 이르러 도읍을 정했다. 그들은 미처 궁실을 지을 겨를이 없어 비류수(沸流水) 위에 집을 짓고 살면서 나라 이름을 고구려라 하였다. 이때가 기원전 37년, 주몽의 나이 22세였다.

주몽은 나라를 세운 뒤 골칫거리였던 말갈 부락을 정벌했으며 *'다물(多勿)'을 국시(國是)로 정하고 송양국(松讓國)과 행인국(荇人國), 북옥저 등 주변의 여러 나라를 병합하여 세력을 넓혀 나갔다.

*다물
옛 땅의 회복을 뜻하는 고구려 언어

유리왕의 황조가

　　고구려의 시조 주몽이 나이 마흔에(기원전 19년) 세상을 떠나자 유리왕(琉璃王)이 왕위를 이어받았다. 유리왕은 북부여에서 주몽과 정실부인 예씨(禮氏) 사이에서 태어난 맏아들이다. 주몽은 유리왕이 태어나기 전에 남쪽으로 내려가 나라를 세웠다. 때문에 유리왕은 아버지의 얼굴을 한 번도 보지 못하였다.

　　소년 시절 장난이 아주 심했던 유리는 어느 날 활을 가지고 놀다가 잘못 쏘아 어느 부인이 이고 가는 물동이를 맞혔다. 물을 흠뻑 뒤집어 쓴 부인은 화를 내며 마구 욕을 퍼부었다.

　　"아비가 없어 못된 짓만 골라 하는 버릇없는 자식 같으니!"

　　유리는 부끄러워하면서 집에 돌아와 어머니에게 물었다.

　　"어머니, 왜 저에겐 아버지가 없는 겁니까?"

　　어머니 예씨는 더 이상 숨길 수 없음을 알고 그동안 감추어 왔던 아버지의 이야기를 들려주었다.

　　"너의 아버지는 보통 사람이 아니시다. 이 나라에서는 해치려는 사람이 많아 남쪽으로 내려가 나라를 세우고 왕이 되셨다. 떠나실 때 나에게 말씀하시기를 '내가 지닌 유물을 일곱 모가 난 돌 위 소나무 밑에 묻어 두었으니 사내아이를 낳거든 알려주시오. 그것을 찾아 가지고 오면 내 아들이라 생각하겠소' 라고 하셨다."

　　유리는 그날부터 산과 골짜기를 헤매며 유물을 찾았으나 쉽게 눈에 띄지 않았다. 그러던 어느 날 유물을 찾기 위해 집 마루에서 일어서려는데 기둥을 받치고 있는 주춧돌 틈에서 무언가 이상한 소리가 들렸다. 귀가 번쩍 뜨인 유리는 마루 밑으로 들어가 자세히 살펴보았다. 그곳에는 유리가 그토록 찾아 헤매던 일곱 개의 모난 돌이 놓여 있었다.

'이 기둥이 바로 소나무 기둥이구나.'

유리가 주춧돌 밑을 파 보니 과연 부러진 칼 동강이가 나왔다. 부러진 칼을 돌에 한번 쳐보자 소리가 쟁쟁하게 울려 보통 쇠로 만든 칼이 아님을 알 수 있었다.

유리는 부러진 칼을 품속에 지니고 옥지(屋智), 구추(句鄒), 도조(都祖) 등과 더불어 아버지의 나라 고구려를 향해 길을 떠났다. 졸본 땅에 도착해 주몽을 만난 유리는 도막난 칼을 내보였다. 주몽이 즉시 자신의 것과 맞춰 보니 이가 딱 맞았다.

"네가 정녕 내 아들 유리구나."

주몽은 기뻐하며 아들을 덥석 끌어안았다. 유리는 그날로 고구려의 태자가 되었다.

유리는 왕위에 오른 이듬해 7월에 송양국의 딸을 맞아 왕비로 삼았다. 그리고 즉위한 지 3년 후인 서기전 17년에 골천에 이궁(離宮)을 지었다. 그해 10월 왕비 송씨가 죽자 골천 대가 화욱의 딸 화희(禾姬)와 한나라 사람인 치엽의 딸 치희(雉姬)를 계실로 맞이했다.

두 여자가 한 임금을 섬기게 되자 매일같이 싸움이 벌어졌다. 이를 보다 못한 왕은 양곡에 이궁을 지어 한 궁에 한 사람씩 살도록

▲ 주인상 벽화(안악3호분)

▲ 부인상 벽화(안악3호분)

고구려 귀족의 모습

하였다. 이후 두 사람의 싸움은 잠시 잠잠해졌다.

어느 날 왕은 신하들을 데리고 기산(箕山)으로 사냥을 나갔다가 재미를 느끼고 7일 동안 돌아오지 않았다. 그사이 화희와 치희는 또다시 다투게 되었다. 화희는 치희를 크게 꾸짖으며 말했다.

"너는 한나라의 천한 계집일 뿐이다. 어찌 감히 무례하게 구는가?"

이 말을 들은 치희는 심한 모욕감을 느끼고 친정으로 돌아갔다.

사냥을 마치고 돌아온 왕은 치희가 보이지 않자 말을 달려 그녀의 집을 찾아갔다. 왕은 사실 화희보다는 치희에게 더 마음을 두고 있었던 것이다. 그러나 치희는 분함을 이기지 못하고 끝내 돌아가지 않겠다고 버텼다. 왕은 결국 혼자 궁으로 돌아올 수밖에 없었다.

때는 화창한 봄날이었다. 왕은 잠시 길을 멈추고 나무 밑에 앉아 쉬었다. 푸름이 짙은 나뭇가지 위로 꾀꼬리들이 짝을 지어 날아다니고 있었다. 왕은 문득 짝을 잃고 혼자 돌아가는 자신의 처지에 쓸쓸함과 안타까움을 느끼고 시를 한 수 읊었다.

힐훨 나는 저 꾀꼬리

암수 서로 정다운데

외로운 이 내 몸은

뉘와 함께 돌아갈까?

유리왕은 이처럼 개인적으로는 불운한 삶을 살았지만 정치적,
군사적으로는 뛰어난 능력을 발휘했다. 왕은 11년(기원전 9년)에
선비(鮮卑)를 쳐서 속국으로 삼고 주위의 여러 나라를 정복하여 영
토를 확장시켰으며, 22년(기원전 3년)에 국내(國內)로 도읍을 옮
기고 위나암성(尉那巖城)을 쌓는 등 많은 업적을 남겼다.

유리왕의 뒤를 이어 즉위한 셋째 아들 대무신왕(大武神王)은 그
이름에서도 알 수 있듯이 어려서부터 신기에 가까운 능력을 발휘
하였다. 예닐곱 어린 나이에 뛰어난 말솜씨로 부여의 사신을 꼼짝
못하게 했고, 사춘기를 막 벗어났을 때는 부여의 대군을 전멸시킬
정도로 타고난 군사 능력을 보여주기도 했다. 대무신왕은 고구려
의 성장에 큰 공헌을 하였다. 동부여의 대소왕(帶素王)과 싸워 그
를 죽이고 동부여를 병합하였으며, 압록강 상류의 개마국(蓋馬國)
을 정복하고 이웃 구다왕국(句茶王國)의 항복을 받았다.

고구려는 대무신왕 28년에 한나라 요동(遼東) 태수(太守)가 쳐
들어오자 송옥구(松屋句)와 을두지(乙豆智)가 지략을 발휘해 물리
쳤고, 32년에는 호동 왕자가 낙랑을 공격하는 등 강해진 국력을
과시하면서 국토를 크게 넓혔다.

호동 왕자와 낙랑 공주

호동 왕자는 대무신왕과 그의 둘째 아내에게서 태어난 아들이다. 호동 왕자는 성격이 활달하고 외모가 수려할 뿐만 아니라 무술과 담력까지 뛰어나 부왕과 어머니는 물론 나라 안의 모든 백성들에게 많은 사랑을 받았다.

어느 날 호동은 고구려의 영토인 옥저에 놀러 갔다. 이때 낙랑국의 한 작은 나라 왕인 최리(崔理)가 우연한 기회에 호동을 보았다. 한눈에 호동 왕자의 외모에 반한 최리왕은 그를 데리고 낙랑국의 궁중으로 들어갔다. 호동 왕자를 사위로 삼기 위해서였다.

낙랑 공주의 아름다운 모습을 본 호동 왕자도 그녀가 마음에 들었다. 호동 왕자가 최리왕의 궁에 머무는 동안 두 사람은 서로 사랑하게 되었다. 그러나 호동 왕자는 본국으로 돌아가야 했다. 호동 왕자는 낙랑 공주에게 아버님의 허락을 받아 오겠다고 말하고 고구려로 돌아갔다. 하지만 아버지 대무신왕은 낙랑 공주를 아내로 맞는 것을 선뜻 허락하지 않았다. 초초해진 호동 왕자는 대무신왕에게 간절히 호소했다.

"부왕마마, 최리의 딸을 데려오도록 허락하여 주시옵소서."

"지금 너의 결혼보다 더 중요한 것이 있다."

"그것이 무엇이옵니까?"

"낙랑국의 한인들을 모두 정복하여 우리의 영토를 되찾는 일이다."

"부왕마마의 뜻을 어찌 소자가 모르겠나이까. 아무 염려 마옵소서."

대무신왕은 호동 왕자의 다짐을 들은 후 비로소 결혼을 허락했다. 호동은 즉시 낙랑국으로 달려가 최리의 딸을 아내로 맞이하였다. 그러나 대무신왕이 결혼을 허락한 데에는 이유가 있었다. 당시 낙랑에는 외적이 쳐들어오면 스스로 울어 위기를 알리는 북과 나팔이 있었다. 바로 자명고(自鳴鼓)와 자명각(自鳴角)이었다. 따라서 고구려로서는 어떻게 해서든 자명고와 자명각부터 먼저 없애야 했다.

호동 왕자는 부인이 된 낙랑 공주와 함께 행복하게 지냈다. 그러나 대무신왕은 낙랑을 정복하려는 계획을 은밀히 진행하고 있었다. 어느 날 대무신왕은 호동 왕자를 불렀다.

"낙랑에 자명고와 자명각이 있는 한 쳐들어가도 이길 수 없음을 너도 알 것이다. 낙랑 공주로 하여금 그것들을 없애도록 하여라."

호동 왕자는 부왕의 명을 어길 수 없어 이 같은 사실을 아내에게 알렸다. 낙랑 공주는 슬픈 얼굴로 고개를 끄덕이고는 낙랑으로 갔다.

최리왕은 오랜만에 딸이 오자 아주 반갑게 맞이했다. 그러면서 고구려의 속사정을 꼬치꼬치 캐물었다. 낙랑 공주는 고구려의 왕이 낙랑을 정복하기 위해 결혼을 허락한 것처럼 최리왕도 고구려를 정복하기 위해 자신을 시집보냈다는 것을 알게 되었다.

"사랑하는 남편의 뜻을 따를 것인가? 나를 낳아 준 아버지의 뜻을 따를 것인가?"

한참 고민하던 공주는 밤중에 몰래 일어나 자명고를 찢고 자명각을 부셔 버렸다. 이 소식은 즉시 호동 왕자에게 전해졌다. 호동 왕자는 부왕을 도와 선봉에 서서 낙랑으로 쳐들어갔다. 무슨 일이 일어났는지 전혀 모르고 있던 최리왕은 갑자기 고구려군의 함성이 들리자 깜짝 놀랐다.

"어찌된 일이냐? 자명고와 자명각이 울리지 않다니!"

최리왕은 급히 북과 나팔이 있는 곳으로 뛰어갔다. 하지만 그것들은 이미 찢겨지고 부서져 있었다. 최리왕은 얼마 전에 돌아온 낙랑 공주를 의심하여 잡아 들였다. 낙랑 공주는 자신이 북과 나팔을 없앴다고 사실대로 고백했고, 화가 난 최리왕은 공주를 죽였다.

이때 고구려 군사들은 낙랑궁 안에 들어와 있었다. 호동 왕자는 서둘러 아내를 찾았지만 이미 죽은 후였다. 호동 왕자는 아내의 시체를 끌어안고 눈물을 흘렸다.

"미안하오, 공주. 공주는 내 나라를 더 사랑했구려."

호동 왕자는 아내까지 죽이면서 낙랑을 차지한 자신이 못내 서글퍼졌다.

싸움에 이긴 고구려는 축제 분위기였다. 부왕과 여러 대신들은 나라를 위해 큰 공을 세운 호동 왕자를 칭찬했다. 그러자 첫째 왕비는 자신이 낳은 아들 대신 호동 왕자를 태자로 삼을 것을 두려워하여 호동이 왕위를 넘본다고 모함하였다. 왕은 처음에는 믿지 않았지만 울면서 호소하는 왕비의 말을 여러 번 듣게 되자 호동 왕자가 의심스러워졌다.

　사랑하는 아내를 잃은 슬픔이 채 가시지 않은 상태에서 또다시 억울한 모함을 받게 되자 호동 왕자의 마음은 답답하기만 했다. 그러나 부왕의 의심은 점점 더 깊어졌고 호동 왕자는 깊은 실의에 빠지게 되었다. 이를 안타깝게 여긴 부하들이 호동 왕자에게 부왕 앞에 나가 억울한 사정을 말하라고 권유하였다. 하지만 호동 왕자는 고개를 저으며 대답했다.

　"만약 내가 사실을 아뢰면 어머니가 거짓말을 한 것이 되지 않소. 그렇게 되면 자식이 어머니를 배신하는 셈이요, 부왕에게도 걱정을 끼칠 터인데 어찌 자식 된 도리로 그럴 수 있단 말이오."

　결국 호동 왕자는 사랑하는 공주의 뒤를 따라 스스로 목숨을 끊었다. 대무신왕 15년(서기 32) 음력 11월의 일이었다.

　대무신왕이 죽은 후 왕위에 오른 것은 그의 동생 민중왕(閔中王)이었다. 그 후 민중왕이 죽자 호동 왕자의 이복동생인 해우(解憂), 또는 해애루(解愛婁)라고 불리던 모본왕(慕本王)이 왕위를 이어받았다.

　한편 『삼국유사』에는 모본왕이 대무신왕의 아들이며 민중왕의 형이라고 되어 있다. 모본왕은 성품이 사납고 정사를 돌보지 않아 백성들의 원한을 샀고, 마침내 재위 6년 만에 자신의 신하에게 죽임을 당했다.

명재상 명림답부

명재상 명림답부

　모본왕이 살해되자 여러 관리들이 유리왕의 아들 고추가(古鄒加) 재사(再思)를 왕으로 추대하였다. 하지만 재사는 나이 많음을 이유로 사양하여 그의 아들 태조왕(太祖王)이 7세의 어린 나이에 즉위하였다.

　92년 동안이나 왕위를 지켰던 태조왕은 영토를 넓혀 나가는 한편 정치 체제를 확립하는 데에도 힘을 써 고구려를 중앙집권적인 국가로 발전시켰다. 때문에 진정한 고구려의 건국을 태조왕 때로 보기도 한다.

　태조왕이 오랫동안 왕위를 지키자 그의 동생인 수성(遂成)은 은근히 불만을 토로하게 되었다. 이에 태조왕은 일부 신하들의 반대에도 불구하고 수성에게 왕위를 물려주어 수성은 고구려 제7대 차대왕(次大王)이 되었다.

　차대왕은 용감하긴 했지만 너그럽지 못했다. 차대왕은 재위 3년 4월에 신하들을 시켜 눈엣가시였던 태조왕의 원자 막근(莫勤)을 죽였다. 태조왕을 따르던 충신들이 막근을 왕으로 세우는 반란을 일으킬 것을 두려워하여 조카를 무참하게 살해한 것이다. 이때 막근의 아우 막덕(莫德)은 차대왕이 무서워 스스로 목숨을 끊었다.

　차대왕은 태조왕과는 달리 기분에 따라 사람을 죽이고 살리고 하는 포악한 정치를 일삼아 백성들의 원망을 샀고 민심은 갈수록 흉흉해졌다. 그러자 이를 보다 못한 명림답부(明臨答夫)가 차대왕을 죽이고 왕의 아우인 백고(伯固), 즉 신대왕을 왕으로 추대하였다. 태조왕은 차대왕에게 왕위를 물려준 후 별궁에서 은거하다 165년 119세의 나이에 죽었는데 신대왕에게 살해당했다는 설도 있다.

신대왕은 왕권을 강화하기 위해 166년에 고구려의 최고 직위이었던 좌보(左輔)와 우보(右輔)를 통합하여 국상(國相)이라는 관직을 설치하고 초대 국상에 명림답부를 임명하였다. 명림답부는 나라의 부국강병을 위해 온 힘을 쏟은 명재상이었다. 그가 나이 113세에 세상을 떠나자 신대왕은 친히 그의 집을 찾아가 7일 동안 머무르며 슬퍼했다고 한다.

신대왕 4년에 후한(後漢)의 현도군 태수 경림(耿臨)이 쳐들어와 고구려 군사 수백 명을 죽인 일이 있었다. 새로운 정권이 채 기틀을 갖추기도 전에 적의 공격을 받은 것이다. 이때 명림답부는 고심 끝에 일보 후퇴하여 후일을 도모하자는 전략을 세웠다. 그리고 4년 후 다시 경림이 대군을 이끌고 쳐들어오자 명림답부는 들판의 곡식을 모두 불사르고 백성들을 성 안으로 불러들인 뒤 성문을 굳게 닫고 방어전을 펼쳤다. 먼 거리를 원정 온 후한의 군사들이 군량 조달이 쉽지 않아 오래 머물 수 없다는 점을 파악한 것이다. 후한 군이 먹을거리가 없어 군사를 거둘 때 기습을 가하면 쉽게 적을 무너뜨릴 수 있을 것이라는 판단이었다.

결국 여러 차례 공격을 하였지만 실패만 거듭하던 후한의 군사들은 기세가 꺾였고 군량까지 떨어지자 철군을 서둘렀다. 이때 명림답부는 날렵하고 힘센 고구려 기병을 동원하여 적의 퇴로를 막아 대승을 거두었다.

명림답부가 쓴 전략, 즉 성벽을 굳게 지키면서 들판의 집과 곡식을 모두 불태워 멀리서 온 적을 고생시키는 것을 '*견벽청야(堅壁淸野)'라고 한다. 이 전략은 이후 중국이 고구려를 침략했을 때 방어 전술로 자주 활용되었다.

고국천왕과 을파소

신대왕이 세상을 떠나자 대신들은 맏아들이 못나고 어리석다는 이유를 들어 둘째 아들 남무(男武)를 왕위에 앉혔다. 그가 바로 고구려 제9대 고국천왕(故國川王)이다.

고구려가 점점 강해지자 이를 두려워한 중국은 자주 고구려를 침략했다. 고국천왕은 184년 후한의 요동(遼東) 태수가 쳐들어오자 몸소 참전하여 격퇴시키는 등 외부 세력의 압력에 능동적으로 대처해 나갔다.

이처럼 외부의 침입에 대항하고 있을 때 내부에서는 왕비의 친척들이 권세를 부려 남의 자녀를 데려다 첩이나 노비로 삼고 함부로 논밭과 집을 빼앗아 백성들의 원성이 높았다. 주변 신하들로부터 이러한 사실을 보고받은 고국천왕은 크게 노하여 외척들을 물리치고 인재를 찾았다. 이때 많은 사람들이 안류를 천거하였는데 그는 극구 사양하며 왕에게 다음과 같이 말했다.

"소인은 미천하고 어리석어 중대한 국정에 참여할 수 없으나 *을파소(乙巴素)라면 가능할 듯하옵니다. 그는 유리왕의 대신이었던 을소의 자손으로 성질이 강직하고 지혜로우며 사려 깊은 사람입니다. 대왕께서 나라를 잘 다스리길 원하신다면 을파소를 등용하십시오."

이 말을 들은 고국천왕은 사신을 보내 압록곡 좌물촌에 은거하던 을파소를 불러들여 중외대부로 임명했다. 그러나 을파소는 맡은 직위가 일을 하기에는 충분치 않다고 생각하여 정중히 거절하였다.

"우둔한 저로서는 어명을 감당하기 어렵나이다. 왕께서는 부디 현명한 인재를 찾아내 그에게 높은 관직을 내리시어 위업을 달성하게 하소서."

하지만 고국천왕은 그의 뜻을 알고 최고 관직인 국상으로 임명하여 정사를 주관하게 하였다.

국상이 된 을파소는 *진대법(賑貸法)을 만들었다. 진대법은 먹을 것이 없어 굶주리는 백성들에게 봄에 곡식을 빌려 주었다가 가을철에 추수를 하면 갚게 한 제도다.

고국천왕이 진대법을 시행하려 하자 귀족들은 크게 반대하고 나섰다. 그 이유는 당시 귀족들이 가난한 백성들에게 높은 이자를 받고 곡식을 빌려 주어 재산을 불리고 있었기 때문이었다. 백성들

*을파소
고구려의 재상으로 고국천왕 13년 국상으로 추대되어 농민 구제책인 진대법을 실시하였다.

*진대법
흉년이나 재난이 든 해에 나라의 곡식을 어려운 백성들에게 꾸어 주던 일

이 귀족들에게 곡식을 빌렸다 갚지 못하게 되면 땅이나 재산을 빼앗기는 것은 물론 그 귀족의 노비가 되는 일도 빈번하게 일어났다.

을파소는 고국천왕의 뜻을 받들어 현명한 정치를 베풀었고 백성들은 크게 기뻐하며 성군의 덕을 칭송하였다.

산상왕과 시골 처녀

고국천왕이 197년 후사 없이 세상을 떠나자 왕후 우씨(于氏)는 시동생 연우(延優)로 하여금 왕위를 잇게 하였고, 우씨는 산상왕의 아내가 되었다. 이것은 *형사취수(兄死取嫂)의 풍습이 아직 고구려에 남아 있음을 보여 준다.

*형사취수
형이 죽으면 형수를
부양하던 풍습이다.

한편 산상왕의 형 발기(發岐)는 자신이 왕위에 오르지 못한 것에 대한 불만을 품고 요동 태수 공손도(公孫度)에게 군사를 빌려 국내성으로 쳐들어왔다. 이에 산상왕은 동생 계수(罽須)를 시켜 반란을 진압했고, 싸움에서 패한 발기는 스스로 목숨을 끊었다.

왕위에 오른 산상왕은 몹시 아이를 갖고 싶어 했지만 우씨는 아이를 낳지 못하는 사람이었다. 또한 우씨는 산상왕이 후궁을 두려고 해도 들이지 못하게 했다. 그리하여 산상왕은 아들을 낳게 해 달라고 산천에 기도를 올렸다.

그러던 어느 날 꿈에 천신이 나타나 말하였다.

"내가 너의 작은 부인으로 하여금 아들을 낳게 해줄 터이니 근심하지 마라."

꿈에서 깨어난 산상왕은 여러 신하를 불러 놓고 꿈 이야기를 들려주었다.

"꿈에 천신이 나에게 작은 부인이 아들을 낳을 것이라고 하였는데, 정작 나에게는 작은 부인이 없으니 이를 어찌하면 좋겠소?"

이때 재상 을파소가 대답하였다.

"천신의 명령은 인간으로선 헤아릴 수 없는 것입니다. 대왕께서는 그저 기다려 보십시오."

그로부터 5년이 지난 어느 날 산상왕이 하늘에 제사를 지내려고 할 때 제사상에 올릴 돼지가 달아났다. 신하들은 돼지를 잡으려고 쫓아갔지만 빠르게 달아나는 돼지를 잡을 수 없었다. 그러다 어느덧 신하들은 주통촌(酒桶村)이란 마을에 이르렀다. 그때 마을에 사는 20세쯤 된 처녀가 앞을 가로막고 두 팔을 벌리자 지친 돼지는 몸을 가누지 못하고 쓰러졌다. 신하들은 일제히 환호를 올리며 처녀를 쳐다보았다. 시골에 사는 처녀답지 않게 눈부시게 아름다운 얼굴을 본 신하들은 또 한 번 놀라고 말았다.

신하들은 겨우 잡은 돼지를 산상왕 앞으로 가져가 주통촌 처녀에 대한 이야기를 아뢰었다. 왕은 그들의 말을 듣고 이상히 여겨 밤에 몰래 처녀의 집을 찾아갔다. 안방과 건넌방이 있는 초라한 집이었다. 왕이 함께 간 신하를 시켜 처녀와 하룻밤 정을 나누고 싶다고 전하자 여자의 집에서는 감히 거역하지 못하였다.

산상왕은 곧 방으로 들어가 처녀와 마주보고 앉았다. 듣던 대로 처녀의 얼굴은 매우 아름다웠다.

"이리 가까이 와서 금침을 펴도록 하여라."

왕이 말하자 처녀는 조심스럽게 대답했다.

"대왕의 명을 감히 어길 수는 없습니다만 훗날 아이가 생기면 부디 저버리지 마시옵소서."

왕은 약속을 지키겠다고 맹세하고 처녀와 하룻밤 정을 나눈 후 궁으로 돌아왔다.

이듬해 3월 주통촌 처녀에 대한 이야기가 왕비 우씨의 귀에 들어갔다. 우씨는 왕이 처녀와 하룻밤 정을 통했다는 사실에 심한 질투를 느끼고 몰래 군사를 보내 처녀를 죽이려고 하였다. 하지만 먼저 이 소식을 들은 처녀는 남자 옷으로 갈아입고 달아나려 했지만 붙잡히고 말았다. 다급해진 처녀는 왕비가 보낸 군사에게 말하였다.

"너희가 이곳에 와서 나를 죽이려 하는 것이 대왕의 명령이냐, 아니면 왕비의 명령이냐? 지금 나의 뱃속에는 대왕의 아이가 들어 있다. 내 목숨은 어떻게 되어도 좋으나 나를 해치게 되면 왕자를 죽이게 되는 것이니 그리 알라!"

그러자 군사들은 감히 처녀를 해치지 못하였다. 병사를 이끌었던 장군은 그대로 돌아가 왕비에게 모든 사실을 보고하였다. 그 이야기는 산상왕의 귀에까지 들어갔고 왕은 처녀를 찾아가 물었다.

"네가 지금 홀몸이 아니라는 소리를 들었다. 그것이 누구의 아이냐?"

"소녀는 형제와도 자리를 같이한 일이 없사옵니다. 하물며 다른 남자를 가까이 할 수 있겠나이까? 하늘에 맹세하건대 뱃속에 있는 아이는 대왕의 핏줄이 틀림없사옵니다."

산상왕은 처녀를 위로하고 돌아와 우씨에게 그 같은 사실을 알렸다. 마침내 왕비도 어쩌지 못하고 더 이상 처녀를 괴롭히지 않았다.

그해 9월에 처녀가 아들을 낳자 산상왕은 크게 기뻐하며 아이의 이름을 교체(郊彘)라 지었다. 제사에 올릴 교시(郊豕 : 돼지)가 달아나자 그 돼지를 잡으려다가 얻은 아들이라는 뜻이다. 그리고 주통촌 처녀를 소후(小后 : 작은 부인)로 삼았다. 처녀의 어머니는 그녀를 잉태했을 때 무당으로부터 "왕비를 낳을 것이다."라는 말을 듣고 이름을 후녀(后女)라고 지었는데, 정말 나중에 그 이름대로 되었던 것이다.

산상왕은 17년 정월에 교체를 태자로 삼았으니 그가 바로 동천왕(東川王)이다. 동천왕은 위나라 장수 관구검(毌丘儉)에게 환도성을 빼앗기고 쫓기는 신세가 되었지만 충신 밀우(密友)와 유유(紐由)의 도움으로 간신히 위기를 넘겼다. 밀우는 결사대를 조직하여 동천왕을 무사히 피신시켰고, 유유는 거짓으로 항복한 후 방심한 적장을 찔러 죽이고 자신도 목숨을 끊었던 것이다.

고구려 광개토대왕의 영토확장

고구려는 한때 위나라의 침입으로 어려움을 겪었지만 그 뒤 서안평을 점령하고 4세기 초 미천왕(美川王)이 낙랑군과 대방군을 몰아내며 고조선의 옛 영토를 되찾았다. 미천왕은 서천왕(西川王)의 손자로 고추가 돌고(咄固)의 아들이다.

미천왕은 의심 많은 봉상왕(烽上王)이 삼촌을 죽이고 동생인 자신의 아버지마저 반역 혐의를 씌워 죽이자 피신하여 남의 집 머슴살이와 소금장수 등을 전전하다 봉상왕을 폐위시킨 국상 창조리(倉助利) 등에 의해 왕으로 추대되었다.

미천왕의 뒤를 이은 고국원왕(故國原王)은 369년 직접 군대를 이끌고 백제를 침공하였으나 치양(雉壤:지금의 백천) 전투에서 백제 태자 근구수(近仇首)에게 패배하였고, 371년 고구려를 쳐들어온 백제 근초고왕(近肖古王)의 군사를 맞아 평양성에서 싸우다 전사하였다.

이후 소수림왕이 즉위하여 나라를 다스리면서 고구려는 차츰 안정을 찾아가기 시작한다. 소수림왕은 전진(前秦)의 왕이 외교사절과 함께 보낸 승려 순도(順道)와 아도(阿道)를 맞아들였고, 초문사(肖門寺)와 이불란사(伊弗蘭寺)를 창건하여 이들을 거주하게 했다. 우리나라에 처음으로 불교가 들어오게 된 것이다.

소수림왕은 또한 유교 교육기관인 태학(太學)을 설립하여 유교의 이념을 널리 전했고, 국가 통치의 기본법인 율령(律令)을 반포

하였다. 이러한 국가 체제 정비를 위한 노력은 광개토대왕
(廣開土大王)과 장수왕(長壽王) 대에 이르러 그 결실을 맺었
다고 할 수 있다.

광개토대왕의 본명은 담덕(談德)으로 고국양왕(故國壤
王)의 아들이다. 어려서부터 체격이 크고 뜻이 고상했는데
18세의 젊은 나이에 왕위에 오른 후 본격적으로 대규모 정
복 사업을 시작하였다. 그의 위대한 정복 사업은 장수왕이
414년에 세운 광개토대왕비에 기록되어 있다.

▲ 광개토대왕비
장수왕 때 아버지의 업적을
기리기 위해 세운 비석이다.

광개토대왕은 백제의 북쪽으로 진격하여 석현(石峴) 등
10성을 함락하였고, 396년에는 직접 수군을 거느리고 백제를 정
벌하여 한강 이북의 땅을 차지하였다. 400년에는 왜(倭)의 침입
을 받은 신라 내물왕(奈勿王)의 요청으로 5만의 군사를 보내 왜
병을 물리쳤으며, 동예를 통합(410년)하였다.

광개토대왕은 연(燕)나라 모용희(慕容熙)의 침입을 두 번 받았
으나 요동성(遼東城)과 목저성(木底城)에서 모두 격퇴하고 신성(新
城) · 남소(南蘇) 등 두 성과 700여 리의 땅을 탈취하였다. 또한 북
으로는 부여와 숙신을 쳐 송화강 일대를 장악하고, 서북쪽으로는
후연(後燕)을 공격해 오랜 숙원이었던 요동 지역을 확보함으로써
드넓은 만주의 주인공으로 등장하였다.

광개토대왕은 고구려의 영토를 크게 넓혔을 뿐만 아니라 내정
의 정비에도 힘써 장사(長史) · 사마(司馬) · 참군(參軍) 등 중앙 관
직을 신설하고 역대 왕릉의 보호를 위해 수묘인(守墓人) 제도를 재

정비하였다. 또한 393년에는 평양에 9개의 절을 짓고 불교를 장려하여 백성들을 안정시켰다. 광개토대왕비에 "나라가 부강하고 백성이 편안하였으며 오곡이 풍성하게 익었다."라고 기록되어 있는 것도 이러한 내정 정비의 결과라고 할 수 있을 것이다.

광개토대왕이 영락(永樂)이라는 주체적인 연호를 사용한 것은 중국과 대등한 입장임을 나타내는 동시에 대국으로써의 자신감을 표현한 것이다.

▲ 광개토대왕 영토 확장도(전쟁기념관 소장)

광개토대왕의 뒤를 이은 장수왕(長壽王)은 부왕의 정복 사업을 이어받아 고구려 최고의 전성기를 이룩해 냈다. 장수왕은 중국이 남북조로 분열되는 정세를 이용해 남북 왕조와 각각 교류함으로써 중국을 견제하였다. 즉위하던 해 동진에 사절을 보내 70년 만에 남중국과의 교섭을 재개한 이래 송·남제와도 외교 관계를 유지한 것이다. 또 북위가 북중국의 강자로 떠오르자 북위에 사절을 보내 외교를 맺기도 하였다.

장수왕은 부왕인 광개토대왕의 업적을 과시하기 위해 414년 광개토대왕비를 세웠고, 427년에는 국내성에서 평양성으로 도읍을 옮겨 넓은 평야에 자리 잡은 평양성을 정치, 경제, 문화의 도시로 발전시켰다.

이후 장수왕은 백제와 신라 방면으로의 진출을 적극 추진하였다. 475년에는 3만의 군대를 거느리고 백제를 공격하여 수도 한성(漢城)을 함락시키고 개로왕을 붙잡아 죽였을 뿐만 아니라 서해의 해상권을 장악하여 백제 및 백제와 연결된 왜가 중국 남조에 접근하는 것을 막았다.

한편 신라와는 평화 관계를 유지하다 신라가 백제와 군사 동맹을 맺고 적대적인 입장으로 돌아서자 468년에는 신라의 실직주성(悉直州城)을 공격하여 빼앗았으며, 481년에는 호명성(狐鳴城) 등 7성을 빼앗고 미질부(彌秩夫 : 지금의 경상북도 흥해)까지 진격하였다.

이로써 고구려는 한강 전 지역을 포함하여 남양만에서 죽령 일대에 이르기까지 판도를 넓히게 되었고, 만주와 한반도에 걸친 광대한 영토를 바탕으로 중국과 어깨를 나란히 하게 되었다.

수나라와의 16년 전쟁

고구려는 건국 초기부터 국경을 마주하고 있던 중국과 끊임없이 전쟁을 치르며 성장하였다. 6세기 말까지 여러 나라들이 다툼을 벌였던 중국은 수(隋)나라가 세력을 잡기 시작하여 마침내 589년 중국을 통일하였다. 고구려 제25대 왕인 평원왕(平原王) 31년의 일이었다.

평원왕은 수나라가 남조의 마지막 왕조인 진(陳)나라를 멸망시켰다는 소식을 듣고 전쟁 준비를 서둘렀다. 중국의 움직임을 주의 깊게 살피던 고구려 장수들은 방어보다는 먼저 공격할 기회를 노리고 있었다. 그러던 중 평원왕이 죽자 맏아들인 영양왕이 왕위를 이어받았다. 영양왕은 어려서부터 의젓하고 총명하였다.

영양왕은 수 문제(文帝) 양견이 지나치게 간섭을 해오자 598년에 말갈(여진족)의 군사 1만여 명을 이끌고 요서 지방을 공격했다. 수 문제가 쳐들어오기 전에 기선을 제압하기 위해서였다. 이로써 16년에 걸친 고구려와 수나라의 전쟁이 시작되었다.

고구려가 선제공격으로 유리한 지역을 차지하자 수 문제는 넷째 아들인 한왕(漢王) 양(諒)과 왕세적(王世績)을 행군원수(行軍元帥:총사령관)로 삼고, 주라후(周羅睺)를 수군대장군으로 삼아 37만 대군을 이끌고 고구려를 공격했다. 하지만 한왕 양의 군사가 임유관에 도착했을 때는 마침 장마철이라 보급로가 끊기고 그나마 있던 군량미는 떠내려가고, 장마가 몰고 온 습기는 전염병을 일으켜 수많은 부상자와 병자들이 생겼다.

주라후가 이끄는 수군도 사정은 별반 다르지 않았다. 바다를 건너 평양성을 향해 가던 수군은 도중에 폭풍을 만나 많은 배가 부서져 물에 잠겼고, 평양 근처에서 고구려 군사들에게 공격을 받아 전멸 상태에 이르렀다. 결국 수나라의 37만 대군은 1차전에서 완전히 패배하여 발길을 되돌리고 말았다. 『삼국사기』에 의하면 이때 살아서 돌아간 수나라 군사는 10만 명 중에 한두 명이었다고 한다.

수 문제가 군사를 돌리자 영양왕은 시간을 벌기 위해 수나라에 사신을 보내 조공을 바쳤다. 영양왕의 항복을 받은 수 문제는 공식적으로 고구려 정벌을 단념하고 영양왕을 다시 고구려왕에 책봉했다. 그러자 백제의 위덕왕은 수나라에 사신을 보내 고구려를 치도록 부추긴다. 이 소식을 들은 고구려는 먼저 백제를 공격하여 송산성과 석두성을 함락시키고 3,000여 명의 포로들을 잡아갔다.

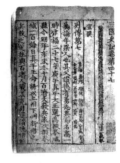

그 후 영양왕은 즉위 11년에 태학박사 이문진(李文眞)에게 우리나라 고사(古史)를 정리하도록 명해『신집(新集)』5권을 만들게 한다. 이는 왕권을 튼튼히 하고 권위를 높이기 위함이었다. 이때 이문진이 참고한 고사는 건국 초기에 어느 학자가 처음으로 한문을 사용하여 만든『유기(留記)』라는 역사책 100권이다. 그러나 애석하게도『신집』과『유기』등은 현재 전해지지 않는다.

영양왕 15년에 수 문제의 둘째 아들 양광(楊廣)이 황태자였던 형 양용(楊勇)을 폐하고 아버지마저 죽인 후 제2대 황제로 즉위하자 고구려와 수나라의 관계는 다시 긴장 국면으로 돌아선다.

수 양제(煬帝)는 즉위한 후 200만 명의 백성을 동원하여 중국 대륙을 남북으로 잇는 거대한 운하를 만들었다. 수 양제가 백성들의 원성을 무시하며 운하 건설에 집착한 이유는 고구려 공격에 필요한 물자와 병력을 수송하기 위한 것으로 보인다. 6년의 공사 끝에 완성된 이 운하는 세계에서 가장 긴 내륙 수로로 알려져 있다.

수 양제는 운하를 건설한 이듬해 1월(영양왕 23년)에 113만 대군을 좌우 12군으로 나누어 평양에 집결하도록 했다. 군량미와 병장기 등 보급을 담당하는 부대 수는 그 두 배에 달했다고 한다. 여기에 창해군(滄海軍)이라는 수군까지 동원했는데 그 수에 대해선 기록이 없다. 수 양제는 친히 명령을 내려 하루에 1군씩 여하를 향해 출발하도록 했다. 출발한 군대가 40리를 가면 다음 군대가 출발했다. 24군이 모두 출발하는 데는 40일이 걸렸고, 그 길이는 960리에 이르렀다.

수나라 대군이 2월경에 요하에 도착하자 영양왕은 고구려 군사들에게 적을 막으라고 명령했다. 고구려 군사들은 강 동쪽 높은 곳에서 강을 건너오는 수많은 수나라 군사들을 향해 필사적으로 화살을 퍼부었다. 이로 인해 수나라 군사들은 좀처럼 요하를 건널 수 없었다.

보다 못한 수 양제는 공부상서 우문개(宇文愷)로 하여금 3개의 부교를 만들어 언덕에 연결시키도록 했다. 수나라 군사들이 헤엄쳐 이 다리를 동쪽 강가에 대려 했지만 한 길 남짓 모자랐다. 이때 고구려 군사들이 뛰쳐나와 공격하자 수나라 군사들도 물속으로 뛰어들어 접전을 펼쳤다. 그러나 고구려 군사들이 워낙 유리한 위치에서 공격을 퍼붓는 탓에 수나라 군사들 대부분이 물에 빠져 죽었다.

수 양제는 할 수 없이 군사를 강 서쪽으로 물러나게 하고 소부감(少府監) 하조(何稠)에게 부교를 꺼내 길이를 늘이도록 했다. 이틀 만에 부교가 만들어지자 수나라 군사들은 요하를 건너 요동성으로 진격했다. 마침내 수나라 군사들은 성을 겹겹이 포위하고 맹렬한 공격을 퍼부었지만 성은 쉽게 함락되지 않았다. 고구려 군사들은 적이 공격해 들어오면 성문을 닫고 굳게 지켰고, 그러다 물러가면 기습을 감행해 적을 괴롭혔다.

봄이 가고 여름이 지났는데도 성을 함락시키지 못하자 수나라 군대의 사기는 갈수록 떨어졌다. 화가 난 수 양제는 장수들을 모아놓고 죽이겠다고 위협해 재차 공격을 감행했지만 결과는 마찬가지였다. 수 양제는 할 수 없이 요동성 서쪽에 육합성(六合城)을 짓고 그곳에 머물면서 공격을 지휘했다.

육군이 고전하고 있을 때 좌익위대장군(左翊衛大將軍) 내호아(來護兒)가 이끄는 수군은 바다를 건너 대동강에 도착했다. 수군은 평양성에서 60리쯤 떨어진 곳에서 고구려 군사를 맞이해 쉽게 격파하고 그 여세를 몰아 평양성으로 진격하려 했다. 그러자 부총관 주법상(周法尚)이 아직 육군이 도착하지 않았으니 그때까지 기다렸다가 함께 공격하자고 건의했다. 하지만 내호아는 듣지 않고 정예 병사 수만 명을 뽑아 성을 쳤다.

고구려 군은 성 안의 빈 절에 군사들을 숨겨 놓고 싸우다가 거짓으로 패배하는 척하며 내호아의 군대를 끌어들였다. 그러나 내호아의 군사들은 이런 계략도 모르고 성 안에 들어가 사람들에게 행패를 부리면서 마구 물건을 약탈했다. 이때를 노려 절 속에 숨어 있던 고구려 군사들이 일제히 공격하자 크게 놀란 내호아의 군사들은 힘 한번 써보지 못하고 당할 수밖에 없었다. 순식간에 많은 군사를 잃고 가까스로 도망친 내호아는 멀리 해포(海浦 : 진남포 부근)까지 물러나 다시 공격할 엄두를 내지 못했다.

수군이 크게 패하며 도망칠 때 요동성을 포위하고 있던 수 양제는 작전을 바꿨다. 요동성 공격은 계속 진행하면서 또 다른 군대를 편성해 곧바로 평양성을 치기로 한 것이다. 이에 따라 좌익위대장군 우문술(宇文述)은 부여도로 나오고, 우익위대장군 우중문(宇仲文)은 낙랑도로 나오고, 나머지 군대는 요동성을 돌아 모두 압록강 부근에 집결하였다. 수 양제는 우문술 등이 요동을 출발할 때 고구려왕이나 *을지문덕(乙支文德)을 만나면 반드시 사로잡으라는 엄명을 내렸다.

수나라가 군사를 보냈다는 소식을 접한 영양왕은 을지문덕에게 적진에 들어가 거짓으로 항복하여 적의 허실을 살피라고 명령했다. 을지문덕이 갑자기 나타나 항복하겠다고 하자 우중문 등은 양제의 말대로 그를 사로잡으려 했다. 그러나 위무사 유사룡(劉士龍)이 이미 항복했는데 그럴 필요가 있겠느냐고 굳이 말려 을지문덕을 놓아 주었다.

을지문덕은 급히 수나라 진영을 빠져나와 압록강으로 달려갔다. 뒤늦게 속은 것을 깨달은 우중문은 급히 사람을 보내 을지문덕을 불렀다. 그러나 을지문덕은 들은 척도 하지 않고 압록강을 건넜다.

을지문덕을 놓친 우중문과 우문술은 몹시 불안했다. 모든 것이 후회되었다. 이때 아군 진영으로 돌아온 을지문덕은 우중문에게 시를 한 수 보내 조롱하였다.

그대의 신기한 책략은 하늘의 이치를 꿰뚫었고

오묘한 계획은 땅의 이치를 다했노라

전쟁에 이긴 공이 이미 높으니

만족함을 알고 그만 돌아가는 것이 어떠냐

우문술과 우중문은 을지문덕을 보낸 책임을 서로에게 미루며 다투었다. 우문술은 식량이 거의 바닥났으니 요동으로 되돌아가자고 했지만 우중문은 을지문덕을 잡아 공을 세우자고 주장했다. 두 장군의 의견이 엇갈리는 것을 안 수 양제는 우중문을 총사령관으로 임명해 군대를 통솔하도록 했다.

우중문은 망설이는 장수들을 다그쳐 압록강을 건너게 했는데 을지문덕은 싸우다가 달아나는 일을 계속했다. 어떤 날은 일곱 번을 싸워 일곱 번 모두 져주기도 했다. 기세가 오른 우중문의 군대는 살수(薩水 : 청천강)를 건너 평양성과 30리 거리에 있는 산에 진을 쳤다. 이때 을지문덕은 사신을 보내 만약 장군이 군사를 돌려 물러가면 왕을 받들고 황제를 찾아뵙겠다며 거짓으로 항복하는 척한다.

우문술 등은 거짓 항복인 줄 알면서도 군사들이 몹시 지쳐 있고 평양성이 험하고 견고하여 쉽게 함락할 수 없음을 알고 군대를 철수시켰다. 그러자 을지문덕은 고구려 군사들에게 일제히 공격하라는 명령을 내렸고, 수나라 군사와 고구려 군은 싸우다 도망치고 도망치다 싸우기를 계속했다.

▲ 살수대첩
영양왕 23년에 수나라 양제가 200만의 대군을 이끌고 고
구려 살수로 쳐들어오자 을지문덕 장군이 수나라 별동대
30만 5,000여 명을 몰살시킨 큰 싸움이다.

수나라 군사가 살수에 도착하여 강을 반쯤 건넜을 때 고구려 군은 총공격을 감행해 부교를 끊었다. 이로 인해 강을 건너던 수나라 군사는 대부분 물에 빠져 숨지고 말았다. 수나라 군사의 피해는 엄청났다. 30만 대군 중에서 살아 도망친 사람은 불과 2,700명 정도였다고 한다. 이것이 바로 그 유명한 '살수대첩'이다. 한편 대동강으로 진격하던 내호아의 수군도 고구려 군에게 크게 패해 도망치고 말았다.

당 태종 이세민과 연개소문

살수에서 결정적인 패배를 당한 수 양제는 설욕전을 펼치기 위해 여러 가지 신무기를 개발하여 613년에 다시 고구려를 공격했지만 예기치 못했던 내란이 일어나는 바람에 발길을 돌릴 수밖에 없었다. 본국으로 돌아간 수 양제는 반란을 일으킨 예부상서 양현감(楊玄感)을 잡아 죽이고 614년 2월에 또다시 고구려를 공격했다. 이때 오랜 기간 계속되는 전쟁에 지쳐 있던 고구려는 거짓으로 항복을 약속하였으나 끝내 지키지 않았다.

그 후 수나라는 걷잡을 수 없는 반란에 휘말려 수 양제는 618년에 자신의 근거지였던 금릉에서 이연(李淵)에게 살해되고 만다. 이연은 장안을 점령하고 수 양제의 아들로부터 황제 자리를 넘겨 받아 당나라를 건국하였다.

당 고조 이연은 수나라의 멸망을 교훈으로 삼아 고구려와 우호 관계를 맺어 두 나라 사이에는 별 충돌이 없었다. 그러나 평화의 시기는 오래가지 않았다. 고조의 뒤를 이은 태종 이세민(李世民) 이 고구려를 제외한 주변의 거의 모든 나라를 굴복시킬 만큼 국력 이 강해지자 수나라의 원수를 갚는다는 명목으로 신라와 화친을 맺고 고구려를 넘보기 시작한 것이다.

당 태종 이세민은 국토를 넓히는 한편 인재를 널리 등용하고 선 정 정치를 펼쳐 그가 이끌던 시대(627~649)를 '정관의 치(貞觀之 治)'라 일컫는다. 그러나 이세민은 친형과 동생을 죽이고 아버지 를 핍박해서 왕위를 빼앗는 등 인간의 도리에 어긋난 짓을 저지르 기도 한 인물이다.

당나라의 세력이 점점 커지자 위기감을 느낀 고구려는 북쪽의 부여성과 남쪽의 비사성을 연결하는 천리장성을 쌓기 시작했는 데, 그 와중에 내분이 일어나 연개소문(淵蓋蘇文)이 정권을 잡게 되었다. 연개소문은 642년, 전쟁보다는 평화를 원했던 영류왕(榮 留王)이 신하들과 모의해 자신을 죽이려 하자 오히려 먼저 왕과 신하들을 죽이고 왕의 조카인 보장왕(寶藏王)을 왕위에 앉힌 후 최 고의 벼슬인 대막리지에 올라 당과 손을 잡은 신라를 공격하였다. 다급해진 신라는 당나라에게 구원을 요청하였고, 때를 노리고 있던 당 태종 이세민은 645년 대군을 이끌고 고구려를 공격하기에 이르렀다. 마침내 30여 년에 걸친 고구려와 당나라의 전쟁이 시작된 것이다.

첫 싸움에서 고구려는 당나라 군사에게 요동성을 비롯하여 개모성·비사성·백암성 등 여러 성을 빼앗기고 말았다. 고구려는 수나라 100만 대군도 어쩌지 못했던 요동성마저 한 달 남짓한 항전 끝에 빼앗기자 큰 충격을 받았다.

하지만 고구려의 반격도 만만치 않았다. 먼저 국내성 등에서 군사를 뽑아 당나라 군사들이 고구려 내부로 들어오지 못하게 막았고, 당나라가 노리던 신성과 건안성의 전투에서 연거푸 당나라 군사들을 물리쳤다. 또 비사성을 빼앗은 당나라 해군이 압록강 방면으로 공격해 오는 것도 막아 냈다.

한편 당나라의 군대는 식량과 전투에 유리한 위치를 확보하기 위해 줄기차게 안시성을 공격했다. 이에 연개소문은 고혜진(高慧眞), 고연수(高延壽) 등을 안시성으로 보내 당나라 군대와 맞서게 했다. 그러나 두 장수는 첫 전투에서 승리를 거두자 자만에 빠져 적진 깊숙이 들어갔다가 많은 군사를 잃은 채 항복하고 말았다.

이후 자신감을 얻은 당나라는 안시성을 총공격했지만 안시성은 쉽게 무너지지 않았다. 성주 양만춘을 비롯한 모든 군사들이 하나되어 죽음을 무서워하지 않고 결사적으로 항전했기 때문이었다. 당나라 군대는 매일같이 공격을 퍼부어도 이렇다 할 성과를 얻지 못하자 안시성을 넘기 위해 두 달에 걸쳐 흙산을 쌓았다. 그러나 이것마저 고구려 군사들이 밤에 몰래 성을 빠져나와 허물어뜨리는 바람에 당나라 군대의 사기는 크게 떨어지고 말았다.

그러는 동안 계절이 바뀌어 찬바람이 불기 시작했고 안시성의 집요한 항전과 작전에 말려들어 보급로가 끊긴 상태에서 식량이 바닥을 드러내자 당 태종은 어쩔 수 없이 안시성을 포기하고 군사를 되돌릴 수밖에 없었다.

▲ 고구려 기마병의 모습

당군이 철군할 수밖에 없었던 이유에 대해선 두 가지 설이 전해지고 있다. 첫째는 연개소문이 직접 구원군을 이끌고 나타났기 때문이라는 것이고, 둘째는 태종이 안시성 성주 양만춘이 쏜 화살에 한쪽

▲ 당나라 기마병들의 행진 모습

눈을 맞아 더 이상 전쟁을 할 수 없었기 때문이라는 것이다. 그러나 어느 것이 정확한 설인지는 알 수 없다.

당나라는 그 후에도 647년과 648년에 연이어 고구려를 쳐들어왔지만 번번이 패배하여 물러났다. 3차에 걸친 고구려 침략으로 엄청난 피해를 입은 당나라는 649년에 태종이 숨을 거두자 한동안 고구려를 넘보지 못하였다.

하지만 당나라는 고구려에 대한 야심을 버리지 못하고 백제를 멸망시킨 여세를 몰아 661년에 다시 고구려를 쳐들어 왔다. 이에 연개소문은 662년 2월 사수 전투에서 적의 주력군을 모두 몰살시켜 당나라 군대를 물리쳤다. 단재 신채호는 『조선상고사』에서 "연개소문이야말로 고구려의 뛰어난 민족 영웅으로 보기 드문 영걸인 당 태종 이세민도 연개소문만큼은 두려워했다."고 적고 있다.

고구려의 최후

연개소문은 병법 등 군사 문제에 있어서 탁월한 능력을 지녔지만 자신과 생각이 다르다는 이유로 많은 대신들을 죽였고, 자신을 지지하는 인물을 등용해 다양한 의견들이 무시되었다. 다시 말해 여러 사람의 지혜를 모으지 못했던 것이다.

연개소문이 죽자 큰아들 남생(男生)이 뒤를 이어 막리지 자리에 올랐다. 그 후 남생이 동생인 남건(男健)과 남산(男産)에게 내정을 맡기고 여러 성을 돌아볼 때 누군가가 "형을 믿지 마라. 두 아우를 미워하여 제거하려고 한다."고 두 사람을 꼬드겼다. 그들은 이 말을 믿지 않았지만 남생에게도 "남건과 남산이 형을 해치려 한다."고 이간질하는 사람이 있었다.

남생은 몰래 부하를 보내 아우들의 동정을 살피도록 했는데, 부하의 정체를 알아챈 남건과 남산이 그를 붙잡아 놓고 오히려 왕명이라며 남생을 불러들였다. 그러나 겁을 먹은 남생이 응하지 않자 남건은 스스로 막리지가 되어 남생을 쳤다.

싸움에서 패한 남생은 국내성으로 달아나 그곳을 거점으로 삼고 아들 헌성(獻誠)을 적국인 당나라에 보내 도움을 요청하였다. 남생은 당나라가 자신을 돕겠다고 하자 당나라에 투항했는데, 내외 정세가 고구려에 불리함을 깨달은 연개소문의 동생 연정토(淵淨土) 또한 12성(城)을 이끌고 신라에 항복했다. 이는 고구려가 멸망하는 결정적인 계기가 되었다.

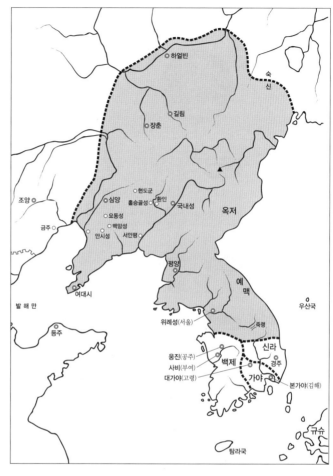

▲ 고구려 전성기 (5세기 후반)

 당나라와 신라는 남생을 길잡이 삼아 내란으로 힘이 약해진 고구려를 협공했다. 남산과 남건은 고군분투하며 당나라 군사들을 막았지만 설인귀 등이 도성을 포위하고 공격해 들어오자 어쩔 수 없이 항복했고, 마침내 668년 9월 26일 고구려는 멸망하고 말았다.

백제
왕실
계승도

제1대 　**온조왕** (B.C. ?년~A.D. 28년) 재위 기간 : B.C. 18년~A.D. 28년

백제의 시조. 위례성에 도읍을 정하고 나라를 세웠다. 기원전 5년에 서울을 남한산으로 옮기고, 9년에는 마한을 병합하여 국토를 확장하였다.

제2대 　**다루왕** (A.D. ?년~?년) 재위 기간 : A.D. 28년~77년

북방의 말갈족을 격퇴하였고 농사를 장려하였다.

제3대 　**기루왕** (A.D. ?년~128년) 재위 기간 : A.D. 77년~128년

85년에 신라의 변방을 공략하고, 105년에는 신라에 화친을 청했다.

제4대 　**개루왕** (A.D. ?년~166년) 재위 기간 : A.D. 128년~166년

165년에 신라를 모반한 아찬 길선의 망명을 받아들인 뒤로 신라와 사이가 나빠졌다.

제5대 　**초고왕** (A.D. ?년~214년) 재위 기간 : A.D. 166년~214년

신라의 서쪽을 침범하여 관산성과 모산성을 함락하고 원산향과 요차성을 공격하였다.

제6대 　**구수왕** (A.D. ?년~234년) 재위 기간 : A.D. 214년~234년

농사를 장려하고 신라 우두진을 공격하였다.

제7대 　**사반왕** (A.D. ?년~?년) 재위 기간 : A.D. 234년~234년

234년 왕위에 올랐으나 고이왕에게 왕위를 빼앗겼다.

제8대 　**고이왕** (A.D. ?년~286년) 재위 기간 : A.D. 234년~286년

율령을 확립하고 관제를 제정하여 중앙 집권 체제를 강화하였다.

제9대 책계왕 (A.D. ?년~298년) 재위 기간 : A.D. 286년~298년

고구려의 침략에 대비해 위례성, 아단성, 사성을 쌓았다.

제10대 분서왕 (A.D. ?년~304년) 재위 기간 : A.D. 298년~304년

낙랑군의 서현을 점령하여 영토를 확장하였으나 낙랑의 자객에게 살해되었다.

제11대 비류왕 (A.D. ?년~344년) 재위 기간 : A.D. 304년~344년

구수왕(6대)의 둘째 아들로 신라와 수교를 맺었다.

제12대 계왕 (A.D. ?년~346년) 재위 기간 : A.D. 344년~346년

분서왕(10대)의 맏아들로 성품이 강직하고 말 타기와 활쏘기에 뛰어났다.

제13대 근초고왕 (A.D. ?년~375년) 재위 기간 : A.D. 346년~375년

369년에 마한과 대방을 병합하였고, 371년에는 고구려의 평양성을 점령하였다.

제14대 근구수왕 (A.D. ?년~384년) 재위 기간 : A.D. 375년~384년

일본, 중국과 국교를 열어 문물을 보급하는 데에 공이 컸다.

제15대 침류왕 (A.D. ?년~385년) 재위 기간 : A.D. 384년~385년

384년에 인도의 중 마라난타가 중국 동진에서 불상을 가지고 들어와 불교를 전하였다.

제16대 진사왕 (A.D. ?년~392년) 재위 기간 : A.D. 385년~392년

고구려 광개토왕에게 한강이북을 빼앗기자 출전하였다가 병으로 죽었다.

제17대 **아신왕** (A.D. ?년~405년) 재위 기간 : A.D. 392년~405년

광개토왕에게 항복을 서약하고 신하의 예를 갖추었다.

제18대 **전지왕** (A.D. ?년~420년) 재위 기간 : A.D. 405년~420년

이름은 여영 · 영. 상좌평의 직제를 마련하고 동진과 국교를 강화하였다.

제19대 **구이신왕** (A.D. ?년~427년) 재위 기간 : A.D. 420년~427년

전지왕(18대)의 맏아들이다.

제20대 **비유왕** (A.D. ?년~455년) 재위 기간 : A.D. 427년~455년

송나라와 왕래하였으며, 433년에는 신라와 국제 외교를 통한 친선에 힘썼다.

제21대 **개로왕** (A.D. ?년~475년) 재위 기간 : A.D. 455년~475년

이름은 경사. 고구려의 첩자인 중 도림의 계책에 말려들어 토목공사를 일으켜 국고를 탕진하였다.

제22대 **문주왕** (A.D. ?년~477년) 재위 기간 : A.D. 475년~477년

서울을 웅진으로 옮기고 국방에 힘썼다.

제23대 **삼근왕** (A.D. ?년~479년) 재위 기간 : A.D. 477년~479년

478년에 해구가 반란을 일으키자 진로로 하여금 평정하게 하였다.

제24대 **동성왕** (A.D. ?년~501년) 재위 기간 : A.D. 479년~501년

이름은 모대 · 마제. 신라, 중국 등과 화친을 맺었다. 493년에 신라와 혼인 동맹을 맺었으며, 498년에는 탐라국을 복속시켰다.

제25대 **무령왕** (A.D. 462년~523년) 재위 기간 : A.D. 501년~523년

이름은 사마 · 융. 양나라와 친교를 맺으며 국내 안정에 힘썼다.

제26대 **성왕** (A.D. ?년~554년) 재위 기간 : A.D. 523년~554년

이름은 명농. 538년에 사비성으로 도읍을 옮기고 국호를 '남부여' 라 하였다.

제27대 **위덕왕** (A.D. 525년~598년) 재위 기간 : A.D. 554년~598년

이름은 창. 고구려의 침공을 막아 내고 신라를 자주 침공하였으며 중국과 외교 관계를 수립하였다.

제28대 **혜왕** (A.D. ?년~599년) 재위 기간 : A.D. 598년~599년

이름은 계. 위덕왕의 뒤를 이어 즉위하였으나 업적을 남기지 못하고 이듬해 죽었다.

제29대 **법왕** (A.D. ?년~600년) 재위 기간 : A.D. 599년~600년

이름은 선 · 효순. 왕흥사 창건에 착수하는 등 불교 융성에 힘썼다.

제30대 **무왕** (A.D. ?년~641년) 재위 기간 : A.D. 600년~641년

이름은 장 · 무강. 고구려를 견제하고 신라를 자주 침공하였으며 수나라 · 당나라와는 친화정책을 썼다. 일본에 관륵을 보내어 천문 · 지리 · 역본 등의 서적과 불교를 전하였다.

제31대 **의자왕** (A.D. ?년~660년) 재위 기간 : A.D. 641년~660년

백제의 마지막 왕. 642년에 신라를 공격하여 미후성 등 많은 지역을 점령하였으나 만년에 사치와 방탕에 흘렀다. 660년 나당 연합군에 항복하여 당나라로 압송되었다.

찬란한 백제 문화

『삼국사기』「백제본기(百濟本紀)」에 의하면 백제 건국설화로는 온조왕(溫祚王)을 시조로 한 것과 비류왕(沸流王)을 시조로 한 것이 있는데 그 내용은 다음과 같다.

백제의 시조는 온조왕이다. 그의 아버지는 고구려의 시조인 추모왕 또는 주몽이라고도 한다. 주몽이 북부여에서 난을 피해 졸본부여에 이르렀을 때 졸본부여 왕에겐 왕자는 없고 딸만 셋 있었다. 졸본부여 왕은 주몽을 보고 보통 사람이 아님을 알고 둘째딸을 아내로 삼게 하였다. 그 후 부인의 몸에서 큰아들 비류와 둘째 아들 온조가 태어났다.(혹은 주몽이 졸본에 도착하여 월군(越郡)의 여자를 아내로 맞이해 두 아들을 낳았다고도 한다.)

그러던 중 주몽이 북부여에 있을 때 낳은 아들 유리(琉璃)가 찾아와 태자 자리에 오르자 비류와 온조는 오간(烏干)과 마려(馬黎) 등 10명의 신하와 함께 남쪽으로 내려오니 그 뒤를 따르는 백성들이 많았다. 드디어 한산(漢山)에 이른 이들은 부아악(負兒嶽)에 올라가 살 만한 땅이 있는지 살펴보았다. 비류는 바닷가에서 자리를 잡으려 했지만 여러 신하들이 그에게 말했다.

"하남 땅은 북으로는 한수를 접하고 동으로는 높은 산에 의지하고 있으며 남으로는 기름진 벌판을 바라보고 서쪽은 큰 바다에 막혀 있습니다. 이처럼 하늘이 내려준 험하고 높고 가파른 지세는 참으로 얻기 어렵사옵니다. 이곳에 도읍을 정하는 것이 가장 좋을 듯싶습니다."

그러나 비류는 신하들의 의견을 듣지 않고 온조와 백성을 두 무리로 나누어 미추홀(彌鄒忽 : 지금의 인천)로 돌아가 자리를 잡았다. 그리고 비류의 동생 온조는 하남 위례성(慰禮城)에 도읍을 정하고 나라 이름을 십제(十濟)라 하였다.

비류는 미추홀의 땅이 습하고 물이 짜서 생활에 불편을 느끼고 위례로 되돌아왔는데 도읍은 안정되고 백성들은 편안히 살고 있었다. 비류가 부끄러움을 느끼고 크게 뉘우치다 숨을 거두니 그의 신하와 백성들이 모두 위례로 돌아왔다. 그 뒤 온조는 백성들이 처음 남으로 내려올 때 즐겨 따랐다고 해서 나라 이름을 백제로 고쳤다. 백제의 세계(世界)는 고구려와 함께 부여에서 나왔으므로 성씨를 부여로 삼았다.

또 다른 설에 의하면 백제의 시조는 비류왕이다. 비류왕의 아버지 우태(優台)는 북부여 왕 해부루(解夫婁)의 *서손(庶孫)이요, 어머니 소서노(召西奴)는 졸본 사람 연타발(延陀勃)의 딸이다. 소서노는 우태에게 시집와서 아들 둘을 낳았는데 큰아들은 비류라 하였고 둘째 아들은 온조라 하였다. 우태가 죽자 소서노는 졸본에서 혼자 살았다.

한편 주몽은 부여에서 받아들여지지 않자 전한(前漢) 건소(建昭) 2년(BC 37) 봄 2월에 남쪽으로 달아났다. 주몽은 졸본에 이르러 도읍을 세우고 나라 이름을 고구려라 지은 후 소서노를 맞이해 왕비로 삼았다.

주몽은 소서노가 나라를 세우는 데 있어 많은 도움을 주었기 때문에 그녀를 남달리 아껴 비류 등을 친자식처럼 대하였다. 그러던 중 주몽이 부여에 있을 때 예씨(禮氏)에게서 낳은 아들 유류(孺留: 유리)가 오자 주몽은 그를 태자로 삼고 왕위를 잇게 하였다. 이에 비류가 동생 온조에게 말하였다.

"처음 대왕이 부여에서 난을 피해 이곳으로 도망쳐 왔을 때 우리 어머니께서 재산을 바쳐 나라를 세우는 것을 도왔으니 그 공이 매우 크다. 그러나 대왕이 세상을 떠나신 후에는 나라가 유류에게 속하게 되었다. 우리가 살에 돋은 군살처럼 이곳에서 답답하게 지내는 것보다 어머니를 모시고 남쪽으로 내려가 터를 잡고 따로 도읍을 세우는 것이 좋지 않겠느냐."

이후 비류는 동생 온조와 더불어 무리를 거느리고 패수(浿水)와 대수(帶水)를 건너 미추홀(彌鄒忽)에 이르러 살았다.

이 두 건국설화를 보면 특이하게도 비류왕의 설화에만 소서노가 등장하지만 비류와 온조가 새로운 국가를 건설하기 위해 남쪽으로 내려갈 때 그녀가 함께 간 것만은 분명해 보인다.

온조왕은 원년(BC 18) 여름 5월에 동명왕(東明王) 묘를 세웠고, 2년 봄 정월에 여러 신하들을 모아 놓고 말하였다.

"말갈이 우리 북쪽과 경계를 접하고 있어 호시탐탐 쳐들어올 기회를 노리고 있다. 그 사람들은 용감하고 속임수가 많으니 마땅히 무기를 수선하고 군량을 비축하여 말갈을 막고 지킬 계책을 마련하라."

온조왕은 3년(BC 16) 9월에 말갈이 북쪽 경계를 쳐들어오자 군사들을 거느리고 급히 공격하여 크게 이겼다. 살아서 돌아간 적은 불과 열에 하나 둘이었다. 말갈은 18년(BC 1) 10월에도 갑작스럽게 쳐들어왔는데 온조왕은 군사를 거느리고 칠중하(七重河 : 임진강)에서 맞서 싸워 추장 소모(素牟)를 사로잡아 마한(馬韓)에 보내고 나머지는 모두 구덩이에 묻어 버렸다.

온조왕은 재위 46년 동안 영토를 넓혀 나가면서 마한을 자주 침범했고, 온조가 죽은 후 맏아들 다루왕(多婁王)과 손자 기루왕(己婁王)으로 왕위가 이어지는 동안 마침내 삼한의 옛 땅을 모두 통합하였다.

개루왕과 도미의 아내

개루왕(蓋婁王)은 기루왕의 아들로 132년(개루왕 5)에 북한산성을 쌓았는데 도미(都彌)의 아내와 얽힌 이야기로 유명하다. 도미는 백제 사람으로 비록 평범한 서민이지만 의리는 있었다. 그 아내 또한 용모가 아름답고 절개가 곧아 사람들이 칭찬을 아끼지 않았다. 개루왕이 소문을 듣고 도미를 불러 말하였다.

"대개 아녀자들은 목숨보다 정절을 더 소중히 여긴다고 한다. 그러나 만약 사람이 없는 으슥한 곳에서 달콤한 말과 권력으로 잘 꾀기만 하면 제아무리 정조를 중히 여긴다 해도 마음이 변해 따라오기 마련이다."

그러자 도미는 대답하였다.

"사람의 마음속은 헤아리기 어렵사오나 소신의 아내는 설혹 목숨을 잃는다 하더라도 딴 뜻을 품지 않을 것이옵니다."

왕은 도미의 대답에 호기심을 느끼고 사실 여부를 시험하려 했다. 왕은 구실을 붙여 도미를 붙잡아 놓은 후 근신(近臣) 한 명에게 왕의 의관을 입히고 말에 태웠다. 도미의 집에 도착한 가짜 왕은 사신을 시켜 도미 부인에게 왕이 행차했다고 알리었다. 한밤중이 되자 가짜 왕은 도미 부인에게 말하였다.

"오래전부터 네가 아름답다는 소문을 듣고 은근히 마음에 품어왔는데 마침내 그 뜻이 이루어졌다. 내가 도미와 내기를 하여 이겼느니라. 그리하여 너를 궁인(宮人)으로 얻게 되었으니 이제부터 너의 몸은 내 것이다.”

가짜 왕은 곧 부인을 범하려 들었다. 그 순간 절개가 곧기로 이름 높은 도미 부인이 뜻밖의 말을 하는 것이었다.

“마마께서 어찌 헛된 말을 하겠나이까. 당연히 마마의 뜻을 따르겠습니다. 먼저 방에 드셔서 기다려 주옵소서. 소첩이 목욕을 하고 옷을 갈아입은 다음에 모시겠습니다. "

도미 부인은 물러나와 곧 계집종을 불렀다.

“나는 지아비가 있는 몸이니 네가 나를 대신하여 모시어라.”

부인은 계집종을 잘 꾸며 방으로 들여보냈다. 이 소문은 널리 퍼지게 되었고 왕은 도미의 아내를 괘씸하게 생각했다. 가짜 왕을 보냈다 해도 도미의 아내는 이 사실을 모르니 왕을 속인 셈이 되는 것이었다.

마침내 크게 노한 왕은 도미에게 억울한 누명을 씌워서 참혹하기 그지없는 벌을 내렸다. 도미의 두 눈을 빼 버리고 작은 배에 실어 강물에 띄워 보낸 것이다. 눈이 먼 도미는 물결이 이끄는 대로 흘러갈 수밖에 없었다. 그런 다음 왕은 도미 부인을 강제로 붙잡아 와서 모시게 했다.

“소첩은 지금 남편을 잃고 혼자 살아가게 되었습니다. 앞길이 막막하기만 한데 마마께서 베푸시는 은혜를 어찌 거절하겠나이까. 그러나 마침 매달 오는 것이 몸에 있어 더럽사오니 다음 날에 깨끗이 씻고 오겠나이다.”

왕은 이 말을 곧이곧대로 믿고 허락하였다. 도미 부인은 그 길로 강가까지 달아났다. 하지만 배가 없어 강을 건너지 못하였다. 도미 부인이 하늘만 쳐다보며 살려 달라고 통곡하고 있을 때 어디선가 작은 배 한 척이 나타나 물결에 흔들리며 떠내려 왔다. 도미 부인은 앞뒤를 가릴 것 없이 배를 잡아타고 몸을 맡기었다. 배는 바람 부는 대로 떠내려가다 천성도(泉城島)라는 섬에 도착하였다. 배에서 내린 도미 부인은 뜻밖에도 그곳에서 도미를 만나게 되었다. 도미는 그때까지 죽지 않고 살아 있었던 것이다. 도미 부인은 눈이 먼 남편을 끌어안고 한참을 울었다.

이후 두 사람은 풀뿌리와 나무껍질로 끼니를 이으며 살아가다 더 멀리 도망치기 위해 배를 타고 고구려 땅으로 갔다. 고구려 사람들은 그들의 이야기를 듣고 불쌍히 여겨 옷과 음식을 대주었다.

백제의 발전

백제는 처음에는 힘이 약하여 마한 왕에게 조공을 바치기도 했지만 온조보다 먼저 남하한 것으로 보이는 비류 집단이 합류한 이후에는 주변의 작은 세력들을 규합하며 연맹 국가로 발전해 나갔다.

한강 유역의 지리적인 이점을 이용하여 국력을 키운 백제는 1세기 중엽에는 마한을 공격하고, 고이왕(古爾王) 때에는 서북 지방의 낙랑과 동북 지방의 말갈을 방어하면서 국가 체제를 갖추어 나갔다. 고이왕은 지배 체제를 정비하기 위해 중앙관등제인 6좌평과 16관등제를 마련하고 집권력을 강화하여 고대국가로서의 기틀을 다져 놓았다.

백제가 최대의 전성기를 맞이한 것은 4세기 후반 근초고왕(比流王) 때였다. 당시 백제 왕실은 개루왕에서 갈라진 고이왕계와 초고왕(肖古王)계가 세력을 다투고 있었다. 초고왕의 아들인 구수왕(仇首王)의 뒤를 이은 사반왕(沙伴王)은 즉위하자마자 삼촌인 고이왕에 의해 폐위되었다. 그 뒤 왕위는 고이왕의 아들 책계왕(責稽王)과 손자 분서왕에게로 이어졌다. 그러나 책계왕이 *한군(漢軍)과 *맥인(貊人)의 침입에 맞서 싸우다 죽고 분서왕이 낙랑이 보낸 자객에게 피살당하자 초고왕계인 비류왕이 왕권을 차지하였다. 비류왕 다음에는 고이왕계인 분서왕의 아들 계왕(契王)이 왕위에 올랐으나 통치 기간은 겨우 2년 정도에 불과했다. 그 후 다시 비류왕의 아들 근초고왕이 즉위하였고, 초고왕계에서 계속 왕위를 이어나갔다.

*한군
낙랑의 군대

*맥인
동예로 추정됨

근초고왕은 고이왕 때 정비된 국가 체제를 기반으로 대대적인 정복 사업을 추진해 나갔다. 남으로는 영산강 유역을 중심으로 마한의 나머지 세력을 복속시켜 전라도 남해안까지 영토를 넓혔고, 낙동강 유역의 가야 세력에도 손을 뻗어 백제의 영향권 내에 두었다. 그 후 근초고왕은 북방으로 진출하여 고구려로 쳐들어갔는데 369년 치양성(雉壤城 : 지금의 황해도 배천)에서 시작된 양국의 싸움은 371년에 그 절정을 이루었다. 근초고왕이 아들 근구수(近仇

首) 함께 3만 명의 대군을 거느리고 평양성을 공격하여 마침내 고구려의 고국원왕을 전사시킨 것이다. 이리하여 백제는 지금의 경기·충청·전라도 전부와 강원·황해도의 일부를 차지함으로써 역사상 가장 넓은 영토를 가지게 되었다.

한편 근초고왕은 대외 활동도 활발히 전개하여 신라와 우호 관계를 맺음으로써 한반도에서 힘의 균형을 이루었고 서쪽으로는 중국의 동진(東晉), 남쪽으로는 왜(倭)와의 무역으로 국제적인 상업 국가로 떠올랐다.

근초고왕은 수도를 한산(漢山:지금의 서울)으로 옮기고 중국 남조(南朝)의 문화를 받아들여 백제의 문화를 발전시켰다. 또한 왕인(王仁)과 아직기(阿直岐) 등을 일본에 보내 『천자문』과 『논어』 등의 유교 경전을 전해 주기도 했다. 이들은 일본의 왕이나 왕족들에게 직접 강의를 했다고 한다. 일본에서는 이때부터 문자를 사용하였고, 아스카 문화의 기초가 이루어지게 되었다. 일본 이소노가미(石上) 신궁(神宮)에 전해져 오는 칠지도(七支刀)는 당대의 금석문 자료로 칼에 새겨진 내용에 대해 여러 가지 설이 있지만 근초고왕 때 만들어졌고 일본의 왕에게 내려 준 것으로 볼 수 있다. 즉 당시 일본 왕은 백제의 신하로 여겨졌다는 것이다.

근초고왕이 박사 고흥(高興)을 시켜 백제의 역사책인 『서기(書記)』를 편찬하도록 한 것은 강화된 왕권과 자신의 업적을 과시하기 위함이었다고 할 수 있다.

375년에 근초고왕이 물러나고 아들인 근구수가 왕위에 오르자

* 『천자문』
자연현상·인륜·도덕·지식 용어 등을 수록한 책으로 양나라 주흥사가 지은 책이다. 사언(四言) 고시(古詩) 250구로 모두 1,000자로 되어 있다.

* 『논어』
유교 경전인 사서의 하나로 공자와 그의 제자들의 언행을 적은 효제, 충서, 인의 도에 대하여 설명하고 있다.

고구려는 다시 백제를 공격하여 수곡성(水谷城)을 함락시켰다. 이를 계기로 백제와 고구려는 끊임없이 크고 작은 전투를 벌이게 되었다.

광개토대왕의 등장과 백제의 위기

근구수왕의 맏아들 침류왕(枕流王)은 백제에서 처음으로 불교를 공인한 왕이다. 침류왕은 왕위에 오른 이듬해 2월 한산에 불교 사원을 세우고 10명의 승려를 두었는데 9개월 후 갑자기 숨을 거두고 말았다. 그 뒤 왕위는 침류왕의 아들이 아니라 동생인 진사왕(辰斯王)에게 넘어갔다. 『삼국사기』에는 침류왕이 죽자 태자 아신(阿莘)이 아직 어려 숙부인 진사가 왕위를 이어받았다고 되어 있으나 『일본 서기』에는 태자에게 돌아가야 할 왕위를 빼앗은 것으로 되어 있다.

진사왕은 임금의 자리에 오른 후 남진하여 내려오는 고구려와 치열한 전쟁을 벌였다. 390년에는 장군 진가모를 시켜 고구려 도곤성을 빼앗고 200여 명을 포로로 잡는 전과를 올렸지만 고구려 최고의 정복 군주 광개토대왕이 등장하자 전세는 완전히 역전되고 말았다. 백제는 392년 고구려 군사에게 한강 이북의 여러 부락과 천연의 요새인 관미성(關彌城 : 지금의 경기도 교동도)을 빼앗기면서 세력이 급격히 약화되었다.

한편 진사왕은 고구려와 전쟁을 벌이면서도 궁궐을 고치고, 연못을 새로 파고, 가지각색의 아름다운 화초를 심고 기이한 날짐승과 길짐승을 길렀다고 한다. 일본에 다섯 가지(청 · 황 · 백 · 적 · 흑) 국화 종자를 보낸 것도 이때였다.

『삼국사기』에는 진사왕이 행궁이 있는 구원(拘原)에서 사냥을 하다 죽은 것으로 되어 있지만 『일본 서기』에는 침류왕의 태자인 아신왕(阿莘王)에 의해 제거된 것으로 나온다.

한성(漢城) 별궁에서 태어난 아신왕은 태어날 때 신비한 빛이 밤을 밝혀 주었다는 설화가 전해진다. 아신왕은 396년에 광개토대왕이 이끄는 고구려 군이 대대적으로 쳐들어오자 반격을 시도했지만 모두 실패하고 말았다. 아신왕이 왜국(倭國)에 태자 전지(腆支)를 인질로 보내고 동맹을 맺게 된 것도 고구려 세력에 대처하기 위함이었다.

405년에 아신왕이 죽자 동생 훈해(訓解)가 정사를 대신하며 전지가 돌아오기를 기다렸으나 막내 동생 설례가 훈해를 죽이고 스스로 왕위에 올랐다. 전지는 왜국 왕이 내어준 군사 100명과 함께 백제로 돌아오려 했지만 정세가 불안하다는 말을 듣고 섬에서 기다리던 중 귀족들이 설례를 죽이고 전지를 왕으로 추대했다. 전지왕은 처음으로 상좌평(上佐平)제를 만들었고, 동진(東晉)과 왜국과의 관계를 긴밀하게 유지해 나갔다.

전지왕의 뒤를 이은 맏아들 구이신왕(久爾辛王)은 남조(南朝) 송나라와의 관계를 더욱 강화하고 황해 연안의 해상 무역권을 유지하여 세력을 넓혀 고구려에 대처하려 하였다. 구이신왕은 423년과 425년에 송나라에 사신을 파견했고, 송나라로부터 진동대장군(鎭東大將軍)의 칭호를 받았다. 계룡산 자락에 자리하고 있는 절집 갑사(甲寺)는 구이신왕 원년(420년)에 고승 아도화상(阿道和尙)이 신라에 불교를 전하고 돌아오는 길에 세웠다고 한다.

고구려의 첩자 도림

그 후 비유왕(毗有王) 때에는 적대 관계에 있던 신라에 사절을 보내 고구려의 지배에서 벗어나려고 애쓰던 신라와 *나제동맹(羅濟同盟. 433~554)을 맺어 고구려를 견제했다. 그러나 비유왕의 뒤를 이은 개로왕(蓋鹵王)은 475년에 중심부인 한강 유역을 고구려에게 빼앗기고 목숨을 잃고 말았다. 이때 결정적인 역할을 한 사람이 바로 고구려 첩자인 승려 도림(道琳)이었다.

472년 고구려에 온 북위의 사신은 장수왕에게 백제가 북위와 협력해 고구려를 공격하자는 제안을 해왔다는 사실을 알렸다. 걱정이 된 장수왕은 백제를 굴복시킬 방법을 찾아 고민하던 중 때마침 도림이란 스님이 찾아왔다.

"걱정하지 마십시오, 마마. 소승이 개로왕의 관심을 다른 곳으

* 나제동맹
신라와 백제가 고구려의 남진을 막기 위하여 맺은 동맹이다. 백제 동성왕 7년에 시작하여 약 70년간 계속되었다.

로 돌려 나랏일에 소홀하도록 만들겠나이다.”

장수왕은 자신 있게 말하는 그를 비밀리에 백제로 보냈다. 도림은 가장 먼저 개로왕에게 아첨을 잘 떠는 간신의 집을 찾아가 말하였다.

“저는 방금 고구려에서 도망쳐 나왔습니다. 바둑을 잘 두니 왕께서 기뻐할 것입니다.”

간신은 그와 함께 궁궐로 들어갔다. 예상했던 대로 바둑을 좋아하는 개로왕은 매우 반가워하였다.

“짐은 지금까지 그 누구와도 바둑을 두어 져본 적이 없다. 그대는 무엇을 걸고 나와 바둑을 두겠는가?”

개로왕이 묻자 도림은 목숨을 걸겠다고 대답하였다. 드디어 많은 신하들이 지켜보는 가운데 개로왕과 도림의 바둑 시합이 시작되었다. 첫 번째 판은 도림이 이겼다. 내심 화가 난 개로왕은 다시 두자고 했다. 그러나 두 번째 판 역시 도림이 이겼다. 개로왕은 또다시 두자고 했고, 세 번째 판에 가서야 이길 수 있었다. 개로왕은 웃으며 말하였다.

“드디어 짐이 적수를 만났다. 이처럼 즐거운 일이 어디 있겠는가.”

개로왕과 바둑을 두며 친해진 도림은 얼마 후 왕에게 아뢰었다.

“백제는 부유하고 강한 나라입니다. 그런데도 성곽과 궁궐을 고치지 않고 돌아가신 왕들의 무덤도 볼품없으며, 강물이 넘쳐 백성들의 집이 자주 무너지니 이는 좋지 않은 일입니다. 국력에 맞는 위엄을 갖추어야 합니다."

개로왕은 그의 말이 옳다고 생각하고 강제로 백성들을 동원해 웅장한 성과 궁궐을 짓도록 했다. 아버지 비유왕의 무덤을 화려하게 꾸미는가 하면 한강 연안을 따라 길게 제방을 만들기도 했다. 이로 인해 나라의 창고는 비어만 갔고 백성들의 원망은 높아져만 갔다.

한편 고구려 장수왕은 도림이 탈출하여 소식을 전하자 즉시 백제를 향해 총공격을 퍼부었다. 승리는 당연히 고구려의 몫이었다. 고구려 군에게 크게 패해 한성을 탈출하기 직전에 개로왕은 아들 문주(文周)에게 신라로 가서 원병을 청하라고 말하였다. 문주는 신하들의 도움으로 신라에 도착하여 군사 1만 명을 지원받았지만 전쟁은 이미 끝난 상태였다. 개로왕은 지원군이 도착하기도 전에 백제의 귀족 출신으로 개로왕의 강력한 왕권 강화 정책에 반발하여 고구려로 망명한 재증걸루(再曾桀婁)와 고이만년(古爾萬年)에게 붙잡혀 죽임을 당했다. 결국 신라군은 한성에 들어가 보지도 못하고 되돌아갔고, 개로왕의 뒤를 이는 문주왕은 도읍을 웅진(熊津 : 지금의 공주)으로 옮기게 되었다.

문주왕은 대두산성(大豆山城)을 수리하는 등 국방에 힘을 기울였지만 참담한 패전으로 건국 이래 중심지였던 한강 유역을 잃은 백제는 혼란에 휩싸였다. 개로왕 때의 왕권 강화 정책에 불만을 품었던 귀족들은 반발하기 시작했고 왕실의 권위는 떨어지고 말았다. 결국 귀족들을 통제하지 못한 문주왕은 병관좌평(兵官佐平)

해구(解仇)에게 정권을 넘겨주었고, 재위 3년 만에 해구가 보낸 자객에게 목숨을 잃었다.

문주왕이 시해(弑害)당한 후 아들 삼근왕(三斤王)이 왕위에 올랐지만 나이가 13세에 불과해 정사를 해구(解仇)에게 맡길 수밖에 없었다. 그러나 왕권을 탐냈던 해구는 478년에 연신(燕信)과 공모하여 대두성(大豆城)에서 반란을 일으켰다. 이에 삼근왕은 좌평 진남(眞男)에게 군사 2,000명을 주어 그들을 치게 하였으나 이기지 못하자 진로(眞老)에게 500명의 군사를 주어 마침내 해구를 죽였다. 이때 해구와 한패였던 연신은 고구려로 도망쳐 백제의 내정을 자세히 보고하였고 왕은 그의 처자식을 붙잡아 웅진 거리에서 목을 베었다.

신라와의 혼인 동맹

이후 삼근왕이 15세의 나이로 세상을 떠나자 조카인 동성왕(東城王)이 왕위를 이어받았다. 동성왕은 매우 용감하였고 어려서부터 말 타기에 능했으며 활을 쏘는 솜씨가 빼어났다고 한다. 당시 북쪽의 고구려를 막기 위해 백제는 신라와의 동맹관계를 더욱 확실히 할 필요가 있었다. 이에 동성왕은 신라의 소지왕(炤智王)에게 사신을 보내 양국 간의 혼인을 바란다는 뜻을 전했다. 신라에서도 동성왕의 뜻을 흔쾌히 받아들여 왕실의 가까운 친척인 이찬(伊飡) 비지(比智)의 딸을 시집보냈다.

재위 15년 봄에 비지의 딸을 왕비로 맞이한 동성왕은 이듬해 고구려가 신라를 쳐들어왔다는 소식을 듣자 3,000여 명의 군사를 보내 신라와 함께 고구려를 물리쳤다. 화가 난 고구려가 백제의 치양성(雉壤城)을 공격하였을 때는 신라가 군사를 보내 백제를 구해 주는 등 양국의 관계는 더욱 친밀해졌다. 또한 고구려 수군이 서해의 해상 교통로를 차단하자 남제(南齊)에 사신을 보내 중국과의 외교관계를 다시 시작하였고, 탐라가 공납을 바치지 않자 직접 군대를 이끌고 쳐들어가기도 했다.

고구려로부터의 위협이 약해지자 동성왕은 웅진강 언덕에 임류각(臨流閣)을 짓고 연못을 파고 진기한 짐승들을 기르며 왕비와 아름다운 궁녀들과 함께 놀이에 빠져 지냈다. 이로 인해 국고는 텅 비게 되었고 백성들의 원성은 점차 높아져 갔다. 그런데다가 가뭄이 심하게 들어 도둑의 무리가 들끓고 이리저리 떠돌아다니는 유랑민이 갈수록 늘어났다. 하지만 동성왕은 유흥을 멈추고 정사에 전념하라는 신하들의 충성어린 간언을 무시한 채 방탕한 생활을 계속해 나갔다.

한편 동성왕은 세력 균형을 위해 등용한 신진 세력의 힘이 커지자 공주 지역을 기반으로 한 위사좌평(衛士佐平) 백가를 가림성(加林城) 성주로 보내는 등 신진 세력을 견제하기 시작했다. 백가 세력은 당연히 불만을 품게 되었고, 마침내 동성왕이 사비 서원으로 사냥을 나간 틈을 노려 왕을 죽이고 말았다.

그러나 동성왕이 펼친 일련의 정책은 한성을 빼앗긴 이후 움츠러든 백제 왕실의 지배 기반을 넓혔다고 할 수 있다. 그 뒤를 이은 무령왕(武寧王)은 정치를 안정시키며 백제가 다시 일어설 수 있는 기반을 만들었다.

백제의 중흥

무령왕은 즉위한 이듬해 가림성에 틀어박혀 기회를 노리던 백가 세력을 물리쳐 없애고, 고구려와 말갈의 침략에 대비하는 등 국력 회복에 힘썼다. 또한 중국 남조 양(梁)나라에 두 차례 걸쳐 사신을 보내 외교 관계를 강화하기도 했다. 무령왕은 흉년이 들어 백성들이 굶주리자 창고에 있는 양식을 풀어 구제하였고, 유랑민들이 고향에 돌아가 농사를 지을 수 있도록 도와 민심을 크게 안정시켰다. 전국에 22담로를 설치하고 왕족이나 충성스러운 신하를 파견하여 지방을 강력히 통제한 것도 무령왕 때의 일이다.

무령왕의 아들 성왕(聖王)은 수도를 사비(부여)로 옮기고 나라 이름을 남부여로 바꾸는 한편 중앙에 22부를 두고 지방을 5부, 5방 제도로 정비하여 나라의 힘을 키우기 위해 노력하였다. 성왕은 중국 남조 양나라의 문화를 받아들이고 불교를 정비하여 종교와 문화를 발전시켰고, 일본에 불교를 전파하는 등 적극적인 외교 정책을 펼쳤다. 많은 선승을 배출한 태고종 본사로 조계산 동쪽 기슭에 있는 선암사(성종 7년)와 지리산 자락에 자리하고 있는 화엄사(성종 22년) 등이 이때 지어졌다.

성왕은 신라와 동맹 관계를 유지하며 고구려의 도살성(道薩城)을 쳐서 빼앗고, 신라와 함께 한강 유역을 공격하여 고구려에게 빼앗겼던 6군(郡)을 되찾았다. 그러나 신라 진흥왕이 동맹 관계를 깨고 고구려와 밀약을 맺은 후 백제를 쳐들어와 그 지역을 빼앗고 말았다. 성왕은 믿었던 진흥왕의 배신에 크게 노하여 아들 여창(餘昌 : 위덕왕)과 함께 직접 군대를 이끌고 신라를 공격했지만 안타깝게도 관산성(管山城 : 지금의 옥천)에서 패배했고, 신라 군사들에게 붙잡혀 비참한 최후를 맞이했다.

▲ 무령왕릉 내부 (국립공주박물관)

이후 백제는 동성왕 이후 성왕 대까지 확립되었던 왕권 중심의 정치 체제에서 귀족 중심의 정치 체제로 바뀌게 되었으며, 120여 년 동안 이어져 내려오던 신라와의 동맹 관계는 완전히 깨지고 말았다. 고구려뿐만 아니라 신라 또한 백제의 적이 된 것이다.

성왕의 뒤를 이은 위덕왕(威德王)은 웅천성(熊川城)을 쳐들어온 고구려 군대를 물리쳤고, 수나라가 중국을 통일하자 고구려를 공격하도록 부추기는 한편 신라에 대해서도 관산성 전투의 패배를 설욕하기 위해 자주 국경을 침범하였다.

위덕왕이 죽자 혜왕(惠王)과 법왕(法王)이 왕위에 올랐으나 2년 사이에 차례로 죽어 무왕(武王)이 30대 왕이 되었다.

『삼국유사』에 나오는 서동설화의 내용을 보면 무왕의 어렸을 때 이름은 서동이다. 마를 캐다 팔며 살았던 탓에 사람들이 서동이라 불렀다. 서동은 신라 진평왕의 셋째 딸 선화 공주가 예쁘다는 소문을 듣고 머리를 깎아 신라인의 모습으로 변장한 후 서라벌(지금의 경주)로 갔다. 서동은 마을 아이들에게 마를 먹이며 친하게 지냈는데 아이들이 자신을 따르자 '선화 공주님은 밤마다 몰래 서동의 방을 드나들며 품에 안고 잔다' 는 내용의 서동요를 지어 부르게 하였다. 이 노래가 널리 퍼져 마침내 진평왕의 귀에까지 들어가게 되었고 선화 공주는 대궐에서 쫓겨났다. 그때 서동이 나타나 선화 공주에게 전하며 모시기를 청하였다. 선화 공주는 듬직해 보이는 서동을 믿고 함께 백제로 갔다고 한다.

무왕은 재위 기간 중에 신라의 아막산성(阿莫山城)을 비롯해 모산성(母山城)·서곡성(西谷城)·독산성(獨山城) 등을 공격하여 대부분 승리를 거둠으로써 지지 기반을 넓히고 왕권을 강화할 수 있었다. 무왕은 고구려를 견제하기 위해 수나라에 조공을 바치며 도움을 청했고, 수나라가 멸망하고 당나라가 일어난 후에는 사신을 보내 당 고조로부터 대방군왕(帶方郡王) 백제왕(百濟王)이라는 칭호를 받았다.

한편 백제의 군사력에 긴장한 신라도 당나라와 친선 관계를 맺었다. 무왕이 군사를 일으켜 신라에 빼앗긴 땅을 되찾으려 하자 당나라는 두 나라가 다툼 없이 가깝게 지낼 것을 권하기도 했다.

무왕은 강화된 왕권을 과시하기 위해 사비성을 수리했고, 불교를 널리 퍼뜨리기 위해 법왕 때 짓기 시작한 [*]왕흥사(王興寺)를 30여 년 만에 완성하였다. 물가에 지어진 왕흥사는 웅장하고 화려한 모습을 갖추고 있었는데 왕은 항상 배를 타고 절에 들어가 향을 피웠다고 한다. 또한 궁궐 남쪽에는 연못을 파고 20여 리 떨어진 곳에서 물을 끌어들이고, 사방 언덕에 버드나무를 심고 연못 속에 신선이 산다는 방장선산(方丈仙山)을 흉내 낸 섬을 쌓았다. 무왕이 연못을 만든 이유는 인근에 있는 금성산에서 뻗어 내려오는 영기가 사방으로 흩어지는 것을 막기 위해서였다고 한다.

무왕은 익산 지역을 중요하게 여겨 이곳에 별도(別都)를 설치하고 장차 도읍을 옮길 계획까지 세웠다. 익산에 궁성이 될 왕궁평성(王宮坪城)을 세우는 한편 흔히 궁성 안에 내불당의 성격을 띤

*왕흥사
백제 무왕 1년에 착공하여 35년에 완성한 절

▲ 백제 미륵사지 석탑(전북 익산)　　　　▲ 부여 정림사지 5층 석탑(충남 부여)

제석사(帝釋寺)를 지었고, 막대한 경비와 시간을 들여 백제 역사
상 가장 규모가 큰 절인 미륵사를 짓기도 하였다. 그러나 끝내 도
읍을 익산으로 옮기지는 못하였다. 무왕은 또한 관륵(觀勒)을 일
본에 보내 천문(天文) · 지리(地理) · 역법(曆法) 등에 대한 서적과
불교를 전하여 일본과 친밀한 관계를 유지하였다.

　무왕은 사비하(泗沘河 : 금강) 북쪽의 배가 드나드는 곳에서 자
주 잔치를 베풀었다. 양쪽 언덕에 기암괴석이 서 있고, 그 사이에
진기한 화초가 있어 마치 그림 같은 곳이었다. 왕이 술을 마시고
흥에 겨워 거문고를 켜면서 노래를 부르자 신하들도 여러 차례 춤
을 추었는데 사람들은 그곳을 대왕포(大王浦 : 백마강에 지금도 그
지명이 전한다)라고 불렀다.

무왕이 이처럼 사치와 유흥을 일삼으며 무리한 공사를 벌이고, 밖으로는 신라 공격에 대비해 자주 군대를 동원하자 백제의 국력은 많이 약화되었다. 이런 경향은 무왕의 뒤를 이은 의자왕(義慈王)에게도 이어져 결국 백제는 역사의 뒤안길로 사라지게 된다.

충신 성충의 절규

의자왕은 무왕의 맏아들로 용감하고 대담하며 결단성이 있었다. 무왕 33년에 태자가 되었는데 부모에게 효도하고, 형제간에 우애가 두터워 당시 사람들은 해동증자(海東曾子)라고 불렀다. 당나라와 친교를 맺어 당 태종은 사부낭중 정문표(鄭文表)를 보내 의자왕을 주국대방군공(柱國帶方郡公) 백제왕으로 책봉하였다.

의자왕은 왕위에 오른 이듬해에 직접 군사를 거느리고 신라로 쳐들어가 미후 등 40여 성을 함락시켰고, 백제 장군 윤충은 군사 1만 명을 거느리고 신라의 대야성을 공격하였다. 윤충은 대야성 성주 품석이 부인과 자식들을 데리고 항복하자 그들을 모두 죽이고 남녀 1천 여 명을 사로잡아 서쪽 지방의 주와 현에 살게 하고 군사를 남겨 성을 지키게 하였다.

의자왕은 즉위 3년에는 고구려와 화친을 맺고 신라가 당 나라로 조공하러 가는 길을 막기 위해 당항성(党項城)을 공격했다. 그러자 신라왕 덕만은 당나라에 사신을 보내 구원을 요청하였다. 이 사실을 안 의자왕은 어쩔 수 없이 군사를 물렸다.

의자왕 4년 9월에 신라 장군 김유신(庾信)이 군사를 거느리고 쳐들어와 7성을 빼앗았다. 이듬 해 5월 의자왕은 당 태종이 고구려를 치면서 신라 군사를 징발하였다는 소식을 듣고 신라를 습격하여 7성을 되찾자 신라는 다시 김유신을 보내 백제를 공격하였다.

의자왕 11년에는 당 나라에 사신을 보내 조공하였는데 당 고종은 사신 편에 조서를 보내 백제는 빼앗은 신라의 성을 모두 돌려주고 신라도 사로잡은 백제 포로들을 돌려보내 전쟁을 끝내라고 말했다.

백제가 멸망의 길을 걷기 시작한 것은 의자왕 15년에 태자궁을 매우 사치스럽고 화려하게 꾸미고, 대궐 남쪽에 망해정(望海亭)을 세우면서부터였다. 이후 왕은 망해정(望海亭)에서 궁녀들을 데리고 술을 마시며 음란과 향락에 빠져 정사를 제대로 돌보지 않았다. 이때 충신 좌평 *성충(成忠)이 나서서 간곡히 말리자 왕은 듣지 않고 오히려 성충을 옥에 가두었다. 이로 인해 더 이상 왕에게 충고하는 사람이 없었고 간신배들만 들끓게 되었다.

감옥에 갇힌 성충은 28일 동안 단식하다 굶주려 죽게 되었을 때 상소를 올려 간하였다.

"충신은 죽어도 임금을 잊지 않는 법, 마지막으로 한 말씀만 드리고 죽겠습니다. 신이 항상 세상 돌아가는 형편을 살펴보았는데 반드시 큰 변란이 있을 것 같습니다. 무릇 군사를 씀에 있어서는

*성충
백제 의자왕 때의 충신. 왕의 방탕한 생활을 여러 번 간하다가 투옥되어 옥에서 외적의 침입을 예언하고, 육로는 탄현에서 수로는 기벌포에서 적을 막으라는 말을 남기고 죽었다.

지형을 잘 골라야 할 것인즉 강의 상류에서 적을 맞이해야만 능히 군사를 보전할 수 있을 것입니다. 만약 다른 나라의 군사가 공격해 오거든 육로로는 침현(沈峴)을 넘지 못하게 하고 수군은 기벌포(伎伐浦) 언덕으로 들어오지 못하게 하십시오. 험한 곳에 자리를 잡고 적을 막아야만 방어할 수 있습니다."

그러나 왕은 끝내 성충의 말을 듣지 않았다.

의자왕 19년 봄에 궁중에는 기이한 소문이 나돌았다. 여우들이 궁중으로 몰려들어 흰 여우 한 마리가 상좌평의 책상에 올라앉았다는 것이었다. 그해 4월에는 태자궁 앞뜰에서 큰 암탉 한 마리가 작은 참새와 교미를 하는 기괴한 일이 일어났다. 사람들은 큰 새가 작은 새와 교미를 했으니 장차 큰 나라가 작은 나라를 빼앗는다는 뜻 아니냐며 불안해했다. 5월에는 서울 서남쪽 사비하에서 세 길이나 되는 큰 고기가 나와 죽었다. 사람들은 그 고기가 백제의 임금을 뜻하는 것이라고 수군거렸다. 8월에는 길이가 18척이나 되는 여자 시체가 생초진(生草津)에 떠내려 왔다. 9월에는 대궐 뜰에 있는 홰나무가 사람이 곡하는 소리처럼 울었으며 밤에는 대궐 남쪽 길에서 귀신의 곡소리가 들렸다.

이듬해 봄에는 서울의 우물물이 핏빛으로 변했고, 서해에서는 작은 물고기들이 백성들이 모두 먹을 수 없을 만큼 많이 죽었으며, 사비하의 물빛이 핏빛처럼 붉다는 소문이 돌았다. 4월에는 두꺼비 수 만 마리가 나무 꼭대기에 모이니 백성들은 크게 놀라 달아났는데 그러다 쓰러져 죽은 자가 100여 명이나 되고 재물을 잃어버린 자는 셀 수도 없었다. 5월에는 폭풍우가 몰아치고 천왕사와 도양사의 탑과 백석사 강당에 벼락이 쳤으며 검은 구름이 용처럼 공중에서 동서로 나뉘어 서로 싸우는 듯하였다.

6월에는 왕흥사의 여러 중들이 배 돛대 같은 것이 큰물을 따라 절문으로 들어오는 것을 보았고, 노루 같은 개 한 마리가 서쪽에서 사비하 언덕으로 올라와 대궐을 향하여 짖다가 사라졌다. 그를 따라 많은 개들이 길거리로 뛰쳐나와 울어대다가 흩어졌고, 귀신 하나가 대궐 안에 들어와 "백제가 망한다. 백제가 망한다."고 크게 외치곤 땅속으로 들어갔다. 왕이 이상하게 생각해 사람을 시켜 땅을 파게 하였더니 거북이 한 마리가 발견되었는데 등에 "백제는 둥근 달 같고, 신라는 초승달 같다."라는 글이 있었다. 왕이 무당에게 묻자 무당은 대답하였다.

"둥근 달 같다는 것은 가득 찬 것입니다. 가득 차면 기웁니다. 초승달 같다는 것은 가득 차지 못한 것입니다. 가득 차지 못하면 점점 차게 됩니다."

이 말을 들은 왕은 화를 내며 그를 죽여 버렸다. 그때 어떤 사람이 "둥근 달 같다는 것은 왕성하다는 것이요, 초승달 같다는 것은 미약하다는 것입니다. 생각하건대 우리나라는 왕성하여지고 신라는 차츰 쇠약하여 간다는 뜻인 듯합니다."라고 말하자 왕이 기뻐하였다.

그 무렵 당 나라 고종은 좌위대장군 소정방(蘇定方)을 신구도행군(神丘道行軍) 대총관(大摠管)으로 임명하여 수좌위장군 유백영

(劉伯英), 우무위장군 풍사귀(馮士貴), 좌효위장군 방효공(龐孝公) 등과 함께 군사 13만 명의 대군을 이끌고 백제를 공격하게 하였다. 또한 신라왕 김춘추를 우이도행군 총관으로 임명하여 당 나라 군사와 합세하도록 하였다.

소정방이 군사를 이끌고 성산(城山)에서 바다를 건너 백제 서쪽에 있는 덕물도(德物島)에 이르자 신라왕은 김유신을 보내 정예 군사 5만 명을 거느리고 당 나라 군사와 합세하도록 하였다.

이 소식을 들은 의자왕은 신하들을 모아놓고 공격과 수비 중에서 어느 것이 마땅한지 물었다. 이때 좌평 의직(義直)이 앞으로 나아가 말하였다.

"당 나라 군사는 멀리 바다를 건너왔습니다. 물에 익숙하지 못한 군사들은 배를 오래 탄 탓에 분명 피곤해 있을 것입니다. 그들이 육지에 내려 사기를 회복하기 전에 무찌르면 뜻을 이룰 수 있을 것입니다. 신라군은 큰 나라의 도움을 믿기 때문에 우리를 경시하는 마음이 있을 것입니다. 만약 당나라 군사들이 불리해지는 것을 보면 두려워서 감히 빨리 진격해 오지 못할 것입니다. 그러므로 먼저 당나라 군사와 결전을 하는 것이 옳을 것입니다."

그러나 달솔 상영(常永) 등의 의견은 달랐다.

"그렇지 않습니다. 당나라 군사는 멀리서 왔기 때문에 속히 싸우려 할 것이니 그 기세를 당할 수 없을 것입니다. 반면에 신라는 이전에 여러 번 우리에게 패하였으므로 우리 군사의 기세를 보면 겁을 내지 않을 수 없을 것입니다. 그러니 당나라 군사들이 들어오는 길을 막아서 그들이 힘이 빠질 때까지 기다리면서 일부 군사는 신라군을 쳐서 사기를 꺾은 후에 기회를 봐서 싸우게 하면 군사도 온전히 유지하고 나라도 안전할 것입니다."

왕은 어느 쪽의 말을 따라야 할지 몰랐다. 왕은 한참을 고민하다 죄를 지어 고마미지(古馬彌知) 고을에서 귀양살이를 하고 있는 좌평 흥수(興首)에게 사람을 보내 대책을 물었다. 흥수가 대답했다.

"당나라 군사는 숫자가 많을 뿐만 아니라 군율이 엄하고 분명합니다. 더구나 신라와 함께 우리의 앞뒤를 견제하고 있으니 벌판이나 넓은 들에서 싸운다면 승리를 장담할 수 없습니다. 백강(혹은 기벌포)과 탄현(혹은 침현)은 군사적으로 아주 중요한 곳입니다. 한 명의 군사가 한 자루의 창을 가지고도 만 명을 당해 낼 수 있을 것이니, 마땅히 용감한 군사를 선발하여 그곳을 지키도록 해서 당나라 군사들이 백강에 들어오지 못하게 하고, 신라군은 탄현을 넘지 못하게 하십시오. 대왕께서는 성문을 굳게 닫고 든든히 지켜 그들의 물자와 군량이 떨어지고 군사들이 지칠 때를 기다린 후에 일시에 공격한다면 반드시 이길 수 있을 것입니다."

그러나 대신들은 흥수의 말을 믿지 않고 왕에게 아뢰었다.

"흥수는 옥중에 오래 있었습니다. 당연히 임금을 원망하고 나라를 사랑하지 않을 것이니 그 말을 따를 수 없습니다. 차라리 당나라 군사들을 백강으로 들어오게 놓아두면 거스르는 물에 여러 배가 나란히 가지 못할 것이고, 신라군은 탄현을 넘게 놓아두면 길이 좁아 여러 말을 나란히 몰 수 없을 것입니다. 이때 군사를 풀

어 공격하면 마치 닭장에 든 닭이나 그물에 걸린 고기를 잡는 것
과 같을 것입니다."

왕은 신하들의 말을 따르기로 했다. 이때 이미 당나라 군사는
백강에 들어오고, 신라군은 탄현을 넘어섰다는 소식이 들려왔다.
백제로서는 절체절명의 위기였다. 13만 명의 당나라 군사와 5만
명의 신라군으로 구성된 연합군이 양쪽에서 공격하고 있었다. 다
급해진 의자왕은 백제의 명장 계백을 불러 신라군과 싸우게 하였
다. *풍전등화(風前燈火) 같은 조국의 운명을 어깨에 짊어진 계백
장군은 5,000명의 결사대를 이끌고 황산벌(지금의 충남 연산)로
나아가 신라군과 맞섰다.

계백은 싸움터에 나가기 전에 다음과
같이 말하였다.

"이제 당나라와 힘을 합한 신라의 대군
과 싸워야 하니 국가의 앞날을 알 수 없
다. 내 처와 자식이 적의 노예가 될까 두렵
구나. 살아서 치욕을 당하는 것보다는 차
라리 죽는 것이 낫다."

계백은 처와 자식을 모두 죽이고 황산벌로
달려갔다. 그는 지형을 살펴 부대를 3개 영
(營)으로 나누고 군사들에게 맹세하였
다.

"옛날 월(越)나라 왕 구천(句踐)은

▲ 계백장군의 동상

*풍전등화
바람 앞의 등불이
라는 뜻으로 사물
이 매우 위태로운
처지에 놓여 있음
을 비유하는 말

5,000명의 군사로 오(吳)나라의 70만 대군과 싸워 이겼다. 우리 모두 죽기를 각오하고 각자 분발하여 승리를 쟁취함으로써 국가의 은혜에 보답하자."

*계백
백제의 장군. 의자왕 때 나당 연합군이 백제로 쳐들어오자 결사대 5,000여 명을 이끌고 황산벌 전투에서 싸우다 전사하였다.

*계백의 맹세에 용기를 얻은 군사들은 진군 명령이 떨어지자 결사적으로 싸움에 임해 신라군을 물리쳤다. 신라군은 군사를 3도(道)로 나누어 네 번을 싸웠지만 네 번 모두 패했고 군사들은 지쳤다. 이때 신라의 장군인 흠순(欽純)이 아들 반굴(盤屈)을 내보내 힘껏 싸우다 죽게 했다. 그러자 좌장군 품일(品日) 역시 16세의 어린 아들 관창(官昌)을 불러 신라의 화랑으로서 충성을 다하라고 명했다. 부친의 말을 들은 관창은 죽음을 각오하고 홀로 적진에 뛰어들었으나 백제군에게 사로잡히고 말았다. 계백 장군은 어린 관창을 죽이면 신라군의 사기가 오를 것을 염려하여 그대로 돌려보냈지만 관창은 다시 말에 올라 백제 진영으로 쳐들어왔다. 이번에는 계백도 관창의 목을 벨 수밖에 없었다. 백제군은 관창의 머리를 말꼬리에 메달아 보냈고, 이를 본 신라의 병사들은 분노를 참지 못했다.

반굴과 관창의 용감한 행동에 감격한 신라군은 사기가 크게 올라 백제 진영으로 쳐들어왔다. 수적으로 열세인 백제의 결사대는 죽을 힘을 다하여 싸워 신라군 1만여 명을 무찔러 없앴지만 크게 패하여 계백과 5,000명의 결사대는 모두 목숨을 잃었다.

백제 여인들의 충절과 넋이 어린 낙화암

황산벌 전투에서 백제의 군사가 모두 죽었다는 소식이 전해지자 신라군은 사비성으로 쳐들어왔다. 이때 백강 왼쪽 언덕으로 나와 산을 등진 채 진을 치고 있던 당나라 군사는 조수를 이용해 배를 잇대어 북을 치면서 들어오고, 소정방은 보병과 기병을 거느리고 도성 30리 밖에 와서 멈추었다. 백제군은 모두 죽음을 무릅쓰고 나가서 싸웠으나 크게 패하여 죽은 자가 1만여 명이나 되었다.

승기를 잡은 당 나라 군사는 물밀듯이 성으로 달려 들어왔다. 의자왕은 최후의 순간이 다가왔음을 알고 탄식하며 말했다.

"성충의 말을 듣지 않은 것이 후회스럽다. 짐이 어리석어 700년 사직이 여기서 끝나는구나."

의자왕은 수도 사비성이 함락되자 태자 효(孝)를 데리고 궁궐 뒤에 있는 부소산으로 올라갔다. 궁녀들도 왕을 모시겠다며 따라갔다. 해는 이미 저물어 밤이 깊었고, 도성 안에서는 사람들의 울부짖음이 끊이지 않고 들려왔다.

의자왕은 자책의 눈물을 흘리며 어둠을 틈타 웅진성(熊津城)으로 달아났다. 궁녀들도 뒤를 따랐으나 길이 험하고 어두워 방향을 찾지 못했다. 그 순간에도 뒤에서는 적군들이 몰려오고 있었다. 궁녀들은 있는 힘을 다해 달렸지만 그들을 맞이한 건 푸른 강물이었다. 뒤를 돌아보면 적이었고 앞을 보면 강이었다.

적병들에게 붙잡혀 몸을 더럽히는 굴욕을 당하는 것보다는 차라리 깨끗하게 죽는 편이 옳다고 여긴 궁녀들은 한 명 한 명 대왕 포 바위 위에서 강물로 뛰어들었다. 백제 여인들의 충절과 넋이 어린 이곳이 바로 낙화암이다. 바위 절벽에 새겨진 '낙화암(落花 岩)'은 조선시대 학자인 우암(尤庵) 송시열(宋時烈) 선생이 쓴 글 씨다.

의자왕이 태자 효와 함께 웅진성으로 달아난 후 둘째 아들 태 (泰)가 스스로 왕이 되어 군사를 거느리고 사비성을 굳게 지켰다. 그러자 태자의 아들 문사(文思)는 왕의 셋째 아들 융(隆)에게 말하 였다.

"왕께서는 태자와 함께 웅진성으로 가셨고 숙부가 마음대로 왕 노릇을 하고 있습니다. 만일 당나라 군사가 포위를 풀고 가버리면 우리들이 어떻게 생명을 보존할 수 있겠습니까?"

융은 문사의 말도 일리가 있다고 느끼고 문사와 대좌평 천복(千 福) 등 몇몇 신하를 거느리고 밧줄에 매달려 성을 빠져나갔다. 싸 움에 지친 백성들이 그 뒤를 따르니 태는 이를 막지 못하였다.

융이 항복하자 신라 태자 법민(法敏)은 그를 말 앞에 꿇어앉히 고 얼굴에 침을 뱉으며 꾸짖었다.

"지난날 너의 아비는 내 누이동생을 죽였을 뿐만 아니라 옥중 에 묻어 놓아 20년 동안이나 내 마음을 아프게 했다. 너도 그만한 대가를 치러야 할 것이다."

이미 항복한 융은 땅에 엎드린 채 고개를 숙이고 눈물만 흘릴 뿐이었다.

법민의 누이는 김품석(金品釋)에게 시집을 갔는데 품석이 대야성의 도독으로 있을 때 백제 장군 윤충(允忠)이 쳐들어왔다. 당시 검일(黔日)이란 자가 백제와 내통하는 바람에 성이 위태롭게 되어 품석은 윤충이 권하는 말만 믿고 항복하려 했다. 그때 백제군이 갑자기 들이닥치자 윤충에게 속은 것을 안 품석은 처와 자식을 죽이고 그 자신도 싸우다 죽었다. 이 일이 누이를 사랑하던 법민에게는 뼈에 사무칠 만큼 원통했던 것이다.

태는 융이 항복한 후에도 남은 군사를 모아 더 버텨보려고 했다. 그러나 소정방이 군사들을 시켜 성을 넘어 들어가 당나라 깃발을 세우게 했고, 다급해진 태는 성문을 열고 목숨을 구걸할 수밖에 없었다.

한편 웅진으로 도망가 기회를 노리던 의자왕과 태자 효도 이 소식을 듣고 마침내 항복하고 말았다. 신라 태종무열왕(太宗武烈王)은 백제왕이 항복했다는 보고를 받자마자 금돌성(今突城)에서 사비성으로 와서 제감(弟監) 천복(天福)을 당나라로 보내 승리한 사실을 알리는 한편 크게 잔치를 베풀어 모든 장병을 위로하였다.

태종무열왕은 소정방 및 모든 장수들과 함께 당상(堂上)에 앉고 의자왕과 태자 융은 당하(堂下)에 앉힌 다음 온갖 모욕을 주었고 의자왕에게 술을 따르도록 했다고 한다. 의자왕이 술을 따르는 모습을 본 백제의 여러 신하들은 이를 갈며 흐느껴 울었다.

소정방은 의자왕과 태자 효, 왕자 태, 융, 연 및 대신과 장병 88명, 백성 1만 2,807명을 당나라 서울로 보냈다. 이로써 백제는 32

대 678년 만에 멸망하고 말았다. 660년 7월 18일의 일이었다. 당나라로 끌려간 의자왕은 그곳에서 병이 들어 한 많은 삶을 접었다.

백제 유민의 저항

백제가 멸망하자 당나라는 원래 5부 37군 200성 76만 호로 되어 있던 지역을 나누어 웅진(熊津), 마한(馬韓), 동명(東明), 금련(金漣), 덕안(德安) 등 5개의 도독부를 두고 도독, 자사, 현령을 뽑아 주, 현들을 통솔하게 했다. 낭장 유인원(劉仁願)에게는 도성을 지키게 하고 좌위낭장 왕문도(王文度)를 웅진 도독으로 삼아 유민들을 다스리도록 하였다.

당 고종은 의자왕이 병들어 죽자 금자광록대부위위경(金紫光祿大夫衛尉卿)이란 벼슬을 내려 추증하고 옛 신하들이 장례에 참석하는 것을 허락하였다. 또한 조서를 내려 손호(孫皓)와 진숙보(陳叔寶)의 무덤 곁에 장사를 지내도록 하고 비석을 세우게 하였으며 왕자 융을 사가경(司稼卿)으로 임명하였다. 한편 왕문도가 바다를 건너다 죽으니 유인궤(劉仁軌)로 하여금 그를 대신하게 하였다.

용삭(龍朔) 원년에 백제 무왕의 조카 복신(福信)은 중 도침(道琛)과 함께 주류성(周留城)을 거점으로 삼아 항전하기 시작했다. 그는 왜국에 볼모로 가 있던 백제의 옛 왕자 부여풍(扶餘豐)을 임금으로 모시고, 서·북부에서 모두 호응하자 군사를 이끌고 도성에 있는 유인원을 포위했다. 이에 당나라는 유인궤로 하여금 유인원을 돕게 하였다.

유인궤는 군사를 엄하게 통솔하고 이동하면서 싸우고 전진하였다. 복신 등은 웅진강 어귀에 두 개의 목책을 세워 그들을 방어하였다. 그러나 유인궤가 신라 군사들과 합세하여 공격하자 백제 군사들이 목책 안으로 들어오다 다리가 좁아서 물에 빠지고 싸우다 죽고 하여 1만여 명의 전사자를 냈다. 복신 등은 하는 수 없이 도성의 포위를 풀고 물러나와 임존성을 지켰다. 신라 군사들도 군량이 떨어져 돌아갔다.

이때 도침은 스스로를 영군장군(領軍將軍)이라 칭하고 복신은 상잠장군(霜岑將軍)이라 칭하며 여러 무리들을 불러 모아 세력은 더욱 확장되었다. 그들은 사람을 보내 유인궤에게 말했다.

"듣건대 당나라가 신라와 약속하기를 백제 사람들을 남녀노소 가리지 않고 모두 죽이고 백제를 신라에 넘겨주기로 하였다 하니 가만히 앉아서 죽음을 기다리는 것보다는 차라리 싸우다가 죽는 편이 낫지 않겠는가. 이에 우리는 더욱 단결해서 진지를 지키는 것이다."

그러자 유인궤는 사람을 보내 여러 가지 좋은 말로 항복하라고 타일렀다. 하지만 군사가 많은 것을 믿고 교만해진 도침 등은 유인궤가 보낸 사신에게 말했다.

"사자로 보낸 사람의 벼슬이 너무 낮다. 나는 한 나라의 대장이므로 함께 말할 수 없다."

도침 등은 답장도 주지 않고 사신을 돌려보냈다. 유인궤는 군사가 적은 탓에 유인원의 군사와 합쳐 군사들을 쉬게 하고 신라에게 함께 칠 것을 요청하였다. 신라왕은 당 고종의 조서를 받고 장수 김흠(金欽)에게 군사를 주어 유인궤 등을 돕도록 하였다. 김흠이 고사(古泗)에 이르자 복신이 그와 싸워 물리쳤다. 패배한 김흠은 갈령도(葛嶺道)에서 도망쳐 돌아갔고, 신라는 한동안 다시 출동하지 않았다.

그 얼마 후 복신이 도침을 죽이고 그의 군사를 합쳤다. 그러나 부여풍은 복신을 저지하지 못하고 자리만 지켰다. 복신은 유인원 등을 도와줄 원군이 없음을 알고 사람을 보내 위로하며 말했다.

"그대들은 언제 고국으로 돌아가려 하는가? 우리들이 사람을 보내 전송해 주겠다."

이듬해 7월에 다시 싸움이 벌어졌다. 유인원, 유인궤 등의 군사가 복신의 군사를 웅진 동쪽에서 대파하고 지라성(支羅城) 및 윤성(尹城), 대산(大山), 사정(沙井) 등의 목책을 빼앗고 많은 군사들을 죽였다. 복신 등은 강가에 있는 높고 험한 진현성으로 옮겨 갔는데 유인궤가 밤에 신라 군사를 거느리고 쳐들어와 800명의 목을 베어 죽였다. 이로써 마침내 신라에서 오는 군량 수송로가 뚫리게 되었다.

당나라는 유인원이 지원군을 요청하자 군사 7,000명을 좌위위 장군 손인사(孫仁師)에게 주어 바다를 건너게 하였다. 이때 복신은 이미 권력을 독차지하여 부여풍과 서로 질투하고 시기하게 되었다. 복신은 병이 들었다는 핑계로 굴속에 누워 있다가 부여풍이 문병하러 오면 그를 죽이고자 하였다. 그러나 복신의 계략을 눈치챈 부여풍은 심복들과 함께 느닷없이 들이닥쳐 복신을 죽이고 고구려와 왜국에 사람을 보내 군사를 빌려 당나라 군사를 막았다. 하지만 손인사가 중도에서 이들을 맞아 물리치고, 유인원의 군사와 합세하자 당나라 군사의 사기는 크게 올랐다.

장수들이 모두 모여 어디를 공격해야 좋을지 의논하는데 어떤 자가 가림성이 군사상 중요한 곳이므로 먼저 쳐야 한다고 말했다. 그러자 유인궤가 대답하였다.

"병법에 강한 곳을 피하고 약한 곳을 공격해야 한다고 했다. 가림성은 험하고 튼튼하므로 공격하면 군사들이 몸을 다칠 것이고, 밖에서 지키자면 날짜가 오래 걸릴 것이다. 반면에 주류성은 백제의 소굴로 무리들이 모여 있다. 이곳을 쳐서 이기면 여러 성은 저절로 항복할 것이다."

이에 손인사, 유인원과 신라왕 김법민은 육군을 거느리고 나아가고, 유인궤와 두상(杜爽)과 부여융(扶餘隆)은 수군과 군량 실은 배를 거느리고 백강으로 가서 육군과 합세하여 주류성(周留城)으로 갔다. 이들은 백강 어귀에서 왜국 군사를 만나 네 번 싸워 모두 이기고 배 400척을 불태우니 연기와 불꽃이 하늘로 솟아오르고 바닷물도 붉은빛을 띠었다. 이때 왕자 부여충승(扶餘忠勝)과 충지(忠志) 등은 부여풍의 군사를 거느리고 왜국 군사들과 함께 항복하

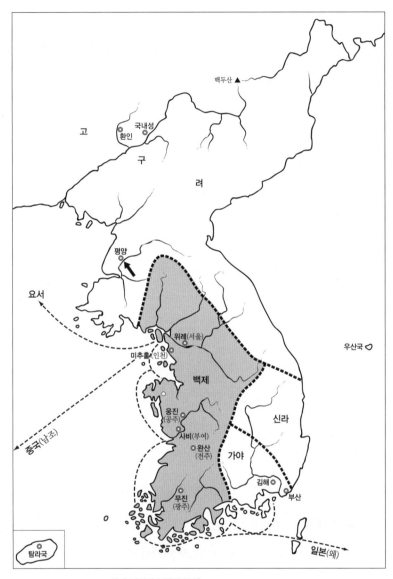

▲ 백제 전성기 (4세기 중엽)

였고, 왕 부여풍은 홀로 탈출하여 달아났는데 행방을 알지 못한

다. 일설에 의하면 고구려로 달아났다고 한다. 이제 남은 사람은

지수신뿐이었다. 그는 임존성을 지키며 꿋꿋하게 버텼다.

한편 유인궤는 한때 소정방의 군사를 물리치고 200여 성을 빼앗았던 흑치상지(黑齒常之)와 그의 별부장(別部將) 사타상여(沙咤相如)가 항복해 오자 그들에게 갑옷과 병기, 군량 등을 주어 임존성을 빼앗게 했다. 이때 유인사가 말했다.

"그들은 야심이 있어 믿기 어렵다. 무기와 곡식을 얻는다면 도적질이나 할 것이다."

그러나 유인궤는 고개를 흔들며 말했다.

"흑치상지와 사타상여는 충성스럽고 영리한 자들이다. 그들에게 기회를 주면 반드시 공을 세울 것이다."

흑치상지와 사타상여가 유인궤의 명을 받들어 임존성을 공격해 빼앗자 끝까지 버티던 지수신도 마침내 아내와 자식을 버리고 고구려로 달아났다. 이로써 3년 동안이나 계속된 항전은 덧없이 끝났다.

신라
왕실
계승도

※ 왕이라는 말이 생기기 전에는 거서간, 차차웅, 이사금, 마립간 등으로 불렸다.

제1대 **혁거세왕(거서간)** (B.C. 69년~A.D. 4년) 재위 기간 : B.C. 57년~A.D. 4년

신라의 시조. 13세 왕위에 올라 재위 17년에 전국을 돌아본 후 농사와 양잠을 장려하였다. 21년에는 수도를 금성이라 하였다.

제2대 **남해왕(차차웅)** (A.D. ?년~24년) 재위 기간 : A.D. 4년~24년

시조의 능을 짓고 석탈해를 사위로 맞아 으뜸가는 벼슬로 삼고 정사를 맡겼다.

제3대 **유리왕(이사금)** (A.D. ?년~57년) 재위 기간 : A.D. 24년~57년

성은 박, 이름은 노례. 6부의 이름을 고치고 성(姓)을 내렸으며 17등 관계(官階)를 제정하였다. 28년에는 신라 가악의 기원인 〈도솔가〉를 지었다.

제4대 **탈해왕(이사금)** (A.D. ?년~80년) 재위 기간 : A.D. 57년~80년

성은 석, 이름은 토해. 국호를 '계림'이라 하였다. 백제 · 가야와 자주 싸움을 벌였으며 일본과는 화친하였다.

제5대 **파사왕(이사금)** (A.D. ?년~112년) 재위 기간 : A.D. 80년~112년

월성을 쌓아 백성을 옮겨 살게 하였으며 음집벌국을 정벌하고 여러 나라를 병합하여 국위를 떨쳤다.

제6대 **지마왕(이사금)** (A.D. ?년~134년) 재위 기간 : A.D. 112년~134년

백제의 협력으로 말갈의 공격을 물리치고 왜국과 수교를 맺었다.

제7대 | **일성왕(이사금)** (A.D. ?년~154년) 재위 기간 : A.D. 134년~154년

말갈의 침입을 자주 받았으나 농본국의 정책을 펼쳐 농지를 개간하고 백성들의 사치를 금하여 검소한 생활을 장려하였다.

제8대 | **아달라왕(이사금)** (A.D. ?년~184년) 재위 기간 : A.D. 154년~184년

현의 설치, 도로의 개통 등 나라 안의 살림에 힘썼다.

제9대 | **벌휴왕(이사금)** (A.D. ?년~196년) 재위 기간 : A.D. 184년~196년

좌군주 · 우군주의 군직을 처음으로 만들어 소문국을 정벌하였다.

제10대 | **내해왕(이사금)** (A.D. ?년~230년) 재위 기간 : A.D. 196년~230년

209년에 포상팔국의 침입을 받은 가락국의 요청으로 구원병을 파견하여 이를 물리쳤다.

제11대 | **조분왕(이사금)** (A.D. ?년~247년) 재위 기간 : A.D. 230년~247년

골벌국의 항복을 받고 감문국을 정벌하여 군으로 만들고 왜병의 침입을 물리쳤다.

제12대 | **첨해왕(이사금)** (A.D. ?년~261년) 재위 기간 : A.D. 247년~261년

고구려와 화친을 맺고 백제를 견제하였다.

제13대 | **미추왕(이사금)** (A.D. ?년~284년) 재위 기간 : A.D. 262년~284년

김씨 왕가의 시조로 농사를 장려하고 여러 차례 백제의 침입을 물리쳤다.

제14대 　유례왕(이사금) (A.D. ?년~298년) 재위 기간 : A.D. 284년~298년

286년에 백제와 수교를 맺고 297년에는 삼한 소국의 하나인 이
서국의 침입을 격퇴하였다.

제15대 　기림왕(이사금) (A.D. ?년~310년) 재위 기간 : A.D. 298년~310년

300년에 왜국과 사신을 교환하였고 빈민을 구제하는 선정을 폈다.

제16대 　흘해왕(이사금) (A.D. ?년~356년) 재위 기간 : A.D. 310년~356년

기림왕이 대를 이을 자식이 없이 죽자 대신들의 추대로 즉위하
였다.

제17대 　내물왕(이사금, 마립간) (A.D. ?년~402년) 재위 기간 : A.D. 356년~402년

고대 국가 체제를 갖추고 왕권을 강화했다. 이 시기에 한자가 처
음 사용된 듯하다.

제18대 　실성왕(마립간) (A.D. ?년~417년) 재위 기간 : A.D. 402년~417년

고구려 · 일본과 수호를 맺었다.

제19대 　눌지왕(마립간) (A.D. ?년~458년) 재위 기간 : A.D. 417년~458년

고구려에 볼모로 갔다가 돌아와 실성왕(18대)을 죽이고 왕위에
올랐다. 백제와 동맹을 맺어 고구려를 견제하고 왕위의 부자 상
속제를 확립하였다.

제20대 　자비왕(마립간) (A.D. ?년~479년) 재위 기간 : A.D. 458년~479년

459년 월성에 침입한 왜인을 격퇴하였다. 474년에는 고구려가
백제를 공격하였을 때 백제와 나제 동맹을 맺었다.

제21대 　소지왕(마립간) (A.D. ?년~500년) 재위 기간 : A.D. 479년~500년

백제와 혼인동맹을 맺고 고구려를 견제하였으며 각 지방에는 우
역을 두었고 경주에 시장을 설치하였다.

제22대 | **지증왕** (A.D. 437년~514년) 재위 기간 : A.D. 500년~514년

성은 김, 이름은 지대로 · 지도로. 국호를 '신라'로 정하고 '왕'이라는 칭호를 처음 사용했다.

제23대 | **법흥왕** (A.D. ?년~540년) 재위 기간 : A.D. 514년~540년

성은 김, 이름은 원종. 불교가 처음으로 들어와 '건원'이라는 연호를 쓰고 율령을 반포하여 국가 체제의 확립에 힘을 기울였다.

제24대 | **진흥왕** (A.D. 534년~576년) 재위 기간 : A.D. 540년~576년

성은 김, 이름은 삼백종 · 심맥부. 처음으로 팔관회를 열고 황룡사를 지어 불교 진흥에 힘썼다. 화랑 제도를 창시하고 《국사(國史)》를 편찬케 하였으며, 가야금을 제작 · 연주하게 하는 등 문화 창달에도 힘썼다.

제25대 | **진지왕** (A.D. ?년~579년) 재위 기간 : A.D. 576년~579년

성은 김, 이름은 사륜 · 금륜. 상대등 거칠부에게 국사를 맡겼으며, 중국 진나라에 조공을 바쳐 화친하였다.

제26대 | **진평왕** (A.D. ?년~632년) 재위 기간 : A.D. 579년~632년

성은 김, 이름은 백정. 수나라와 친교를 맺고 불교 진흥에 힘쓰며 고구려를 견제하였다.

제27대 | **선덕여왕** (A.D. ?년~647년) 재위 기간 : A.D. 632년~647년

성은 김, 이름은 덕만. 김춘추를 시켜 당나라에 원군을 청하여 백제를 침공하고, 640년 당나라에 유학생을 보내어 그 문화를 받아들였다.

제28대 | **진덕여왕** (A.D. ?년~654년) 재위 기간 : A.D. 647년~654년

성은 김, 이름은 승만. 연호를 태화로 정하고 당나라에 군사 원조를 받아 삼국통일의 기초를 닦았다.

제29대 | **태종 무열왕** (A.D. 602년~661년) 재위 기간 : A.D. 654년~661년

성은 김, 이름은 춘추. 율령을 정비하고 당나라와 연합하여 백제를 멸망시키고 삼국 통일의 기반을 닦았다. 임금이 죽은 뒤에 생전의 공덕을 기리어 태종이라 불렀다.

제30대 | **문무왕** (A.D. ?년~681년) 재위 기간 : A.D. 661년~681년

성은 김, 이름은 법민. 김유신과 함께 백제, 고구려를 멸망시키고 당나라 세력을 몰아내어 삼국 통일을 이룩하였다.

제31대 | **신문왕** (A.D. ?년~692년) 재위 기간 : A.D. 681년~691년

성은 김, 이름은 정명 · 명지. 국학을 세워 학문을 장려하고 관제를 다시 정비하여 신라의 황금시대를 이룩하였다.

제32대 | **효소왕** (A.D. 643년~702년) 재위 기간 : A.D. 692년~702년

성은 김, 이름은 이홍 · 이공. 당나라, 일본과 외교 관계를 맺었으며, 처음으로 의학 박사를 두었다.

제33대 | **성덕왕** (A.D. ?년~737년) 재위 기간 : A.D. 702년~737년

성은 김, 이름은 흥광, 본명은 융기. 당나라 문화를 받아들이는 데 힘썼다.

제34대 | **효성왕** (A.D. ?년~742년) 재위 기간 : A.D. 737년~742년

성은 김, 이름은 승경. 740년에 파진찬 영종의 모반을 평정하고 당나라와 교섭하여 원만한 관계를 이루었다.

제35대 | **경덕왕** (A.D. ?년~765년) 재위 기간 : A.D. 742년~765년

성은 김, 이름은 헌영. 당나라 문물을 받아들여 제도와 관직을 당나라 식으로 고치고 국내 지명도 한자식으로 고쳤다. 국학 진흥과 불교 중흥에 힘써 통일 신라 문화의 황금시대를 이루었다.

제36대 **혜공왕** (A.D. 758년~780년) 재위 기간 : A.D. 765년~780년

성은 김, 이름은 건운. 국사를 돌보지 않고 사치와 방탕을 일삼다가 780년에 이찬 김지정의 난으로 살해되었다.

제37대 **선덕왕** (A.D. ?년~785년) 재위 기간 : A.D. 780년~785년

성은 김, 이름은 양상. 이찬 김지정의 반란을 진압하고 혜공왕이 죽자 왕이 되었다.

제38대 **원성왕** (A.D. ?년~798년) 재위 기간 : A.D. 785년~798년

성은 김, 이름은 경신. 788년에 독서삼품과를 두어 인재를 고루 등용하고, 790년에는 벽골제를 증축하여 농사에 힘썼다.

제39대 **소성왕** (A.D. ?년~800년) 재위 기간 : A.D. 798년~800년

성은 김, 이름은 준옹. 왕세손으로 왕위를 계승하였으나 재위 2년 만에 죽었다.

제40대 **애장왕** (A.D. 788년~809년) 재위 기간 : A.D. 800년~809년

성은 김, 이름은 중희. 태종 무열왕과 문무왕의 묘당을 세우고 해인사를 창건하였다.

제41대 **헌덕왕** (A.D. ?년~826년) 재위 기간 : A.D. 809년~826년

성은 김, 이름은 언승. 친당정책을 폈으며 김헌창과 그 아들 범문의 반란을 평정하였다.

제42대 **흥덕왕** (A.D. ?년~836년) 재위 기간 : A.D. 826년~836년

성은 김, 이름은 수종 · 경휘. 장보고를 청해진 대사로 임명하여 해적의 침입을 막았다.

제43대 **희강왕** (A.D. ?년~838년) 재위 기간 : A.D. 836년~838년

성은 김, 이름은 제륭. 흥덕왕(42대)이 후사 없이 죽자 왕위에 올랐으나 김명 등이 난을 일으키자 목매어 자살하였다.

제44대 **민애왕** (A.D. ?년~839년) 재위 기간 : A.D. 838년~839년

성은 김, 이름은 명. 스스로 상대등이 되어 정권을 잡고 희강왕을 협박, 자살하게 하고 왕위에 올랐다.

제45대 **신무왕** (A.D. ?년~839년) 재위 기간 : A.D. 839년~839년

성은 김, 이름은 우징. 장보고 · 김양 등의 도움으로 839년에 민애왕을 시해하고 왕이 되었다.

제46대 **문성왕** (A.D. ?년~857년) 재위 기간 : A.D. 839년~857년

이름은 경응. 신라 쇠퇴기로 846년 장보고의 반란을 비롯하여 양순 · 홍종 · 김식 · 대흔 등의 반란이 일어났다.

제47대 **헌안왕** (A.D. ?년~861년) 재위 기간 : A.D. 857년~861년

이름은 의정 · 우정. 농사를 장려하였으며 왕족 응렴을 사위로 삼고 왕위를 물려주었다.

제48대 **경문왕** (A.D. ?년~875년) 재위 기간 : A.D. 861년~875년

성은 김, 이름은 응렴 · 의렴. 신라 쇠퇴기에 즉위하여 중앙 귀족의 모반과 지방의 반란을 평정시키고 황룡사 탑을 세웠다.

제49대 **헌강왕** (A.D. ?년~886년) 재위 기간 : A.D. 875년~886년

이름은 정. 불경을 강론하게 하고 학문과 법령에 힘썼으나 처용무가 크게 유행하는 등 신라는 사치와 환락에 젖어 쇠퇴기에 접어들었다.

| 제50대 | **정강왕** (A.D. ?년~887년) 재위 기간 : A.D. 886년~887년 |
| | 성은 김, 이름은 황. 불교를 숭상하고 이찬 김요의 반란을 평정하였다. |

| 제51대 | **진성여왕** (A.D. ?년~897년) 재위 기간 : A.D. 887년~897년) |
| | 성은 김, 이름은 만. 나라가 혼란에 빠지고 후삼국으로 다시 나누어졌다. 888년에 각간 위홍과 대구 화상에게 향가집 《삼대목》을 편찬하게 하였다. |

| 제52대 | **효공왕** (A.D. ?년~912년) 재위 기간 : A.D. 897년~912년) |
| | 성은 김, 이름은 요. 정사를 돌보지 않아 궁예와 견훤에게 많은 영토를 빼앗겼다. |

| 제53대 | **신덕왕** (A.D. ?년~917년) 재위 기간 : A.D. 912년~917년 |
| | 성은 박, 이름은 경휘이며, 본명은 수종. 귀족들의 추대를 받아 왕위에 즉위하였다. |

| 제54대 | **경명왕** (A.D. ?년~924년) 재위 기간 : A.D. 917년~924년 |
| | 성은 박, 이름은 승영. 기울어 가는 국운을 회복시키고자 노력하였으나 실패하였다. |

| 제55대 | **경애왕** (A.D. ?년~927년) 재위 기간 : A.D. 924년~927년) |
| | 성은 박, 이름은 위응. 나라가 쇠퇴할 때 즉위하여 왕건과 견훤의 압박을 받았다. 927년 포석정에서 연회를 하다 견훤의 습격을 받자 자살하였다. |

| 제56대 | **경순왕** (A.D. ?년~978년) 재위 기간 : A.D. 927년~935년 |
| | 성은 김, 이름은 부. 신라의 마지막 왕으로 견훤에 의해 왕위에 올랐다. 935년 고려 왕건에게 항복하였다. |

삼국 통일을 이룬 신라

신라의 시조 박혁거세

신라 시조의 성은 박(朴)씨이며, 이름은 혁거세(赫居世)다. 전한(前漢) 효선제(孝宣帝) 오봉(五鳳) 원년 4월에 왕위에 올랐다. 왕호는 거서간(居西干)이고, 이때 나이 13세였다.

고조선이 멸망한 후 일부 유민들이 경주 평야를 중심으로 여러 마을을 이루고 살았다. 첫째 알천(閼川)의 양산촌(楊山村), 둘째 돌산(突山)의 고허촌(高墟村), 셋째 취산(觜山)의 진지촌(珍支村, 혹은 간진촌(干珍村)), 넷째 무산(茂山)의 대수촌(大樹村), 다섯째 금산(金山)의 가리촌(加利村), 여섯째 명활산(明活山)의 고야촌(高耶村)이라 하였다. 이것이 진한 6부(辰韓)가 되었다.

어느 날 고허촌장 소벌공(蘇伐公)이 양산 기슭을 바라보니 나정(蘿井) 옆의 수풀 사이에 말이 절하는 것처럼 꿇어 앉아 울고 있었다. 그는 이상한 일이라 여기고 즉시 가서 살펴보았다. 하지만 말은 어디론가 사라지고 커다란 알이 하나 놓여 있었다. 알을 깨보니 그 속에서 생김새가 단정하고 아름다운 사내아이가 나왔다. 아기를 동천(東泉)이라는 샘에 데리고 가서 몸을 씻기자 몸에서 광채가 나고, 짐승들이 몰려와 함께 노래 부르며 춤을 추었고, 하늘과 땅이 울렁이며 태양과 달의 빛이 더욱 밝아졌다. 소벌공은 기뻐하며 아이를 거두어 길렀다. 아이는 크면서 사물의 이치를 알았고 행동이 남달랐다. 6부 사람들은 아이의 출생을 기이하게 여겨 높이 받들다가 13세가 되자 임금으로 삼았다. 진한 사람들은 호(瓠: 표주박)를 '박(朴)' 이라고 하였는데, 커다란 알이 박과 비슷하게 생겨 그의 성을 박이라 하였다. 거서간은 진한 말로 왕(혹은 귀인)이란 뜻이다.

박혁거세가 태어나던 해 어느 날 *계룡(鷄龍)이 알영(閼英) 우물에 나타나 오른쪽 옆구리로 여자아이를 낳았다. 근처에 사는 한 할머니가 이를 보고 기이하게 여겨 집에 데려다 정성스럽게 길렀다. 할머니는 아이의 얼굴이 아름답고 고왔지만 입만은 닭의 부리처럼 생겨 월성 북쪽에 있는 시내로 데려가 얼굴을 씻겨 주었다. 그러자 부리가 빠지며 예쁘장한 사람의 입술이 나타났다. 부리가 빠졌다고 하여 시내 이름은 발천(撥川)이라 했고, 아이 이름은 우물 이름을 따서 알영이라 지었다. 알영은 자라면서 아름다운 모습뿐만 아니라 슬기로움도 함께 갖추었다. 박혁거세가 이 소문을 듣고 그녀를 왕비로 맞이했다. 그녀는 행실이 어질고 박혁거세를 잘

*계룡
머리는 닭처럼 생기고 몸은 뱀처럼 생긴 용

받들어 당시 사람들은 임금과 왕비를 성인이라 불렀다.

박혁거세는 나라를 다스린 지 61년이 되던 날 하늘로 올라갔는데 7일 만에 몸이 땅에 흩어져 떨어졌다. 왕비 역시 왕을 따라 세상을 떠났다. 백성들이 이들을 합장하여 장사를 지내려 하자 커다란 뱀이 나타나서 사람들을 쫓아내며 방해를 했다. 백성들은 하는 수 없이 양 다리, 양 팔, 그리고 몸통과 얼굴을 따로 묻어 오릉(五陵)을 만들고 능의 이름을 사릉(蛇陵)이라 하였다.

그 후 태자 남해왕(南解王)이 왕위를 이어받았다. 왕호는 차차웅(次次雄) 혹은 자충(慈充)이라고도 하는데, 김대문(金大問)은 다음과 같이 말했다. "차차웅 혹은 자충은 원래 무당을 일컫는 방언이다. 무당이 귀신을 섬기고 제사를 주관하였으므로 사람들이 무당을 두려워하고 존경하다 마침내 존경받는 어른을 차차웅 혹은 자충이라 부르게 되었다."

남해왕이 세상을 떠나자 태자 유리(儒理)가 당연히 왕위에 올라야 하는데 왕의 사위인 대보(大輔) 탈해(脫解)가 덕망이 있다고 생각하여 왕위를 그에게 양보하였다. 남해왕 5년에 탈해가 어질다는 소문이 나자 왕은 자신의 딸을 그에게 시집보내고 그를 대보로 임명하여 정사를 맡겼던 것이다. 그러나 탈해는 "임금의 자리는 보통 사람이 감당할 수 있는 것이 아닙니다. 훌륭하고 지혜로운 사람은 이(齒)가 많다고 들었습니다."라고 말하였다.

두 사람은 떡을 물어 시험을 하였는데 그 결과 유리의 이 자국이 많아 먼저 왕위에 올랐다. 이러한 이유로 왕을 이사금(尼師今)

이라 불렀다. 옛날부터 이렇게 해서 왕을 정했다고 전해진다. '이사금'은 '이의 자국'이란 뜻으로 이질금(尼叱今) 혹은 치질금(齒叱今)이라고도 쓴다. 김대문은 "이사금은 방언이다."라고 말했다. 신라의 왕으로 거서간과 차차웅이라 부르는 이는 한 분이고, 이사금이라 부르는 이는 열여섯 분, 마립간이라고 부르는 이는 모두 네 분이라고 한다.

우리나라 노래와 음악의 시초

유리왕 5년 겨울에 왕이 여러 곳을 돌아다니다 한 할머니가 굶주림과 추위로 죽어가는 것을 보고 말하였다.

"백성들을 먹여 살릴 수 없고 노인과 어린이들이 이토록 고통스러워하니 이는 나의 죄다."

왕은 옷을 벗어 할머니에게 주고 밥을 줘서 먹게 하였다. 그리고 관리에게 이르기를 홀아비와 홀어미, 고아, 자식 없는 늙은이를 위로하고 늙고 병들어 혼자 힘으로 살아갈 수 없는 사람들에게 먹을 것을 대주도록 하였다. 이 소식을 들은 이웃 나라의 백성들 중에 옮겨 오는 사람이 많았다. 이 해에 백성들은 즐겁고 편안하게 생활하고 풍년이 들어 처음으로 *도솔가(兜率歌)를 지어 불렀다. 도솔가는 왕의 바르고 어진 정치를 기리고 백성들이 즐겁고 편안하게

*도솔가
우리나라 가악의 시초로 신라 유리왕 때 지어진 노래이다.

사는 모습을 노래 부른 것이다. 지은 사람과 내용은 전해지지 않고 있지만 우리나라 노래와 음악의 시초라고 알려져 있다.

유리왕 9년 봄에 6부의 이름을 고치고 성을 주었으며 관직에 이벌찬(伊伐湌), 이척찬(伊尺湌), 잡찬(迊湌), 파진찬(波珍湌), 대아찬(大阿湌), 아찬(阿湌), 일길찬(一吉湌), 사찬(沙湌), 급벌찬(級伐湌), 대나마(大奈麻), 나마(奈麻), 대사(大舍), 소사(小舍), 길사(吉士), 대오(大烏), 소오(小烏), 조위(造位) 등 17등급을 두었다.

왕은 6부를 정한 후 여자들을 두 편으로 나누었다. 왕녀 두 사람이 각각 한 편씩 거느리고 7월 16일부터 매일 새벽에 큰 부의 뜰에 모여 밤늦게까지 길쌈을 했다. 8월 15일이 되면 길쌈을 얼마나 했는지를 심사하였고 길쌈을 적게 한 편에서 술과 음식을 장만해 길쌈을 많이 한 편에 사례하였다. 그날 밤에는 노래와 춤과 여러 가지 놀이를 하며 즐겁게 보냈다. 이것이 바로 가배(嘉俳 : 한가위)다. 이때 진 쪽에서 한 여자가 일어나 춤을 추고 탄식하며 "회소(會蘇), 회소(會蘇)!"라고 하였다. 그 소리가 슬프고도 아름다워 뒷날 사람들이 이 곡에 노랫말을 붙이고 회소곡(會蘇曲)이라 이름 지었다.

유리왕이 병이 나서 죽음에 이르렀을 때 신하들에게 말했다.

"탈해는 짐의 친척이요 지위가 재상에 이르렀고 공을 여러 번 세웠다. 짐의 두 아들은 그를 따르지 못하니 내가 죽은 뒤에 탈해를 왕위에 오르게 하라. 짐의 말을 잊지 마라."

이리하여 유리왕이 죽은 후에 탈해 이사금(토해)이 왕위에 올랐다.

연오랑과 세오녀의 전설

　제8대 아달라왕(阿達羅王) 4년(158년) 동해 바닷가에 연오랑(延烏郎)과 세오녀(細烏女) 부부가 살고 있었다. 어느 날 연오가 바닷가에 나가 해조를 따고 있는데 갑자기 바위 하나가 나타나 연오를 싣고 일본으로 건너갔다. 일본에서는 바위를 타고 온 연오를 보고 범상치 않은 사람이라 여겨 왕으로 삼았다. 세오는 남편이 돌아오지 않자 이상한 생각이 들어 여기저기 찾아보았다. 그러다 남편이 벗어놓은 신을 보고 신발이 있는 바위로 올라갔다. 순간 바위는 예전처럼 세오를 싣고 일본으로 갔다. 그 모습을 보고 깜짝 놀란 일본 사람들은 왕에게 이 사실을 알렸고 부부는 다시 만나게 되었다. 그 후 세오는 귀비(貴妃)가 되었다.

　그 무렵 신라에서는 해와 달이 빛을 잃었다. 일관(日官)이 말하기를 "우리나라에 있던 해와 달의 정기가 일본으로 가버렸기 때문에 생긴 일입니다." 하였다. 왕이 일본에 사신을 보내 두 사람을 찾자 연오가 말했다.

*일관
점치는 일을 맡아보는 관직

　"짐이 여기 온 것도 하늘이 시킨 일이오. 어찌 그냥 돌아갈 수 있겠소. 짐의 비가 짠 고운 명주가 있으니 이것을 가지고 돌아가 하늘에 제사 지내면 될 것입니다."

　사신은 연오가 준 비단을 들고 돌아와 왕에게 이 같은 사실을 아뢰었다. 연오의 말대로 제사를 지내자 해와 달이 빛을 되찾았다. 이후 비단은 왕의 창고에 잘 간직하여 국보로 삼고 창고를 귀비고(貴妃庫)라 하였다. 또 하늘에 제사를 지낸 곳을 영일현 또는 도기야(都祈野)라 하였다.

신라를 나라 이름으로 정하다

제17대 내물왕의 왕호에 대한 기록을 보면 삼국사기에는 이사금으로 적혀 있고, 삼국유사에는 마립간(麻立干)으로 적혀 있다. 그러나 일반적으로 내물왕 때 처음으로 마립간이란 왕호를 사용한 것으로 알려져 있다. 김대문은 "마립은 말뚝의 방언으로 말뚝은 곧 *함조(諴操)를 뜻한다. 이는 직위에 따라 놓는 것이니 왕 말뚝이 중심이 되고 신하 말뚝은 그 아래에 늘어놓는다. 이를 빌려와 왕의 명칭으로 삼았다."고 말했다.

*함조
자리를 정하여 둔다
는 뜻

내물왕이 죽자 고구려에 인질로 보내진 실성(實聖)이 돌아와 왕이 되었다. 실성은 자신을 볼모로 보낸 내물왕을 원망하였고, 내물왕의 태자였던 눌지(訥祇)를 시기하여 고구려 사람을 시켜 죽이려다 오히려 눌지에게 죽임을 당했다. 눌지는 스스로 임금의 자리에 올랐고, 맏아들 자비(慈悲)에게 왕위를 물려주었다.

자비왕 2년에 왜국이 100여 척의 배를 동원하여 동쪽 변경을 쳐들어와 월성(月城)을 포위하였다. 왜군은 사방에서 화살과 돌을 퍼부었으나 왕성이 무너지지 않자 되돌아가려 했다. 이 때 자비왕은 군사를 보내 적을 쳐서 이기고 도망치는 적을 바다 앞까지 쫓아갔다. 적군 가운데 물에 빠져 죽은 자가 절반이 넘었다. 왕은 이후에도 왜인들이 자주 국경을 쳐들어오자 변경의 두 곳에 성을 쌓았다.

자비왕 11년에 고구려가 말갈과 함께 북쪽 변경의 실직성(悉直城)을 쳐들어왔다. 당시 고구려는 조령(鳥嶺) 근처까지 차지할 정도로 국력이 강하였다. 이에 위기감을 느낀 자비왕은 삼년산성(三年山城)을 쌓았다. 현재 충북 보은군에 있는 삼년산성은 돌로 쌓은 산성으로 성을 쌓는 데 3년이나 걸려 삼년산성이라 불렀다 한다.

자비왕 17년에는 고구려 장수왕이 직접 군사를 거느리고 백제를 공격했다. 백제 개로왕이 아들 문주를 보내 구원을 요청하자 신라는 이를 받아들여 군사를 보냈다. 그러나 원군이 도착하기 전에 이미 백제의 도성은 함락되었고 개로왕은 목숨을 잃었다.

자비왕의 뒤를 이은 지증왕(智證王)은 갈문왕(葛文王)의 아들이며 소지왕(照知王)의 재종(再從) 아우이다. 지증왕 4년에 여러 신하들이 아뢰었다.

"시조께서 나라를 세운 이후 아직까지 나라 이름을 정하지 못하였습니다. 사라(斯羅)라고 부르기도 하고, 사로(斯盧)라고 부르기도 하였으며 또는 신라라고 부르기도 하였습니다. 저희들은 '신(新)'은 나날이 덕업이 새로워진다는 뜻이요, '라(羅)'는 사방을 모두 덮는다는 뜻이므로 '신라'를 나라 이름으로 삼는 것이 옳다고 생각합니다. 또한 예로부터 나라의 군주를 살펴보면 모두 '제(帝)'

나 '왕'을 칭호로 삼았는데 우리는 22대가 되도록 오직 방언으로 왕호를 삼았을 뿐입니다. 이제 여러 신하들이 한뜻으로 '신라 국왕'이라는 칭호를 올립니다."

이에 지증왕은 신하들의 뜻을 받아들여 신라를 국호로 삼고 왕호를 국왕으로 정하였다. 지증왕 13년에는 우산국(于山國:울릉도)까지 영토를 넓히는 등 국력을 키워 나갔다. 당시 이찬(伊湌) 이사부(異斯夫)는 나무로 허수아비 사자를 만들어 배에 나누어 싣고 우산국에 도착하여 "너희들이 항복하지 않는다면 사자를 풀겠다."고 위협하였다. 우산국의 백성들이 이 말을 듣고 두려워하여 곧 항복하였다.

지증왕이 세상을 떠난 후에는 맏아들 법흥왕(法興王)이 왕위에 올랐다. 왕은 키가 7척이고 마음이 넓고 너그러워 사람 사귀기를 좋아하였다. 법흥왕은 처음으로 병부(兵部)를 설치하고 법령을 반포하였으며, 관리들의 관복을 정하여 붉은빛과 자줏빛으로 등급을 표시하였고, 불교를 국가 종교로 받아들였다.

법흥왕이 죽자 조카인 진흥왕(眞興王)이 일곱 살의 나이에 왕위에 올랐다. 진흥왕 6년에 이찬 이사부가 아뢰었다.

"나라의 역사는 임금과 신하들의 선악을 기록하여 좋고 나쁜 것을 후손들에게 보여주는 것입니다. 이를 책으로 편찬해 놓지 않는다면 후손들이 무엇을 보겠습니까?"

왕은 깊이 동감하고 대아찬(大阿湌) 거칠부(居柒夫) 등에게 명하여 역사서를 편찬하게 하였다.

당시 신라는 고구려에 대항하기 위해 백제와 동맹 관계를 맺고 있었다. 진흥왕 9년에 고구려가 백제의 독산성(獨山城)을 공격하자 백제는 신라에 도움을 요청했다. 진흥왕은 즉시 3,000명의 군사를 보내 백제군과 함께 고구려 군사들을 물리쳤다.

진흥왕 12년에는 *우륵(于勒)과 그의 제자인 *이문(尼文)이 음악을 잘한다는 소문을 듣고 그들을 불렀다. 두 사람은 각각 새 노래를 지어 연주하였다. 이에 앞서 가야국(伽倻國)의 가실왕(嘉悉王)이 12달을 음률로 상징하는 12현금을 만들고 우륵으로 하여금 이에 맞는 곡을 짓게 했었다. 그러나 가야국이 혼란스러워지자 우륵은 악기를 들고 신라로 넘어왔다. 악기의 이름을 가야금(加耶琴)이라 한 것은 이 때문이다. 왕은 우륵의 연주를 듣고 계고(階古), 법지(法知), 만덕(萬德) 등에게 가야금을 배우도록 하였다.

그 해에 진흥왕은 연호를 '개국(開國)'으로 바꾸고 거칠부 등에게 고구려를 공격하게 하여 10곳의 군을 빼앗았다. 이때 백제군은 고구려로부터 한강 하류 지역을 되찾았다. 진흥왕은 한강 하류 지역이 전략적으로 중요하다는 판단하에 백제를 쳤다. 고구려군과 싸우느라 지쳐 있던 백제는 신라가 공격해 오자 제대로 막아낼 수 없었다. 그 결과 신라는 한강 유역 전부를 차지하게 되었다.

진흥왕은 여기서 만족하지 않고 백제와 연합했던 가야국을 병합하고 북쪽으로는 함경남도까지 세력을 넓혀 신라 역사상 가장 넓은 영토를 차지하게 되었다. 이러한 사실은 북한산에 있는 북한산비(北漢山碑), 경상남도 창녕군에 있는 창녕비(昌寧碑), 함경남

*우륵
신라의 가야금 명인

*이문
우륵의 제자로 가야의 악사

도 함흥군에 있는 황초령비(黃草嶺碑), 이원(利原) 근처에 있는 마운령비(磨雲嶺碑) 등 4개의 순수척경비(巡狩拓境碑)와 최근에 발견된 단양의 적성비(赤城碑)가 잘 말해 주고 있다. 순수척경비는 진흥왕이 새로이 신라 영토로 편입된 지역들을 직접 둘러보면서 백성들의 민심을 살피고, 넓어진 영토를 확인하기 위해 세운 기념비라고 할 수 있다. 진흥왕의 활약으로 신라는 삼국 통일을 꿈꾸는 큰 나라로 발전하게 된다.

진흥왕은 37년에 처음으로 원화(源花) 제도를 두었다. 임금과 신하들이 인재를 알아낼 수 없는 것이 문제라고 생각하여 친구들끼리 모여 서로 어울리도록 하고, 그들의 행동거지를 살펴본 후에 적절한 사람을 찾아 등용하기로 한 것이다. 이리하여 마침내 준정(俊貞)과 남모(南毛)라는 아름다운 여인을 골라 그들을 중심으로 300여 명의 무리를 모아 놀게 하였다.

그러나 두 여자는 서로의 아름다움을 질투하다가 준정이 남모

▲ 북한산 진흥왕 순수비

▲ 창녕 진흥왕 척경비

를 자기 집으로 유인하여 억지로 술을 먹였고, 남모가 취하자 그녀를 끌어내 강물에 던졌다. 훗날 이 사실이 밝혀져 준정은 사형에 처해지고 모인 무리들도 서로 뜻이 맞지 않아 흩어지게 되었다.

그 후 다시 얼굴이 잘생긴 남자를 뽑아 곱게 꾸며 '화랑(花郎)'이라는 칭하고 그를 떠받들게 하였다. 그러자 지원자들이 구름처럼 모여 들었다. 이들은 도의를 연마하고, 노래와 음악을 즐기면서 산수를 찾아 유람하여 그들의 발길이 닿지 않은 곳이 없었다. 이러한 과정을 통해 사람됨을 알게 되어 뛰어난 인물을 뽑아 조정에 추천하였다. 김대문의 『화랑세기』에는 "어진 재상과 충성스러운 신하가 화랑에서 나왔고, 훌륭한 장수와 용감한 병사가 화랑에서 생겼다."라고 하였다. 최치원의 『난랑비서』에는 "나라에 현묘한 도가 있으니, 이를 풍류라고 하였다. 교를 만든 내력은 선사(仙史)에 자세히 실려 있는데, 실제적으로는 유불선의 세 가지 교를 포괄하여 중생을 교화하자는 것이다. 이를테면 집에서는 효도하고 집밖에 나아가서는 나라에 충성하는 것은 공자의 뜻이요, 무위의 일에 처하며 불언(不言)의 가르침을 실천하는 것은 노자의 뜻이요, 모든 악행을 하지 않고 모든 선행을 실천하는 것은 석가의 교화와 같은 것이다."라고 적혀 있다. 또한 당나라 영호징의 『신라국기』에는 "귀인의 자식들 중에서 훌륭한 자를 뽑아 곱게 꾸민 다음 이름을 화랑이라 하였다. 백성들이 모두 이들을 떠받들어 섬겼다." 고 기록되어 있다.

▲ 임신서기석

신라의 두 화랑이 학문에 전념하고 국가에 충성할 것을 맹세한 내용

선덕여왕의 선견지명

제27대 선덕여왕(善德女王)의 이름은 덕만(德曼)이다. 진평왕(眞平王)의 맏딸로 품성이 너그럽고 어질며 총명하였다. 진평왕에게는 아들이 없어 백성들이 덕만을 왕위에 오르게 하고 성조황고(聖祖皇姑)라는 칭호를 올렸다.

선덕여왕은 나라를 다스리는 16년 동안 미리 앞을 내다보고 해결한 일이 세 가지 있었다.

첫째는 진평왕 때의 일이다. 당 태종이 홍색, 자색, 백색으로 그린 모란꽃 그림과 그 씨앗 석 되를 보내온 일이 있었다. 선덕여왕은 그림을 보고 말하였다.

"이 꽃이 비록 곱기는 하지만 틀림없이 향기가 없을 것이다."

그리고 씨를 뜰에 심도록 하였는데 과연 꽃이 피었다 떨어질 때까지 향기가 없었다. 훗날 신하들이 이 일을 이상히 여겨 왕에게 물었다. 왕은 대답하였다.

"꽃을 그렸으나 나비가 없으니 향기가 없는 것 아니겠습니까? 무릇 여자가 아름다움을 갖추고 있으면 남자가 따르는 법이고, 꽃에 향기가 있으면 벌과 나비가 따르는 법이니 이는 당나라의 임금이 내가 배우자가 없음을 업신여긴 것입니다."

둘째는 선덕여왕 5년의 일이다. 어느 날 대궐 서쪽에 있는 영묘사(靈廟寺) 앞 옥문지(玉門池)에 개구리 떼가 모여 들어 3~4일 동안이나 울어 댔다. 이 소식을 들은 왕은 곧 장군 알천(閼川)과 필탄

(弼呑)을 불러 군사 2,000명을 이끌고 서쪽으로 나아가 여근곡(女根谷)이란 곳을 찾아 샅샅이 뒤지면 적병이 있을 것이니 습격하여 죽이라고 하였다. 두 장군이 각각 1,000명의 군사를 거느리고 서쪽으로 가서 묻자 부산(富山) 밑에 과연 여근곡이 있었다. 그곳에는 백제 장군 우소(于召)가 독산성을 습격하기 위해 군사 500명을 이끌고 들어와 숨어 있었다. 두 장군은 이들을 포위하고 활로 쏘아 죽여 한 사람도 남기지 않았다.

▲ 첨성대
동양에서 가장 오래된 관측대로 선덕여왕 때 세운 천문 기상 관측대(국보 제31호)

훗날 신하들이 이 일을 묻자 왕은 대답했다.

"개구리가 성내는 모습은 병사의 모습이고 옥문이란 곧 여자의 음부를 말하는 것이다. 여자는 음(陰)이고, 그 색이 흰 것은 서쪽을 뜻하니 군사가 서쪽에 있다는 것을 알 수 있었다. 또한 남근은 여자의 생식기에 들어가면 반드시 죽게 마련이므로 쉽게 물리칠 수 있음을 알았다."

셋째는 왕이 죽기 전의 일이다. 왕은 아무런 병도 없는데 여러 신하들에게 다음과 같이 말했다.

"짐은 아무 해 아무 달 아무 날에 죽을 것이다. 짐이 죽거든 도리천에 장사지내도록 하여라."

신하들이 도리천이 어디 있느냐고 묻자 왕은 "낭산(狼山) 남쪽에 있다."고 대답했다.

과연 왕은 자신이 예언한 그날에 이르러 죽었다. 신하들이 유언을 받들어 낭산의 남쪽 볕이 잘 드는 곳에 장사지냈다.

그 후 10여 년이 지난 뒤 문무왕(文武王)이 사천왕사를 선덕여왕의 무덤 밑에 세웠다. 불경에 사천왕천의 위에 도리천이 있다고 하였으니 그제야 모두들 선덕여왕의 신령스러움을 알 수 있었다.

삼국 통일의 주역 김유신과 김춘추

김유신의 본관은 김해(金海)이며, 가야국의 시조 김수로왕의 12대손이다. 아버지는 김서현으로 629년(진평왕 51)에 낭비성 싸움에서 공을 세웠다. 어머니 만명부인은 숙흘종의 딸로 지증왕의 증손이다. 남동생은 흠순(欽純)이고, 큰누이는 보희(寶姬)로 어릴 때의 이름은 아해(阿海)다. 그 아래 누이의 이름은 문희(文姬)이며 어릴 때 이름은 아지(阿之)다.

김유신은 진평왕 17년(595년)에 칠요(七曜)의 정기를 받고 태어나 등에 일곱별의 무늬가 있었다. 그에게는 신기하고 기이한 일이 많았다. 김유신은 18세 되던 해 검술을 익혀 국선(國仙 : 화랑)이 되었다. 이때 백석(白石)이란 자가 있었는데 어느 곳에서 왔는지는 알 수 없었으나 여러 해 동안 화랑의 무리에 속해 있었다. 김유신은 고구려와 백제를 치려고 밤낮으로 모의를 하고 있었다. 백석이 이를 알고 말했다.

"제가 공과 함께 저들의 나라에 들어가 상황을 살펴본 후에 일을 도모함이 어떻겠습니까?"

　김유신은 기뻐하며 백석을 데리고 밤에 길을 떠났다. 한참 길을
가던 두 사람은 고개 위에서 잠시 쉬었다. 그때 세 명의 아름다운
여자가 나타났다. 김유신은 그들과 함께 즐겁게 이야기를 나누다
자신의 속마음을 털어놓았다. 그러자 한 여인이 말했다.

　"말씀하신 뜻은 잘 알겠습니다. 공께서는 잠시 백석을 떼어놓고
저희들과 함께 숲 속으로 들어가시지요. 드릴 말씀이 있습니다."

　김유신이 그들과 함께 들어가자 여인들이 신으로 변해 말했다.

　"우리들은 내림(奈林), 혈례(穴禮), 골화(骨火) 등 세 곳을 지키
는 호국신입니다. 지금 적국의 사람이 공을 유인하여 데려가는데
도 모르고 따라가고 있어 말리려고 이곳에 온 것입니다."

　그리고 그들은 곧 자취를 감추었다. 깜짝 놀란 김유신은 두 번
절을 하고 나와 백석에게 말했다.

　"내가 다른 나라에 가면서 중요한 문서를 깜박 잊
고 가져오지 않았다. 함께 돌아가서 가지고 오자."

　김유신은 집으로 돌아오자마자 백석을 고문하며 속
사정을 물었다. 백석이 말했다.

　"저는 본래 고구려 사람으로 우리나라의 여러 신하들이
다음과 같이 말하였습니다."

　신라의 김유신은 원래 고구려의 점쟁이다. 어느 날 나라
의 경계에 있는 냇물이 거꾸로 흘러 왕이 그에게
점을 치게 하였다. 김유신은 대왕의 부인이 음양

▲ 김유신 장군 묘지석

의 도를 거슬렀기 때문에 이러한 기운이 나타난 것이라 하였다. 대왕은 김유신의 말을 이상하게 여겼으며 왕비도 몹시 노하여 이것은 분명 요사스러운 여우의 말이라 하였다. 그리고 왕에게 아뢰기를 다른 일로써 시험하여 맞지 않으면 무거운 벌을 주라고 하였다. 그리하여 쥐 한 마리를 함에 감추어 두고 그 안에 무엇이 들어 있느냐고 물었다. 김유신은 그 안에 든 것은 쥐인데 그 수가 여덟 마리라고 대답했다. 왕비는 김유신의 말이 틀렸다며 죄를 씌워 죽이려 했다. 그러자 김유신은 내가 죽은 후 대장이 되어 반드시 고구려를 멸망시키겠다고 하였다. 김유신을 죽이고 쥐의 배를 갈라 보니 새끼 일곱 마리가 있어 그제야 그의 말이 사실임을 알았다. 그날 밤 대왕은 김유신이 신라의 서현공(舒玄公) 부인의 품에 들어가는 꿈을 꾸었다. 왕이 여러 신하들에게 꿈 내용을 물어보았다. 모두들 김유신이 맹세를 하고 죽더니 과연 그런 일이 일어났다고 하였다.

"이런 이유로 고구려에서는 나를 보내 공을 데려오도록 한 것입니다."

김유신은 즉시 백석을 죽이고 온갖 음식을 갖추어 삼신에게 제사를 지냈다.

꿈에 관련된 또 다른 일도 있다. 어느 날 김유신의 큰누이 보희가 꿈에 서산에 올라가 오줌을 누는데 서울이 오줌으로 가득 찼다. 다음 날 보희가 그 꿈 얘기를 동생 문희에게 하자 문희는 말했다.

"언니, 제가 그 꿈을 사겠어요."

"그럼 너는 무엇을 주겠느냐?"

"비단치마를 주겠어요."

보희가 좋다고 말하자 문희는 치마 앞자락을 벌리고 꿈을 받으려 했다. 보희가 던지는 시늉을 하며 말했다.

"어젯밤의 꿈을 너에게 준다."

그리하여 보희의 꿈은 문희의 것이 되었다.

그 후 10일이 지나 정월 보름이 되었다. 김유신은 김춘추를 자기 집으로 초대하여 *축국(蹴鞠)을 하며 놀았다. 이때 김유신은 일부러 김춘추의 옷을 밟아 고름을 떨어뜨리고 말했다.

＊축국
깃이 달린 공을 제기처럼 서로 차면서 놀던 경기

"집에 들어가서 옷고름을 답시다."

김유신은 김춘추를 집 안으로 안내하였다. 방에는 보희와 문희가 앉아 있었다. 두 사람은 일어나 김춘추을 맞이하였다. 김유신이 보희에게 말했다.

"상공의 옷이 찢어졌으니 바늘을 가져다 꿰매 드려라."

그러나 보희는 "어찌 하찮은 일을 해서 귀공자를 가까이 하겠습니까." 하고 거절하였다. 이에 문희에게 시키니 김춘추는 김유신의 뜻을 알아차리고 문희 앞으로 다가갔다. 문희의 반짇고리를 가져와 옷고름을 꿰매기 시작했다. 김춘추는 문희의 아름다운 모습에 반해 마침내 관계를 맺었고, 이후 자주 김유신의 집을 드나들게 되었다. 그러다 문희는 김춘추의 아기를 갖게 되었다. 김유신은 누이가 임신한 것을 알고 크게 꾸짖었다.

"네가 어찌 이럴 수 있느냐! 참으로 부끄러운 일이다!"

김유신은 문희가 임신했다는 말을 널리 퍼뜨리고 선덕여왕이 남산으로 거동한 틈을 타서 문희를 불태워 죽인다며 뜰에 나무를 가득 쌓아 놓고 불을 질렀다. 왕이 연기가 솟아오르는 것을 보고 이상하게 여겨 묻자 신하들이 아뢰었다.

"김유신의 집에서 솟아오르는 연기인데 자기 누이동생을 불태워 죽인다고 합니다."

"그 까닭이 무엇이라더냐?"

"남편도 없이 아이를 뱄기 때문이라고 합니다."

"뭣이라? 그것이 누구의 소행이냐?"

순간 왕을 모시고 있던 김춘추의 얼굴색이 크게 변했다. 왕은 이를 눈치 채고 김춘추에게 말했다.

"춘추공의 안색이 좋지 않으니 무슨 이유가 있는 것이오?"

"실은 제가 큰 잘못을 저질렀습니다."

"사람이란 자신의 행동에 책임을 져야 하는 법이오. 어서 가서 김유신의 누이동생을 구하도록 하시오."

김춘추는 급히 말을 타고 김유신의 집으로 달려가 어명을 전하고 문희와 혼례를 올렸다. 사실 김유신은 문희의 상대가 김춘추라는 것을 알고 있었다. 그러나 김춘추는 아내가 있고 자식이 있는 사람이었다. 그런 김춘추를 문희와 혼인시키자면 계략이 필요했던 것이다.

김춘추는 진덕여왕(眞德女王)이 죽자 왕위에 올라 8년 동안 신라를 다스렸다. 태종무열왕(太宗武烈王)은 김유신과 함께 힘을 모아 신비스러운 책략과 용기로 삼국을 통일하여 나라에 큰 공을 세웠다. 이로 인해 후대 사람들은 왕의 묘호(廟號)를 태종(太宗)이라 하였다. 태자 법민(法敏. 문무왕)과 각간(角干) 인문(仁問), 각간 문왕(文王), 각간 노저(老且), 각간 지경(智鏡), 각간 개원(愷元) 등이 모두 문희가 낳은 아들이니, 언니의 꿈을 산 것이 여기에 나타났다고 할 수 있다.

사실 신라가 당과 동맹을 맺지 않았다면 삼국 중에서 제일 먼저 멸망했을지도 모른다. 태종무열왕의 당나라와의 외교는 이처럼 한 나라의 운명이 달린 매우 중요한 일이었던 것이다. 그리고 이를 뒷받침해 준 사람이 바로 김유신 장군이다. 김유신은 태종무열왕 7년(660년)에 신라군을 이끌고 나아가 계백이 이끄는 백제군을 황산벌에서 물리치고 백제의 수도 사비를 함락시켰다.

태종무열왕의 뒤를 이은 문무왕은 당나라의 지원을 받아 나라를 다시 일으켜 세우려는 백제군을 공격하였다. 또한 당나라 군사가 부여성 등 만주의 여러 성을 공격해서 무너뜨리고 압록강을 건너 평양성을 포위하자 김유신·김인문(金仁問)·김흠순(金欽純) 등을 보내 함께 평양성을 공격하도록 하였다. 이로써 마침내 고구려의 보장왕은 항복하고 말았고, 당나라는 평양의 안동도호부(安東都護府)를 중심으로 9도독부, 42주, 100현을 두고 통치에 임하였다.

그러나 고구려 유민들이 거세게 반란을 일으키자 당나라는 제대로 통치 제도를 운영하지 못했다. 특히 검모잠(劍牟岑)은 보장왕의 서자인 안승(安勝)을 왕으로 받들고 활발하게 고구려 부흥 운동을 전개해 나갔다. 그러다 안승이 검모잠을 죽이고 신라로 넘어오는 일이 벌어져 문무왕은 그를 금마저(金馬渚 : 지금의 익산)에 머무르게 하고 고구려왕(뒤의 보덕왕(報德王))에 봉하였다. 그 후 고구려 부흥 운동의 세력은 급격히 약해져 흐지부지되었다.

당나라는 백제와 고구려를 멸망시킨 후 한반도 전체를 차지하려고 했다. 따라서 신라는 백제와 고구려의 옛 땅을 얻기 위해 당나라와 9년에 걸친 전쟁을 치르지 않을 수 없었다. 그 결과 신라는 한반도에서 당나라를 몰아내는 데는 성공했지만 대동강 이북 지역은 당나라 영토가 되고 말았다.

재위 기간 중에 삼국 통일을 이룬 문무왕은 백제와 고구려 유민들을 격려하고 끌어들이기 위해 당나라와의 전쟁에서 공을 세우면 상을 내렸고, 지배 계층에 있는 사람들에게는 신라의 관직을 주었다. 또한 왕권을 강화하기 위해 주요 관직들을 차지하고 있던 진골의 세력을 약화시키고 법전을 개정한 후 6두품 이하의 사람들을 행정 관료로 두었다.

이때 태자비의 아버지인 김흠돌(金欽突)을 중심으로 한 세력이 왕의 정치에 반대하고 나섰다. 그들은 문무왕이 죽고 신문왕(神文王)이 왕위에 오르자 마침내 반란을 일으켰다. 하지만 반란은 실패하고 말았고 신문왕은 장인인 김흠돌 등을 죽이고 비를 궁 밖으로 쫓아냈다.

신문왕은 왕권을 더욱 강화하기 위해 전국을 9주 5소경으로 나누고 군대도 중앙군(9서당)과 지방군(10정)으로 나누어 관리하였다.

신비한 피리

신문왕은 아버지 문무대왕을 위해 동해 바닷가에 *감은사(感恩寺)를 세웠다. 절의 기록에 의하면 문무왕이 왜병을 진압하기 위해 이 절을 지었으나 완공을 보지 못하고 죽어 바다의 용이 되었다고 한다. 그 후 아들 신문왕이 왕위에 올라 2년(682년) 만에 공사를 마치고 용이 된 아버지가 절에 들어와서 돌아다닐 수 있도록 법당 밑에 동쪽을 향해 구멍을 뚫어 두었다. 부왕의 유언에 따라 유골을 간직한 곳은 대왕암(大王巖)이라 하고, 절 이름은 감은사라 했으며, 후에 용이 나타난 것을 본 곳을 이견대(利見臺)라 하였다.

이듬해 5월 해관(海官) 파진찬 박숙청(朴夙淸)이 아뢰었다.

"동해 가운데에 있는 작은 산 하나가 감은사를 향해 떠내려 옵니다."

왕이 이상하게 여겨 일관(日官) 김춘질(金春質)에게 점을 치게 하였다.

"돌아가신 부왕께서 지금 바다의 용이 되시어 삼한을 보호하시고 김유신 공도 33천의 아들이 되어 신라에 내려와 대신이 되었습니다. 두 성인이 덕을 합쳐 성을 지키는 보물을 내려주시려 하니 폐하께서 바닷가로 나가시면 반드시 큰 보물을 얻게 될 것입니다."

일관의 말을 들은 왕은 기뻐하며 그달 7일에 이견대로 가서 산

*감은사
신라 신문왕 때 문무왕의 명복을 빌기 위해 세운 절

을 바라보고 사자를 보내 살펴보도록 하였다. 사자는 되돌아와서 왕에게 아뢰었다.

"산세는 거북이의 머리 같사옵니다. 그 위에 대나무가 하나 있는데 밤에는 둘이 되었다가 낮에는 합쳐져서 하나가 됩니다."

왕은 그날 밤 감은사에 머물렀다. 과연 다음 날 정오쯤에 대나무가 하나로 합쳐지며 천지가 진동하고 바람과 비가 일어났다. 그 후 7일 동안 계속 캄캄하다 그달 16일이 되어서야 바람이 잦아들고 물결이 가라앉았다. 왕이 배를 타고 그 산에 들어가니 용이 검은 옥대를 왕에게 바치었다. 왕이 띠를 받으며 물었다.

"이 산에 있는 대나무가 갈라졌다 합쳐지는 것은 무슨 까닭인가?"

용이 대답했다.

"한 손이 아닌 두 손으로 마주 쳐야 소리가 나듯 대나무도 합쳐진 연후에야 소리가 납니다. 대왕께서는 소리로 세상을 다스리게 될 것이니 이는 아주 좋은 징조입니다. 대왕께서 이 대나무로 피리를 만들어 불면 천하가 평화로울 것입니다. 지금 왕의 아버님께서는 바다의 용이 되셨고 김유신 공은 다시 천신이 되셨습니다. 두 성인이 마음을 같이하여 이 보물을 저에게 주어 저로 하여금 왕에게 바치도록 한 것입니다."

왕은 놀랍기도 했지만 기쁘기 그지없었다. 왕은 오색 비단과 금옥을 용에게 주고 사자를 시켜 대나무를 베게 한 다음 바다에서 나왔다. 그러자 산과 용이 모두 사라지고 보이지 않았다.

왕은 감은사에서 하루를 묵고 17일에 지림사(祇林寺) 서쪽 시냇가에 다다라 점심을 먹었다. 그때 태자 이공(理恭 : 효소왕)이 소식을 듣고 말을 타고 달려왔다. 태자는 왕에게 예를 올리고 나서 천천히 옥대를 살펴본 후 말했다.

"이 옥대의 모든 장식은 전부 살아 있는 용입니다."

"네가 그걸 어찌 아느냐?"

"소자가 장식 하나를 떼어서 물에 넣어 보겠습니다."

태자가 왼쪽의 두 번째 장식을 떼어 물에 넣으니 곧바로 용이 되어 하늘로 올라가고 그곳은 곧 못이 되었다. 이러한 이유로 그 못을 용연(龍也)이라 불렀다.

왕이 대궐로 돌아와 그 대나무로 피리를 만들어 월성(月城)의 천존고(天尊庫)에 보관하여 두었다. 이 피리를 불면 적군이 물러나고 병이 나으며, 가물 때에는 비가 오고, 비가 올 때는 맑아지고, 바람은 가라앉고 물결은 잔잔해지니 만파식적(萬波息笛)이라 부르고 국보로 삼았다.

수로부인과 헌화가

신문왕의 뒤를 이은 효소왕(孝昭王)은 의학 교육기관인 의학(醫學)을 설립하여 의학 박사를 두고 『본초경(本草經)』·『침경(針

經)』·『맥경(脈經)』등의 중국 의학서를 가르치도록 하였다. 성덕왕(聖德王)은 당나라와의 밀접한 관계를 유지하며 앞선 문화를 받아들여 신라 문화를 꽃피웠다.

성덕왕 때의 일이다. 순정공(純貞公)이 강릉태수로 부임하기 위하여 수로부인(水路夫人)과 함께 가다 바닷가에서 점심을 먹었다. 그 옆에는 높이가 천 길이나 되는 절벽의 봉우리들이 병풍처럼 바다를 둘러싸고 있었고 그 위에는 철쭉꽃이 만발하였다. 수로부인은 그것을 보고 좌우를 둘러보며 말했다.

"누가 저 꽃을 꺾어 나에게 가져다주지 않겠는가?"

하지만 모두들 사람의 발길이 닿지 않는 곳이라 할 수 없다고 하였다. 그때 암소를 몰고 지나가던 한 노인이 부인의 말을 듣고 절벽 위에 올라가 꽃을 꺾은 다음 내려와 수로부인에게 바치며 노래를 지어 불렀다. 이것이 바로 헌화가(獻花歌)다.

붉고 짙은 바위 끝에
암소 잡은 손을 놓게 하고
나를 부끄럽다 아니하시면
꽃을 꺾어 바치오리다.

일행은 다시 길을 떠났다. 이틀 후 임해정(臨海亭)에 다다라 점심을 먹으며 쉬고 있는데 바다의 용이 부인의 아름다움에 반해 그녀를 바다 속으로 끌고 들어가 버렸다. 순정공은 땅을 치며 안타까워했지만 아무런 계책이 없었다. 이때 한 노인이 나타나 말했다.

"옛사람이 말하기를 뭇사람의 입은 쇠도 녹인다 하였습니다. 하물며 바다 속의 짐승이 어찌 여러 사람을 두려워하지 않겠습니까? 사람들을 모아 노래를 지어 부르면서 막대기로 언덕을 치면 부인을 찾을 수 있을 것입니다."

순정공은 그 말을 따랐다. 여러 사람들이 막대기로 언덕을 치며 해가(海歌)를 지어 부르자 마침내 용이 부인을 받들고 나와 바치었다. 노래의 내용은 다음과 같다.

거북아 거북아 수로부인을 내어 놓아라
남의 부인을 앗아간 죄 얼마나 큰지 아는가.
네가 만약 어기어 내놓지 않는다면
그물로 너를 잡아 구워 먹으리.

공이 바다 속의 일을 물으니 부인이 대답했다.

"바다 속의 궁전은 칠보(寶)로 장식되어 있었고 음식은 달콤하고 향기로운 것이 인간 세상에서는 맛볼 수 없는 것이었습니다."

부인의 몸에서는 세상에서 맡아보지 못한 기이한 향기가 풍겨 나왔다. 수로부인은 너무 아름다워 깊은 산이나 큰 못을 지날 때에는 신물(神物)들에게 붙들림을 당하곤 하였다.

치열한 왕위 다툼

35대 경덕왕(景德王)은 효성왕(孝成王)의 동생으로 왕비는 순정공과 수로부인의 딸이다. 『삼국유사』에는 경덕왕 때 김대성(金大城)이 전생의 부모를 위하여 석굴암(石窟庵)을 지었고, 현생의 부모를 위하여 불국사(佛國寺)를 지었다고 전한다. 하지만 불국사는 그가 목숨을 다할 때까지 짓지 못하자 그 후 나라에서 완성하여 나라의 복을 비는 절로 삼게 되었다. 성덕대왕 신종(봉덕사 범종. 에밀레종)을 만든 것도 경덕왕 때였는데 이는 왕권을 안정시킨 부왕의 업적을 기리기 위함이었다.

한편 왕은 충담(忠談)이 화랑 기파랑(耆婆郎)을 추모하여 찬기파랑가(讚耆婆郎歌)를 짓자 "찬기파랑가의 뜻이 높다고 들었다. 그렇다면 짐을 위해 백성을 다스려 편안히 할 노래를 지어 달라."고 부탁해 충담은 *안민가(安民歌)를 지어 바쳤다.

왕은 왕비가 아들을 낳지 못하자 내쫓고 의충(義忠)의 딸 만월부인(滿月夫人)을 맞이하여 뒤늦게 혜공왕을 낳았다. 혜공왕은 8세의 어린 나이에 왕이 되었고, 어머니 만월부인(滿月夫人)이 *섭정(攝政)을 하였다. 하지만 정사를 제대로 다스리지 못하여 도둑이 벌떼처럼 일어나 막아낼 수 없었다.

『삼국유사』에는 혜공왕이 '돌 때부터 왕위에 오르는 날까지 여자들이 하는 놀이를 즐기며 자랐다. 비단 주머니 차기를 좋아하고 도사들과 어울려 노니 나라에 큰 난리가 생겨 마침내 선덕왕(宣德

*안민가
신라 경덕왕 24년에 충담사가 지은 향가

*섭정
군주 대신 나라를 다스림

▲ 석굴암 본존불(국보 제24호)

王) 김양상(金良相)에게 죽임을 당하였다.'고 기록되어 있다. 혜공
왕은 태종무열왕의 계통을 이은 신라 중대(中代) 왕실의 마지막 왕
이다.

선덕왕은 내물왕의 10대손이다. 왕위에 오른 뒤에는 함께 병사
를 일으켜 지정(志貞)의 난을 진압하고 혜공왕을 죽인 김경신(金敬
信)을 상대등으로 임명하고 중용하였다.

어느 날 밤 김경신은 복두(業頭：모자)를 벗고 흰 갓을 쓰고 12
줄 가야금을 들고 천관사 우물 속으로 들어가는 꿈을 꾸었다. 꿈에서 깨어난 뒤에 해몽을 들어보니 "복두를 벗은 것은 직책을 잃을 조짐이고, 가야금을 든 것은 칼집을 쓸 조짐이며, 우물에 들어간 것은 옥에 갇힐 조짐입니다."라고 했다. 김경신이 불안함을 느끼고 바깥출입을 삼간 채 집에만 틀어박혀 지냈다.

그때 여삼(餘三)이라는 사람이 찾아왔다. 김경신은 아프다는 핑계를 대고 받아들이지 않았지만 여삼이 계속 청하여 대면을 하게 되었다. 여삼이 물었다.

"공께서 근심하는 것이 무엇입니까?"

김경신은 한숨을 쉬며 꿈 이야기를 자세히 말해 주었다. 그러자 여삼은 벌떡 일어나 절을 하고 말했다.

"이것은 좋은 꿈입니다. 훗날 공께서 왕위에 올라 저를 버리지 않는다면 공을 위해 해몽을 해 드리겠습니다."

김경신은 주위 사람들을 물리치고 해몽을 청하였다.

"복두를 벗는 것은 그 위에는 사람이 없다는 뜻이고, 흰 갓을 쓴 것은 면류관을 쓸 징조입니다. 또한 12줄의 가야금을 든 것은 12대손(원성왕은 내물왕의 12세손)이 왕위를 이어받을 징조이고, 천관사 우물에 들어간 것은 궁궐로 들어갈 좋은 징조입니다."

"내 위에 주원이 있는데 어찌 왕위에 오를 수 있겠소?"

"몰래 북천 신에게 제사를 지내면 좋을 것입니다."

얼마 후 선덕왕이 세상을 떠나자 나라 사람들은 김주원(金周元)을 왕으로 받들려고 했다. 당시 김주원의 집은 북천 북쪽에 있었는데 때마침 큰 비가 내려 갑자기 냇물이 불어나는 바람에 건널

수가 없었다. 이때 누군가가 "임금의 자리는 사람 마음대로 할 수
없는 것이다. 오늘 큰 비가 내리는 것은 하늘이 주원을 왕으로 세
우려 하지 않는 것이다."고 말하며 김경신을 왕으로 추천하였다.
이에 여러 사람들의 의견이 일치하여 김경신을 왕으로 모시게 되
었으니 그가 바로 원성왕(元聖王)이다. 이후 김씨 성을 가진 신라
의 왕들은 모두 원성왕의 자손이다.

　　왕이 재위 14년에 죽자 큰아들 인겸(仁謙)의 아들인 준옹(俊邕),
즉 소성왕(昭成王)이 왕위를 이었다. 하지만 재위 2년째에 숨을 거
두었고, 태자 애장왕(哀莊王)이 왕위에 올랐는데 나이가 13세에

▲ 석가탑

▲ 다보탑

불과해 숙부인 병부령(兵部令) 김언승(金彦昇)이 정사를 맡아 나라를 다스렸다. 김언승은 왕이 나이가 들어 세력을 갖게 되면 자신들을 없앨 것을 두려워하여 애장왕 10년에 동생 제옹(悌邕)과 함께 난을 일으켰다. 이때 애장왕과 왕을 호위하던 동생 체명(體明)이 죽고 김언승이 왕위에 올라 헌덕왕(憲德王)이 되었다.

한편 아버지 김주원이 왕이 되지 못한 것을 억울하게 여긴 웅천주 도독 김헌창은 헌덕왕 14년(822년)에 공주 지역에서 반란을 일으켰다. 그는 나라 이름을 장안(長安), 연호를 경운(慶雲)이라 하고, 무진(武珍)·완산(完山)·청주(菁州)·사벌(沙伐) 등 4주의 도독과 국원(國原)·서원(西原)·금관(金官)의 사신과 여러 군현의 수령들을 협박하여 부하로 삼았다.

이 소식을 들은 헌덕왕은 장웅(張雄)과 위공(衛恭), 제릉(悌陵), 균정(均貞), 웅원(雄元), 우징(祐徵) 등을 보냈다. 장웅은 도동현(道冬峴)에서 반란군을 만나 물리쳤고, 위공과 제릉은 장웅의 군사와 힘을 합해 삼년산성을 공격하여 승리하였으며, 균정 등은 성산(星山)에서 반란군과 싸워 크게 이겼다. 여러 군대가 함께 웅진에 도착하여 반란군을 포위하고 공격한 지 열흘 만에 성이 함락되려 하자 헌창은 스스로 목숨을 끊었고, 그의 친족 239명이 목숨을 잃었다. 헌덕왕 17년에는 김헌창의 아들 김범문이 고달산(高達山)에서 반란을 일으켰다 실패하는 등 신라의 혼란은 커져만 갔다.

헌덕왕의 아우로 왕위에 오른 흥덕왕(興德王)이 재위 11년 만에 죽자 왕의 사촌동생인 균정(均貞)과 5촌 조카인 제륭(悌隆)이 왕위를 다투게 되었다. 시중인 김명(金明)과 아찬 이홍(利弘), 배훤백(裵萱伯) 등은 제륭을 받들고, 아들 김우징(金祐徵)과 조카 예징(禮徵), 김양(金陽)은 균정을 받들었다. 그들은 동시에 궁궐에 들어가 서로 싸우게 되었다. 이 싸움에서 김양은 화살에 맞아 우징 등과 함께 청해진대사(淸海鎭大使) 궁복(弓福 : 장보고)에게 달아나 몸을 의지하였고, 균정은 죽임을 당하고 말았다. 이에 따라 제륭이 왕위에 오르니 그가 곧 희강왕(僖康王)이다. 왕은 자신을 도운 공로를 인정하여 김명을 상대등으로 임명하고, 아찬 이홍을 시중으로 삼았다. 그러나 불만을 가진 김명, 이홍 등이 다시 난을 일으켜 측근들을 죽이자 희강왕은 자신도 무사할 수 없음을 알고 스스로 목을 맸다.

그 후 왕위에 오른 민애왕(敏哀王) 김명 역시 청해진으로 도망친 균정의 아들 우징 등에 의해 죽임을 당하고 만다. 우징 등은 장보고(張保皐)에게 "김명은 왕을 죽이고 스스로 왕이 되었고, 이홍은 임금과 아비를 함부로 죽였으니 그들과 같은 하늘 아래에서 살 수 없다."며 군사 5,000명을 빌려 서울로 들어와 민애왕을 죽이고 우징은 왕위에 올랐다.

그러나 신무왕(神武王) 우징은 원년 7월에 병을 얻어 자리에 눕게 되었다. 꿈에 이홍이 왕의 등에 활을 쏘았는데 잠에서 깨어 보니 등에 종기가 났다. 이달 23일에 신무왕은 세상을 떠났고, 태자 문성왕(文聖王)이 왕위에 올랐다.

문성왕의 이름은 경응(慶膺)으로 청해진에 머물 때 장보고에게

훗날 왕이 되면 그의 딸을 왕비로 맞이하겠다는 약속을 했다. 왕
위에 오른 문성왕은 약속을 지켜 장보고를 진해장군(鎭海將軍)으
로 임명하고 그의 딸을 왕비로 삼으려 했다. 그러나 여러 신하들
이 강력히 반대하며 말렸다.

"장보고는 아주 미천한 사람이오니 그의 딸을 왕비로 삼는 것
은 옳지 않습니다."

왕은 그들의 말에 따랐다. 이에 장보고는 왕이 약속을 어긴 것
을 원망하여 반란을 일으키려 했다. 이때 용감하고 힘이 센 무주
사람 염장(閻長)이 찾아와 왕에게 장보고를 없애고 돌아오겠다고
말했다. 왕은 기뻐하며 허락했다. 염장이 청해진으로 들어가 "왕
의 뜻을 거스른 일이 있어 도망쳐 왔다."고 하자 평소 힘센 사람을
좋아하던 장보고는 아무런 의심 없이 환영의 뜻으로 술자리를 마
련했다. 장보고가 술에 취하자 염장은 그의 칼을 빼앗아 목을 베
어 죽이고 서울로 돌아왔다.

이후 왕위 다툼은 더 이상 일어나지 않았지만 신라의 국력은
갈수록 약해졌다. 권력을 잃은 귀족들은 지방으로 내려가 세력을
키워 나갔는데, 중앙 정부의 힘이 약해지자 농민들의 토지를 빼
앗거나 고리대금업을 하는 등 백성들을 괴롭혔다. 이로 인해 나
라는 세금 수입이 줄어들어 중앙의 군대를 유지하기 힘들었고,
지방 세력가들을 다스릴 힘을 잃게 되는 악순환이 되풀이되었던
것이다.

임금의 귀는 당나귀 귀

48대 경문왕(景文王)의 이름은 응렴(膺廉)이다. 나이 18세에 국선이 되었는데 헌안왕(憲安王)이 응렴을 궁중으로 불러 잔치를 베풀면서 물었다.

"그대는 국선이 되어 사방을 두루 돌아다녔는데 무슨 이상한 일을 본 적은 없는가?"

"신은 행실이 아름다운 세 사람을 보았습니다. 남의 윗자리에 있을 만한 사람이면서도 겸손하여 남의 밑에 있는 사람이 그 하나요, 부자이면서도 옷차림은 검소하게 하는 사람이 둘이요, 본래부터 귀하고 세력이 있는데도 위엄을 부리지 않는 사람이 그 셋입니다."

왕은 이 말을 듣고 응렴의 사람됨을 알아보고는 감탄하며 말했다.

"짐에게 두 딸이 있는데 언니는 올해 나이 스물이요, 동생은 열아홉이다. 마음에 드는 사람을 골라 아내로 삼으라."

응렴이 자리에서 일어나 절하고 머리를 조아리며 물러갔다. 집에 돌아온 응렴이 이 사실을 부모에게 말하자 부모들은 놀라고 기뻐하며 자식들을 모아놓고 의논했다.

"왕의 첫째 공주는 얼굴이 무척 초라하고 둘째 공주는 아름답다고 한다. 둘째를 아내로 맞이했으면 좋겠다."

낭도의 우두머리인 범교사(範敎師)가 이 말을 듣고 찾아와 응렴에게 물었다.

"대왕께서 공주를 그대의 아내로 주고자 한다는 것이 사실인가?"

"그렇습니다."

"그대는 어느 공주에게 장가 들 생각인가?"

"부모님께서는 둘째 공주가 좋겠다고 하십니다."

"그대가 만약 둘째 공주에게 장가를 든다면 나는 반드시 그의 눈앞에서 죽을 것이고, 첫째 공주에게 장가를 든다면 반드시 세 가지의 좋은 일이 생길 것이니 잘 생각해서 결정하라."

"그 말씀대로 하겠습니다."

얼마 후 왕이 날을 가려 응렴에게 사자를 보내어 말했다.

"그대 뜻대로 두 딸 중에 하나를 결정하도록 하라."

사자가 돌아와 응렴의 뜻을 왕에게 보고했다.

"첫째 공주를 받들겠다고 합니다."

그 후 3개월이 지나자 왕이 병이 들어 죽을 때가 되었음을 알고 여러 신하들을 불러놓고 말했다.

"짐에게는 아들이 없으니 죽은 뒤에는 마땅히 맏딸의 남편 응렴이 왕위를 이어받아야 할 것이다."

다음 날 왕이 세상을 떠나자 유언을 받들어 응렴이 왕위에 올랐다. 이때 범교사가 와서 말했다.

"제가 말씀 드린 세 가지 아름다운 일이 이제 모두 이루어졌습니다. 첫째 공주에게 장가를 들어 왕위에 오르신 것이 그 하나요, 아름다운 둘째 공주를 쉽게 취할 수 있게 된 것이 그 둘이요, 첫째 공주에게 장가를 드셔서 전왕과 왕비께서 매우 기뻐하신 것이 그 셋이옵니다."

왕은 범교사의 말을 고맙게 여겨 대덕(大德)이란 벼슬을 내리고 큰 상금을 주었다.

왕의 침전에는 날마다 저녁이면 많은 뱀들이 모여들었다. 궁인들이 놀라고 두려워 쫓아내려 하자 왕이 말했다.

"뱀이 없으면 짐이 편히 잘 수 없으니 쫓아내지 마라."

왕이 잘 때에는 항상 뱀들이 혀를 내밀어 온 가슴을 덮었다.

왕위에 오른 후부터 왕은 갑자기 귀가 길어져 나귀의 귀처럼 되었다. 왕후며 궁인들 모두 이 사실을 알지 못했는데 오직 복두장 한 사람만 알고 있었다. 그러나 그는 평생 이 일을 말하지 않았다. 그는 죽을 때가 되자 아무도 없는 도림사(道林寺) 대밭 속으로 가서 대나무를 향해 외쳤다.

"우리 임금의 귀는 당나귀 귀처럼 생겼다."

그 뒤부터 바람이 불면 대나무 밭에서 다음과 같은 소리가 났다.

"우리 임금의 귀는 당나귀 귀처럼 생겼다."

왕은 이 소리를 싫어해서 대나무를 베어버리고 산수유나무를 심었다. 그랬더니 바람이 불면 "우리 임금의 귀는 길다."고 하는 소리만 났다.

처용의 노래

49대 헌강왕(憲康王) 때는 서울에서 지방에 이르기까지 집과 담이 연이어져 있었으며 초가는 하나도 없었다. 거리에는 풍악과 노랫소리가 끊이지 않았고, 바람과 비의 양이 적당하여 해마다 풍년이 들었다.

어느 날 왕이 개운포(開雲浦 : 지금의 울주)에 놀러갔다가 돌아오는 길에 물가에서 쉬고 있는데 문득 구름과 안개가 자욱해져 길을 잃게 되었다. 왕이 이상하게 여겨 좌우 신하들에게 물으니 일관이 점을 쳐보고 아뢰었다.

"이것은 동해 용왕의 조화이오니 대왕께서는 좋은 일을 하셔서 풀어 주어야 합니다."

왕은 관리에게 명하여 용을 위해 근처에 절을 짓도록 했다. 왕이 명령을 내리자 구름과 안개는 곧 걷혔다. 이로 인해 그곳을 개운포라 이름 지었다.

동해 용왕은 기쁨을 참지 못하고 아들 일곱을 데리고 왕 앞에 나타나 왕의 덕을 찬양하며 춤을 추고 노래를 불렀다. 그중에서 일곱째 아들이 왕을 따라 서라벌로 들어가 왕의 정사를 도왔으니 그가 바로 처용(處容)이다.

왕은 고마움의 표시로 그에게 아름다운 여자를 주어 아내로 삼게 하였고, 그의 마음을 얻기 위해 급간(級干)이란 벼슬까지 내렸다. 그러나 역신(疫神)이 아름다운 처용의 아내를 탐내 밤이면 사람으로 변하여 처용의 집으로 들어가 몰래 그녀와 즐겼다. 아무것도 모른 채 밤늦게까지 놀다 집으로 돌아온 처용은 아내가 다른 남자와 잠자리를 같이 하고 있는 것을 보고 노래를 부르며 춤을 추면서 물러나왔다. 그 노래는 다음과 같다.

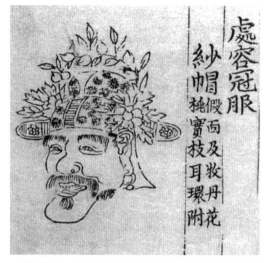

▲ 처용의 모습

서울 밝은 달밤에

밤 깊도록 노니다가

들어와 잠자리를 보니

다리가 넷이로다

둘은 나의 것이었는데

둘은 누구의 것인가

본디 내 것이지만

빼앗긴 것을 어찌하리오

　

이 노래를 들은 역신은 본래의 모습을 나타내며 처용 앞에 꿇어 앉아 말했다.

"제가 공의 아내를 사모하여 이렇게 잘못을 저질렀지만 공은 노여움을 나타내지 않으니 감동하여 아름답게 여기는 바입니다.

이제부터는 공의 모습을 그린 것만 보아도 그 문 안에는 절대 들어가지 않겠습니다."

이 일로 인해 처용의 모습을 문에 붙여 사기(邪氣)를 물리치고 경사로운 일을 맞는 풍습이 생겼다고 한다.

그 후 왕은 영취산(靈鷲山) 동쪽 기슭에 경치 좋은 땅을 골라 절을 세우고 그 이름을 망해사(望海寺) 혹은 신방사(新房寺)라고 했다. 이것은 용을 위해 세운 것이다.

왕이 다시 포석정에 갔을 때 남산의 신이 나타나 왕 앞에서 춤을 추었다. 그러나 왕에게만 보일 뿐 다른 사람들의 눈에는 보이지 않았다. 그래서 사람(신)이 나타나 춤을 추자 왕도 따라 추며 춤의 형상을 나타냈다. 어떤 사람이 그 신의 이름을 상심(祥審)이라 했다 하여 지금까지 이 춤을 어무상심(御舞祥審) 또는 어무산신(御舞山神)이라 한다.

혹은 산신이 이미 나와 춤을 추었으므로 공장(工匠)에게 그 모습을 본떠 새기도록 하여 후세에 전했기 때문에 상심무(祥審舞) 또는 상염무(霜髥舞. 상염은 흰 수염)라 했다 한다. 이것은 그 모양을 따라 일컬은 말이다.

또 왕이 금강령(金剛嶺)에 갔을 때 북악의 신이 나타나 춤을 추었는데 이 신의 이름을 옥도령(玉刀鈐)이라 했다. 동례전(同禮殿)에서 잔치를 할 때에는 지신이 나와 춤을 추었는데 이 신의 이름을 지백급간(地伯級干)이라 했다.

「어법집(語法集)」에 이르기를 '그때 산신이 춤추며 지리다도파

▲ 처용무
음력 12월 악귀를 몰아내고 신년을 맞이하는 풍속이다.

도파(智理多都波都波)라는 노래를 불렀다고 한 것은 지혜로 나라를 다스리는 많은 사람들이 미리 사태를 짐작하고 도망쳐 장차 도읍이 무너진다는 뜻' 이라고 한다.

즉 지신과 산신은 장차 나라가 망할 것을 알고 춤을 추어 경계한 것이지만 나라 사람들은 깨닫지 못하고 도리어 복되고 좋은 일이 일어날 조짐이라 하여 술과 여자를 더욱 즐기니 끝내 나라가 망한 것이라 한다.

해동성국 발해

고구려 정신을 이어나가라

668년에 고구려가 멸망한 후 당나라는 요동 지역에 안동도호부를 두고 고구려의 땅을 다스리려 했다. 그러나 고구려 유민들은 당나라에 항거하며 다시 일어설 기회를 노렸다. 고구려 유민들의 끈질긴 항쟁으로 마침내 698년 안동도호부가 폐지되었고, 당나라는 보장왕을 안동 도독으로 삼았다. 보장왕의 후손들은 9세기 초까지 안동 도독을 물려받으며 소고구려국을 형성하였다.

한편 요서의 영주(營州 : 조양) 지방에는 당의 무자비한 이민 정책에 의해 10만여 명의 고구려 유민과 거란족, 말갈족들이 강제로 옮겨와 살고 있었다. 그 무렵 거란인 이진충(李盡忠)이 반란을 일으켰는데 당나라 측천무후(則天武后)는 30만 대군을 동원하여 1년 만에 난을 진압하였다. 이때 고구려인 대걸걸중상(大乞乞仲象)과 말갈인 걸사비우(乞四比羽)는 사람들을 이끌고 영주를 빠져나왔다. 그러나 측천무후가 보낸 이해고(李楷固)에 의해 걸사비우와 많은 사람들이 숨졌고, 대걸걸중상은 병을 얻어 죽고 말았다.

그 후 대걸걸중상의 아들 대조영(大祚榮)이 새로운 지도자가 되어 천문령에서 당나라 군사들과 싸워 크게 이기고 동부 만주 쪽으로 이동해 698년 동모산(東牟山 : 길림성 돈화 부근)에 나라를 세웠다. 대조영은 처음에는 나라 이름을 진(震)이라 하고 연호를 천통(天統)이라 하였다. 남쪽의 통일 신라와 더불어 우리나라의 남북국 시대를 연 것이다.

고구려 땅에 새로운 나라를 세운 대조영은 건국 이유를 다음과 같이 밝혔다.

"나는 고구려의 후손이다. 고구려가 망한 뒤 이 넓은 땅은 우리 눈에서 멀어져 가고 있는 것 같다. 매우 안타까운 노릇이다. 이에 나는 고구려 대제국의 모습을 다시 찾고 정신을 계승하고자 이 땅에서 일어나게 되었다!"

당시 대조영 세력은 오랫동안 떠돌아다니는 과정에서 많은 어려움을 겪으며 강한 결속력과 전투력을 지니게 되었다. 대조영은 이를 바탕으로 돌궐족과 손잡고 동부 만주 일대로 세력을 넓혀 나갔다. 진나라가 계속 영토를 넓혀 나가자 당나라는 705년에 사신을 보내 화해를 청했다. 이후 당나라 현종은 713년(신라 성덕왕 13년)에 대조영에게 발해군왕(渤海郡王)이라는 이름을 내렸다. 그때부터 나라 이름이 진에서 발해로 바뀌었다.

21년 동안 나라를 다스리며 기반을 닦은 대조영은 죽음에 이르러 "후대 왕들은 고구려의 정신을 잊지 말고 계승하도록 하라."는 유언을 남겼다. 이후 발해는 대조영의 유지를 받들어 고구려의 옛 땅을 거의 되찾게 되었다. 또한 당나라의 선진 제도를 받아들여 당나라가 '해동성국'이라 부를 정도로 문물을 발전시켰다.

발해의 전성기를 이끈 선왕

발해 시조 대조영의 뒤를 이은 무왕(武王) 대무예(大武藝)는 영토를 넓혀 북만주 일대를 차지했고 해군을 보내 당나라를 공격하기도 했다. 3대 문왕(文王) 대흠무(大欽茂)는 당나라에서 *안사(安史)의 난이 일어나자 요하까지 영토를 넓혔으며 도읍을 중경(中京)에서 북쪽 상경(上京 : 지금의 흑룡강성(黑龍江省) 영안현(寧安縣) 동경성(東京城))으로 옮겼다. 무왕과 문왕은 일본에 사신을 보내 '고구려의 옛 땅을 되찾고 부여의 전통을 이어 받았다.'며 스스로를 고구려왕이라 불렀다고 한다.

문왕이 죽자 친척 동생인 대원의가 왕위를 이어받았으나 의심이 많고 성격이 포악하여 몇 개월 만에 살해당했다. 5대 성왕(成王), 6대 강왕(康王), 7대 정왕(定王), 8대 희왕(僖王), 9대 간왕(簡王) 때까지 25년 동안 내분이 계속되어 국력이 많이 약해졌다.

*안사의 난
현종 755년에서 763년에 이르기까지 약 9년 동안 당나라를 뒤흔든 난으로 안녹산과 사사명이 주동이 되었다.

발해의 정치적인 불안 상태는 818년에 10대 선왕(宣王)이 왕위에 오르면서 차츰 안정되기 시작했다. 선왕은 내분을 수습하고 당나라의 앞선 문화를 받아들여 발해의 전성기를 이끌었다. 해동성국이라 불렸던 이 시기에 북쪽의 여러 부족을 쳐서 고구려보다 더 넓은 영토를 차지하였고 남쪽으로는 신라와 접하였다. 또한 전국의 행정 구역을 5경(京) 15부(府) 62주(州)로 개편하고 학문을 발전시켰으며 일본에 자주 사신을 보내 교류하였다.

그러나 이토록 강성했던 발해도 동몽골에 근거를 둔 유목 민족 거란의 추장 아율아보기(耶律阿保機 : 예리아포치)가 중국을 점령하기 위해 쳐들어오자 무너지기 시작한다. 거란은 925년

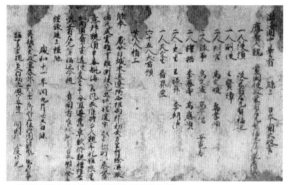

▲ 발해가 일본에 보낸 국서(일본 국내청 소장)

12월에 대규모로 발해를 공격했고, 마침내 14대 애왕(哀王) 때인 926년 1월에 상경용천부(上京龍泉府)를 함락시켰다. 이로써 발해는 228년 만에 멸망하고 만다. 이후 발해의 유민들은 2,000여 년 동안 후발해, 정안국(定安國), 대발해국 등의 왕조를 세우며 나라를 되찾기 위해 애썼지만 실패했다. 이 과정에서 많은 유민들은 고려로 망명하기도 했다.

발해의 빛나는 문화

발해의 각종 제도는 당나라 제도를 참고하였으나 형식에 구애받지 않고 고구려의 전통을 계승하며 필요에 따라 독자적으로 운영했다. 중앙에는 정당성(政堂省 : 왕명 집행) · 선조성(宣詔省 : 왕명 반포) · 중대성(中臺省 : 왕명 작성) 등 3성(省)과 충(忠 : 이부) · 인(仁 : 호부) · 의(義 : 예부) · 지(智 : 병부) · 예(禮 : 형부) · 신(信 : 공부)의 6부(府)를 두었다. 6부 이외에는 중정대(中正臺 : 감찰), 전중시(殿中寺 : 궁중 업무), 문적원(文籍院 : 도서 관리), 사빈시(司賓寺 : 외교), 주자감(胄子監 : 교육) 등이 있었고, 지방은 5경 · 15부 · 62주와 300여 군현으로 나누어 다스렸다. 발해의 5경(상경 · 중경 · 동경 · 남경 · 서경)은 고구려의 5부제를 발전시킨 것으로 본인다. 발해의 군사 조직은 10위 또는 8위로 생각되는 중앙군과 그 밑에 촌락 단위의 지방군이 있었을 것으로 추측된다. 발해의 지도층은 대부분 고구려 귀족 출신이었다.

발해의 교육 기관으로는 문왕이 처음 설치한 *주자감(胄子監)이란 곳이 있었다. 지금의 국립 대학교 같은 곳으로 귀족 자제의 유학 교육과 국자(國子) · 태학(太學) · 율학(律學) · 서(書) · 산(算) 등의 교육 행정을 담당했다.

발해인들은 고구려의 정신을 이어받았기 때문에 이들이 남긴 문화도 대부분 고구려 문화와 비슷하다. 유물들을 보면 불교가 번성했음을 알 수 있고 미술품은 웅장한 고구려 미술의 성격을 지니

*주자감
발해의 최고 교육기관

면서도 당나라 문화의 영향으로 한층 부드럽고 세련된 느낌을 준다. 현재 발해의 도읍이었던 곳을 중심으로 많은 고분이 남아 있다. 1949년에 발견된 육정산(六頂山 : 중국 길림성 둔화현에 위치) 고분군(古墳群)은 정혜공주(貞惠公主 : 문왕의 둘째 딸) 묘가 있는 곳으로, 1980년대에 발견된 용두산(龍頭山 : 중국 길림성 화룡현에 위치) 고분군은 정효공주(貞孝公主 : 문왕의 넷째 딸) 묘가 있는 곳으로 유명하다. 돌조각은 정혜공주 묘에서 나온 석사자상이 대표적이며 발해의 자기는 대체로 무게가 가볍고 광택이 있다. 그리고 종류나 크기, 형태, 색깔 등이 매우 다양하여 당나라에 수출하기도 했다.

우리나라에서 발해사가 연구되기 시작한 것은 조선 후기부터라고 할 수 있다. 조선 시대 실학자 유득공(柳得恭)은 그의 저서 『발해고(渤海考)』(1784년) 머리말에서 다음과 같이 말하였다.

무릇 대(大)씨는 누구인가? 곧 고구려 사람이다. 그들이 차지하고 있던 땅은 누구의 땅인가? 바로 고구려 땅이다. 고려가 마침내 약한 나라가 된 것은 발해 땅을 얻지 못하였기 때문이니 크게 한탄할 일이다.

후삼국 시대

후고구려의 궁예

후삼국 시대는 사실상 신라 말기에 해당한다. 신라는 768년(혜공왕 4년)부터 887년(진성여왕 1년)까지 무려 20여 차례나 왕위 쟁탈전이 일어나 통치력이 약화되었고, 진성여왕(眞聖女王) 때에는 나라가 크게 혼란스러워졌다. 왕의 측근들과 귀족들이 온갖 사치를 누리면서 세금을 거두기 위해 농민들을 다그치자 더 이상 참을 수 없게 된 농민들이 전국 각지에서 반란을 일으킨 것이다. 대표적인 반란 세력으로는 사벌주(沙伐州:경북 상주)의 원종(元宗)과 애노(哀奴), 죽주(竹州:경기도 안성 죽산)의 기훤(箕萱), 북원(北原:강원도 원주)의 양길(梁吉), 완산주(完山州:전북 전주)의 견훤(甄萱), 철원(鐵圓)의 궁예 등을 들 수 있다.

이들 중에서 견훤은 의자왕의 오랜 원한을 풀겠다며 후백제를 세웠고, 궁예는 후고구려를 세워 한반도는 다시 삼국으로 나뉘게 되었다.

궁예의 출생에 대해서는 여러 가지 설이 있어 확실치 않다. 신라 47대 헌안왕의 후궁 소생이라는 설도 있고, 48대 경문왕의 아들이라는 설도 있다.

탄생 설화에 의하면 궁예는 5월 5일 외가에서 태어났는데 지붕 위에 달빛처럼 보이는 하얀 빛이 긴 무지개처럼 하늘까지 뻗쳐 있었다고 한다. 일관(日官)이 왕에게 아뢰기를 "아이가 오(午)자가 거듭 들어 있는 날[重午]에 태어났으며 나면서부터 이가 나 있고 이상한 빛까지 나타나니 장차 나라에 해로울 것입니다."고 했다.

이 말을 믿은 왕은 사람을 시켜 죽이라고 했다. 왕의 명령을 받은 사자는 아기의 집으로 달려가 아이를 포대기 속에서 꺼내 다락 밑으로 던졌다. 이때 다락 밑에 숨어 있던 유모가 아이를 받았는데 잘못해서 손가락으로 눈을 찌르는 바람에 애꾸눈이 되었다고 한다.

그 후 유모는 아이를 안고 멀리 도망쳐서 고생하며 키웠다. 유모는 궁예가 나이 10여 세가 되어도 장난을 그만두지 않자 말했다.

"너는 태어났을 때부터 나라의 버림을 받았다. 나는 차마 네가 죽는 것을 보지 못하여 오늘까지 몰래 길러 왔다. 그러나 너의 잘못된 행동으로 반드시 사람들에게 알려질 것이다. 그렇게 되면 나와 너는 화를 면치 못 할 것이니 어찌 하면 좋겠느냐?"

궁예가 울면서 말했다.

"제가 이곳을 떠나 어머니의 근심을 덜어 드리겠습니다."

궁예는 곧 세달사(世達寺)에 들어가 머리를 깎고 중이 되어 스스로를 선종(善宗)이라 불렀다.

궁예는 중의 계율에 구애받지 않고 제멋대로 행동했다. 어느 날 재를 올리러 가는 길에 까마귀가 그의 *바리때에 무언가를 떨어뜨렸다. 거기에는 '왕(王)' 자가 쓰여 있었다. 궁예는 이를 비밀에 부쳐 소문을 내지 않고 장차 왕이 될 것이라는 기대를 가졌다.

신라 말기에 나라가 혼란스러워지고 전국 각지에서 반란이 일어났다. 궁예는 혼란한 틈을 이용해 무리를 끌어 모으면 뜻을 이룰 수 있으리라 생각하고 891년(진성여왕 5년)에 죽주의 반란군 기훤의 부하로 들어갔다. 그러나 기훤이 오만하여 무시만 당하자 마음을 정하지 못하고 있다가 북원의 반란군 양길 아래로 들어갔다. 궁예의 자질을 알아본 양길은 그를 잘 대해 주었고 군사를 내주어 동쪽 신라의 영토를 공략하게 하였다. 궁예는 치악산(雉岳山) 석남사(石南寺)에 머물며 여러 고을을 습격해 모두 항복시켰다.

궁예는 894년에 명주(溟州:강릉)로 들어가 3,500명을 모집하였고, 14대로 편성하여 자신의 세력 기반으로 삼았다. 궁예는 용감할 뿐만 아니라 병사들과 즐거움, 괴로움을 함께하고 빼앗은 물건을 골고루 나누어주는 등 덕을 갖춰 여러 사람들이 장군으로 추대하였다.

이후 궁예가 강원도의 여러 고을을 쳐서 차지하자 적군들 중에 스스로 항복하는 자들이 많았다. 896년경에는 송악(松岳:개성)

*바리때
절에서 쓰는 중의
그릇

출신의 호족 왕건도 투항하자 궁예는 즉시 그에게 철원군 태수의 직책을 주었다. 왕건은 이에 보답하듯 승령(僧嶺:장단 북쪽, 토산 남쪽), 임강(臨江:장단) 두 고을을 쳐서 빼앗았고 인물현(仁物縣: 개풍군 풍덕)을 항복시켰다.

궁예는 송악군(松岳城)이야말로 한강 북쪽의 이름난 고을이며 경치가 아름답다고 생각하여 도읍으로 정하고 나라 이름을 후고 구려라 하였다. 당시 북원의 양길은 국원(國原:충주) 등 30여 성을 빼앗아 차지하고 있었는데, 궁예의 영토가 넓고 백성들이 많다는 말을 듣고 습격하려 했다. 그러나 궁예가 먼저 알아차리고 양길을 쳐서 크게 이겼다.

궁예는 904년에 나라 이름을 마진(摩震)으로 바꾸고 도읍을 철원으로 옮겼으며, 911년엔 다시 나라 이름을 태봉(泰封)으로 바꾸었다. 이후 궁예의 세력은 더욱 커져서 강원, 경기, 황해도의 대부분과 충청, 평안도의 일부까지 차지하게 되었다. 또한 왕건에게 수군을 주어 전라도 진도와 금성(錦城:나주)를 치게 하여 서남 해안의 해상권까지 손에 넣었다. 궁예는 광평성(廣評省:국사 총괄)을 두어 정사를 논의하였고 각 지방에 관청을 두어 나라의 기초를 단단히 다졌다.

국력이 강해지고 나라의 체제가 세워지자 궁예는 자만심에 빠져 스스로를 미륵불(彌勒佛)이라 하고 두 아들을 청광(靑光) 보살(菩薩), 신광(神光) 보살(菩薩)이라 불렀다. 궁예는 지나치게 많은 세금을 거두어들여 전쟁을 계속해 나갔고 궁궐을 크고 화려하게 짓는 등 백성들을 괴롭혔다. 신라를 '멸도(滅都)'라 낮춰 부르며 신라에서 도망쳐 온 장군이나 문인 등이 마음에 거슬리면 모조리 죽여 버리기도 했다.

자칭 미륵불인 왕은 머리에는 금관을 쓰고 몸에는 방포(方袍)를 걸치고 다녔다. 밖에 나가 돌아다닐 때는 늘 흰 말을 탔는데 비단으로 말머리와 꼬리를 장식하였고, 소년과 소녀에게는 깃발과 향, 꽃 등을 들고 앞에서 길을 인도하게 하고, 승려 200명으로 하여금 염불을 외우며 뒤따르게 하였다.

왕은 스스로 불경 20권을 지었는데 당시 승려 석총이 "모두 요사스러운 말이오, 괴이한 이야기로 남을 가르칠 수 없다."고 하자 크게 화를 내며 그를 죽였다. 왕비 강씨가 이 같은 행동을 염려하여 간곡하게 청했지만 왕은 오히려 그녀를 의심했다.

"네가 다른 사람과 간통하고 있구나. 어찌 된 일이냐?"

"무슨 당치 않은 말씀입니까?"

"거짓말할 생각하지 마라. 나는 관심법(觀心法)을 지니고 있어 능히 사람들의 마음을 읽을 수 있다."

왕은 쇳덩이를 뜨거운 불에 달구어 왕비를 쑤셔 죽이고, 말리는 두 아들까지 죽여 버렸다. 이후 왕은 갑자기 화를 내는 등 성격이 난폭해졌다. 의심은 더 많아져 신하와 장수, 평민에 이르기까지 죄 없는 사람들이 죽는 일이 자주 일어났다.

이로 인해 신하들과 백성들은 마침내 왕에게 등을 돌리게 되었다. 918년(경명왕 2년)에 홍유(洪儒)·배현경(裵玄慶)·신숭겸(申

崇謙)·복지겸(卜知謙) 등은 왕건을 새 임금으로 추대하였다. 왕건이 군사 1만 명을 이끌고 대궐을 포위하자 궁예는 몰래 옷을 바꿔입고 도망치다 부양(斧壤:평강)에서 백성들에게 들켜 비참하게 맞아 죽었다.

견훤의 후백제

견훤은 상주 가은현(加恩縣:문경) 출신으로 본래 성은 이씨였으나 뒤에 '견'으로 바꾸었다. 아버지 아자개(阿慈介)는 농사를 지으며 생활하다 뒤에 장군이 되었다. 견훤이 어렸을 때 농사일이 바빠 숲 속에 두었는데 호랑이가 와서 젖을 먹였다고 한다. 자랄수록 체격과 용모가 뛰어났으며 성격이 활달하고 비범하였다.

견훤은 세상이 어지러워지고 각지에서 반란이 일어나자 큰 뜻을 품고 무리를 모아 서울 서남쪽 주현을 쳤다. 그가 이르는 곳마다 백성들이 따라 한 달 동안 무려 5,000명이 모였다. 견훤이 완산주에 이르자 백성들이 위로하며 맞이했다. 견훤은 민심을 얻은 것이 기뻐 좌우 사람들에게 말했다.

"백제 600여 년에 당나라 고종은 신라의 요청으로 소정방과 수군 13만 명을 보냈고 신라의 김유신은 당나라 군사와 합세하여 백제를 멸망시켰다. 내가 어찌 나라를 세워 옛날의 분함을 씻지 않을 수 있겠는가."

견원은 마침내 900년(신라 효공왕 4년)에 스스로를 후백제왕이라 일컫고 벼슬과 직책을 나누어 설치했다.

견원은 927년(고려 태조 10년)에 근품성(近品城)을 쳐서 빼앗고 불을 질렀다. 이에 신라의 경애왕이 고려에 지원을 요청하자 태조 왕건은 즉시 군사를 거느리고 나아가려 했다. 그러나 견훤이 고울부(高鬱府 : 울주)를 쳐서 차지하고 먼저 신라의 서울로 들어갔다.

이때 경애왕(景哀王)은 왕비와 후궁들과 함께 [*]포석정(鮑石亭)에 나가 술상을 차려놓고 즐겁게 놀고 있다가 견훤군이 쳐들어오자 깜짝 놀라 어찌할 바를 몰랐다. 왕과 왕비는 성의 남쪽 이궁으로 달아났고 관원들과 궁녀, 악공들은 모두 견훤의 군사에게 잡혔다. 견훤은 군사를 풀어 재물을 마구 약탈하고, 왕을 잡아다 자기 앞에서 스스로 목숨을 끊도록 했다. 그리고는 강제로 왕비를 욕보이고, 경애왕의 친족 동생인 김부(金傅 : 경순왕)를 왕위에 앉힌 후 신라의 진귀한 보물과 우수한 인재들을 모두 데려갔다.

신라의 도성이 무너졌다는 소식을 들은 태조 왕건은 기병 5,000명을 이끌고 팔공산(八公山)에서 견훤을 맞아 크게 싸웠다. 이 싸움에서 고려 장군 김락(金樂)과 신숭겸(申崇謙)이 죽고 태조 왕건은 간신히 도망쳐 겨우 목숨을 건졌다.

견훤은 이후에도 여러 차례 벌어진 고려와의 싸움에서 모두 승리를 거둬 세력이 점점 커져 갔다. 그러나 932년(태조 15년)에 용맹하고 지략이 뛰어난 견훤의 신하 공직이 태조 왕건에게 항복하면서부터 상황은 뒤바뀌었다. 934에 견훤은 태조가 운주(運州)에 있다는 말을 듣고 서둘러 군사들을 보냈는데 고려의 장군 유금필(庾黔弼)에게 패해 3,000여 명이 목숨을 잃었다. 이 소식을 들은 웅진 이북의 30여 성과 견훤의 부하 여러 명이 태조에게 항복하였고, 고려의 세력은 갈수록 강해졌다.

견훤은 처와 첩이 많아 아들을 열 명이나 두었다. 견훤은 그중에서 키가 크고 지혜가 많은 넷째인 금강(金剛)을 특별히 사랑하여 왕위를 물려주려 했다. 그러자 그의 형 신검(神劍), 양검(良劍), 용검(龍劍) 등이 이 사실을 알고 몹시 못마땅하게 여겼다. 당시 양검은 강주도독(康州都督)으로 있었고, 용검은 무주도독(武州都督)으로 있었으며, 신검만이 혼자 견훤 옆에 있었다. 이때 이찬 능환(能奐)이 강주와 무주에 사람을 보내 음모를 꾸몄다. 그는 영순(英順) 등과 함께 신검에게 권유하여 견훤을 금산사(金山寺)에 가두도록 하고, 사람을 시켜 금강을 죽였다.

견훤이 잠자리에서 일어나기 전에 대궐 뜰에서 고함치는 소리가 들렸다. 이것이 무슨 소리냐고 묻자 신검이 아뢰었다.

"임금께서는 나이가 많아 나랏일에 어두우시므로 장자 신검이 부왕의 자리를 대신하게 되었다 하여 여러 장수들이 기뻐하며 축하하는 소리입니다."

신검은 아버지를 금산사 불당으로 옮기고 병사 30명에게 지키게 하였으며 스스로 대왕이라 일컬었다.

후궁 등과 함께 갇혀 있던 견훤은 그 해 4월에 술을 빚은 다음

병사들에게 먹여 취하게 한 후 고려로 도망쳤다. 태조 왕건은 견훤을 따뜻하게 맞이하여 남궁에 머물도록 했고 노비 40명과 말 10필을 내주는 등 극진히 대접했다. 그리고 나이가 자신보다 10년이나 많다 하여 상부(尙父)라 칭하였다.

견훤의 사위인 영규(英規)는 비밀리에 아내에게 말했다.

"대왕께서 애쓰신 40여 년의 왕업이 가족 간의 불화로 하루아침에 무너지고 대왕께서는 고려로 가셨소. 충신은 두 임금을 섬기지 않는 법, 임금을 버리고 반역한 아들을 섬긴다면 만백성이 욕할 것이오. 더구나 고려의 왕은 성품이 어질고 검소하여 민심을 얻었으니 하늘의 계시로 반드시 삼한의 임금이 될 것이오."

영규는 아내가 동조하자 태조에게 사람을 보내 고려 군사들이 쳐들어오면 안에서 맞이하겠다는 뜻을 전했다. 태조는 기뻐하며 먼저 태자 무(武)와 장군 술희(述希)에게 보병과 기병 10만을 주어 천안부로 가게 했다. 그리고 그해 가을 견훤과 함께 3군을 거느리고 천안에 이르러 군사를 합한 후 일선군(一善郡)으로 들어갔다. 신검이 군사를 거느리고 나와 일이천(一利川)에서 격전을 벌였는데 후백제군은 크게 패하여 달아났고, 신검은 두 아우와 장군 부달(富達), 능환 등 40여 명과 함께 항복했다. 태조는 그들의 항복을 받아들이고 능환을 제외한 나머지 사람들을 아내와 자식들을 데리고 서울에 올라와 살도록 했다.

태조가 능환에게 물었다.

"양검 등과 비밀리에 모의하여 대왕을 가두고, 그 아들을 세운 일은 너의 계책 아니냐? 신하된 도리로 어찌 이럴 수 있단 말이냐?"

능환은 고개를 숙인 채 말을 하지 못했다. 태조는 그의 목을 베도록 명령했다.

태조는 신검이 항복하여 용서를 빌자 목숨을 살려주었다. 이를 분하게 여긴 견훤은 등창이 나서 수일 후에 황산의 불사(佛舍)에서 죽었다. 이로써 견훤의 후백제군은 45년 만에 멸망하고 말았다.

한편 신라의 마지막 임금인 경순왕(敬順王)은 나라의 세력이 점차 약해지자 군신들을 모아놓고 고려에 항복하는 것이 어떻겠느냐고 물었다. 신하들은 왕의 비장한 말에 모두 통곡을 하고 한동안 아무런 말도 하지 못했다.

이때 왕태자가 일어나 말했다.

"한 나라가 일어서고 망하는 것은 하늘의 뜻에 달려 있습니다. 신하와 백성들이 합심하여 끝까지 지켜야 합니다. 그래도 안 되면 목숨을 버릴지언정 어찌 천년의 사직(社稷)을 남의 나라에 넘겨 줄 수 있단 말입니까?"

왕은 눈물을 흘리며 대답했다.

"지금 나라의 형편은 약하고 위태롭기 그지없다. 명분을 지키다 목숨을 버리면 몇 몇 충신의 이름이 역사에 빛날 수는 있다. 그러나 망하는 나라를 구하지는 못할 것이다. 몇 몇 충신의 이름을 사기 위해 죄 없는 군사와 백성들이 피를 흘려야 하겠느냐? 차마 할 수 없는 일이다."

경순왕은 마침내 시랑(侍郞) 김봉휴(金封休)에게 항복 문서를 쓰도록 했다. 이때 태자는 통곡하며 왕에게 하직 인사를 올리고 금강산으로 들어가 삼베옷을 입고 풀뿌리와 나무 열매로 연명하다 숨졌다. 이분이 바로 마의태자(麻衣太子)다. 막내아들은 머리를 깎고 화엄사(華嚴寺)에 들어가 중이 되어 이름을 범공(梵空)이라 했는데, 후에 법수사(法水寺)와 해인사(海印寺)에 있었다고 한다. 이로써 신라는 56대 992년 만에 스스로 무너지고 말았다.

935년 9월 경순왕이 백관을 거느리고 고려로 들어갈 때 향차(香車)와 보마(寶馬)가 30여 리에 뻗쳐 길은 구경꾼들로 가득 찼다. 태조 왕건은 송도 교외에 나와 경순왕 일행을 맞이하여 위로하였다. 왕건은 경순왕을 대궐 동쪽에 있는 정승원(正承院)에 들게 하였고 사랑하는 딸 낙랑 공주(樂浪公主)를 아내로 주기까지 했다. 경순왕이 자기 나라를 버리고 다른 나라에 와 있으므로 *난조(鸞鳥)에 비유하여 공주의 이름을 신란 공주(神鸞公主)로 바꾸었다. 낙랑 공주는 나라를 잃은 경순왕의 마음을 달래기 위해 도라산(都羅山) 중턱에 암자를 지어 머물게 했고, 경순왕은 아침저녁으로 이곳에 올라 신라의 도읍을 그리워하며 눈물을 흘렸다고 한다.

왕건은 경순왕을 태자보다 높은 정승(正承)에 봉하고 1천 석을 내려주었고, 신라의 다른 왕족과 귀족들에게도 모두 상을 내리고 높은 벼슬을 주어 고려 왕업(王業)의 기초를 튼튼히 했다.

*난조
중국 전설에 나오는
상상의 새

제2부
고려시대

고려 왕실 계승도

제1대 　태조 (A.D. 877년~943년)　재위 기간 : A.D. 918년~943년

성은 왕, 이름은 건, 자는 약천이다. 궁예의 부하로 있다가 부하들이 임금으로 받들어 송도에 도읍을 정하고 왕위에 올랐다.

제2대 　혜종 (A.D. 914년~945년)　재위 기간 : A.D. 943년~945년

이름은 무, 자는 승건이다. 태조의 맏아들로 후백제를 쳐서 공을 세웠다. 대를 이를 자식 문제로 외척인 왕규의 음모에 신경쓰다 병으로 죽었다.

제3대 　정종 (A.D. ?년~949년)　재위 기간 : A.D. 945년~949년

서경(평양)으로 천도하려 했으나 개경 세력의 반발과 백성의 원성으로 실패하였다. 거란 침입에 대비하기 위해 광군을 조직했으며, 왕규의 난을 평정하고 불교를 숭상하였다.

제4대 　광종 (A.D. 825년~975년)　재위 기간 : A.D. 949년~975년

이름은 소, 자는 일화. 태조의 셋째 아들이다. 노비안검법을 제정하고, 958년 후주에서 귀화한 쌍기의 건의에 따라 과거 제도를 실시하였다.

제5대 　경종 (A.D. 955~981년)　재위 기간 : A.D. 975년~981년

이름은 주, 자는 장민이다. 전시과를 제정하고 의욕적인 정책을 펼쳤으나 뒤에 정사를 돌보지 않고 방탕한 생활을 하였다.

제6대 　성종 (A.D. 960년~997년)　재위 기간 : A.D. 981년~997년

이름은 치, 자는 온고이다. 문물제도를 정비하고 유교를 국가지도 원리로 삼아 중앙 집권적인 봉건제도를 확립하였다.

제7대　**목종** (A.D. 980년~1009년)　재위 기간 : A.D. 997년~1009년

이름은 송, 자는 효신이다. 경종의 맏아들로 전시과를 고치고 학문을 장려하는 등 정치상의 업적이 많았으나, 후계자 문제로 강조에게 피살되었다.

제8대　**현종** (A.D. 922년~1031년)　재위 기간 : A.D. 1009년~1031년

이름은 순, 자는 안세이다. 거듭된 거란의 침입으로 혼란을 겪었으나, 1022년 싸움을 그치고 평화로운 상태가 되어 국내가 안정되었다. 또한 제도를 정비하고 대장경의 조판과 실록의 찬수 등으로 문화를 발전시켰다.

제9대　**덕종** (A.D. 1016년~1034년)　재위 기간 : A.D. 1031년~1034년

이름은 흠, 자는 원량이다. 1033년(재위 2년)에 천리장성을 쌓고, 국사 편찬 사업도 완성하였다.

제10대　**정종** (A.D. ?년~1046년)　재위 기간 : A.D. 1034년~1046년

거란의 침입에 대비하여 천리장성을 쌓고, 장자 상속과 적서구별을 법으로 정하였다.

제11대　**문종** (A.D. 1019년~1083년)　재위 기간 : A.D. 1046년~1083년

이름은 휘, 자는 촉유이다. 공음전시법, 양전보수법, 삼심제 등의 법률을 제정하였으며 학문과 서예를 좋아하였다. 양주 삼천사의 대지국사비는 그가 직접 쓴 글씨이다.

제12대　**순종** (A.D. 1046년~1083년)　재위 기간 : A.D. 1083년

이름은 훈, 초명은 휴, 자는 의공이다. 문종의 맏아들로 1083년에 즉위하였으나 그해에 죽었다.

제13대 선종 (A.D. 1049년~1094년)   재위 기간 : A.D. 1083년~1094년

이름은 운이다. 중에게 법계를 주기 위해 보던 승과제도를 설치하였다. 또한 교장도감을 설치하여 도서를 출판하는 등 불교 발전에 힘써 고려문화의 융성기를 이루었다.

제14대 헌종 (A.D. 1084년~1097년)   재위 기간 : A.D. 1094년~1095년

이름은 욱이다. 이자의의 난을 평정하고, 다음 해 신병으로 왕위를 숙부에게 물려주었다.

제15대 숙종 (A.D. 1054년~1105년)   재위 기간 : A.D. 1095년~1105년

이름은 옹, 초명은 희, 자는 천상이다. 문종의 셋째아들로 조카인 헌종을 폐위시키고 왕위에 올랐다. 해동통보를 주조하여 화폐제도를 시작하였다. 고려의 황금시대를 이루었다.

제16대 예종 (A.D. 1079년~1122년)   재위 기간 : A.D. 1105년~1122년

이름은 우, 자는 세민이다. 윤관에게 여진을 치게 하여 9성을 쌓고, 학문을 좋아하여 학교를 세우고 국학에 양현고를 설치하는 등 학문을 진흥시켰다.

제17대 인종 (A.D. 1109년~1146년)   재위 기간 : A.D. 1122년~1146년

이름은 해. 자는 인표이다. 태자로 책봉된 후 선왕이 죽자 어린 나이로 왕위에 올라 이자겸의 난, 묘청의 난 등을 겪었으나 선정을 베풀었다. 음률과 서화에 능하였으며 김부식에게 《삼국사기》를 편찬하게 하였다.

제18대 의종 (A.D. 1127년~1173년)   재위 기간 : A.D. 1146년~1170년

이름은 현, 자는 일승이다. 인종의 맏아들로 문학을 좋아하여 문신을 우대하고 무신을 천대하였다. 24년(1170)에 정중부의 난이 일어나 폐위되고 명종 3년(1173)에 경주에서 살해되었다.

제19대 | **명종** (A.D. 1131년~1202년) 재위 기간 : A.D. 1170년~1197년

이름은 호, 초명은 흔, 자는 지단이다. 의종의 동생으로 1170년 정중부의 추대로 즉위하였다. 재위 기간 중 무신들을 제거하려 노력하였으나 실패하고, 1197년 최충헌에 의하여 폐위되었다.

제20대 | **신종** (A.D. 1144년~1204년) 재위 기간 : A.D. 1197년~1204년

이름은 탁, 초명은 민, 자는 지화이다. 인종의 다섯째 아들로 최충헌이 왕으로 추대하여 왕이 되었다.

제21대 | **희종** (A.D. 1181년~1237년) 재위 기간 : A.D. 1204년~1211년

이름은 영, 초명은 덕, 자는 불피이다. 신종의 맏아들로 최충헌을 없애려 실패하고 오히려 폐위 당하였다.

제22대 | **강종** (A.D. 1152년~1213년) 재위 기간 : A.D. 1212년~1213년

이름은 숙, 자는 대화이다. 명종의 맏아들로 명종 27년(1197) 최충헌에게 쫓기어 부왕과 함께 강화도로 갔다가 희종을 폐한 최충헌에 의하여 왕위에 올랐다.

제23대 | **고종** (A.D. ?년~1259년) 재위 기간 : A.D. 1213년~1259년

본명은 철이다. 거란·몽골 등 북방민족의 침입을 받았다. 몽골의 침입을 받아 강화에 천도한 뒤 28년 동안 항쟁했다. 팔만대장경 조판, 유학 장려 등 문화적 업적을 남겼다.

제24대 | **원종** (A.D. 1219년~1274년) 재위 기간 : A.D. 1259년~1274년

이름은 식, 초명은 전이다. 고종 46년(1259)에 왕의 대리로 몽고에 굴욕을 당한 뒤 즉위하였다. 임연의 난, 삼별초의 난 등으로 나라가 평화로운 날이 없었다.

제25대 **충렬왕** (A.D. 1236년~1308년) 재위 기간 : A.D. 1274년~1308년

이름은 거, 초명은 심·춘이다. 원나라에 굴복하여 원의 제국 공주를 아내로 맞이하였다. 또한 원나라의 풍습과 문물제도를 받아들이고 원나라의 지나친 간섭을 받았다.

제26대 **충선왕** (A.D. 1275년~1325년) 재위 기간 : A.D. 1308년~1313년

이름은 장, 초명은 원, 자는 중앙. 즉위 직후 교서를 발표하여 권세가의 탈세와 양민의 노비화를 금지하는 등의 혁신 정치를 실시하였고 원나라 수도인 대도(大都)에 거주하면서 만권당을 세우고, 고려와 원나라의 학자들을 모아 학문 교류에 크게 힘썼다.

제27대 **충숙왕** (A.D. 1294년~1339년) 재위 기간 : A.D. 1313년~1330년, 1332년~1339년)

이름은 만, 초명은 도, 자는 의효이다. 원나라의 무리한 세공을 줄이게 하고 공녀와 내시의 선발을 중지하였다. 그러나 차츰 나랏일에 염증을 느껴 아들 충혜왕에게 임금 자리를 물려주었다가 행실이 좋지 않아 2년 만에 복위하였다.

제28대 **충혜왕** (A.D. 1315년~1344년) 재위 기간 : A.D. 1330년~1332년, 1339년~1344년)

이름은 정이다. 원나라에서 귀국하여 왕위에 올랐으나 행실이 좋지 않아 폐위되었다가 부왕의 죽음으로 다시 왕위에 올랐다. 그러나 음탕한 짓이 심하고 나랏일을 제대로 돌보지 못해 원나라로 귀양 가다가 병으로 죽었다.

제29대 **충목왕** (A.D. 1337년~1348년) 재위 기간 : A.D. 1344년~1348년

이름은 흔이다. 충혜왕의 맏아들로 원나라에 볼모로 가 있다가 8세에 원나라에 의하여 즉위하였다. 나이가 어려 어머니 덕녕공주가 대신 나라를 다스렸다.

제30대 **충정왕** (A.D. 1337년~1352년)   재위 기간 : A.D. 1348년~1351년

충혜왕의 서자(庶子)로 12세에 왕위에 올랐으나 외가 친척인 윤시우와 배전 등으로 인해 정치가 문란해지고, 왜구의 잦은 침입으로 3년 만에 폐위되었다.

제31대 **공민왕** (A.D. 1330년~1374년)   재위 기간 : A.D. 1351년~1374년

이름은 전, 호는 이재 · 익당이다. 왕위에 오른 뒤 중국 원나라를 배척하고 친원파인 기씨 일족을 제거하고 빼앗긴 영토를 수복하였다. 그러나 말년에 노국공주가 죽자 정사를 그르쳐 최만생과 홍윤에게 살해되었다.

제32대 **우왕** (A.D. 1365년~1389년)   재위 기간 : A.D. 1374년~1388년

공민왕의 아들로 10세 왕위에 올랐으나 1388년 위화도에서 회군한 이성계에 의하여 폐위되었다.

제33대 **창왕** (A.D. 1380년~1389년)   재위 기간 : A.D. 1388년~1389년

이름은 창이다. 우왕의 아들로 1388년 이성계 일파가 우왕을 내쫓은 후 왕위에 올랐으나 다시 이성계에 의하여 강화로 쫓겨난 뒤 10세 때 살해되었다.

제34대 **공양왕** (A.D. 1345년~1394년)   재위 기간 : A.D. 1389년~1392년

이름은 요이다. 이성계 일파에 의하여 왕위에 올랐으나 실권을 빼앗겼다. 정몽주가 살해당한 후 폐위당하고 고려는 멸망하였다.

고려시대

태조 왕건의 훈요십조

고려 태조 왕건은 예성강 부근의 개성(開城)에서 태어났다. 아버지는 금성태수 왕륭(王隆)으로 지방의 유력한 호족이었다. 왕건은 20세가 되었을 때 궁예가 한반도 중부 지방을 모두 손에 넣고 세력을 넓혀 나가자 아버지와 함께 그의 부하로 들어갔다.

왕건은 궁예의 명령으로 광주·충주·청주 및 당성(唐城:남성)·괴양(槐壤:괴산) 등의 고을을 쳐서 모두 차지하여 그 공으로 아찬(阿飡)이 되었다. 903년 3월에는 수군을 이끌고 서해를 거쳐 상륙하여 후백제의 금성군(錦城郡)을 공격해서 무너뜨렸고 인근의 10여 개 고을을 쳐서 빼앗아 일부 군사들에게 지키게 하고 돌아왔다.

이로 인해 왕건은 궁예와 주위의 신망을 얻게 되었다. 그 후 궁예의 실정이 거듭되자 민심은 자연히 왕건에게 향했다. 결국 왕건은 918년 6월에 홍유(洪儒)·배현경(裵玄慶)·신숭겸(申崇謙)·복지겸(卜智謙) 등의 추대를 받아 궁예를 내쫓고 철원의 포정전(布政殿)에서 즉위하여 국호를 고려(高麗), 연호를 천수(天授)라 하였다.

하지만 그에게는 많은 어려움이 놓여 있었다. 안으로는 왕권에 도전하는 세력에 대처해야 했고 민심을 수습하는 한편 호족 세력을 끌어안을 대책을 마련해야 했으며, 밖으로는 후백제 견훤의 세력에 맞서 싸워야만 했던 것이다.

왕건은 가장 먼저 민심을 안정시키는 정책을 펼쳤다. 신라 말기 이래 크게 흐트러진 토지 제도를 바로잡고, 궁예 말기에 가혹해진 조세를 가볍게 했다. 이와 동시에 각 지방의 유력한 호족들의 딸과 정략적으로 혼인하였고, 지방의 호족 및 그 자제들을 우대하여 새 왕조를 짧은 기간에 안정시킬 수 있었다.

태조는 세 곳으로 갈라져 있던 한반도를 다시 하나로 모은 후 『정계(政誡)』 1권과 『계백료서(誡百寮書)』 8편의 책을 직접 썼지만 현재 전해지지 않고 있다. 그리고 943년에는 대광(大匡) 박술희(朴述熙)를 불러들여 「훈요십조(訓要十條)」를 내주면서 후세의 왕들이 본받아 행하도록 부탁하였다. 「훈요십조」는 태조 왕건의 정치사상을 엿볼 수 있는 귀중한 자료로 그 내용은 다음과 같다.

〈훈요십조〉

훈요 1조 : 국가의 대업은 반드시 여러 부처님의 호위를 받아야 한다. 그러므로 선종(禪宗)과 교종(敎宗)의 사원을 세우고 주지들을 보내 불도를 닦도록 한 것이다. 그런데 훗날 간신(姦臣)이 권력을 잡으면 승려들의 청탁을 들어주어 서로 다투어 사원을 바꾸고 빼앗을 것이니 이를 엄격히 금지하라.

훈요 2조 : 도선(道詵)은 사원을 함부로 세우면 나라의 운수가 오래가지 못한다고 말하였다. 도선이 산수(山水)의 형세를 살펴서 세운 사원 외에는 마음대로 사원을 창건하지 못하도록 하라.

훈요 3조 : 맏아들이 왕위를 잇는 것이 올바른 법도이지만 만약 맏아들이 어리석으면 둘째 아들에게, 또 둘째 아들 역시 어리석은 경우에는 나머지 형제 중에 많은 사람들이 추대하는 자를 왕으로 삼아라.

훈요 4조 : 우리나라는 사람도 땅도 중국과 다르니 반드시 중국의 제도를 따를 필요가 없다. 거란은 야만의 나라이므로 풍속과 언어 또한 다르니 의관(衣冠) 제도(制度)를 함부로 본받지 말라.

훈요 5조 : 서경(西京:평양)은 수덕(水德)이 순조로워 우리나라 지맥의 근본을 이루고 있어 길이 대업을 누릴 만한 곳이다. 후대 임금은 1년에 100일 이상 서경에 머

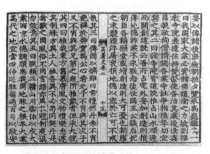
▲ 훈요십조, 《고려사절요》에 수록
(국립중앙도서관 소장)

물러 왕실의 안녕(태평)을 이루게 하라.

훈요 6조 : 내가 지극히 원하는 것은 연등(燃燈)과 팔관(八關)이

다. 연등은 부처를 섬기는 것이요, 팔관은 하늘과 오악(五岳)·

명산(名山)·대천(大川)·용신(龍神)을 섬기는 것이니, 후세에

간신이 이를 더하거나 줄일 것을 건의하지 못하게 하라.

훈요 7조 : 신하의 곧은 말은 따르고 헐뜯는 말은 멀리 하라. 백성

을 부리되 농사철을 피하고, 부역과 세금을 가볍게 하고, 농사

의 어려움을 알아야 한다. 그러면 자연히 민심을 얻고 나라가

부강하고 백성이 편안할 것이다.

훈요 8조 : 차현(車峴 : 차령산맥) 이남, 공주강(公州江 : 금강) 밖의

산지(山地)의 형세가 모두 반대 방향으로 뻗었고, 인심 또한 그

러할 것이다. 그들이 왕후(王侯)나 국척(國戚)과 혼인을 맺고 권

세를 잡게 되면 혹 나라를 어지럽히거나 후백제를 통합한 원한

을 품고 반란을 일으킬 수 있다.

훈요 9조 : 나라의 관직을 함부로 늘이거나 줄이지 말며 공(功)이

없는 자, 사사로이 친한 자나 친척 등에게 관직을 주어 백성의

원망을 사는 일이 없도록 하라. 사나운 나라가 이웃에 있으니

항상 조심하고, 병졸들을 잘 돌보아 그중 뛰어난 자는 관직을

올려 준다.

훈요 10조 : 임금은 항상 무사한 때를 경계하며 옛 고전을 많이 읽

어 나라 다스리는 일에 거울로 삼아야 한다.

국가의 기틀을 마련한 광종

태조 왕건이 세상을 떠나자 여러 왕자 중에서 가장 나이가 많은 혜종(惠宗)이 왕이 되었다. 어머니는 장화왕후(莊和王后) 오씨(吳氏)로 세력이 크지 못한 나주 호족의 딸이었다. 혜종은 다행히 태조의 오른팔과도 같았던 박술희(朴述熙) 장군의 도움으로 태자의 자리에 오를 수 있었고, 태조가 후백제를 칠 때 함께 나가 싸워 큰 공을 세웠다. 하지만 왕위에 오른 후 다른 이복동생들처럼 외척의 도움을 바랄 수 없어 항상 신변의 위협을 느꼈다. 강력한 호족 출신이며 왕실의 외척으로 권력을 쥐고 있던 왕규(王規)는 외손자를 왕으로 세우려는 계획을 세우고 있었다. 이복동생 요(堯 : 뒤의 정종)는 서경(西京 : 평양)의 왕식렴(王式廉) 세력과 손을 잡고 은근히 왕위를 엿보고 있었던 것이다.

특히 왕규는 혜종 2년에 몰래 사람을 시켜 왕을 죽이려 했지만 다행히 그날 밤 잠자리를 옮긴 덕분에 살아남을 수 있었다. 이후 왕은 더욱 불안에 떨게 되었고 병을 얻어 자리에 눕고 말았다.

왕이 자리에 눕자 노골적으로 왕위 쟁탈전이 벌어져 서경의 왕식렴은 군대를 거느리고 올라와 왕규와 그를 따르는 무리 300여 명을 죽였다. 그 무렵 혜종의 든든한 후원자였던 박술희도 갑곶(강화)에 유배된 뒤에 누군가에게 죽임을 당했고, 혜종도 얼마 안 있어 갑자기 세상을 떠났다. 혜종이 죽은 뒤에 요가 새 임금이 되었는데 혜종의 유언에 의해서가 아니라 군신(群臣)의 추대를 받은 것으로 되어 있어 혜종의 죽음에 대해 의문을 갖게 한다.

혜종의 뒤를 이은 정종(定宗)은 낙랑 공주의 남동생이다. 태조 왕건의 둘째아들로 강력한 호족 세력인 충주 유씨가 외가였기 때문에 혜종보다는 지지 기반이 튼튼하였다. 성격은 강인하고 고집스러우면서도 불심이 깊었다고 한다. 왕은 왕권을 강화하기 위해 고구려의 옛 땅을 되찾겠다는 명분을 내세워 서경으로 도읍을 옮기려고 했지만 많은 백성들을 강제로 동원하여 민심을 잃었고, 개경 호족들의 불만도 높아져 결국 실패하고 말았다.

정종 역시 임금의 자리에 오른 지 4년 만에 병을 얻어 숨졌고, 그 뒤를 동생인 광종(光宗)이 이어받았다. 광종은 혜종, 정종과는 달리 26년간 재위하며 특정 세력에 의지하지 않고 중국과 밀접한 외교관계를 맺어 정치적 기반을 닦아 나갔고, 호족 세력을 물리치고 왕권을 강화하는 데 필요한 제도적인 조처를 취하였다.

광종은 956년에 *노비안검법(奴婢按檢法)을 세워 권력과 돈으로 다른 사람을 노비로 만들지 못하게 하고, 호족들이 불법적으로 소유하고 있던 원래 양인이었던 자들을 심사하여 원래의 신분으로 되돌려 주었다. 958년에는 중국 후주(後酒)에서 고려로 귀화한 쌍기(雙冀)의 건의를 받아들여 고려에서는 처음으로 과거제도를 시행하여 인재를 등용하였고, 960년에는 백관(百官)의 공복(公服)을 제정하여 관직에 따라 다른 색깔의 옷을 입도록 하였다. 이러한 조처들은 자연히 호족 세력의 반발을 불러일으켰는데 광종은 철저하게 억눌렀으며, 960년에 권신(權信)이 대상(大相) 준홍(俊

弘), 좌승(佐丞) 왕동(王同) 등이 역모를 꾀한다고 보고하자 이들을 귀양 보내면서 마침내 피의 숙청을 단행하였다.

* 『고려사』
조선 시대 세종의 명으로 정인지, 김종서 등이 편찬한 고려조에 관한 역사책.

『고려사』에 의하면 이 사건 이후 아첨하는 무리가 충성스럽고 선량한 사람을 모함하고, 종이 주인을 고소하고, 자식이 그 부모를 헐뜯어서 죄가 있는 것처럼 꾸며 고하자 감옥이 항상 가득 차서 임시 감옥을 설치하게 되었으며, 죄 없이 죽는 자가 줄을 이었다고 한다.

한편 광종은 963년에 귀법사(歸法寺)를 세우고 제위보(濟危寶)를 설치하여 각종 법회를 여는 등 적극적인 불교 정책을 펼쳐 나갔고, 도읍인 개경의 이름을 황도(皇都)라 바꾸고 광덕(光德) 등의 독자적인 연호를 사용하였다.

성종과 28조 시무책

광종의 뒤를 이은 경종(景宗)은 독자적으로 나라를 이끌어 나갈 능력이 없어 즉위 초에 왕선(王詵)에게 정권을 맡겼다. 이를 전후로 광종 때에 억울하게 죽은 사람들의 자식들에게 복수할 것을 허락하자 서로 죽이고 죽는 일이 일어나 원망하는 목소리가 드높아졌다. 그러다 권력을 독차지하고 있던 왕선이 복수를 핑계로 태조의 아들인 천안부원군(天安府院君)을 죽이자 왕은 왕선을 귀양 보내고 함부로 사람을 죽이는 행위와 복수를 금하도록 했다.

경종은 광종이 정비한 관료 체계를 바탕으로 976년에 처음으로 *전시과(田柴科)를 제정했다. 전시과는 농지와 임야를 등급에 따라 지급하는 토지 제도다. 그러나 경종은 술과 여자를 좋아하고 바둑과 장기를 즐기는 등 정치에는 뜻이 없었다. 왕은 981년 7월 병이 깊어지자 사촌 동생 치(治 : 성종)에게 왕위를 넘겼다.

성종(成宗)은 최승로(崔承老)가 건의한 28조 시무책(時務策)을 받아들여 새로운 국가 체제 정비에 힘을 기울였다. 28조 시무책은 현재에는 22조만이 전해지고 있는데 그 내용은 다음과 같다.

1. 요지(要地)를 가려 국경을 정하고, 그 지방에서 활 잘 쏘고 말 잘 타는 사람을 뽑아 국방을 맡길 것
2. 백성들을 괴롭히는 불사(佛事)를 금할 것
3. 왕을 지키는 군졸의 수가 광종 때 많아졌는데 태조 때의 법을 따라 날쌔고 용맹스런 자만 남겨 두고 나머지는 모두 돌려보내 원망이 없도록 할 것
4. 악을 벌하고 선을 권할 것
5. 중국에 보내는 사신 편에 무역을 겸하게 하되 때에 어긋나는 매매는 일체 금지할 것
6. 여러 주지들이 절의 돈과 곡식을 비싼 이자를 받고 내주어 백성을 괴롭히니 이를 모두 금지할 것
7. 외관(外官 : 지방관)을 둘 것

*전시과
경종 때 실시한 이 제도는 벼슬아치나 공신 또는 각 관아에 토지, 땔나무, 임야 등을 누어 주던 제도

9. 관료들에게 중국 및 신라의 제도에 의해 공복을 입도록 하여 지위의 높낮음을 분별할 것

11. 풍속은 중국을 따르지 말도록 할 것

12. 공물과 요역을 공평하게 할 것

13. 봄에는 연등(燃燈)을 설치하고, 겨울에는 팔관(八關)을 베풀어 백성들에게 부담을 주니 이를 삼가도록 할 것

14. 아랫사람을 공손히 대하고, 죄지은 자는 모두 법에 따라 처리할 것

16. 절을 짓는데 백성들을 동원하지 못하도록 할 것

17. 재력만 있으면 다투어 큰집을 지으니 제도에 맞지 않는 것은 모두 헐어 버리도록 할 것

18. 불경과 불상을 만드는 데 금과 은을 사용하는 사치 풍습이 없어지지 않았으니 엄중히 금할 것

19. 공신의 등급에 따라 자손을 등용하여 업신여김을 받고 원망하는 일이 없도록 할 것

20. 불교를 억제하고 나라를 다스리는 근본인 유교를 받들 것

21. 종묘사직의 제사 비용은 모두 백성으로부터 나오니 제사를 지내지 말 것

22. 노비와 주인의 옳고 그름을 판결할 때는 분명하게 하여 후회가 없도록 힘쓸 것

*팔관회
해마다 토속신에게 제사를 지내던 의식으로 음력 10월 15일은 개경, 11월 15일은 서경에서 지냈다.

성종은 먼저 *팔관회를 금지시켰다. 원래 팔관회는 살인이나 도

둑질 등 8가지를 금하고 한 끼 식사만 하며 부처님의 수행을 본받자는 것이었다. 그러던 것을 태조가 축제로 바꾸었는데 점차 잔칫날로 변하여 춤과 노래로 하루를 보내게 되었다. 성종은 백성들이 사치와 향락에 물들어 가자 사치 풍조를 없애기 위해 이를 금지시킨 것이다.

성종은 중앙에는 3성 밑에 6부를 두었으며 지방에는 12목(牧)을 설치하고 12목사와 경학박사(經學博士)·의학박사(醫學博士) 각 1명씩 뽑아 보내 지방 교육을 맡아보게 하는 한편 유교적 교양이나 의술이 있는 사람을 중앙에 소개하도록 했다. 또한 993년(성종 12년)에는 12목에 상평창(常平倉)을 설치하여 물가를 조절하는 기능을 맡기는 등 지방 행정의 기능을 크게 강화했다.

성종은 태학을 지원하여 선비를 가르쳐서 유능한 사람을 길러내고, 과거 시험에 1차 합격한 사람에게는 2차로 시험을 보게 하여 어진 사람을 구하였으며, 효도, 절개, 의리를 권장하고 노인들을 위한 행사를 여는 등 풍속을 아름답게 하였다.

서희의 담판

그 무렵 대륙에서는 거란이 나라 이름을 요(遼)로 바꾸고 중국을 포함하는 거대한 나라를 세우려고 하였다. 그러나 960년에 송

(宋)나라가 5대(五代) 10국(十國)의 혼란을 수습하며 통일 제국을 세우자 두 나라는 대립하여 자주 싸움을 벌이게 되었다. 이때 고려는 송나라와 친선 관계를 유지하며 거란에 대항하였다. 고려가 송나라와 손을 잡은 것은 거란이 옛날의 맹세를 저버리고 발해를 쳐서 멸망시켰기 때문이다.

거란은 수차례 고려에 사신을 보내 화친을 요구했으나 번번이 거절당하자 성종 12년(993년)에 소손녕(蕭遜寧)을 대장군으로 삼아 군사를 모으고 고려를 칠 준비를 하였다. 송나라와 전쟁을 벌이려 하는데 고려가 후방에 있어 뒤가 불안했기 때문이었다.

거란과 고려 사이에 끼어 양쪽 눈치를 살피던 여진족은 상황을 눈치 채고 고려에 사신을 보내 "거란이 군사를 일으켜 고려를 치려 한다."고 알렸다. 그러나 고려 조정은 이 말을 믿지 않았다.

얼마 후 거란은 고려에 사신을 보내 선전 포고를 하였고, 성종 12년(993년)에 소손녕이 수만의 군사들을 이끌고 의주로 쳐들어왔다.

이에 고려 조정에서는 사태가 위급하다는 것을 알고 여러 도의 군마제정사(軍馬齊正使)에게 원군을 요청하는 한편 시중 박양유(朴良柔)를 상군사(上軍使), 내사시랑 서희(徐熙)를 중군사(中軍使), 문하시랑 최량(崔亮)을 하군사(下軍使)로 삼아 거란의 공격을 방어하도록 했다. 그리고 고려 성종은 직접 군사를 이끌고 서경을 거쳐 안북부에 진을 쳤다.

거란군은 단숨에 봉산군(鳳山郡: 황해도 북쪽에 위치)까지 내려와 고려의 선봉군을 크게 물리치고 장군 윤서안(尹誓安)을 사로잡은 후 다시 사신을 보내 항복하라고 말했다. 이때 서희가 군사를 이끌고 봉산으로 달려가 거란군을 막았다. 거란군은 기습적으로 연주성(燕州城)과 안융진(安戎鎭)을 공격하여 고려군의 사기를 꺾으려 했지만 오히려 패하고 말았다. 장기전에 대한 두려움과 고려를 쉽게 굴복시킬 수 없다고 판단한 거란은 고려 조정에 회담을 제의하였다. 성종은 군신 회의를 열어 적의 진영에 단신으로 들어가 협상을 벌일 사람을 찾았다. 그러나 모두를 서로의 눈치를 보며 선뜻 나서지 못하고 있는데 서희 장군이 일어나 아뢰었다.

"신이 비록 둔하고 재주는 없지만 감히 명을 받들겠나이다."

서희는 왕의 글월을 품에 안고 수십만이 도사리고 있는 적진에 당당히 들어가 통역에게 만날 날짜를 물었다. 소손녕은 서희의 기를 죽이기 위해 높은 의자에 앉아 말하였다.

"나는 큰 나라의 귀한 사람이니 고려의 사신은 마땅히 뜰에서 절을 하라."

그러나 서희는 당황하지 않고 침착하게 대답했다.

"신하가 임금에게 절을 할 때는 뜰 아래에서 하는 것이 당연하지만 두 나라의 대신이 서로 만나는 자리인데 어찌 그럴 수 있겠는가?"

그리고는 발길을 돌려 숙소로 돌아왔다. 이후 소손녕은 두세 번 사람을 보내 서희를 불렀지만 서희는 입을 다물고 한마디도 하지 않았다. 며칠이 지나자 초조해진 소손녕이 서희에게 당에 올라 예를 행하도록 하였다. 드디어 두 나라의 사신이 마주 앉아 회담을 하게 된 것이다. 소손녕이 먼저 말했다.

"그대의 나라는 신라의 땅에서 일어났고 고구려의 땅은 우리 거란이 소유하고 있다. 그런데 그대들이 쳐들어왔고 또 우리나라와 국경을 접하고 있으면서 바다 건너 송나라와 친하게 지내고 있다. 이런 이유로 고려를 친 것이다. 내가 말한 대로 땅을 갈라 바치고 조공을 하면 무사할 것이다."

서희는 의연한 자세로 다음과 같이 대답했다.

"그렇지 않다. 우리나라는 고구려를 이어받았으므로 나라 이름을 고려라 하고 평양에 도읍한 것이다. 만약 경계를 논한다면 그대 나라의 동경(東京) 모두 우리 영역 안에 있는 셈인데 어찌 침략했다고 할 수 있겠는가? 또한 압록강 안팎도 우리의 땅이었는데 지금은 여진이 훔쳐 살면서 간악하게 길을 막아 그대의 나라에 가는 것이 바다 건너 송나라에 가는 것보다 힘들다. 우리가 그대의 나라와 교역하지 않는 것도 여진 때문이다. 만약 여진을 쫓아내고 우리의 옛 땅을 되찾아 성과 보(堡)를 쌓고 길을 통하게 한다면 어찌 수교하지 않겠는가?"

서희의 당당하고 조리 있는 답변을 들은 소손녕은 강화할 것을 허락했다. 서희의 말은 남진을 계속할 수도 없고, 군사를 되돌릴 수도 없는 상황에 놓여 있던 소손녕에게 군사를 되돌릴 명분을 주었던 것이다. 소손녕은 모든 사실을 자세히 기록하여 본국의 왕에게 알렸다. 두 나라의 협상 조건은 다음과 같았다.

고려는 앞으로 송과의 관계를 끊고 거란과의 관계를 돈독히 한다. 거란이 일시 점령하고 있는 여진족의 본거지인 압록강 동쪽의 280리 땅은 고려가 소유한다. 또한 거란군은 고려 땅에서 모두 철수한다.

서희의 판단대로 거란의 왕은 고려가 화의를 청했으니 군사를 돌리라는 명을 내렸다. 서희는 거란이 쳐들어온 목적이 고려와 송의 관계를 끊게 하고 거란과 국교 관계를 수립하는 데 있음을 알았던 것이다.

소손녕은 서희를 크게 칭찬하며 여러 날 잔치를 벌인 후에 낙타 10마리, 말 100필, 양 1,000마리, 비단 500필을 선물로 주어 보냈다. 서희가 돌아올 때 감격한 고려 성종은 예성강까지 마중 나와 맞이하였다. 서희는 왕이 박양유을 시켜 거란 왕을 만나라고 하자 대담하게 말하였다.

"강동 6주를 모두 얻은 후에 만나도 늦지 않을 것입니다."

그러나 왕은 오랫동안 강화하지 않으면 근심거리가 생길지 모른다며 박양유를 거란에 보내 외교 관계를 맺었다.

서희는 994년에 왕명을 받아 여진을 정벌하기 위해 나섰다. 요나라가 압록강 동쪽을 고려의 땅으로 인정했다 하더라도 여진이 머무르고 있는 이상 아무 의미가 없었기 때문이었다. 서희는 군사들을 거느리고 북쪽으로 나아가 여진족을 몰아내고 장흥(長興), 귀화(歸化) 두 진과 곽주(郭州 : 곽산)와 귀주(龜州 : 귀성)에 성을 쌓았다. 그리고 이때부터 3년에 걸쳐 흥화진(興化鎭 : 의주), 용주(龍

主: 용천), 통주(通州 : 선천), 철주(鐵州 : 철산)에 성을 쌓음으로써 강동 6주를 완성하였다.

강조정변과 거란의 2차 침입

성종의 뒤를 이은 목종(穆宗)은 전시과를 개정하고 학문을 장려하는 등 나름대로 선정을 펼치려 애썼지만 어머니 천추태후(千秋太后)와 김치양(金致陽)의 그늘에서 벗어나지 못하였다. 천추태후는 목종이 뒤를 이을 아들이 없자 김치양과 간통하여 낳은 아들을 왕으로 삼으려고 후계자로 결정된 대량원군(大良院君) 왕순(王詢 : 현종)을 해치려는 음모를 꾸몄다.

이를 눈치 챈 목종은 왕순의 경호를 맡기려고 서경도순검사(西京都巡檢使) 강조(康兆)를 불러들였다. 강조가 서경을 떠나 동주(洞州) 용천역(龍川驛)에 이르렀을 때 위종정(魏從正), 최창회(崔昌會) 등이 찾아와 말했다.

"왕은 이미 위독한 상태입니다. 김치양은 자신의 아들을 왕으로 세울 욕심으로 왕명을 날조하여 장군을 불러들인 것입니다. 김치양이 누구를 가장 두려워하겠습니까? 북방의 군사권을 쥐고 있는 장군 아니겠습니까? 곳곳에 군사를 숨겨놓고 장군이 들어오면 즉시 죽이려 할 것입니다."

그들의 말은 믿은 강조는 다시 서경으로 돌아갔다. 이때 강조의 아버지는 급히 사람을 보내 '왕이 돌아가신 틈을 타서 김치양이 왕권을 노리고 있으니 병사를 거느리고 들어와 간신의 무리를 없애고 나라를 지켜라.'는 편지를 보냈다. 편지를 받은 강조는 당장 군사 5,000명을 이끌고 개경으로 들어왔다. 그러나 황해도 평주(평산)에 이르렀을 때 뜻하지 않은 소식이 들려왔다. 왕이 살아 있다는 것이다.

이러지도 저러지도 못하게 된 그는 고심 끝에 목종을 폐위하고 왕을 용흥(龍興) 귀법사(歸法寺)로 가게 한 뒤 병사들과 함께 대궐에 들어가 김치양 등을 죽이고 대량원군을 왕으로 세웠다. 그러나 목종이 살아 있다는 것은 강조에겐 불안한 일이었다. 결국 강조는 뒷일을 염려해 목종까지 죽여 버리고 만다. 이것이 거란이 고려를 재침입하는 데 결정적인 빌미를 제공했던 *강조정변이다.

거란의 성종은 1010년 11월에 40만 대군을 이끌고 압록강을 건너왔다. 고려가 조공을 해오지 않자 괘씸하게 여기던 차에 강조의 난이 일어났다는 이야기를 듣고 그의 죄를 묻겠다는 구실을 내세워 쳐들어온 것이다.

이에 고려 조정은 강조에게 30만의 군사를 내주어 거란군을 물리치도록 했다. 강조는 군을 나누어 양규(楊規)에게 10만을 주었다. 그리고는 흥화진을 지키게 하였고, 20만 군사는 통주로 진군시켰다. 양규가 흥화진에서 적을 막아 적이 지치면 20만의 군사와 함께 공격할 생각이었던 것이다.

*강조정변
목종이 왕위에 오르자 생모가 섭정하면서 김치양과 통정하여 아들을 낳았다. 후에 이 아들 때문에 강조의 정변이 일어나 섬으로 유배되었다.

거란의 성종은 흥화진을 포위하고 공격했지만 양규 등에게 크게 패했다. 그러자 성종 역시 군사를 둘로 나누어 주력군 20만을 이끌고 통주로 쳐들어갔지만 여러 차례 맞붙은 싸움에서 거란군은 매번 패했다. 연이은 승리로 자만해진 강조는 잔치를 벌였는데 기회를 엿보고 있던 성종은 때를 놓치지 않고 야밤에 기습 공격을 했다. 술에 취해 자고 있던 강조는 정신을 차리고 대적해 보려 했지만 부하 장수들과 함께 포로가 되어 성종 앞에 끌려갔다. 강조가 당당히 서 있는 것을 본 성종은 왜 무릎을 꿇지 않으냐고 다그쳤다. 강조는 "적국의 왕에게는 무릎을 꿇을 수 없다."고 맞받아쳤다. 강조의 사내다움이 마음에 든 성종은 자신의 오른팔이 되어 함께 천하를 호령해 보지 않겠느냐는 제안을 했다. 그러나 강조는

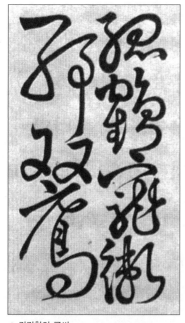
▲ 강감찬의 글씨

"어찌 오랑캐의 손발이 되어 하늘을 바라보겠느냐. 더 이상 욕보이지 말고 목을 쳐 달라."고 요구했다. 성종은 어쩔 수 없이 강조를 죽이고 고이 묻어 주었다.

한편 믿었던 강조가 죽자 고려 조정은 급히 회의를 열어 대책을 논의하였다. 신하들 대부분의 의견은 항복할 수밖에 없다는 쪽으로 기울고 있다. 이때 강감찬(姜邯贊)이 나서서 반대했다.

"항복하다니 안 될 말이오. 강동 6주를 내주고 항복한다면 영원히 오랑캐의 노예가 될 것이외다."

강감찬은 먼저 현종을 나주로 피신시키고 남아 있는 1만의 군사로 대궐을 지키면서 지방각처에 사람을 보내 구원병을 요청하였다. 그러나 1만의 수비군은 쉽게 무너져 개경이 함락되고 말았다.

성종은 붙잡힌 고려의 신하들에게 현종이 어디 있는지 물었다. 이때 하공진(河拱辰)이 나서서 현종은 이미 나주로 피난 갔다고 말했다.

"나주는 개경에서 얼마나 떨어져 있는가?"

"수천 리 멀리 떨어져 있는 곳입니다."

성종은 현종을 사로잡아 항복을 받아내는 것이 불가능하다고 느끼고 하공진에게 말했다

"본래 거란은 고려와 싸울 뜻이 없었다. 고려와 화친을 맺고자 한다."

성종은 고려의 지리도 잘 모를 뿐만 아니라 흥화진에 있는 고려의 군사가 마음에 걸렸던 것이다.

"군사를 물리는 대신 고려의 임금은 직접 우리나라를 찾아와 문안을 올리고 용서를 구해야 한다."

이로써 성종과 하공진 사이에 화친 조약이 이루어졌다. 성종은 하공진을 볼모로 잡고 군사를 되돌리기 시작했다.

하지만 이후 고려는 왕의 병을 핑계로 직접 거란으로 가서 문안을 올리는 것이 불가능하다는 사실을 알렸다. 그리고 거란이 현종 6년(1015년) 4월에 야율행평을 사신으로 보내 강동 6주를 내놓으

라고 요구하자 강감찬은 야율행평을 잡아 가두었다. 이때부터 고려와 거란의 관계를 날로 험악해져 갔다. 그러다 거란의 성종은 마침내 1018년 12월에 사위인 소배압(蕭徘押)에게 10만의 군사를 주어 고려를 공격하도록 했다. 이것이 거란의 제3차 침입이다.

강감찬의 귀주대첩

고려의 현종은 소배압이 10만 군사를 거느리고 압록강을 건넜다는 소식을 접하자 강감찬을 상원수로, 강민첨(姜民瞻)을 부원수로 삼아 거란군과 맞서 싸우도록 하였다. 강감찬은 이미 20만 8천여 명의 군사를 훈련시켜 거란의 공격에 대비하고 있었다. 강감찬은 흥화진에 진을 치고 작전을 짜기 시작했다. 흥화진의 동쪽에는 성동대천(城東大川 : 의주 삼천교)이란 큰 냇물이 흐르고 있었다. 큰비가 내리지만 않으면 물이 얕아 걸어서 쉽게 건널 수 있는 곳이었다.

"날랜 군사 1만 2천명을 데리고 산골짜기에 숨어 있다가 신호가 떨어지면 일제히 적을 공격하시오."

강감찬은 강민첨 부원수에게 명령을 내렸다. 그리고는 수백 장의 쇠가죽을 밧줄로 매어 강의 상류를 막도록 하고 강 양쪽에 군사를 숨겨 놓았다.

얼마 후 소배압의 군사들은 강물이 얕은 곳을 골라 성동대천을 건너기 시작했다. 강감찬은 이때를 노려 상류에 막아 놓은 물을 터놓았다. 거란군들은 갑자기 쏟아져 내려오는 물에 휩쓸려 아우성을 치다 강 양쪽에서 쏘아 대는 고려군의 화살을 맞아 숨졌다.

"속았구나!"

소배압은 그제야 강감찬의 작전에 말려든 것을 깨달았다. 많은 병사를 잃은 소배압은 간신히 남은 군사들을 수습하여 이끌고 남쪽으로 향했다. 바로 이때 산골짜기에 숨어 있던 강민첨의 군사들이 튀어나와 공격을 퍼부었다. 깜짝 놀란 거란군들은 정신을 잃고 도망치기에 바빴다.

첫 싸움에서 크게 패한 소배압은 개경으로 향했다. 개경을 함락해 고려 임금의 항복을 받을 속셈이었던 것이다. 강민첨의 군사는 지름길로 달려 내구산(來口山：평남 순천)에 숨어 있다가 남쪽으로 진군해 오는 적을 무찔렀다. 소배압은 큰 피해를 입고 서경으로 내달았지만 마탄(馬灘)에 숨어 있던 고려군의 기습을 받아 또다시 1만여 명의 군사를 잃고 말았다.

소배압이 남은 군사를 모으니 그래도 5, 6만은 되었다. 소배압은 다시 대열을 정비해 개경을 향하여 진군하기 시작했다. 강감찬은 그들을 막기

▲ 강감찬 장군의 동상

위해 병마판관(兵馬判官) 김종현(金宗鉉)에게 명령을 내렸다.

"군사 1만여 명을 이끌고 개경으로 가서 그곳을 지키시오!"

강감찬은 동북면 병마사(東北面兵馬使)에게도 3천여 명의 군사를 이끌고 개경을 지키도록 하였다.

소배압은 가까스로 신은현(新恩峴)까지 이르렀다. 개경에서 100리 정도 떨어져 있는 그곳에는 사람은 물론 곡식 한 알 남아 있지 않았다. 거란군은 지친데다가 먹을 것이 없어 굶주리게 되자 사기가 크게 떨어지고 말았다. 당황한 소배압은 개경에 염탐꾼을 보내 형편을 알아보도록 했다. 염탐꾼이 돌아와 보고했다.

"개경은 수많은 군사가 물샐틈없이 지키고 있습니다."

보고를 들은 소배압은 힘이 쭉 빠졌다.

'이번 작전은 실패다. 돌아가서 다시 계획을 세우는 수밖에 없다.'

소배압은 사람을 개경에 보내 거짓으로 화의를 제의하면서 도망갈 길을 엿보았다. 또한 기병대를 남쪽으로 내려 보내 고려군이 뒤쫓지 못하도록 하였다. 그러나 남쪽으로 내려 보낸 거란의 기병대는 금교역(金郊驛:황해도 평산군 서쪽)에 도착한 날 밤에 고려군의 공격을 받아 모두 죽고 말았다. 다급해진 소배압은 군사를 이끌고 북쪽으로 달아나기 시작했다. 그들은 고려군의 기습을 받아 많은 군사를 잃고 간신히 귀주에 이르렀다. 이때 강감찬은 귀주와 동쪽 벌판에 진을 치고 소배압의 군사를 가로막고 있었다. 강감찬은 부하들을 격려했다.

"이제는 지쳐 있는 거란의 주력 부대만 물리치면 된다!"

고려군의 사기는 하늘을 찌를 듯했다. 마침내 귀주 벌판에서 양군이 결전을 벌였다. 그때 강감찬의 명령을 받고 달려온 김종현의 부대가 거란군의 뒤를 치기 시작하자 거란의 군사들은 일제히

▲ 귀주대첩도

흩어져 북쪽으로 달아났다. 고려군은 적을 추격하여 마구 무찔렀다. 들과 산에는 거란군의 시체가 가득 널렸다. 소배압은 갑옷과 투구도 벗어버리고 말을 달렸다. 거란의 군사들도 무기를 버리고 달아났다. 압록강을 건너 살아남은 거란군은 겨우 수천 명밖에 안 되었다. 고려군이 대승리를 거둔 것이다. 이것이 바로 강감찬의 귀주대첩(龜州大捷)이다. 귀주대첩은 을지문덕의 살수대첩, 이순신의 한산도대첩과 함께 우리 민족이 외적을 크게 물리친 삼대대첩의 하나로 꼽힌다. 그 후 거란은 두 번 다시 고려를 넘보지 못했다.

송과의 교류와 학문의 발전

고려가 막강한 거란의 침략을 물리치자 주변 국가들은 고려의 국

력을 다시 보게 되었다. 특히 거란에게 황하 이북의 땅을 빼앗긴 송나라는 고려를 두려워하며 가까워지기를 원했다. 고려 역시 송의 높은 문화와 경제를 받아들이고 싶어 했기 때문에 두 나라 사이에 활발한 교류가 이루어졌다. 이로 인해 고려는 11세기 초에서 12세기 전반에 이르기까지 150여 년 동안 경제와 문화의 전성기를 이룩하게 되었다. 특히 현종의 셋째아들로 큰형 덕종(德宗)과 둘째 형 정종(靖宗)의 뒤를 이어 고려 11대 왕이 된 문종(文宗)은 재위 37년 동안 정치ㆍ경제 제도를 정비하고, 불교ㆍ유교ㆍ미술ㆍ공예 등 문화 전반에 걸쳐 큰 발전을 이루어 고려시대 중 가장 찬란한 문화황금기를 이룩하였다. 이제현(李齊賢)은 『고려사』에서 다음과 같이 말하고 있다.

'쓸모없는 벼슬아치가 줄어들어 사업은 간편하게 되었고 비용이 절약되어 나라가 부유해졌다. 창고에는 해마다 묵은 곡식이 쌓이고 집집마다 살림이 넉넉하여 당시 사람들은 이때를 태평성세라고 일컬었다.'

자라면서 문무의 재능을 모두 갖추고 사리에 밝아 주변 사람들에게 칭찬을 듣던 문왕은 왕위에 오르자 스스로 검소해야 한다는 생각에 금은으로 된 용상과 답두(踏斗 : 발디딤판)를 동과 철로, 금은실로 된 이불과 요는 견직으로 바꾸었다. 또한 환관과 내시의 수를 10여 명과 20여 명으로 줄이고 변방에서 공을 세운 사람에게 상을 주어 병사들의 사기를 북돋웠다. 문종의 정치는 최충(崔沖)을 문하시중에 앉히면서 본격화되었다.

성종 때인 984년에 황해도 해주에서 태어난 최충은 1005년(목종 8년) 문과에 장원급제하였고, 1013년 거란의 침입으로 불타버린 고려 태조에서 목종까지의 역사를 기록한 『칠대실록(七代實錄)』(36권)을 다시 펴내는 일을 맡아 1032년(덕종 1년)에 완성했다.

* 『칠대실록』
고려 태조 때부터 목종까지 7대에 걸친 사적을 모아 엮은 책

50세에 동지중추원사(同知中樞院事)가 된 최충은 무엇보다도 국방을 튼튼히 해야 한다고 생각하고 덕종에게 북쪽 변방에 성을 쌓을 것을 권했다. 덕종은 최충의 건의를 받아들여 유소(柳韶)에게 성을 쌓으라고 명했다. 유소는 압록강 어귀 의주 지방에서부터 성을 쌓아 나갔다. 이것이 바로 '천리장성'으로 10년에 걸쳐 완성되었다.

최충은 정종 때부터 재상의 지위에 올랐고, 문종 때에는 최고 원로로서 문하시중에 오를 뿐만 아니라, 국경 지방이 어수선해지자 도병마사라는 직책도 겸하여 나라 안의 정치와 외적으로부터 나라를 보호하는 책임까지 맡았다.

최충은 72세에 내사령(內史令)을 마지막으로 벼슬자리에서 물러나 개경 송악산 아래 있는 자하동 집 사랑방에 젊은이들을 모아 놓고 학문을 가르쳤다. 이 소문을 들은 젊은이들이 구름처럼 모여들자 악성(樂聖)·대중(大中)·성명(誠明)·경업(敬業)·조도(造道)·솔성(率性)·진덕(進德)·대화(大和)·대빙(待聘) 등 9재 학당을 만들어 후진 양성에 힘썼다. 학과는 오경(五經) 삼사(三史 : 사기, 한서, 후한서)를 중심으로 인격을 다듬고 덕성을 쌓는 예절 교육도 행했다.

이후 최충의 9재 학당을 본뜬 학당이 여러 곳에 세워졌는데 개

경에서 손꼽히는 학당은 9재 학당을 비롯해 11개나 되었다. 이를 통틀어 '12공도'라 불렀다. 최충에 이어 학교를 세운 사람들은 모두 높은 벼슬을 지낸 덕망 높은 유학자들이었다. 이 12공도로 고려의 학문은 크게 발전되었다. 『고려사』에는 다음과 같은 글이 적혀 있다.

'동방에 학교가 일어난 것은 최충에 의해서다. 따라서 최충을 해동공자(海東孔子)라 일컬었다.'

한편 문종은 불교 발전에도 힘을 쏟아 대신들의 반대에도 불구하고 흥왕사(興王寺)를 세웠다. 1055년에 시작되어 약 13년 만에 완성된 흥왕사는 그 규모가 대궐과 비슷했다고 한다. 흥왕사는 문종 이후 고려 불교의 중심지로 성장했으며, 숙종 때에는 송나라에서 보내온 대장경을 보관하기도 했다.

▲ 대각국사 의천
고려 시대의 중으로 우리나라에 처음으로 천태종을 전파하였으며 흥왕사에 교장도감을 세우고 《속장경》 4,000여 권을 간행하였다.

▲ 대각국사 비

문종은 또한 연등회와 팔관회를 공식적으로 부활시키고 많은 불교 행사를 치렀으며 자신의 세 아들을 출가시키기도 했다. 그중에서 특히 넷째 아들인 대각국사(大覺國師) 의천(義天)은 총 5,048권의 『초조대장경(初彫大藏經)』을 완성하였고, 교종(敎宗)과 선종(禪宗)으로 나뉘어져 있던 고려의 불교를 통일하여 천태종(天台宗)을 세웠다. 의천은 송과 거란, 일본 등지에서 불서와 경전을 구한 후 흥왕사에 교장도감(敎藏都監)을 두고 『속장경(續藏經)』을 펴내기 시작하여 1096년

(숙종 1년)에 완성, 대장경과 함께 부인사(夫人寺)에 두었다.

문종이 불교를 장려한 것은 유학으로 인해 대신들의 힘이 커지는 것을 막고 신앙으로 민심을 다스리기 위함이었다. 이로써 고려는 불교·유교를 비롯하여 미술·공예에 이르기까지 문화 전반에 걸쳐 큰 발전을 이루었다. 신라 문화를 계승하는 동시에 송의 문화를 수용하여 독특한 고려 문화를 형성한 것이다.

여진족의 침입

문종이 세상을 떠나자 맏아들 순종(順宗)이 왕위를 이어받았으나 3개월 만에 숨졌고 순종의 아우 선종(宣宗)이 즉위하였다. 선종은 어려서부터 총명하여 문종 때 국원공(國原公)에 봉해져 중서령(中書令)을 지냈고 순종 때에는 상서령(尙書令)을 지냈다. 1084년(선종 1년)에 과거제도에 승과(僧科)를 설치하고 법흥사(法興寺)에 교장도감을 두어 불교 발전에 힘을 쏟았고, 변경을 지키는 병사들

에게 저고리와 바지를 하사하였다. 그러나 사탑(寺塔)을 많이 세워 백성들이 지나친 노역에 대해 원망이 많았다고 한다.

1094년에 선종이 죽자 나라는 큰 혼란에 빠지게 되었다. 선종의 뒤를 이를 태자(헌종(獻宗))의 나이가 겨우 11세에 불과했고 몸또한 약했기 때문이었다. 1095년(헌종 1년) 7월에 선종 때 중추원사(中樞院事)를 지낸 이자의(李資義)가 헌종을 몰아내고 여동생 원신궁주(元信宮主)가 낳은 왕자 한산후(漢山侯)를 왕위에 앉히기 위해 난을 일으켰지만 계림공(鷄林公 : 숙종)에게 발각되어 죽고 난은진압되었다. 당시 사람들은 "선종에게는 총명한 아우가 다섯 명이나 있었는데도 어린 아들에게 왕위를 물려주어 이런 반란이 일어났다."고 애석해 했다. 헌종은 계림공(숙종)에게 왕위를 물려주고 2년 뒤에 세상을 떠났다.

숙종(肅宗)은 부지런하고 검소하며 학문이 뛰어나고 결단성이있어 문종의 큰 기대를 받았다. 문종 때 '훗날 왕실을 크게 일으킬사람'이라고 하여 계림공에 봉해졌는데, 친조카인 헌종이 어린 나이로 즉위하자 1년 만에 왕위를 빼앗았다. 숙종은 이후 나라의 정치를 바로 세우는 데 힘써 민심을 다스리고 경제를 안정시켰다.

숙종은 6촌 이내의 혼인을 금하였고, 동생인 의천의 권유를 받아들여 주전관(鑄錢官)을 두고 은병(銀瓶)이라는 주화를 만들어 사용하도록 하였다. 그러나 은병은 은으로 만들었기 때문에 일반 백성들은 사용하기가 어려웠다. 이에 숙종은 1102년에는 *고주법(鼓鑄法)을 제정하여 해동통보(海東通寶) 1만 5,000관을 만들어 일반

*고주법
돈 만드는 법

백성들도 사용할 수 있도록 하였다.

숙종 말년인 1104년에는 서희가 강동 6주를 개척한 이후 감히 고려를 넘보지 못했던 여진족이 쳐들어왔다. 숙종은 임간(林幹)을 보내 여진족을 막도록 하였으나 *정주(定州)에서 패하였고, 3월에는 윤관(尹瓘)을 보냈지만 역시 이기지 못하고 화약을 맺고 돌아왔다. 이로 인해 정주 밖에 있던 여러 고을이 여진족의 손에 들어가고 말았다.

▲ 해동통보
숙종 때 의천이 송나라와 거란이 사용하는 화폐를 참고로 해서 만들어 백성들이 돈으로 물건을 거래 할 수 있도록 하였다. 우리나라 최초의 엽전이다.

윤관은 "신이 여진에게 패한 것은 저들은 기병이고 우리는 보병이므로 상대할 수 없었습니다."라며 숙종에게 건의하여 기병으로 구성된 신기군(神騎軍), 보병으로 구성된 신보군(神步軍), 승도(僧徒)들로 구성된 항마군(降魔軍)을 둔 별무반(別武班)을 만들었다.

*정주
강동 6주 중 하나인 귀주군이 설치되었던 곳

윤관은 예종(睿宗) 2년에 17만의 별무반을 이끌고 여진을 쳐서 크게 물리쳤고 그 이듬해에 여진이 다시 쳐들어오자 전투를 승리로 이끌어 함흥평야 일대에 9성을 설치하였다. 그러나 여진의 계속되는 침략을 견디지 못한 예종은 1년 만에 9성을 여진족에게 내어주고 강화를 맺었다. 이후 윤관은 그를 시기하던 신하들의 모함으로 벼슬과 공신 칭호마저 빼앗기고 말았다.

한편 학문을 사랑했던 예종은 1109년에 국자감을 재정비하여 학과별 전문 강좌인 *칠재(七齋)를 두고 유교 사상을 보다 깊이 연구하고 교육하도록 하였다. 또한 1116년 대궐에 청연각, 보문각 등 학문 연구소를 짓고 수만 권의 책과 뛰어난 학자들을 모아 학문을

*칠재
주역 · 서경 · 시경 · 주례 · 예기 · 춘추 · 무학

토론하게 하고 각종 서적을 짓게 하였다.

예종은 홍관(洪灌)을 시켜 삼국시대 이래의 역사를 기록한 『편년통재속편(編年通載續編)』을 편찬하게 하였고, 우리나라 풍수지리서를 집대성한 『해동비록(海東秘錄)』도 이때 지어진것이다. 그리고 송나라에서 대성악(大晟樂)을 들여왔는데 이것이바로 아악(雅樂)이라는 궁중 음악이다.

이자겸과 묘청의 난

예종의 뒤를 이은 맏아들 인종(仁宗)도 학문을 좋아하고 스승과 벗에 대한 예의가 밝았다. 외할아버지 이자겸(李資謙) 등에 의해 15세의 나이에 왕위에 오른 인종은 지방의 중요한 고을에 향학

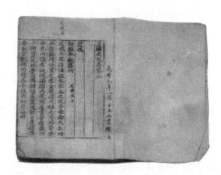

▲ 김부식이 편찬한 《삼국사기》

(鄕學)을 설치하여 유교 교육을 전국적으로 확산시켰고, 김부식
(金富軾) 등에게 명하여 총 50권으로 이루어진 『삼국사기』를 짓
게 하였다.

예종에게 둘째 딸을 시집보내 결국 외손자를 왕으로 만든 이자
겸은 막강한 권력을 잡게 되었고, 셋째, 넷째 딸을 인종에게 시집보
내 이자겸의 세 딸은 친자매이면서 시어머니와 며느리의 관계가 되
었다.

이자겸은 남의 토지를 마음대로 빼앗고 공공연히 뇌물을 받아
그의 집에는 수만 근의 고기가 썩고 있었다고 한다. 그는 스스로
를 [*]지군국사(知軍國事)라 부르며 왕이 직접 이 직함을 내려주도록
강하게 요청하기도 했다. 이때 나라 안에서는 '십팔자도참설'(十
八子圖讖說)'이 떠돌았다. 십팔자(十八子)를 합하면 이(李)자가 되
니, 이씨 성을 가진 자가 왕이 된다는 소문이었다. 이를 믿은 이자
겸은 손자이자 사위인 인종을 자신의 집으로 불러들여 죽이고 왕
위를 차지하려 했다. 하지만 그와 뜻을 같이하던 부하 척준경(拓
俊京)이 인종에게로 마음이 돌아서서 이자겸을 붙잡아 유배를 보
냈고, 이자겸의 딸들도 폐위되고 말았다.

척준경은 이자겸을 잡은 공으로 공신에 추대되었지만 정지상
(鄭知常) 등이 상소를 올려 척준경은 물론 이자겸과 함께 난을 일
으켰던 모든 사람들이 유배당했다. 그 후 이자겸과 척준경은 유배
지에서 쓸쓸히 죽음을 맞이했다.

[*]이자겸의 난은 묘청이 서경(평양) 천도 운동을 일으킨 배경이

[*]지군국사
나라의 모든 일을 맡
고 있다는 뜻

[*]이자겸의 난
고려 인종 때 최고
권력자였던 척신, 이
자겸 등이 '십팔자
가 왕이 될 것이라는
도참설을 내세워 인
종을 폐위시키고 스
스로 왕위를 빼앗은
반란이다.

되기도 한다. 나라가 혼란스러운 틈을 타 서경(평양) 출신의 승려 묘청(妙淸) 등이 풍수지리설을 이용하여 도읍을 서경으로 옮길 것을 주장한 것이다. 그들은 유교 대신 무속신앙과 불교와 도교가 합쳐진 토착신을 받들 것을 주장하며 서경에 팔성당(八聖堂)을 세우기도 했다.

정지상은 홍이서(洪彝敍) 등과 더불어 "묘청은 성현(聖賢)이고 백수한(白壽翰)은 그 다음 가는 인물입니다. 나라의 일은 모두 이들에게 물어본 뒤에 행하고 그들의 말을 들어주어야만 정사(政事)가 이루어져 나라를 보전할 수 있을 것입니다."라고 건의하여 인종의 허락을 받았다.

왕실의 고문으로 추대된 묘청(妙淸)은 "서경의 임원역(林原驛 : 평남 대동군 부산면 신궁동)에는 음양가에서 말하는 대화세(大華勢)가 있습니다. 이곳에 신궁(新宮. 대화궁(大華宮))을 짓고 도읍을 옮기면 천하를 아우르게 되어 금나라가 스스로 와서 항복할 것이며 36국이 모두 신하가 될 것입니다."라고 하여 서경 천도를 건의했다.

이자겸의 난으로 궁궐이 불타버리고 금나라의 압력을 받는 등 국내외적으로 어려움을 겪고 있던 인종은 묘청의 말에 마음이 움직여 서경에 새 궁궐을 짓도록 했다. 묘청은 이후 서경에 온 인종에게 "왕의 칭호를 황제로 높여 부르고, 독자적인 연호를 세워 송이나 금과 대등한 위치에 올라서고, 금나라를 물리쳐야 한다."고 주장했지만 문벌 귀족들의 반대로 뜻을 이루지 못했다. 또한 1132년에 인종이 서경으로 가는 도중 갑자기 폭풍우를 만나 수많은 사람과 말이 죽고 부상당하자 군신들 사이에 묘청을 배척하려는 움직임이 거세게 일어났다. 여기에 1134년 서경의 새 궁궐에 벼락이 치는 등 재난이 끊이지 않으면서 풍수지리설에 바탕을 둔 천도론은 명분을 잃게 되었다. 묘청은 1134년 삼중대통지누각원사(三重大通知漏刻院事)에 임명되었지만 당시 실권자였던 김부식을 비롯한 개경파의 반대로 인종은 마침내 서경으로 천도하지 않겠다고 밝혔다.

묘청은 서경 천도의 꿈이 좌절되자 1135년에 분사시랑(分司侍郞) 조광(趙匡), 병부상서(兵部尙書) 유담 등과 함께 서경에 대위국(大爲國)을 세우고 연호를 천개(天開)라 하며 반란을 일으켰다. 개경에서는 반란군을 진압할 토벌군을 만들었고 김부식을 평서원수(平西元帥)로 임명하여 반란 진압의 책임을 맡겼다. 김부식은 먼저 묘청을 따르던 정지상, 백수한 등을 죽이고 서경으로 향했다.

김부식이 여러 차례 반란군에게 사람을 보내 항복할 것을 권유하자 주동자의 한 사람인 조광(趙匡)이 묘청의 목을 베어 죽이고 투항할 뜻을 비쳤지만 개경에서는 조광이 보낸 사신을 옥에 가두어 버렸다. 그러자 불안함을 느낀 조광은 성문을 굳게 닫은 채 1년여를 버티다 관군의 총공격에 스스로 목숨을 끊었고, *묘청의 난도 막을 내리게 되었다.

묘청의 난으로 개경의 문신 귀족 세력은 계속 권력을 유지할 수 있게 되었다. 이는 뒤에 무신 정변을 일으키게 하는 원인이 되었다.

*묘청의 난
고려의 승려로 서경으로 천도를 주장하였으나 사대주의자의 반대로 좌절되었다. 이에 반란을 일으켰으나 김부식에게 섬멸되었다.

정중부의 난

묘청의 난이 일어난 지 35년이 지난 1170년(의종 24년)에 고려는 또 한 차례 혼란에 빠지고 말았다. 무신들이 들고 일어나 정권을 장악한 것이다. 거란과 전쟁을 벌이던 당시에는 무신과 문신의 차별은 심하지 않았지만 이후 평화가 오래 지속되고 인종 때 금나라와의 관계가 안정되면서 무신의 지위는 갈수록 떨어졌다. 무신들은 자연히 불만을 품을 수밖에 없었고, 마침내 의종 때 폭발하고야 만 것이다.

의종은 인종의 맏아들이었는데 즉위 과정이 순탄하지만은 않았다. 『고려사』를 보면 의종의 어머니인 공예태후(恭睿太后)는 둘째 아들 대령후(大寧侯)를 더 사랑하여 태자로 삼으려 했다. 인종 또한 의종이 어려서부터 총명하고 글도 잘 읽었으나 성격이 가볍고 놀이를 즐겨 태자로서의 책임을 감당하지 못할까 염려했다고 한다. 이때 태자 시독(侍讀)으로 있던 정습명(鄭襲明)이 의종을 감싸고 보호해서 겨우 태자의 자리를 유지하게 되었다.

정습명은 성품이 강직하고 학문을 즐겼으며 의종의 교육에 힘을 쏟은 신하였다. 인종이 세상을 떠날 때 태자를 불러 "나라를 다스릴 때 반드시 정습명과 의논하도록 하라."는 분부까지 했다. 정습명은 왕에게 은인이자 스승이며 충성스러운 신하이기도 했던 것이다.

의종은 왕위에 오르자 처음 얼마 동안은 정습명의 충고를 곧잘

들었다. 그러나 날이 갈수록 바른 말만 하는 늙은 신하가 귀찮게 여겨졌고, 김존중(金存中), 정함 등 간사한 무리들이 "정습명은 불충한 신하이므로 멀리 귀향 보내야 한다."고 이간질하여 왕은 정습명을 멀리 하게 되었다.

이러던 차에 정습명은 병을 얻어 눕게 되었다. 왕은 즉시 정습명이 맡고 있던 추밀원주지사(樞密院奏知事)의 직책을 김존중으로 하여금 대신하게 했다. 김존중은 왕의 비위를 맞추어 놀이에도 잘 어울려 다녔으므로 왕은 그에게 형부낭중(刑部郎中) 등의 요직을 맡기기도 했다.

병으로 자리에 누운 정습명은 김존중이 자기 관직을 대신하게 되었다는 말을 전해 듣고 "왕이 간사한 무리를 곁에 두고 있는 것은 결국 제대로 보필하지 못한 내 죄"라며 독약을 먹고 스스로 목숨을 끊었다.

이때부터 왕에게 바른 말을 하는 신하는 없어지고 김존중과 환관 정함 등 간사한 무리들이 왕의 사랑을 받아 나라를 어지럽혔다. 특히 정함은 왕의 유모 남편이기도 해서 그 세력이 날로 강해졌다. 왕은 정함에게 합문지후의 벼슬을 내리기도 하였는데 어사대에서 강력히 반대하여 벼슬을 거둘 수밖에 없었다. 정함은 자신을 반대하는 세력이 의외로 많다는 사실을 알게 되자 의종에게 대령후가 왕이 되려는 음모를 꾸미고 있다고 거짓으로 고하였다.

이 말을 들은 의종은 대령후를 견제하기 위해 태후 쪽 사람들을 내쫓기 시작했다. 이로 인해 오랫동안 왕의 신임을 받아 왔던 정서(鄭敍)도 고향인 동래로 내쫓기고 말았다. 정함의 사주를 받은 김존중이 태후의 여동생 남편인 정서가 태령후와 함께 일을 도모하고 있다고 모함한 것이다.

의종은 정서가 떠날 때 곧 다시 부르겠다고 약속했지만 아무리 기다려도 왕에게서는 소식이 없었다. 정서는 왕을 그리는 안타까운 마음에 날마다 거문고를 뜯으며 노래를 불렀는데 후세 사람들은 이 노래를 '정과정곡(鄭瓜亭曲)'이라 하였다.

이후 정함은 중요한 직책에 자기 친척들을 앉히고 왕을 부추겨 산수 좋은 곳을 찾아다니며 술과 노래와 춤으로 세월을 보내게 했다. 때마침 나라 안에는 가뭄이 들고 전염병이 돌아 백성들의 고통은 말이 아니었지만 간신들에게 둘러싸인 왕은 향락을 즐기기에만 바빴다. 왕은 놀러 다니다 경치가 아름다운 곳을 발견하면 이곳저곳에 정자나 누각을 세우게 하여 국가의 재정은 갈수록 줄어들었고 백성들은 나날이 올라가는 세금과 쉴 새 없는 부역에 허덕일 수밖에 없었다. 무신들 또한 왕과 문신들이 경치 좋은 곳을 찾아 술자리를 벌이고 풍류를 즐길 때 이들을 보호하기 위해 끌려다니며 피로와 굶주림에 지쳐 있었다.

의종은 (24년 8월) 장단 보현원(普賢院)으로 가는 도중에 오문(五門) 앞에 이르자 신하들을 불러 놓고 술을 마셨다. 마침 날씨는 맑았고 바람도 시원하게 불어 주흥을 더욱 돋웠다. 어느새 술이 거나하게 취한 의종은 좌우 신하들을 돌아보며 말하였다.

*정과정곡
(=정과정)
고려 의종 때 정서가 지은 가요로 유배지에서 자신의 외로운 심정을 접동새에 비유하여 임금을 사모하는 정을 노래로 표현한 것이다.

"날씨도 좋고 땅도 넓구나! 무술 연습을 하기에 알맞은 곳이다."

왕은 무신들에게 명하여 오병(五兵) 수박희(手搏戲)를 하도록 하였다. 수박희는 유연한 동작을 취하다 손과 발로 상대를 공격하는 우리나라의 전통 무예다. 이때 대장군 이소응(李紹膺)도 수박희에 참가하게 됐다. 그러나 나이가 예순에 가까운 이소응은 젊은 군졸의 힘을 당할 수 없어 나둥그러지고 말았다. 이 모습을 본 문신 한뢰(韓賴)가 자리에서 뛰쳐나와 다짜고짜 이소응의 뺨을 때리고 넘어뜨렸다.

"이 늙은 무인 놈아, 꼴이 그게 뭐야? 수박희 하나 제대로 못하면서 장군 행세를 한단 말이냐! 네놈에게 주는 녹이 아깝다."

한뢰의 행동은 무관에 대한 모욕이기도 했다. 문신 이복기(李復基), 임종식(林宗植) 등은 손뼉을 치며 좋아했다.

"한공, 아주 잘했소! 아무 하는 일 없이 빈둥거리기만 하는 무관 놈들은 혼 좀 내줘야 해."

이 말을 들은 무관들은 치를 떨었다. 특히 무관들 중에서 가장 지위가 높은 상장군 정중부(鄭仲夫)는 가만있지 않았다.

"이게 무슨 짓이냐? 비록 무관이지만 이소응 장군은 종3품 대장이시다. 6품짜리 젊은 놈이 어디다 함부로 손을 대는 거냐?"

정중부가 소리치자 한뢰를 비롯한 문관들은 겁을 먹고 잠잠해졌다. 정중부는 해주(海州) 사람으로 키가 7척이나 되고 수염이 길어 보는 사람들이 두려움을 느꼈다고 한다. 정중부는 사실 문관들에 대한 감정이 좋지 않았다. 인종 때의 일이었다. 재상 김부식(金富軾)의 아들 김돈중(金敦中)이 아버지의 세도를 믿고 촛불로 정중부의 수염을 태운 적이 있었다. 화가 난 정중부는 즉시 김돈중을 묶고 때려 주었다. 이 말을 들은 김부식은 왕에게 상소하여 정중부를 죽이고자 했으나 정중부를 아꼈던 왕은 몰래 도망치도록 했다. 이때부터 정중부는 기회만 있으면 문관들에게 보복하리라 벼르고 있었다.

왕은 사태가 심각해지자 정중부를 타이르고 다시 보현원으로 향했다. 여러 무신들이 지금 한꺼번에 일어나 문신들을 죽이자고 하였지만 정중부는 아직 때가 아니니 참으라는 신호를 보냈다. 왕은 문신들과 함께 앞으로 나아가고, 이의방(李義方)과 이고(李高) 등은 정중부에게 다가와 거사를 모의하였다. 정중부 등은 저녁 때 보현원에서 들고 일어나 문신들을 죽이기로 결정했다.

이고와 이의방은 선발대로 나가 먼저 행동을 개시하기로 했다. 드디어 어둑어둑해질 무렵 왕의 일행이 보현원에 도착했다. 밖에서 기다리고 있던 이고와 이의방은 안에 들어간 문신들이 밖으로 나오자 먼저 이복기, 임종식 등을 때려 죽였다. 이 모습을 보고 크게 놀란 한뢰는 왕의 처소로 뛰어 들어가 용상 밑에 숨었다. 그러나 이미 피를 본 무관들이었다. 두려울 것이 없었다. 그들은 왕을 모시던 문신들을 마구 죽이고 왕의 처소에 들어가 한뢰를 끌어내 베어 버렸다. 왕은 두려움에 떨며 주위를 둘러보았지만 무신들만 있을 뿐 목숨을 걸고 왕을 보호하려는 신하는 단 한 사람도 없었다.

정중부는 이소응, 이의방 등에게 군사를 나누어 주고 서울에 남아 있는 문관들을 치도록 했다. 아무런 예측도 하지 못했던 문관들은 무관들의 칼날에 맥없이 쓰러져 갔다. 정중부와 이고의 음모를 눈치 채고 보현원으로 오는 도중에 일부러 말에서 떨어져 다친 척하며 도망친 김돈중도 감악산(紺嶽山)에 숨어 있다가 하인의 밀고로 죽임을 당했다.

정중부는 왕을 거제도로 귀향 보내고 의종의 동생 명종(明宗)을 새 임금으로 내세웠는데 이후의 세상은 무인들 차지가 되었다.

무신 정권 시대

의종의 죽음

명종은 실권을 잡은 정중부 일파가 바라는 대로 정중부를 참지정사(參知政事), 이고를 대장군·위위경(衛尉卿), 이의방을 대장군·전중감(殿中監)에 임명하였다. 그러나 이고는 이의방이 자기보다 높은 지위에 오르자 불만을 품었다. 이고는 이의방을 없애고 정권을 손아귀에 넣기 위해 은밀히 불량배들을 모으는 한편 법운사(法雲寺)의 중 수혜(修惠)와 개국사(開國寺) 중 현소(玄素) 등과 함께 밤낮으로 술을 마시며 음모를 꾸몄다. 이고는 그들에게 말했다.

"큰일이 성공하면 너희들 모두 높은 자리에 올라갈 것이다."

그 무렵 태자가 관례식(冠禮式)을 올리게 되어 왕은 여정궁(麗正宮)에서 연회를 베풀었다. 이고는 선화사(宣花使)의 일을 보게 되어 연회에 참석해야 했으므로 현소를 시켜 불량배들을 법운사 수혜의 방에 모아놓고 말을 잡아서 먹인 후 각기 칼을 품고 담 사이에 숨어 있다가 반란을 일으키게 하였다.

그러나 이고의 사령(使令)이었던 김대용(金大用)의 아들이 그 음모를 듣고 김대용에게 말했고, 김대용은 다시 친구인 내사장군 채원(蔡元)에게 말하였다. 채원은 즉시 이 사실을 이의방에게 알렸다. 이의방은 채원과 함께 이고 등이 잔치를 마치고 궁문 밖에 오기를 기다렸다가 그 자리에서 때려죽이고 이고의 일당을 모두 잡아 죽였다.

한편 동북면병마사(東北面兵馬使) 김보당(金甫當) 등은 정중부 일당을 몰아내고 의왕을 다시 왕으로 모시기 위해 군사를 일으켰다. 남도병마사로 있던 장순양(張純陽) 등도 남쪽에서 호응하여 거제도에 있던 의종을 받들고 계림(경주)으로 올라갔다. 이에 정중부는 장군 이의민(李義旼)을 시켜 장순양 등을 치게 하는 한편 동북 방면으로 군사를 보내 김보당 등과 싸우게 했다.

이의민은 원래 경주 사람으로 기운이 남달리 세서 두 형과 함께 고향에서 갖은 행패를 다부렸는데, 그때까지 이의민과 어울려 다니던 파락호(破落戶)들이 남아 한 세력을 이루고 있었다. 그들은 이의민이 내려온다는 소식을 듣고 이 기회에 공을 세워 볼 생각으로 장순양 등을 죽여 버렸다. 이의민은 힘들이지 않고 장순양 등을 없앴지만 의종이 살아 있는 한 다시 무관들이 들고 일어나지 않을까 염려해 마침내 의종마저 죽였다. 또한 동북 방면으로 보낸 군대도 김보당 등을 사로잡아 이들의 거사는 실패로 돌아가고 말았다.

정중부와 경대승의 세력 다툼

이의방은 이고를 없앤 후에 정권을 독차지 하려고 자신의 딸을 태자(훗날의 강종)에게 시집보냈다. 태자의 나이가 이미 많아 태자비가 있었지만 권력으로 내쫓은 것이다. 이 무렵 서경유수(西京留守) 조위총(趙位寵)이 군사를 일으켜 세력을 넓혀 나갔다. 이에 원수 윤인첨(尹鱗瞻)이 나가 싸웠지만 패하여 돌아오고 조위총의 군사는 서울로 들어왔다. 크게 화가 난 이의방은 서경 출신 장군들을 모조리 잡아 죽인 후 직접 군사를 이끌고 나아갔다. 이의방은 첫 싸움에서 승리를 거뒀고, 도망가는 조위총의 군사를 쫓아 대동강까지 갔다. 대동강에 다다른 조위총은 흩어진 군사들을 모아 다시 성을 수비하였다. 이의방은 성 밖에 한 달 이상이나 머물렀지만 추위에 시달리다 결국 싸움에서 지고 되돌아왔다.

한편 정중부의 아들 정균(鄭筠)은 이의방의 세력이 더 커지기 전에 제거할 기회를 엿보고 있었다. 명종 4년에 윤인첨은 또다시 조위총의 군사를 진압하고자 개성 서교에서 출병 준비를 하고 있었다. 반란군 진압을 위한 군대여서 자원한 승병들도 많았다. 이의방도 선의문 밖까지 나와 윤인첨의 군대를 돌아보았다. 정균과 정균의 꼬임에 넘어간 중 종참은 이의방의 뒤를 따라다니며 기회를 엿보았다. 정균은 아무도 없는 곳에 이르자 이의방을 불렀고, 종참은 미리 준비하고 있다가 이의방이 뒤를 돌아보는 순간 칼로 목을 쳐서 죽였다. 정균 일파는 계속해서 이준의(李俊儀) 형제와 그의 일당 고득원(高得元), 유윤원(柳允元) 등을 체포해 모두 죽였고, 역적의 딸을 태자비로 둘 수 없다고 왕에게 청원해 쫓아내고 말았다.

그 무렵 조위총은 식량이 떨어지는 등 전세가 불리해지자 김존심(金存心)과 조규(趙規)를 금나라로 보내 구원을 요청했다. 그러나 김존심이 마음을 바꾸어 조규를 죽이고 관군에게 항복하고 말았다. 조위총은 다시 서언(徐彦)을 금나라에 보내 정중부와 이의방이 의종을 죽인 사실을 알리고 자비령 이북의 40여 성이 금나라에 바치겠다고 했지만 금은 이를 거절하고 오히려 서언을 잡아 고려로 보냈다. 그러는 동안 조위총의 반란군과 관군의 공방전은 계속되었고 많은 서경 백성들이 성을 넘어 관군에 항복했다. 그러다 마침내 윤인첨이 서경의 통양문(通陽門)을, 두경승(杜景升)이 대동문(大同門)을 공격하여 성을 함락시키고 조위총을 사로잡아 죽임으로써 난은 평정되었다.

이후 갈수록 세력이 강해진 정중부는 나이 칠십이 넘은 후에도 물러나지 않았다. 아들 정균과 사위 송유인(宋有仁) 등도 권세를 부리며 사치를 누리는 등 제멋대로 행동하였다. 정균은 좌승선(左

承宣)에 올라 대궐에서 지내면서 아름다운 궁녀들을 차지하였고 나아가 공주까지 탐을 냈다. 송유인 또한 마침내 문하시랑이 되어 왕의 허락을 받고 수창궁에서 살며 호화스럽게 지냈다.

정중부 일파의 행패가 갈수록 심해지자 뜻 있는 무관들은 때가 오기만 기다리고 있었다. 그중에 경대승(慶大升)이란 장군이 있었다. 경대승은 청주 사람으로 용기와 담력이 남달리 뛰어나 열다섯에 교위(校尉)에 임명되고 다시 장군으로 승진되었다. 그의 아버지는 원래 욕심이 많고 인색해서 남의 재물이나 전답을 빼앗는 일이 많았다. 경대승은 항상 그것을 못마땅히 여기다 아버지가 세상을 떠나자 재물들을 모두 나라에 바쳐 세상 사람들에게 칭송을 받았다고 한다.

경대승은 당장이라도 군사를 일으키고 싶었지만 군부의 실권은 송유인이 쥐고 있어 섣불리 손을 댈 수 없었다. 그런데 송유인이 실망스러운 행동을 일삼자 젊은 무관들은 견룡(牽龍)으로 있는 허승(許升) 아래 모이게 되었다. 허승은 경대승의 심복이었다.

어느 날 경대승은 은밀히 허승을 불렀다.

"더 이상 정균과 송유인의 행패를 두고 볼 수 없다. 네 생각은 어떠하냐?"

"맞는 말씀입니다. 저희들은 장군의 명을 따르겠습니다."

"이렇게 하자. 궁중에서 대장경회(大藏經會)가 열리는 날 밤에는 호위하는 군사들도 피곤해 깊이 잠이 들 것이다. 그 틈을 타서 너는 정균을 때려 죽여라. 나는 결사대를 이끌고 의화문(義和門)

밖에 숨어 있을 것이다. 너는 정균이란 놈을 죽인 후에 휘파람을 불도록 하라. 그 휘파람 소리를 신호로 일제히 궁중으로 뛰어 들어가겠다."

드디어 거사의 날이 다가왔다. 허승은 밤이 이슥해지자 궁중으로 몰래 들어가 정균을 때려죽이고 휘파람을 불었다. 궁궐 담 밖에서 기다리고 있던 경대승이 명령을 내렸다.

"허승이 정균을 죽인 모양이다. 모두 담을 뛰어넘어라."

경대승 일당은 일제히 담을 넘어 궁중에서 잠자던 병사들을 닥치는 대로 죽였다. 대궐은 순식간에 소란스러워졌고 사람들의 비명 소리에 잠이 깬 왕은 어찌할 바를 몰랐다. 경대승은 즉시 침전 밖에 이르러 큰소리로 외쳤다.

"폐하께 아뢰옵니다. 신 등이 사직을 지키기 위해 정균을 죽였사오니 조금도 놀라지 마시옵소서."

정균을 죽였다는 말을 듣자 왕은 침전 밖으로 나와 경대승에게 손수 술을 따라주며 위로하였다. 정중부의 힘으로 왕위에 오른 명종이었으므로 정중부에게는 크게 은혜를 입은 셈이었다. 그러나 정중부 일당의 행패가 날로 심해지고, 정균은 궁녀들을 함부로 취하는 것도 모자라 공주까지 탐을 내니 왕은 마음속 깊이 그들을 미워하고 있었던 것이다.

경대승은 다시 왕에게 간청해서 왕을 호위하던 금군(禁軍)을 빌려 먼저 송유인을 죽이고 정중부를 찾았다. 이때 정중부는 다급히 몸을 피해 어느 민가로 숨어 들어갔지만 백성들까지도 그를 미워하여 결국 붙잡혀 죽고 말았다.

그러나 무신들 중에는 경대승을 못마땅하게 여기는 사람도 많았다.

"정중부는 우리 무관을 멸시하고 학대하던 문관들을 없애 우리의 울분을 풀어주었으니 은인이라고 할 수 있다. 그런데 대승이 이제 그분을 죽였으니 자기 목숨인들 편하겠는가?"

이런 말들이 떠돌자 경대승은 집 안에 장사 100여 명을 모아놓고 항상 신변을 호위하게 했다. 당시 사람들은 그들이 자는 곳을 *도방(都房)이라 불렀다.

경대승은 정권을 잡은 후 자기에게 아첨하는 자라도 학식과 지혜가 뛰어나지 않으면 관직을 주지 않았다. 그리고 심복이라도 방자한 행동을 하는 사람은 엄벌에 처했다. 거사 때 큰 공을 세운 허승이 동궁의 궁녀들을 데리고 태자의 방 근처에서 술 마시고 함부로 놀았다는 소문을 듣자 그의 목까지 벤 일이 있었다.

경대승의 세력이 커지자 명종은 불안해졌다. 언제 경대승이 자신을 폐할지 몰랐기 때문이었다. 결국 왕은 경대승을 견제하기 위해 무신 정변의 주역들 중에서 유일하게 남아 있는 이의민을 개경으로 불러들였다.

이때 경대승은 이의민을 없앨 계획을 짰다. 그러나 경대승이 손을 쓰기 직전에 두경승이 찾아와 경대승을 말렸다. 경대승은 두경승에게 이의민을 살려 주겠다고 약속하지만 두경승이 돌아가자 이의민을 치러 나갔다. 그러나 두경승을 통해 경대승의 계획을 알

*도방
경대승이 자신의 신변 보호를 위해 처음 설치한 것으로 무신 정권 집권자들의 사병 집단이다.

고 있었던 이의민은 이미 개경을 빠져나갔다.

경대승은 나이 30세가 되던 해 병이 들어 부하에게 도방을 맡기고 물러났다. 남아 있는 정중부의 무리들이 언제 자객을 보내 죽이려 할지 모른다는 두려움이 병을 가져오게 한 것이었다. 그는 어느 무더운 여름 날 문득 졸다가 고개를 들었다. 순간 정중부가 칼을 들고 앞에 서 있는 모습이 보였다.

"경대승, 이놈아. 네놈이 나를 죽였으니 이제 내가 너를 죽여 원수를 갚겠다!"

정중부는 크게 소리치더니 칼로 경대승을 찔렀다. 경대승은 비명을 지르며 잠에서 깨어났다. 그날 이후 몸이 급속히 쇠약해진 그는 며칠을 더 앓다가 세상을 떠나고 말았다.

최충헌의 등장

명종은 경대승이 죽자 다시 이의민을 불러들여 이부상서의 벼슬을 내리고 후에 판병부사(判兵部事)로 삼았다. 경대승이 살아 있을 동안에는 고향에 내려가 숨어 살았던 이의민은 명종에 의해 중용되자 뇌물과 *권모술수로 권세를 잡고 마구 행패를 부리기 시작했다. 처음에는 이의민을 아끼던 왕도 그의 행동을 못마땅하게 여겼지만 병권까지 잡은 그를 함부로 하지 못하였다.

이의민의 아들 이지영(至榮)과 이지광(至光) 역시 남의 재산을 함부로 빼앗고 남의 집 부인이라도 얼굴이 아름다우면 잡아다 강

*권모술수
목적 달성을 위해 수단과 방법을 가리지 않는 모략

간하는 등 그 행패가 극에 달했다. 그러자 이들에게 불만을 품고 없애려는 사람들이 나타나기 시작했다. 최충헌(崔忠獻)과 그의 아우 최충수(崔忠粹)가 그런 사람들 중 하나였다.

명종 26년 4월의 일이다. 이지영의 집에 최충수가 기르던 비둘기가 날아 들어갔다. 최충수가 특히 사랑하는 비둘기였다. 최충수는 즉시 이지영의 집을 찾아가 비둘기를 달라고 소리쳤다. 이지영은 문 앞에서 소리치는 최충수를 괘씸하게 생각하고 아무 대답도 하지 않았다. 최충수는 남의 물건을 가로채고 내주지 않는 걸 도둑놈이라고 한다며 다시 비둘기를 내놓으라고 소리쳤다. 이 말을 듣고 크게 화가 난 이지영은 하인을 불러 최충수를 묶어 들이라고 명령했다. 그러나 최충수는 오히려 하인을 나무랐다.

"이놈, 물러가지 못하겠느냐? 나도 벼슬자리에 있는 몸이다. 너같이 천한 하인 놈한테 결박을 당할 줄 아느냐? 나를 묶으려거든 이 장군이 직접 나서라고 일러라."

이지영은 잠시 생각하더니 최충수를 돌려보냈다. 최충수는 그 길로 형 최충헌의 집으로 달려가 의논하였다. 예전부터 이의민 일당을 미워하고 있었지만 이런 모욕을 당하자 더는 참을 수 없게 된 것이다

"형님, 이의민 부자를 내버려 두어서는 안 됩니다. 그자들은 모두 역적입니다. 제가 한칼에 베어 버리겠습니다."

최충헌은 아직은 때가 아닌 것 같으니 함부로 말하지 말라며 최충수를 위로했지만 듣지 않았다.

"형님이 하지 않으시겠다면 저 혼자라도 하겠습니다."

최충수의 결심이 굳은 것을 본 최충헌은 마침내 동생과 뜻을 같이할 것을 다짐했다.

4월 8일은 석가탄신일이어서 왕은 보제사(普濟寺)로 행차하게 되었다. 이때 이의민은 몸이 좋지 않다는 핑계로 왕을 따라가지 않고 별장이 있는 미타산(彌陀山)으로 갔다. 최충헌 등은 이 소식을 듣고 매우 기뻐했다. 최충헌은 최충수와 생질 박진재(朴晉材), 노석숭(盧碩崇) 등 여러 부하들을 거느리고 미타산 별장 문 밖에서 기다렸다. 잠시 후 별장에서 쉬고 있던 이의민이 밖으로 나와 말을 타려고 했다. 그 순간 최충수가 소매 속에 감추어 두었던 비수를 뽑아 던졌지만 이의민은 몸을 날려 피했다. 이때 최충헌이 이의민에게 다가가 옆구리를 깊이 찔렀다. 이의민은 그 자리에서 고꾸라졌고, 그를 호위하던 병사들도 모두 최충헌 일당에게 목숨을 잃었다.

최충헌은 노석숭에게 명하여 이의민의 목을 큰 거리에 매달아 사람들이 볼 수 있도록 하였다. 서울 시내는 수군거리는 행인들로 또다시 시끄러워졌다. 왕을 따라 보제사로 갔던 이의민의 남은 일당은 겁에 질려 도망쳤고, 왕도 즉시 대궐로 돌아왔다.

최충헌 형제는 말을 타고 칼을 뽑아든 채 서울 거리를 돌아다니다 백존유(白存儒) 장군을 만났다. 백존유는 최충헌 등이 군사를 소집해 달라고 하자 곧 장졸들을 모아 주었다. 최충헌 형제는 그 군사를 이끌고 궁궐로 들어가 왕에게 상주했다.

"역적 이의민은 일찍이 전왕을 시역한 죄인입니다. 온갖 부정한 짓을 저질러 권세를 잡았으며 백성들은 돌보지 않고 마침내 왕위까지 넘본 자이옵니다. 소신 등은 이 일을 차마 볼 수 없어 미리 폐하에게 아뢰고 역적을 죽이려 하였으나 기밀이 새나갈까 염려되어 폐하의 윤허를 받지 않았으니 백번 죽어 마땅한 죄를 지었습니다. 신들을 벌하여 주옵소서."

그러나 왕은 그들의 죄를 나무라기는커녕 그 공을 치하하였다. 왕의 태도에 용기를 얻은 최충헌은 대장군 이경유(李景儒), 최문청(崔文淸) 등을 설득하여 나머지 잔당들을 모두 체포하도록 했다. 그 뒤에 최충헌은 이의민과 가까이 지낸 사람들을 찾아내 30여 명의 목을 베었고, 고려의 정권은 최충헌의 손에 들어가게 되었다.

노비 만적의 난

최충헌은 정적을 모두 없앤 후에 당시 사회의 모순점과 잘못된 정치를 바로잡을 것을 적은 「봉사십조(封事十條)」를 명종에게 올렸다. 봉사십조의 내용은 성종 때 최승로가 지은 시무책 28조와 비슷했다. 최충헌은 그 이듬해 "임금이 나이가 많아 여러 소군(小君)들이 둘러싸고 나라의 정사를 어지럽히고 있으니 이대로 두었다간 우리들도 위험하다."는 아우 최충수와 생질 박진재의 말을 받아들여 명종을 창낙궁(昌樂宮)에 유폐시키고 태자 도(璹)를 강화도로 추방한 후에 인종의 다섯째 아들이며 명종의 아우인 평량공(平涼公) 민(旼)을 왕위에 올렸다. 이분이 바로 고려 20대 왕인 신종(神宗)이다.

이때 최충수는 최충헌 밑에 있는 것을 못마땅하게 여겨 신종의 태자비를 내쫓고 자신의 딸을 태자비로 들이려는 계획을 세웠다. 왕실과의 관계를 두텁게 하면 권력을 잡기가 쉬울 거라는 판단에 서였다. 최충수는 즉시 왕을 찾아가 태자비를 내보내고 자신의 딸을 며느리로 맞이하라고 협박하듯 말했다. 왕은 최충수의 위세에 눌려 그의 청을 들어주겠다고 약속하고 아무 죄도 없는 태자비를 내보냈다. 이 소식을 들은 최충헌은 동생을 찾아가 욕심을 버리라고 설득했지만 최충수는 뜻을 굽히지 않았고 말리는 어머니에게 손찌검까지 했다. 더 이상 참을 수 없게 된 최충헌은 박진재와 의논하여 최충수를 죽이고 말았다.

그 무렵 나라에서는 전국적으로 크고 작은 반란이 끊이지 않고 일어났는데 가장 먼저 일어난 것이 노비 *만적의 난이었다.

최충헌의 사노비였던 만적(萬積)은 1198년(신종 1년) 5월에 미조이(味助伊)·연복(延福)·성복(成福)·소삼(小三)·효삼(孝三) 등과 함께 개경 북산(北山)에 올라가 나무를 하다 공사의 노비들을 모아놓고 거사를 논의했다. 그중에서 힘이 세고 똑똑한 만적이 먼저 사람들에게 말하였다.

"무신 정중부가 난리를 일으킨 이후 높은 벼슬자리가 천한 신분의 사람들에게서 많이 나왔습니다. 예부터 *왕후장상(王侯將相)

*만적의 난
고려 신종 때 만적이 공사의 노비를 모아 노비문서를 불사르고 난을 일으키려다 가 붙잡힌 노비해방 운동이다.

*왕후장상
제왕·제후·장수·재상을 아울러 이르는 말

의 씨가 어찌 따로 있겠느냐는 말
이 있습니다. 때가 오면 누구나
할 수 있는 것입니다. 그동안 우
리들은 뼈 빠지게 일했지만 조금
이라도 잘못하면 매질을 당하는
등 고통을 겪었습니다. 우리가 언
제까지 이렇게 살아야 한단 말입
니까? 모두 일어서서 새 나라를
만듭시다!"

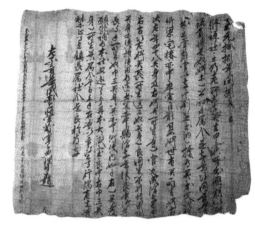

▲ 송광사에 남아 있는 노비문서(광종)

만적의 말에 모였던 이들이 모두 박수를 치며 찬성했다. 만적은
이들의 동조에 힘입어 거사 계획을 세웠다. 그들은 우선 황색 종
이 수천 장을 잘라 '정(丁)' 자를 표시하고 이후의 일을 정했다.

"거사일인 5월 17일에 흥국사(興國寺) 복도에 모여 있다가 떼를
지어 격구터로 나아가면서 북을 치고 소리치면 우리들과 같은 처
지에 있는 대궐의 환자(宦者:내시)와 관노들이 반드시 호응할 것
입니다. 이때 우리들은 성 안에서 들고 일어나 먼저 최충헌 등을
없애고 각자 자신의 주인을 죽이고 노비문서를 모두 불태워 천인
들이 없는 세상을 만듭시다."

그러나 약속한 날에 모인 무리가 수백 명에 불과하여 거사가 어
렵게 되었다. 만적 등은 거사일을 바꾸어 5월 21일에 보제사(普濟
寺)에서 다시 모이기로 하고 계획이 알려지지 않도록 입조심을 시
켰지만 율학박사(律學博士) 한충유(韓忠愈)의 가노(家奴)인 순정

(順貞)이 주인에게 모든 사실을 일러바쳤다. 평소에 자신을 따뜻하게 대해준 한충유를 차마 배신할 수 없었던 것이다. 순정의 말을 듣고 깜짝 놀란 한충유는 즉시 최충헌에게로 달려가 모든 사실을 고하였다. 최충헌도 크게 놀라 "놈들이 난리를 일으키려고 하니 즉시 잡으라."는 명령을 내렸다.

얼마 후 만적을 비롯한 주동자 100여 명이 모두 붙잡혀 온몸이 묶인 채 임진강에 던져졌다. 다만 순정은 거사를 일러바친 상으로 은 80냥을 받고 양민이 되었으며 한충유도 합문지후(閤門祗候)에 올랐다. 비록 만적의 난은 실패로 끝났지만 고려의 신분제를 변화시키는 계기가 되었고 뒤에 일어난 민중 봉기에도 적지 않은 영향을 미쳤다.

최충헌 부자의 권력 승계

*교정도감
희종 때 최충헌이 설치한 무신 독재 정치 기관으로 관리의 임명, 감찰 업무를 맡아보던 최고 권력 기관이다.

한편 최충헌은 이의민이 폐지했던 도방을 되살리고 *교정도감을 설치하여 권력을 강화했다. 최충헌의 생질 박진재도 최충수를 없앨 때의 공으로 대장군이 되었다. 최충헌은 박진재의 세력이 점차 커지자 못마땅하게 여겼고, 박진재 역시 자신을 경계하는 최충헌에게 불만을 품게 되었다. 권력에 눈이 어두워 서로를 믿지 못하고 죽이려는 마음을 품게 되었던 것이다. 두 사람 중에서 먼저 손을 쓴 것은 최충헌이었다. 박진재를 자신의 집 흥녕부(興寧府)로 불러들인 최충헌은 부하들을 시켜 다리를 못 쓰게 만들고 백령

진(白翎鎭)으로 귀양 보냈다. 결국 박진재는 얼마 지나지 않아 숨을 거두고 말았다.

이후 최충헌의 독재 정치는 갈수록 심해졌다. 왕은 단지 이름만 왕일 뿐이었다. 나라의 모든 일은 최충헌이 좌지우지했다. 최충헌 덕분에 왕이 된 신종은 나이 육십이 넘은데다 병까지 얻자 허수아비 임금 노릇을 하느니 차라리 물러나는 게 낫겠다는 판단을 내렸다. 왕은 때를 기다리다 마침 문병 차 입궐한 최충헌에게 태자에게 왕위를 물려주겠다는 뜻을 비쳤다. 최충헌은 분부를 따를 수 없다며 펄쩍 뛰었지만 집으로 돌아와서는 곧 최선(崔詵), 기홍수(奇洪壽) 등을 불러 선위에 관한 일을 의논했다.

그 후 며칠이 지났다. 왕은 최충헌이 입궐하기를 기다려 다시 같은 뜻을 내비쳤고 자리에서 물러나온 최충헌은 태자를 찾아가 의중을 떠보았다. 하지만 태자는 울면서 극구 사양했다. 최충헌은 하는 수 없이 왕의 힘을 빌려 태자를 설득하고 억지로 임금의 자리에 앉혔으니, 이분이 바로 희종(熙宗)이다.

최충헌은 입궐할 때에도 예복을 갖추지 않고 드나들었고 자기 집을 지을 때마다 백성들을 동원하곤 했다. 자연히 백성들의 원망은 높아져 갔지만 최충헌이 자신을 반대하는 자는 가차 없이 없애 버렸으므로 모두들 입을 다물고 아무 말도 하지 못했다. 하지만 마음속으로는 그를 원망하는 사람들이 적지 않았다. 희종도 차츰 하늘 아래 자신 외에는 사람이 없는 듯 함부로 행동하는 최충헌을 미워하기 시작했다.

희종 7년 12월에 최충헌이 관리 임명을 왕에게 상주하려고 수창궁(壽昌宮)에 들어갔다. 이때도 최충헌은 불의의 습격을 대비하여 여러 명의 종자를 거느리고 갔다. 최충헌이 왕과 만나고 있는 동안 중관이 나와 "상감께서 특별히 술을 대접하라고 하신다."며 대기하고 있던 종자들을 데려가 술과 음식을 잔뜩 먹였다. 그들은 최충헌이 왕의 처소에서 나왔을 때 이미 술에 취해 있었다. 순간 중의 옷을 입은 괴한 10여 명이 병기를 들고 나타나 술에 취한 최충헌의 종자들을 죽였다. 최충헌은 위험에 빠졌다는 것을 알고 급히 왕이 거처하는 방문을 두드렸다.

"폐하! 신을 구해 주십시오. 신의 목숨이 위태롭습니다."

그러나 왕은 들은 척도 하지 않고 방문을 잠가 버렸다. 최충헌은 왕이 자신을 죽이려 하는 것을 알고 이리저리 도망치다 지주사(知奏事)의 방으로 들어가 *반침(半寢)에 몸을 숨겼다. 잠시 후 중의 옷을 입은 한 괴한이 들어와 주위를 두리번거리며 소리쳤다.

*반침
큰방에 딸린 조그만
방

"최충헌 이놈! 천하의 역적 놈! 당장 나오지 못하겠느냐!"

괴한은 반침 앞을 왔다 갔다 하다 돌아갔다. 최충헌은 몸을 웅크린 채 숨도 제대로 쉬지 못했다. 그때 낯익은 목소리가 들려왔다.

"진강공(晋康公), 어디 계십니까?"

중방에 있던 최충헌의 심복 김약진(金躍珍)이었다. 오랜 시간이 지나도 최충헌이 돌아오지 않자 정숙첨(鄭叔瞻) 등과 함께 군사 몇 명을 데리고 온 것이었다. 그들은 괴한들과 싸우는 한편 도방에 사람을 보내 궁성 밖을 지키도록 하였다. 이 소식을 들은 신선주(申

宣胄), 기윤위(奇允偉) 등이 달려오고 도방의 군사들이 몰려들어 승병들을 물리친 덕분에 최충헌은 겨우 목숨을 건질 수 있었다.

최충헌은 김약진이 "군사를 이끌고 궁중으로 들어가 모두 죽이겠다."고 나섰지만 주모자를 찾아서 처단하는 것이 우선이라며 말리고 상장군 정방보(鄭邦輔) 등을 시켜 내시들을 국문하게 했다. 그 결과 주모자는 내시랑중(內侍郎中) 왕준명(王濬明)이고, 참정 우승경(于承慶)과 추밀원사 홍적(弘績), 장군 왕후(王珝) 등이 가담했다는 것이 드러났다. 최충헌은 이들을 모두 죽이거나 귀양 보냈고, 사건에 개입한 희종을 폐하여 영종도로 쫓아 보냈다.

희종의 뒤를 이어 왕위에 오른 사람은 명종의 맏아들(명종이 최충헌에게 쫓겨날 때 강화도로 추방되었던 태자 도) 강종(康宗)이다. 그러나 강종은 이미 나이가 많아 3년 만에 62세를 일기로 세상을 떠나고 말았다.

강종의 뒤를 이어 원자 철(㬚)이 왕위에 오르니, 이분이 바로 고종이다. 이로써 최충헌은 명종·신종·희종·강종·고종 다섯 임금을 만들어 낸 셈이 되었다.

고종 3년 8월 거란이 수만 대군을 거느리고 쳐들어온 적이 있었다. 이때 최충헌은 정숙첨을 원수로 삼고 조충(趙沖)을 부원수로 삼아 거란군과 맞서 싸

▲ 최충헌의 묘지석

우게 하면서 승려들도 강제로 징집한 적이 있었다. 이에 불만을 품은 흥왕사, 흥원사, 경복사 등의 승려들은 고종 4년 정월에 최충헌을 없애려고 거란에 패배한 것처럼 선의문(宣義門) 앞에서 거란군이 뒤쫓아 온다며 문을 열라고 말했다. 그러나 문지기는 그들의 말을 의심하여 급히 최충헌에게 보고했다. 승병들은 마침내 문을 부수고 성내로 몰려들었고, 최충헌은 신변 보호를 위해 남겨둔 군사 수백 명을 풀어 순검군과 합세하여 승병들을 물리치도록 했다. 그러자 훈련이 안 돼 있는 승병들은 당황하여 이리저리 도망치다 살해되고 말았다.

최충헌이 잔당들을 잡아 들여 문초한 결과 뜻밖에도 거란군을 막으라고 보냈던 정숙첨이 주동자라는 사실이 밝혀졌다. 최충헌은 즉시 정숙첨을 하동(河東)으로 귀양 보내고 시내에 숨어 있는 승병 300여 명을 잡아 죽였다.

한편 최충헌은 정숙첨 대신 정방보(鄭邦輔)를 원수로 삼았는데 고종 6년 정월에 조충과 정방보 등은 원군으로 온 몽골군과 함께 강동성(江東城)을 공격하여 거란군의 항복을 받아냈다. 이로 인해 조충 등은 나라를 구한 영웅이 되어 돌아왔으나 최충헌은 자기에게 아첨하는 무리들에게만 후한 상을 베풀었다.

이때 최충헌의 나이는 71세였다. 최충헌은 그동안 송청(宋淸)의 딸을 맞이해 아들 우(瑀)와 향(珦)을 낳았고, 다시 손홍윤(孫洪胤)의 처 임씨가 아름답다는 말을 듣고 강제로 아내로 삼아 아들 성(城)을 두었으며 집권 후에는 다시 강종의 딸 왕씨를 취해 구(球)와 선사(禪師)를 낳았다. 이처럼 배가 다른 아들들이 많아 자신의 뒤를 잇는 문제를 걱정하던 최충헌은 그해 9월에 병이 들어 점점 악화되자 큰아들 우를 불러 말했다.

"형제간에 싸움이 벌어질 것 같으니 앞으로는 문병도 오지 마라."

그 무렵 상장군 지윤심(池允深)과 유송절(柳松節) 등은 향을 내세우려고 모의를 하고 있었는데 이를 눈치 챈 최우는 먼저 손을 써서 지윤심과 유송절 등을 죽이고 최향 등을 유배 보냈다.

최충헌은 죽을 날이 가까워졌음을 알고 악공 수십 명을 불러들여 풍악을 울리게 했다. 잠시 후 아악 소리가 길게 울려 퍼졌다. 최충헌은 그 소리를 듣다 세상을 떠났다. 왕은 모든 신하들에게 알려 흰옷을 입고 모이도록 했고 장례도 국상처럼 치르게 했다.

최우는 고종 7년에 아버지를 대신하여 권력을 잡게 되었다. 최우는 최충헌이 집권할 때 저질렀던 여러 가지 잘못을 고쳐 다스리기 위해 강제로 빼앗았던 공사(公私)의 *전민(田民)을 모두 원래 주인에게 되돌려주었고, 최충헌에게 아부하여 백성들의 피를 빨아먹던 벼슬아치들을 몰아냈다. 이로 인해 최우의 이름은 높아졌다.

> *전민
> 논밭과 노비

물론 최우도 아버지와 마찬가지로 자기 집에 *정방을 두고 관리들의 성적을 평가하는 제도를 실시했다. 따라서 관리들은 최우의 정방에 나가 성적을 평가받고 무슨 일이든 결제를 받아 시행했다. 이때 최우는 마치 용상에 앉은 왕처럼 행동했고 6품 이하 관리들은 감히 그를 쳐다보지 못하고 땅에 엎드려야만 했다.

> *정방
> 최우가 자기 집에
> 설치했던 사설 정치
> 기관

*마별초
무신정권의 최후 집
권자인 최우가 사병
으로 조직하였던 기
병대

*야별초
최우가 도둑을 단속
하기 위해 사병으로
조직하였던 군대

최우는 1227년 서방(書房)을 설치하여 문사(文士)들을 등용하였고 격구장(擊毬場)을 만들어 도방과 기병 의장대인 *마별초(馬別抄)를 모아 격구나 창던지기 · 말달리기 · 활쏘기 등을 하도록 하였다. 또한 야간 순찰이나 도둑 단속을 담당하는 *야별초(夜別抄)를 만들어 세력 기반을 단단히 했다.

한편 섬으로 유배되었다가 홍주(洪州 : 홍성)로 옮긴 최향은 형에게 원한을 품고 홍주의 군민들을 모아 난을 일으켜 홍주부사 유문거(柳文柜), 판관(判官) 전양재(全兩才), 법조(法曹) 이종(李宗) 등을 죽이고 근처의 주와 군에 연락하여 반란에 호응하도록 했다. 최향은 창고를 열어 곡식을 자신의 군사들에게 나누어 주는 등 소란을 벌이다 최우가 보낸 병마사 채송년(蔡松年)과 왕유(王猷) 등에게 패해 스스로 목숨을 끊으려 했지만 실패하고 붙잡혀 옥에 갇혀 죽었다.

고종 18년에 최우의 아내 정씨가 세상을 떠나자 조정에서는 좋은 비단 70필을 하사했지만 최우는 사양하고 10필만 받았다. 최우는 얼마 후 상장군 대집성(大集成)의 딸을 아내로 맞이했다. 그녀는 한 번 시집을 간 적이 있는 과부였지만 인물이 워낙 아름다워 정식 부인으로 맞이한 것이다.

이 무렵 국제 정세는 매우 불안하였다. 최우는 몽골의 침략이 계속되자 왕을 모시고 강화로 도읍을 옮겼다. 개성 주민들도 강화로 옮기게 하고 여러 도(道)의 백성을 산성과 해도로 피난하게 하는 등 몽골에 대항할 준비를 갖추었다. 최우는 도읍을 옮긴 공로로 진양후(晉陽侯)가 되었는데 모든 신하들이 최우의 집으로 가서 치하했다. 하지만 그 집이 개성에 있는 것만큼 크지 않아 최우는 각 군에 영을 내려 재목을 구해 오도록 해서 새로 집을 지었다. 지방관들은 그에게 잘 보이려고 다투듯 좋은 재목을 갖다 바쳤다. 마침내 완성된 최우의 집 정원은 소나무와 잣나무가 수십 리에 뻗쳤고 봄이면 온갖 꽃들이 아름답게 피어 화려하기 그지없었다. 그는 국학(國學)을 보수하고 쌀 300곡을 양현고(養賢庫)에 바치는 등 좋은 일도 많이 했지만 사치가 심해 백성들의 원망을 사기도 했다.

고종 30년에 최우는 최이(崔怡)로 이름을 고쳤다. 그 후부터는 몽골군이 쳐들어오지 않아 강화에서의 생활은 평온하였다. 최우는 자신만 호화롭게 사는 것이 못내 마음에 걸렸는지 대궐에 강안전(康安殿)을 고쳐 짓고 서예로 이름 높은 최환에게 『서경』 「무일편(無逸篇)」을 행서로 써서 붙이도록 하였다. 왕은 이것을 보고 기뻐하여 최환에게 상을 내렸다.

최우는 4월 8일이 되자 그동안 전쟁으로 열지 못했던 연등회를 성대하게 열고, 5월에는 높은 관리만을 초청하여 잔치를 벌였다. 팔도에서 모은 온갖 진귀한 음식과 기녀 수십 명이 노래와 춤으로 흥을 돋우니 그 비용이 엄청났다. 최우는 몽골군에게 쫓겨 강화에서 지내면서도 오히려 예전보다 더 사치스러운 생활을 한 것이다. 난리에 시달린 백성들의 고통만 심할 뿐이었다.

무너진 최씨 정권

최우는 본부인에게서는 아들을 얻지 못하고 첩인 서련방(瑞蓮房)의 몸에서 만종과 만전(萬全) 두 형제를 얻었다. 그러나 두 아들에게 병권을 주지 않으려고 큰아들 만종은 단속사(斷俗寺)로, 작은 아들 만전은 쌍봉사(雙峯寺)로 보내 중이 되게 하였다. 하지만 그들 앞에 무뢰한 중들이 모여들어 재물을 빼앗는 등 행패를 심하게 부려 백성들이 큰 피해를 입자 최우는 군관을 단속사와 쌍봉사로 보내 그동안 빼앗은 곡식들을 백성들에게 되돌려 주고 무뢰한 중들을 모두 잡아 옥에 가두었다.

그 후 최우는 만전을 환속시켜 이름을 '항(沆)'으로 고치고 공부를 가르쳐서 호부상서로 삼고 가병(家兵) 500명을 나누어 주었다. 최우가 죽은 후 정권을 이어 받은 최항은 즉시 자신을 반대하던 일파는 물론 아버지와 친하게 지내던 사람들도 없애 버렸다.

최항은 몽골의 침략에 대비해 강화도에 중성을 쌓아 방비를 튼튼히 하는 한편 승천부(昇天府 : 경기 개풍)에 궁궐을 지어 몽골과 평화 교섭을 벌이도록 하였다. 하지만 왕이 그곳에 가서 몽골의 사신을 만나는 것을 완강히 반대하여 몽골군의 대대적인 침입을 받았다. 이로 인해 전국이 황폐화되었다.

고종 42년에 왕은 최항이 사재(私財)를 내어 대궐을 짓고 대장경판(大藏經板)을 만들었다 하여 식읍을 내렸지만 최항은 이를 사양했다. 그 후 최항은 고종 44년(1257년)에 병이 들어 세상을 떠났다.

최항이 승녀로 있을 때 여종과 사귀어 아들 의(宜)를 낳았다. 최의는 어릴 때부터 용모가 빼어났으며 손에는 황금색이 돌았다고 한다. 최항은 세상을 떠나던 날 선인열(宣仁烈)과 유능(柳能)을 불러 최의의 뒷일을 부탁했다. 이로 인해 최의는 쉽게 정권을 잡을 수 있었다. 또한 왕이 차장군(借將軍)의 직함을 내림으로써 최의는 최고 집권자가 되었다.

최의가 정권을 잡자 그 전부터 세도를 부리던 송길유(宋吉儒), 김인준(金仁俊), 김승준(金承俊) 등은 자신들이 어떻게 될지 몰라 불안해했다. 그러던 중 송유길이 지나치게 재산을 탐하고 함부로 세도를 부리다 몰락하고 말았다. 이때 최의의 장인인 거성원발(巨城元拔)은 공을 세우기 위해 "유경(柳璥), 유능(柳能), 김인준 등이 공모하여 정권을 잡으려고 한다."고 몰래 고해 바쳤다. 크게 노한 최의가 유경 등을 불러 꾸짖자 그들은 모든 사실을 털어놓고 용서를 빌었다.

이들 가운데 김인준은 대대로 최씨 문중에서 자란 종이었다. 그는 한때 최우의 애첩과 정을 통하다 발각되어 귀양을 갔지만 그래도 최우는 믿을 사람은 김인준밖에 없다고 생각하여 다시 불러 들였다. 김인준은 몹시 감복하여 충성을 맹세하고 최항을 옹립하는데 온 힘을 기울여 최항 집권 시절에 더욱 신임을 받았다.

김인준의 세력이 약해지자 거성원발이 세도를 잡았고, 유경, 유능, 김인준 등의 일파와 눈에 보이지 않는 싸움을 벌였다.

어느 날 신의군의 도령낭장(都領郎將) 박희실(朴希實) 등이 유경, 김인준 등에게 말했다.

"최의가 집권한 후에 소인배들과 어울려 나랏일을 그르치고 있소. 그들을 없애지 않으면 언제 우리가 그들에게 죽을지 모르오. 오는 4월 8일 밤에 거사를 하는 것이 좋겠소."

이 말을 중랑장 이주(李柱)가 엿듣고 최의에게 알리려고 했다.

한편 김대재(金大材)는 장인 최양백(崔良伯)에게 4월 8일에 거사할 것을 알리고 협조를 부탁했다. 최양백은 겉으로는 동조하는 척했지만 혹시 실패하면 목숨을 잃을 것이 두려워 최의에게 모든 사실을 고해 바쳤다. 최의는 즉시 심복인 유능을 불러 의논했다. 유능은 음모가 드러났다는 것과 다행히 자기는 빠졌다는 사실을 알았다. 그는 오늘 밤은 너무 늦었으니 내일 아침에 반역의 무리들을 치는 것이 좋겠다고 말했다. 최의가 승낙하자 옆방에서 엿듣고 있던 최양백의 딸이 살며시 빠져나와 그 사실을 남편 김대재에게 전했다. 깜짝 놀란 김대재는 아버지 김인준에게 이 같은 사실을 알리고 함께 신의군으로 달려가 박희실 등에게 말했다.

"일이 아주 급하게 됐소! 최의가 우리의 음모를 알고 내일 아침에 우리를 모두 잡아들인다 하오. 가만히 앉아 있다 죽을 수는 없지 않겠소? 당장 일어납시다!"

그들은 전에 모의했던 사람들과 *삼별초의 군사들을 모았다. 뜻을 같이하는 사람들이 속속 모이고 최양백도 모였다. 이때 김인준이 삼별초군에게 눈짓하여 최양백을 죽였다.

삼별초의 군사들은 횃불을 들고 궁궐 같은 최의의 집으로 쳐들어갔다. 김인준이 지휘하는 군대가 담을 넘어 공격해 들어갔다. 그날 밤 최의의 저택을 지키고 있던 거성원발은 뜻밖의 습격을 받고 대항하였으나 김인준의 군대가 많은 것을 알고는 최의를 업고 달아나려 했다. 하지만 최의는 몸이 비대하여 거성원발이 좀처럼 업을 수 없었다. 거성원발은 최의를 다락 속에 집어넣고 문 앞에서 쳐들어오는 졸개들을 막았다. 그러나 용맹한 장수들까지 합세하여 공격하자 더 이상 버티지 못하고 달아나다 지쳐 쓰러져 세상을 떠나고 말았다. 최의 역시 거성원발의 용맹함에 용기를 얻어 다락에서 뛰어나와 싸우다 임연(林衍)의 칼에 목숨을 잃었다. 이로써 고종 45년 3월 26일에 최씨 무신 독재는 4대 61년 만에 막을 내렸다.

거사를 성공시킨 유경, 김인준, 임연 등은 곧바로 대궐에 들어가 왕에게 절을 올렸다. 왕은 눈물을 흘리며 그들을 치하했다.

"경들은 종묘사직을 위해 큰 공을 세웠다!"

"최씨의 장기 집권으로 백성들의 고통은 극에 달해 있습니다. 신 등이 그 모습을 보고 일어나 역적을 죽였습니다. 원컨대 곡식을 풀어 백성들을 구해 주옵소서."

김인준 등이 아뢰자 왕은 최씨 4대가 모은 재산을 모두 풀어 굶주린 백성들에게 나누어 주었다.

6차에 걸친 몽골과의 전쟁

최씨 무신 정권이 안정되어 가던 시기에 중국에서는 몽골족이 일어나 1206년에 칭기즈칸이 원나라를 세웠다. 칭기즈칸은 금나라를 공격하기 시작하여 북중국을 차지하고 남송과 고려, 일본까지 손아귀에 넣으려는 야욕을 드러냈다.

▲ 칭기스칸

고려는 1219년 강동성에 들어온 거란을 몰아낼 때 몽골의 도움을 받은 적이 있었다. 몽골은 그 이후 고려의 은인으로 행세하며 지나친 공물을 요구하여 최우 정권과 갈등을 빚었다. 1225년 (고종 12년)에 몽골의 사신 저고여(著古與) 일행이 돌아갈 때 압록강을 건너다 도적에게 살해당하는 일이 일어났다. 몽골은 이것을 모두 고려 사람의 짓으로 여겨 몹시 화를 내며 6년 동안 왕래를 끊었다. 1231년(고종 18년)에는 몽골의 태종(太宗 : 오고타이)은 살리타에게 군사를 주어 고려를 치게 했다. 몽골군이 철주(鐵州 : 철산)을 거쳐 귀주에 이르자 귀주병마사 박서(朴犀)와 삭주분도장군(朔州分道將軍) 김중온(金仲溫), 정주분도장군(靜州分道將軍) 김경손(金慶孫) 등이 정주 · 삭주 · 위주(渭州) · 태주(泰州)의 수령들과 군사를 거느리고 모여 굳게 지켰다.

몽골군은 성을 포위하고 밤낮 없이 공격하였지만 박서와 김경손의 선전에 밀려 30일 지나도록 함락시키지 못했다. 고려군은 언제까지 성 안에 있을 수는 없다며 밖으로 나가 싸웠지만 크게 승리하지는 못하였다. 양군은 많은 사상자를 내고 싸움을 끝냈다.

살리타는 계속 공격을 퍼부어도 성을 함락시키지 못하자 사람을 보내 항복을 권했지만 박서는 일언지하에 거절하고 성을 굳게 지켰다. 몽골군은 사다리를 만들어 성을 공격하려 했지만 박서가 대우포(大于浦)로 받아 치니 함부로 접근하지 못했다. 이때 몽고의 한 늙은 장수는 "내가 어려서부터 군대에 들어가 여러 번 싸워보았지만 이렇게 공격을 당하고도 항복하지 않는 사람은 보지 못했다. 이 성을 지키고 있는 여러 장수들은 훗날 반드시 유명한 장군이나 재상이 될 것이다."고 감탄하였다.

그의 말처럼 박서는 뒤에 문하평장사(門下平章事)가 되었고, 김경원은 추밀원 부사가 되었다.

1232년 1월에 후군지병마사(後軍知兵馬事) 최임수(崔林壽)와 감찰어사(監察御史) 민희(閔曦)가 구주성에 이르러 박서를 타일렀다.

"나라에서는 이미 회안공(准安公)을 보내 몽골과 강화를 하였고 우리 삼군도 모두 항복하였으니 너희도 싸움을 그만두고 항복하라."

하지만 박서는 서너 차례 거절한 후에야 나라의 법을 어길 수 없어 마지못해 항복했고, 몽골군은 군사를 거두어 돌아갔다.

몽골군은 1232년에 다시 고려를 쳐들어와 대구 부인사(符仁寺)

에 보관 중이던 현종 때의 대장경판(大藏經板)이 사라져 버렸다. 고려의 최우는 몽골군이 수전(水戰)에 약하다는 이유를 들어 도읍을 강화로 옮겼다. 이후 임금과 조정은 강화에 내성과 외성을 쌓고 몽고군에 대항할 준비를 했으나 육지에 있는 백성들은 몽골군에게 오랫동안 시달림을 받아야 했다.

몽골은 1234년에 금나라를 정복하고 또다시 고려에 쳐들어왔다. 고려는 정주 지방까지 쑥대밭이 되었으나 고려인들의 끈질긴 항쟁으로 간신히 몽골의 침략을 막아낼 수 있었다. 일단 몽골군은 물러났지만 언제 다시 쳐들어올지 모르는 상황이었다. 그 와중에도 반란이 끊임없이 일어나 나라 안팎이 어수선해졌다. 고종은 민심을 수습하고 나라의 정기를 하나로 모으기 위해 소실된 대장경을 새로 만들도록 하여 16년에 걸쳐 현재의 팔만대장경이 완성되었다.

이후 한동안 잠잠하던 몽골군은 1247년 고려의 북쪽 지역에 나타나 약탈을 일삼았고 5년 뒤에는 충주까지 내려왔다. 이때 승병을 이끌던 김윤후(金允候)가 쏜 화살에 맞아 몽골의 장수 살리타가 죽자 장수를 잃은 몽골군은 서둘러 되돌아갔다. 이처럼 눈부신 전

▲ 팔만대장경
고종 때 부처의 힘으로 외적을 물리치기 위해 만든 대장경으로 경판의 수가 8만 1258판

과를 거둔 일도 있었지만 고려가 입은 피해는 이루 말할 수 없을 정도였다. 몽골군은 이르는 곳마다 닥치는 대로 살인과 약탈을 저질러 고려의 일반민들은 엄청난 희생을 치러야 했고, 산성이나 섬에서 식량을 구하지 못해 굶어 죽는 일이 허다했다.

몽골군은 2년 후인 고종 41년에 군사를 재정비하여 고려를 공격해 왔다. 계속되는 몽골의 침략으로 지칠 대로 지쳐 있던 고려는 사상 최대의 피해를 입고 결국 몽골에 항복하게 되었다. 이때 몽골군에게 사로잡힌 사람이 무려 20만 6,000여 명이고, 죽은 사람은 헤아릴 수 없을 정도로 많았으며, 몽골군이 지나간 고을은 모두 잿더미가 되었다고 한다. 고려의 주거 지역은 크게 파괴되었고 농지는 황폐화되었다. 또한 경주 황룡사의 9층 목탑을 비롯하여 중요한 문화재들이 많이 불타 없어졌다.

몽골은 왕이 육지로 나올 것과 태자가 몽골의 조정으로 들어올 것을 요구하였다. 고려 조정은 1259년에 태자 전(뒤의 원종)을 몽골에 보내 강화를 청하였다. 태자 전은 그해 고종이 죽자 이듬해 고려로 돌아와 왕이 되었다.

삼별초의 대몽 항쟁

원종(元宗)이 돌아온 이듬해 몽골에서는 칭기즈칸의 손자 쿠빌라이가 황제의 자리에 올랐다. 쿠빌라이는 도읍을 연경(燕京:북경)으로 옮기고 나라 이름을 원이라 하였는데 그가 바로 원의 세조(世祖)다.

원종 초기에 권력을 잡은 사람은 최씨 정권을 무너뜨린 주역 중 한 명인 김인준이다. 그는 원나라의 압력이 점점 강해지자 내심 불만을 품고 있었다. 자신의 세력을 유지하기 위해 원나라와 맞서 싸우려는 생각을 했던 것이다. 이로 인해 몽골과 별다른 싸움 없이 평화롭게 지내길 원했던 원종은 김인준을 멀리 하게 되었다. 원종은 김인준이 자신을 해치지나 않을까 걱정하여 사람을 시켜 임연에게 김인준이 왕을 해치려 한다는 말을 전하도록 했다. 임연은 김인준을 도와 최우를 죽인 인물이었지만 왕과 김인준의 사이가 멀어진 것을 알고 원종 9년 12월에 궁중으로 들어오는 김인준을 죽였다.

이후 임연은 원종까지 내쫓고 원종의 동생 안경공을 왕으로 내세웠는데, 때마침 원나라에 갔던 세자가 돌아오다 압록강에 이르러 이 소식을 듣고 연경으로 되돌아갔다. 다급해진 임연은 이장용(李藏用)을 보내 세자를 되돌아오도록 했지만 이장용은 연경에 이르러 원종이 폐위된 사실을 자세히 보고하였다. 원나라는 병부시랑(兵部侍郎) 흑적(黑的) 등을 보내 전왕을 다시 왕으로 모시라는 압력을 가했다. 임연은 어쩔 수 없이 원종을 다시 왕으로 내세웠으나 원나라 세조가 임연이 직접 연경에 들어와 사실을 해명하도록 하니 이를 근심하다 병들어 죽었다.

원종은 계속되는 원나라의 압력을 이기지 못하고 왕위에 오른 지 11년 만에 개경으로 되돌아갔다. 그러자 개경 환도를 반대하던 삼별초(三別抄)의 지휘관 배중손(裵仲孫) 등 무관들은 왕족인 온(溫)을 왕으로 세워 항전을 일으켰다. 하지만 강화 사람들은 삼별초에 별다른 호응을 보이지 않았다. 관리들 중에 탈출하는 자가 많았기 때문에 배중손은 1,000여 척의 배에 군사들과 식구들, 재물 등을 싣고 진도로 향했다. 진도에 도착한 삼별초는 그곳을 기점으로 전라도와 경상도 일원을 제압하였고 바다 건너 탐라(耽羅: 제주도)까지 장악하였다.

삼별초의 항쟁에 당황한 고려 조정은 원나라에 원군을 요청하여 1270년 11월 김방경(金方慶) 등이 고려와 몽골의 연합군을 이끌고 몇 차례 진도를 공격하였지만 별다른 성과를 거두지 못했다. 이듬해인 1271년 5월 상당수의 삼별초군이

▲ 삼별초에 관한 문서
삼별초가 1271년 일본으로 보낸 외교문서 중 일부이다.

인근 남해안 일대에 나가 있는 틈을 노려 홍다구(洪茶丘)가 지휘하는 몽골군과 김방경이 지휘하는 고려군이 연합하여 쳐들어와 마침내 진도성이 함락되었다. 왕으로 세워졌던 온은 홍다구의 손에 죽고 배중손도 전사하였다. 진도를 잃은 삼별초군은 김통정(金通精)을 지도자로 하여 본거지를 탐라로 옮기고 항쟁을 계속하였다. 1272년부터 다시 본격적인 활동을 시작한 삼별초군은 전라도와 경상도의 요지를 기습하여 큰 피해를 주었다.

고려 조정은 1273년 2월 고려와 몽골의 연합군 1만여 명으로 하여금 탐라의 삼별초군을 포위하고 공격하도록 했다. 삼별초군은 마지막까지 최선을 다해 싸웠지만 패하여 지도자 김방경은 산중으로 도망쳤다가 죽고, 나머지도 모두 죽거나 포로가 됨으로써 3년에 걸친 항쟁은 끝나고 말았다.

원나라의 지나친 내정 간섭

원나라는 고려의 정치, 경제를 비롯한 사회 전반에 걸쳐 간섭하여 왕실의 용어는 물론 관료제도와 관제의 이름까지 바꾸도록 했다. 그때까지 사용하던 조(祖)와 종(宗) 대신 왕을 사용하게 하였고, 시호의 첫 자에 충(忠)을 써서 원에 대한 충성심을 나타내도록 하였다.

또한 원나라는 고려가 다시는 등을 돌리지 못하도록 국혼을 강요하였다. 세조 쿠빌라이는 자신의 딸을 고려의 태자(충렬왕)에게 주어 원종 15년 5월에 태자와 원나라 공주와의 국혼이 이루어졌다. 이로 인해 고려는 몽골식 변발(辮髮)과 의복이 유행했고 주자학과 서방(사라센)의 문화가 들어왔다. 반면에 고려의 두루마리나 과자 등이 원으로 전해지기도 했다.

원의 세조 쿠빌라이는 고려가 복종하자 바다 멀리 일본까지 손에 넣으려고 했다. 원의 일본 정벌은 점차 본격화되어 충렬왕(忠烈王) 원년 10월에 몽골과 고려 연합군이 합포(合浦)에서 출정하였다. 이때 대마도는 김방경(金方慶)이 이끄는 8,000여 명의 고려군이 무찔렀으나 뜻하지 않은 폭풍을 만나 일본 본토 정벌에는 실패하고 말았다. 원은 충렬왕 7년에도 고려군과 함께 일본을 쳐들어갔지만 또다시 태풍이 일어나 몽골군 15만 명과 고려군 1만이 거의다 죽고 살아 돌아온 자는 겨우 2만 여 명에 불과했다. 이처럼 고려에서는 원의 헛된 야욕에 휘말려 병선과 군대를 지원하느라 많은 고통을 받았고 백성들은 하루도 마음 편히 쉴 날이 없었다.

한편 원은 일본 정벌을 구실로 설치된 정동행성(征東行省)을 통해 고려 조정을 통제하며 공물 이외에 환관(宦官)과 공녀(貢女)를 바칠 것을 요구하기도 했다. 고려는 원종 15년(1274년)에 원나라에서 귀순한 남송의 군인들에게 배우자를 마련해 준다는 구실로 공녀를 요구하자 *결혼도감(結婚圖鑑)을 설치하여 원에 보낼 여자를 선발하였다. 처음에는 주로 과부나 천민, 역적의 처자식 등을 공녀로 보냈는데 충렬왕 때에는 처녀나 벼슬아치의 딸들도 보내게 되었고, 금혼법을 만들어 결혼 적령기에 이른 처녀는 관에 신고한 후에 결혼하도록 하였다. 금혼법을 어기고 딸을 몰래 시집보내면 벼슬을 빼앗기거나 유배를 가기도 했다. 이로 인해 사람들을 딸을 낳으면 숨겨 놓고 키웠고 어린 나이에 시집보내는 풍습이 생겼다.

원의 내정 간섭은 갈수록 심해져 고려의 왕을 손에 쥐고 흔들었

*결혼도감
원종 때 중국 원나라에서 요구하는 여자들을 뽑기 위해 설치한 관아

다. 원은 25대 충렬왕부터 31대 공민왕(恭愍王)까지 7명의 임금을 즉위시켰다. 그중에서 충렬왕, 충선왕(忠宣王), 충숙왕(忠肅王), 충혜왕(忠惠王), 충정왕(忠定王) 등 무려 다섯 명의 임금이 폐위를 당했다. 또한 충숙왕과 충혜왕은 복위시키기도 했고, 충혜왕은 복위시킨 뒤에 다시 폐위시켰다. 마음에 들면 즉위시켰다 마음에 들지 않으면 폐위시키는 등 제멋대로였던 것이다. 이러니 왕권은 갈수록 약해질 수밖에 없었고 원나라에 아부하는 신하들이 권세를 누리게 되었다.

공민왕의 개혁 정치

충혜왕의 맏아들인 충목왕(忠穆王)이 8세의 어린 나이에 왕위에 올라 3년 여 만에 죽자 충혜왕의 서자인 충정왕이 뒤를 이었다. 이때 충정왕의 나이도 13세에 불과했다. 충정왕 3년에 윤택(尹澤)·이승로(李承老) 등은 왕이 어려서 나랏일을 돌볼 수 없다는 이유를 들어 원나라에 청하여 강릉부원대군(江陵府院大君) 기(祺: 공민왕)를 왕위에 오르게 하였다. 원에 의해 왕위에 오른 임금 중에서 유일하게 충자를 사용하지 않는 공민왕은 충숙왕의 둘째 아들이니 충목왕과 충정왕의 작은아버지가 된다. 공민왕은 조카인 충정왕을 보살피고 싶어 했지만 군신들은 끝내 강화로 추방하고 말았고, 충정왕은 그 이듬해 독살 당했다.

공민왕은 어릴 때 원나라로 건너가 지내다 위왕(魏王)의 딸인 노국대장공주(魯國大長公主)를 아내로 맞이하였다. 이를 계기로 고려의 왕이 되어 돌아오게 되었다. 하지만 공민왕은 원나라에 심한 반감을 품고 있었다. 공민왕은 귀국하자마자 몽골식 변발을 없애고 예전처럼 머리를 위로 올리도록 했으며, 이후 몽골의 연호와 관제는 물론 정동행성도 폐지하였다.

그 무렵 고려는 기철(奇轍) 형제가 누이인 기황후(奇皇后)를 믿고 심한 횡포를 부리고 있었다. 그들은 충목왕의 개혁 정치에 반기를 들어 좌절시켰고, 충혜왕을 원나라로 압송하는데 앞장섰으며, 임금 앞에서 신하의 도리를 다하지 않는 등 무례하게 굴다가 결국 고려 조정에 원나라를 따르는 신하들이 많은 것을 못마땅하게 여긴 공민왕에 의해 제거되었다.

기황후는 기자오(奇子敖)의 막내딸로 공녀로 뽑혀 원으로 갔는데 원 순제(順帝)의 눈에 들어 황후의 자리에 오르게 되었다. 그녀가 황후가 된 데에는 고려 출신의 환관 고용보(高龍普)의 도움이 컸다. 당시 고려는 환관도 바치고 있었는데 고용보는 황제의 신임을 얻기 위해 아름다운 고려 여인을 찾던 중 기황후를 발견하고 궁녀로 만들어 황제를 모시게 했던 것이다.

한편 기철 일파를 없앤 공민왕은 100년 동안이나 고려에 남아 있던 쌍성총관부(雙城摠管府)를 폐지하고 원에게 빼앗겼던 영토를 되찾는 등 적극적인 반원 정책을 펼쳤다. 내정에 있어서는 그

*전민변정도감
토지와 노비를 정리
하려고 임시로 설치
한 관아

동안 인사 행정에 문제가 많았던 정방(政房)을 없애고 *전민변정도
감(田民辨正都監)을 설치하여 귀족들의 토지를 빼앗아 원래의 주
인에게 되돌려 주는 한편 불법으로 노비가 된 사람을 풀어 주는
등 개혁 정치를 베풀었다.

그 후 공민왕 10년에 원의 세력이 약해진 틈을 타 홍건적(紅巾
賊)이 쳐들어왔다. 왕은 노국대장공주와 함께 남쪽으로 몸을 피했
는데 이로 인해 서울은 잿더미가 되고 말았다. 또 공민왕 12년에
는 평장사(平章事) 김용(金鏞)이 충선왕의 셋째 아들 덕흥군(德興
君)을 내세우기 위해 왕이 머무르고 있는 흥왕사를 급습했다. 이
때 공민왕과 비슷하게 생긴 환관 안도적(安都赤)이 대신 죽어 공민
왕은 무사할 수 있었지만 이듬해에도 부원파(附元派) 최유(崔濡)의
반란이 일어나 국력이 크게 소모되었다. 더군다나 공민왕 14년 2
월에는 노국대장공주가 아기를 낳다 난산 끝에 숨을 거두고 말았
다. 공주를 지극히 사랑했던 왕은 슬픔에 빠져 나랏일을 신돈(辛

▲ 공민왕 초상

▲ 노국대장공주 초상

旽)에게 맡기고 불공을 올리며 눈물로 세월을 보냈다.

희대의 요승이라고 불리는 *신돈은 김원명의 추천으로 공민왕에게 신임을 얻어 정권을 쥐게 되었다. 『고려사』에 따르면 신돈은 여자 종의 몸에서 태어나 어린 나이에 승려가 되었으며, 법명은 편조(遍照), 자는 요공(耀空)이었다고 한다.

당시 구시대부터 세력을 잡았던 집안의 자손들이 친분이 있는 사람들만 벼슬길에 올리고 학자들 또한 파벌을 이루어 같은 문하의 학자들끼리 벼슬을 주고받는 등 폐단이 많았다. 이러한 행태에 실망을 느낀 공민왕은 개혁을 지속하고 정국의 주도권을 되찾기 위해 새로운 인물을 찾았으니 그가 바로 신돈이었다.

신돈은 공민왕으로부터 사부(師傅)라 불리면서 절대적인 신임을 받아 삼중대광영도첨의(三重大匡領都僉議)라는 높은 벼슬에 올랐다. 이후 신돈은 부패한 권신들을 내쫓고 전민변정도감을 설치하는 등 개혁을 이끌어 나갔다. 이 때문에 백성들은 성인(聖人)이 나타났다며 그를 떠받들었지만 지배층들은 반감을 품고 신돈을 내치라는 상소를 올리기도 했다. 대학자 이제현(李齊賢)마저 신돈을 가까이 하지 말라고 왕에게 아뢸 정도였다. 그러나 왕의 신임은 변함이 없었고 신돈은 갈수록 오만방자해지기 시작했다.

신돈은 기현(奇顯)의 집에 머물며 궁궐 뒤쪽에 있는 봉선사(奉先寺)를 거쳐 왕궁에 드나들었다. 왕 또한 자주 신돈의 처소를 드나들다가 반야(般若)라는 여인을

▲ 이제현 초상

만나 가까이 지내게 되었다. 이 여인의 몸에서 훗날 공민왕의 뒤를 이은 우왕(禑王)이 태어난다. 우왕의 어릴 때 이름은 모니노(牟尼奴)였는데 『고려사』는 반야가 신돈의 첩이며 우왕은 공민왕의 소생이 아니라 신돈과의 관계에서 태어났다고 주장하고 있다.

이토록 각별하게 지내던 신돈과 공민왕은 7년 만에 적으로 돌변했다. 반대 세력을 모두 없앤 후 지지 기반을 굳힌 신돈의 횡포가 갈수록 심해지고 지나치게 세력이 커지자 왕이 그를 꺼리게 된 것이다. 결국 공민왕은 20년 10월에 역모를 꾀했다는 혐의로 신돈과 그 일당들을 붙잡아 죽였는데 이는 신돈과 공민왕 모두의 실패를 의미했다.

그러나 공민왕은 17년에 주원장(朱元璋)이 명나라를 세우자 이인임(李仁任)을 보내 명나라와 협력하여 요동(遼東)에 남아 있는 원나라의 세력을 물리쳤다. 2년 뒤에는 이성계로 하여금 동녕부(東寧府)를 치게 하여 오로산성(五老山城)을 차지하는 등 나라의 위력을 과시하기도 했다.

신돈이 죽은 후 공민왕은 궁중에 *자제위(子弟衛)를 설치하고 젊고 잘생긴 남자들에게 시중을 들게 했다. 자제위들은 왕을 가까이 모셨기 때문에 후궁이나 왕비의 방에 자주 드나들 수 있었다. 젊은 남녀들이 자유롭게 만날 수 있게 되자 풍기는 문란해졌다. 익비(益妃)는 자제위 소속 홍륜(洪倫)과 정을 통하다 아이를 배고 말았다. 환관 최만생(崔萬生)이 사실을 알고 공민왕에게 일러바치자 왕은 "내일 당장 홍륜을 죽여 입을 막고 비밀을 알고 있는 너

또한 죽이겠다."고 말했다. 언제 죽을지 모르는 처지에 놓인 최만생은 홍륜에게 달려가 자세한 전말을 이야기하고 함께 살 수 있는 대책을 논의했다. 아무리 머리를 굴려도 방법은 단 하나, 먼저 왕을 죽이는 수밖에 없었다. 최만생과 홍륜은 밤에 몰래 공민왕의 침전에 들어가 곤히 자고 있는 왕의 머리와 목을 칼로 내리쳐서 죽

▲ 공민왕이 그린 천산대렵도

였다. 그러나 두 사람 역시 무사하진 못했다. 최만생의 옷에 핏자국이 남아 있는 것이 발각되어 그들뿐만 아니라 왕의 시해 사건과 관련된 자제위들 모두 처형당하고 만 것이다.

한편 공민왕은 그림과 글씨에 뛰어나 고려의 대표적인 화가로 꼽히기도 한다. 현재까지 남아 있는 작품으로 「천산대렵도(天山大獵圖)」 일부가 있다. 공민왕이 손수 그린 노국대장공주의 초상화는 조선 세종의 명령에 의해 불태워졌다. 원나라에 사신으로 갔던 문익점(文益漸)이 몰래 목화씨를 들여와 우리나라에서 목화가 재배되기 시작한 것도 공민왕 13년 때의 일이었다.

이성계의 위화도 회군

공민왕이 시해당한 후에 태후와 경부흥(慶復興)은 종친 중에서

후사를 뽑자고 하였지만 이인임이 "전하께서 수년 전에 신을 불러 강령대군(江寧大君 : 무니노)이 유일한 자식이라고 했다."며 강령대군을 내세웠다. 이에 신하들이 모두 찬성하여 강령대군이 왕위에 올랐는데 이때 나이 겨우 10세였다.

그 무렵 북원(北元)이나 명나라와의 복잡한 외교 문제가 계속 발생하였다. 더욱이 왜적이 자주 쳐들어와 1373년에는 강화 교동을 함락시키고 해주까지 들어오기도 했다. 왜적들은 어린아이들까지 함부로 잡아 죽이는 등 잔인하기 이를 데 없어 백성들이 몹시 두려워했다. 조정에서는 왜적들을 물리치기 위해 수군을 설치했으나 힘이 약해 왜적들을 당해 내지 못했다. 당시 원은 화약을 사용하고 있었지만 고려인들은 화약이 있는지조차 알지 못했다. 이때 최무선은 원나라 상인에게 화약 제조법을 알아내 갖은 노력 끝에 20여 년 만에 화약을 만들어 냈다.

*화통도감
우왕 때 최무선의 건의로 설치한 화약과 화통을 만드는 일을 맡아 보던 임시 관아

최무선은 1377년에 우왕에게 건의하여 *화통도감을 설치하고 화약과 무기는 물론 무기들을 실을 수 있는 전함도 만들었다. 최무선은 3년 뒤에 왜적이 쳐들어오자 원수인 나세(羅世)를 따라 전함을 이끌고 나가 진포(鎭浦 : 금강 하구)에서 왜적의 배 500여 척을 부셔 버렸다. 그 후 고려군은 최무선이 만든 화약 무기로 곳곳에서 적을 물리쳤다.

한편 명나라는 사신 채빈(蔡斌)을 죽였다는 이유로 고려 조정에 공마 1,000필을 보내라고 요구했다. 이듬해부터는 해마다 금 100근, 은 1만 냥, 말 100필, 곱게 짠 베 1만 필을 보내라고 했다.

그것도 모자라 우왕 14년에 철령(鐵嶺) 이북과 이동, 이서의 땅은 원래 원나라에 속했던 땅이니만큼 요동(遼東) 관할하에 두겠다고 일방적으로 통고해 왔다. 이에 최영(崔瑩)은 우왕에게 요동 정벌의 필요성을 상주하였고, 우왕은 이성계(李成桂)의 반대에도 불구하고 요동 정벌을 단행하였다.

우리나라의 대표적인 장군 중 한 명인 최영은 공민왕 1년에 안우(安祐)·최원(崔源) 등과 함께 조일신(趙日新)의 난을 평정하여 호군(護軍)이 되었고, 2년 후에는 대호군(大護軍)이 되었다. 그해 원나라에서 고려에 원병을 요청하여 유탁(柳濯)·염제신(廉悌臣) 등 40여 명의 장수와 함께 원나라로 들어가 장사성(張士誠)의 난군을 물리치고 이듬해 되돌아왔다. 1359년에는 홍건적 4만이 서경(西京：평양)을 함락하자 이방실(李芳實) 등과 함께 막아냈다. 1361년에는 다시 홍건적이 쳐들어와 개경(開京：개성)까지 함락하자 이듬해 안우·이방실 등과 함께 물리쳤다. 김용의 반란을 진압하여 1등공신이 된 그는 신돈과의 세력 다툼에 밀려 계림윤(鷄林尹)으로 좌천되었다가 귀양을 떠났지만 신돈이 죽은 후 문하찬성사(門下贊成事)로 복귀했다.

최영은 팔도도통사(八道都統使)가 되어 우왕과 함께 평양에 가서 군사를 독려하는 한편 좌군도통사(左軍都統使) 조민수(曺敏修)와 우

▲ 옛 지도에 나타난 위화도
동그라미로 표시된 작은 섬

군도통사(右軍都統使) 이성계로 하여금 군사 3만 8,800여 명을 이끌고 요동을 치게 했다.

요동 정벌을 반대했던 이성계는 왕의 명령을 거역할 수 없어 출전했지만 위화도(威化島)에 이르자 더 군사를 진격시키지 않았다. 그는 조민수(曺敏修)와 의논하여 회군할 것을 왕에게 상서했다. 하지만 안주에 이르러 군사를 총지휘하고 있던 왕과 최영은 끝내 그의 말을 받아들이지 않았다. 이성계는 마침내 결단을 내리고 여러 장수들을 불러 모아 말했다.

"나날이 강해지는 명나라의 노여움을 사게 되면 그 화가 나라와 백성들에게 미칠 것이다. 여러 차례 회군할 것을 간청해 보았지만 최영 등의 반대로 왕께서 허락하지 않으시니 왕을 둘러싸고 있는 간신들을 없애 나라와 백성들을 보호해야겠다."

이 말에 처음부터 싸울 의욕이 없었던 장수들은 모두 찬성하였고 이성계는 3만 대군을 되돌려 돌아왔다. 뜻하지 않은 소식을 들은 최영은 다급히 왕을 모시고 개경 화원(花園)으로 들어갔다. 이때 최영의 휘하에는 50여 명의 군졸밖에 없었다. 최영은 군사를 모아 반란군을 맞이해 용감히 싸웠으나 군사의 수가 겨우 1,000여 명에 불과해 크게 패하고 말았다. 결국 이성계에게 붙잡힌 최영은 고봉(高峰 : 고양)으로 귀양을 갔다가 두 달 후에 처형되었다. 최영이 죽었다는 소식이 전해지자 백성들은 모두 슬퍼하며 애도의 눈물을 흘렸다.

최영은 '황금 보기를 돌같이 하라' 는 아버지의 유훈(遺訓)을 마음에 새기고 평생을 청렴하게 살았다. 최영은 죽을 때 다음과 같은 말을 남겼다.

"내가 살면서 한 번이라도 사사로운 이익을 탐하고 욕심을 부렸다면 내 무덤에 풀이 날 것이요, 그렇지 않았다면 풀이 나지 않을 것이다."

과연 그의 무덤에는 풀이 나지 않아 적분(赤墳)이라 불렀다.

정몽주의 죽음과 고려의 몰락

위화도 회군이 성공하자 우왕은 강화도로 내쫓겼고 조민수는 좌시중, 이성계는 우시중이 되었다. 하지만 두 사람은 우왕의 뒤를 누가 잇느냐는 문제로 대립하게 되었다. 조민수는 우왕의 아들 창(昌)을 내세운 반면 이성계는 자신과 가까운 인물을 밀려고 한 것이었다. 이때 당대의 유학자 목은 이색(李穡)과 정비(定妃:공민왕비)가 조민수의 의견을 지지하여 마침내 우왕의 아들 창왕(昌王)이 9세의 어린 나이에 왕위에 올랐다.

그러나 새로운 나라를 세우려는 이성계의 야망은 그의 세력과 함께 나날이 커져 갔다. 조정의 요직은 모두 이성계의 부하가 맡게 되었고, 얼마 후에는 조민수도 내쫓겼다.

한편 강화도로 쫓겨난 우왕은 여흥(驪興 : 여주)으로 옮겨가게 되었는데 김저, 정득후, 곽충보 등과 함께 이성계를 해치려 하다가 곽충보가 이 사실을 이성계에게 일러바치는 바람에 강릉으로 귀향가고 말았다. 이후 이성계는 심복들과 의논한 끝에 우왕과 창왕이 공민왕의 자손이 아니라 신돈의 자식이라 하여 두 왕을 모두 폐위시켰다가 우왕은 강릉에서, 창왕은 강화에서 각각 살해하였다. 이때 창왕의 나이는 10세였다.

창왕의 뒤를 이은 공양왕(恭讓王)은 고려의 마지막 임금이다. 공양왕은 20대 신종(神宗)의 7대손이니 왕으로 세우는 데는 별 어려움이 없었다. 당시 시골에서 한적한 생활을 즐기다 이성계에 의해 반강제로 임금의 자리에 오른 공양왕은 한낱 허수아비에 지나지 않았다. 왕은 성격 또한 유유부단하고 겁이 많아 이성계를 대할 때는 감히 내려다보지도 못했다고 한다.

▲ 정몽주

그 무렵 정몽주(鄭夢周)는 이성계의 아들 이방원(李芳遠)과 정도전(鄭道傳)·조준(趙浚)·남은(南誾) 등이 이성계를 추대하려는 음모를 꾸미고 있음을 알고 이들을 제거하기 위해 기회를 엿보고 있었다. 그런 와중에 명나라에 다녀오는 왕세자 석(奭)을 마중하러 갔던 이성계가 해주에서 사냥을 하다 말에서 떨어져 부상을 입었다. 정몽주는 하늘이 준 기회로 여기고 정도전·조준·남은 등을 탄핵하여 죽이려 했다. 하지만 이방원이 이 사실을 알고 급히 이성계에게 알려 그날 밤으로 개성으로 돌아오게 하는 한편 정몽주를 없앨 계획을 꾸몄다.

정몽주도 이성계 일파가 자신을 죽이려 한다는 것을 눈치 채고 있었지만 이성계의 의중을 떠보기 위해 집으로 찾아갔다. 이방원은 정몽주가 이성계를 문병하고 돌아갈 때 술을 대접하며 시를 한 수 읊었다.

이런들 어떠하리 저런들 어떠하리
만수산 드렁칡이 얽혀진들 어떠하리
우리도 이같이 얽혀 백년까지 누리리라

요컨대 망해 가는 고려 왕실만 고집할 것이 아니라 칡넝쿨처럼 얽혀서 함께 잘 살아보자는 얘기였다. 그러자 정몽주는 다음과 같은 노래로 답하였다.

이 몸이 죽고 죽어 일백 번 고쳐 죽어
백골이 진토 되어 넋이라도 있고 없고
임 향한 일편단심이야 가실 줄이 있으랴

이 노래가 그 유명한 단심가(丹心歌)다. 이렇게 해서 두 사람은 서로의 마음을 알고 헤어졌다.

정몽주는 돌아오는 길에 자주 들르던 술집에서 술을 마시고 해가 질 무렵에 일어나 말 위에 올랐다. 말은 정몽주를 태우고 다리를 향하여 걸어갔다. 그때 갑자기 쇠뭉치 몽둥이를 든 사내 몇이 나타나더니 앞을 가로막고 정몽주를 내리치기 시작했다. 정몽주는 예상치 못한 기습에 맥없이 당하고 그 자리에서 쓰러져 숨졌다. 훗날 정몽주가 피를 흘린 자리에서 대나무가 자라나 그의 충절을 나타냈다고 전한다. 이로 인해 선지교(善地橋)라 불리던 다리가 *선죽교(善竹橋)로 불리게 된 것이다. 공양왕 4년 4월 4일의 일이었다.

충신 정몽주가 살해된 이후 시중 배극렴(裵克廉) 등은 정비 안씨에게 공양왕을 폐위하고 이성계를 왕으로 삼을 것을 강요했다.

"지금 왕은 혼미하여 사직을 보존하기 어려우니 모든 신하와 백성들이 받드는 이성계에게 잠시 왕위를 물려줌이 옳은 줄 아뢰오."

정비 안씨는 처음에는 완강히 거부했지만 이미 대세가 기울었고 이성계 일파가 계속 압력을 넣자 견디지 못하고 마침내 공양왕 4년 7월에 국보를 이성계에게 물려주겠다고 약속했다. 이성계는 왕위 계승을 극구 사양하다 군신의 간청에 못이기는 척하고 수창궁(壽昌宮)에서 왕위를 물려받았다. 이로써 고려 왕조는 태조 왕건 이래 475년 만에 34대 왕을 끝으로 막을 내렸다.

제3부
조선왕조시대

조선
왕실
계승도

제1대 | 태조 (A.D. 1335년~1408년) 재위 기간 : A.D. 1392년~1398년

성은 이, 이름은 성계, 자는 중결, 호는 송헌. 고려 말기 무신으로 왜구를 물리쳐 공을 세웠다. 1388년 위화도 회군으로 고려를 멸망시키고 정권을 장악하여 92년 조선 왕조를 세웠다.

제2대 | 정종 (A.D. ?년~1400년) 재위 기간 : A.D. 1398년~1400년

이름은 방과. 제2차 왕자의 난이 수습된 뒤 왕족 · 권신 등이 다스리던 사병을 삼군부에 편입시켰으며, 관제를 개혁하고, 한양 5부에 각각 학당을 설립하였다. 왕위에 오른 지 2년만에 방원에게 왕위를 물려주었다.

제3대 | 태종 (A.D. 1367년~1422년) 재위 기간 : A.D. 1400년~1418년

성은 이, 이름은 방원, 자는 유덕. 태조가 조선을 건국하는 데 크게 공헌하였다. 왕자들의 왕위 다툼에서 이겨 왕위에 올랐으나 여러 가지 정책으로 조선 왕조의 기틀을 세웠다.

제4대 | 세종 (A.D. 1397년~1450년) 재위 기간 : A.D. 1418년~1450년

이름은 도, 자는 원정. 태종의 셋째 아들로 집현전을 두어 학문을 장려하였다. 훈민정음을 창제, 측우기 · 해시계 등의 과학 기구를 제작하게 하였다. 외교정책에도 힘을 써 북쪽에 사군과 육진, 남쪽에 삼포를 두었다. 또한 쓰시마 섬을 정벌하여 왜구의 침략을 진정시키는 등 조선 왕조의 기틀을 튼튼하게 하였다.

제5대 | 문종 (A.D. 1414년~1452년) 재위 기간 : A.D. 1450년~1452년

이름은 향, 자는 휘지. 세종의 아들로 인품이 좋고 학문에 밝아 20년간 세종의 뒤를 이어 민의를 잘 파악하고 인재를 잘 등용하여 문화를 발달시켰다.

제6대   단종 (A.D. 1441년~1457년)   재위 기간 : A.D. 1452년~1455년

12세 왕위에 올랐으나 숙부인 수양 대군에게 왕위를 빼앗겨(계유사화) 강원도 영월에 유배되었다가 죽임을 당하였다. 그 후 241년 뒤인 숙종 24년(1698) 왕의 명복을 빌며 생전의 공덕을 기리어 붙인 이름이 '단종' 이다.

제7대   세조 (A.D. 1417년~1468년)   재위 기간 : A.D. 1455년~1468년

이름은 유, 군호는 수양 대군. 국방, 외교, 토지 제도 및 관제 개혁 등으로 괄목할만한 업적을 남겼다. 《국조보감》, 《경국대전》 등의 서적을 편찬하였다.

제8대   예종 (A.D. 1450년~1469년)   재위 기간 : A.D. 1468년~1469년

이름은 황·광, 자는 명조. 세조의 둘째 아들로 세조 때부터 시작한 《경국대전》을 완성하였으며, 직전 수조법을 제정하여 민간인의 경작을 허락하였다.

제9대   성종 (A.D. 1457년~1494년)   재위 기간 : A.D. 1469년~1494년

이름은 혈. 학문을 좋아하고 숭유억불 정책을 추진, 사림파를 등용하였다. 조선 초기의 문물제도를 완성하였으며 《경국대전》을 반포하였다.

제10대   연산군 (A.D. 1476년~1506년)   재위 기간 : A.D. 1494년~1506년

이름은 융. 무오사화, 갑자사화, 병인사화를 일으켜 많은 선비들을 죽였다. 폭군으로 지탄받아 중종반정으로 폐위되었다.

제11대   중종 (A.D. 1488년~1544년)   재위 기간 : A.D. 1506년~1544년

이름은 역, 자는 낙천. 혁신정치를 꾀하다가 훈구파의 반대로 실패하였다. 1519년 기묘사화, 신사사화를 불러일으켰다.

제12대   인종 (A.D. 1515년~1545년)   재위 기간 : A.D. 1544년~1545년

자는 천윤. 기묘사화로 없어진 현량과를 부활시켰다.

제13대   명종 (A.D. 1534년~1567년)   재위 기간 : A.D. 1545년~1567년

이름은 환, 자는 대양. 중종의 둘째 아들로 12세 왕위에 올라 을사사화, 정미사화, 을유사화, 을묘왜변 등을 겪었다.

제14대 선조 (A.D. 1552년~1608년)   재위 기간 : A.D. 1567년~1608년

이름은 공, 초명은 균. 16세 왕위에 올라 이이·이황 등의 인재를 등용하고 유학을 장려하는 등 나랏일에 힘썼다. 그러나 당쟁으로 인한 국력의 약화로 두 번의 임진왜란을 겪었다.

제15대 광해군 (A.D. 1575년~1641년) 재위 기간 : A.D. 1608년~1623년

이름은 혼. 당쟁으로 임해군과 영창대군을 죽이고(계축사화) 인목대비를 유폐하는 등 패륜을 저질렀다. 한편 서적을 편찬하고 사고를 정리하는 등 나라 안을 다스리며, 밖으로는 명과 후금 두 나라에 대한 양단정책으로 난국을 대처하였다. 그 뒤 인조반정으로 폐위되었다.

제16대 인조 (A.D. 1595년~1649년)   재위 기간 : A.D. 1623년~1649년

인조반정에 성공하여 광해군을 몰아내고 왕위에 올랐다. 이괄의 난, 병자호란, 정묘호란 등을 겪었으며 새로운 군영을 설치하고 대동법을 실시하였다.

제17대 효종 (A.D. 1619년~1659년)   재위 기간 : A.D. 1649년~1659년

이름은 호, 자는 정연. 인조의 둘째 아들로 병자호란 때 소현세자와 함께 청나라에 8년간 볼모로 잡혀갔다 돌아와 왕위에 올랐다. 청나라에 볼모로 잡혀갔던 원한을 풀고자 북벌 계획을 실현시키고자 국력을 양성하였으나 뜻을 이루지 못했다.

제18대 현종 (A.D. 1641년~1674년)   재위 기간 : A.D. 1659년~1674년

이름은 연, 자는 경직. 왕위 초부터 조 대비가 상중에 입었던 상복 문제로 남인과 서인이 당쟁을 벌여 많은 유신들이 희생되었다. 대동법을 전라도에 실시하고 동철제 활자 10만여 자를 주조하였다.

제19대 숙종 (A.D. 1661년~1720년)   재위 기간 : A.D. 1674년~1720년

이름은 순, 자는 명보. 남인과 서인의 당파싸움(기사사화)과 장희빈으로 인하여 나라가 혼란스러웠다. 대동법을 전국으로 확대 실시하고 백두산에 정계비를 세워 국경을 확실하게 정했다.

제20대 경종 (A.D. 1688년~1724년) 재위 기간 : A.D. 1720년~1724년

이름은 윤, 자는 휘서. 숙종의 아들로 장희빈의 소생이다. 노론과 소론이 대립하여 신임사화가 일어나는 등 당쟁이 절정을 이루었다.

제21대　영조 (A.D. 1694년~1776년)　재위 기간 : A.D. 1724년~1776년

이름은 금, 자는 광숙. 탕평책을 써서 당쟁 제거에 힘썼다. 균역법 시행, 신문고 부활, 《동국문헌비고》 편찬 등 많은 업적을 남겼다. 말년에는 사도세자의 비극이 있었다.

제22대　정조 (A.D. 1752년~1800년)　재위 기간 : A.D. 1776년~1800년

이름은 산, 자는 형운. 탕평책을 써서 인재를 고루 등용하고, 서적 보관 및 간행을 위한 규장각을 설치하였다. 또한 임진자, 정유자 등의 새 활자 등을 만들고 실학을 크게 발전시켜 조선 후기 문화의 황금시대를 이룩하였다.

제23대　순조 (A.D. 1790년~1834년)　재위 기간 : A.D. 1800년~1834년

자는 공, 호는 순재. 안동김씨의 세도정치 시대로 신유사옥을 비롯한 세 차례의 천주교 탄압이 있었으며, 1811년 홍경래의 난이 일어났다.

제24대　헌종 (A.D. 1827년~1849년)　재위 기간 : A.D. 1834년~1849년

이름은 환, 자는 문응. 8세 왕위에 올라 순원 왕후가 수렴청정하였다. 1841년 나랏일을 직접 다스리게 되었으나 정치 혼란으로 민생고는 더욱 커졌으며, 천주교를 탄압하는 기해사옥이 일어났다.

제25대　철종 (A.D. 1831년~1863년)　재위 기간 : A.D. 1849년~1863년

이름은 변, 초명은 원범, 자는 도승. 헌종이 후사가 없이 죽자 대왕대비 순원 왕후의 명으로 궁중에 들어가 왕위에 올랐다. 김문근의 딸을 왕비로 맞아들여 안동 김씨의 세도정치가 시작되었으며 삼정의 문란이 더욱 심해져 민중의 난이 빈발하였다.

제26대　고종 (A.D. ?년~1907년)　재위 기간 : A.D. 1863년~1907년

이름은 휘. 흥선 대원군의 둘째 아들로 대원군과 민비(명성황후)의 세력 다툼이 많았으며, 주변국의 문호개방 압력에 시달렸다. 임오군란이 일어났으며, 1907년 헤이그 밀사사건으로 퇴위하였다.

제27대　순종 (A.D. 1874년~1926년)　재위 기간 : A.D. 1907년~1910년

이름은 척, 자는 군방. 고종의 둘째 아들로 1910년 일본에 통치권을 빼앗기고 일본으로부터 '이왕(李王)'이라 불리었으며 치욕적인 일제시대를 보내게 되었다.

조선왕조시대

이성계와 무학 대사

이성계는 고려 충숙왕 4년(1335년) 10월 11일에 함경남도 화령부(和寧府 : 영흥)에서 이자춘(李子春)의 둘째 아들로 태어났다. 이성계의 조상은 전주의 호족이었는데 4대조인 이안사(李安社)가 여진족이 살고 있던 남경(南京 : 간도 지방)에 들어가 원나라의 지방관이 된 후부터 차츰 자리를 잡기 시작했다. 이성계의 증조할아버지 이행리(李行里)와 할아버지 이춘(李椿)은 원나라에서 천호(千戶)의 벼슬을 지냈고, 아버지 이자춘도 원나라의 총관부(摠管府)가 있던 쌍성(雙城)의 천호로 있었다.

이성계는 어릴 때부터 용감하고 기골이 장대한데다 특히 활을 잘 쏘아 인근 마을에서 모르는 사람이 없을 정도였다고 한다. 이성계는 아버지와 함께 공민왕 5년(1356년)에 고려군을 도와 쌍성총관부를 함락시키고 원나라의 세력을 물리치는 데 큰 공을 세웠다. 이에 공민왕은 이자춘을 삭방도만호(朔方道萬戶) 겸 병마사(兵馬使)로 임명했다. 그 해 4월 이자춘이 병을 얻어 세상을 떠나자 이성계가 아버지의 벼슬을 물려받았다. 형과 동생이 정실부인이 낳은 자식이 아니어서 벼슬자리가 이성계에게로 이어진 것이다.

이성계는 어느 날 함경남도 안변 근처에서 하룻밤을 묵게 되었는데 다 허물어진 집에 들어갔다가 그 집이 무너지는 바람에 세 개의 서까래를 등에 짊어지고 나오는 기이한 꿈을 꾸었다. 깜짝 놀라 잠에서 깬 이성계는 다음 날 근처 토굴에서 수도하는 스님이 있다는 말을 듣고 찾아가 꿈 해몽을 청하였다. 꿈 이야기를 들은 스님은 한참을 생각하더니 대답했다.

"세 서까래는 임금 왕(王) 자를 나타내는 것이 분명합니다. 훗날 왕가와 인연이 있을 듯합니다."

스님의 대답을 들은 이성계는 크게 기뻐하며 집으로 돌아왔다. 이때 꿈 풀이를 해준 사람이 바로 무학(無學) 대사다.

이성계는 홍건적의 침입으로 수도가 함락되자 공민왕 10년에 2,000명의 병사를 거느리고 수도 탈환 작전에 참가하여 제일 먼저 입성하는 전공을 세웠다. 그는 원나라 장수 나하추(納哈

▲ 태조 이성계 어진

出)가 쳐들어왔을 때도 여러 차례의 격전 끝에 함흥평야에서 적을 크게 물리쳐 세상에 이름을 알렸다. 우왕 3년(1377년)에는 경상도 일대와 지리산에서 노략질을 일삼던 왜구들을 쫓아냈다. 우왕 11년에는 함주에 쳐들어온 왜구와 싸워 큰 승리를 거두는 등 명성을 떨쳤다.

이성계는 우왕 14년에 명나라와의 관계가 악화되어 요동 정벌이 결정되자 다음과 같은 4불가론을 내세워 반대하였다.

첫째, 작은 나라가 큰 나라를 거슬러서는 안 된다.

둘째, 여름철에 군사를 동원해서는 안 된다.

셋째, 모든 군사가 싸우러 나간 틈을 타서 왜구가 공격해 올 것이다.

넷째, 지금은 무더운 비가 많이 오는 시기라 활의 아교가 녹아 쓸 수 없고 군사들이 전염병에 걸릴 위험이 있다.

하지만 우왕과 최영 장군은 요동 정벌의 뜻을 굽히지 않았다. 어쩔 수 없이 출전한 이성계는 결국 위화도에서 군사를 돌려 되돌아오고 말았다. 이후 정권을 손에 넣은 이성계는 새 왕조의 태조가 된 이듬해에 무학을 왕사(王師)로 삼았으며 자신의 꿈을 풀이해 준 토굴 터에 석왕사(釋王寺)라는 절을 지어 주고 오백 나한상을 만들어 모셨다고 한다. 무학은 태조에게 나랏일에 대한 여러 가지 충고를 아끼지 않았고 뒷날 조선의 기틀을 세우는 데 크게 공헌했다.

한편 이성계는 나라 이름을 그대로 사용하면서 백성들을 다스리려 했지만 끝까지 고려를 섬기려는 충신들이 두문동에 들어가 나오지 않거나 먼 시골로 내려가자 나라 이름을 바꾸고 도읍을 옮기기로 결심했다. 훗날 두

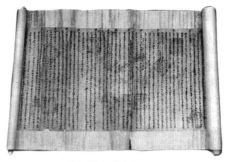

▲ 이성계의 호적(국립중앙 박물관)

문동에 있는 사람들을 나오게 하려고 불을 질렀지만 한 사람도 나오지 않고 모두 불에 타 죽었다는 이야기도 전해진다.

도읍지로 거론된 곳은 한양과 계룡산이었다. 이성계는 한양보다 계룡산 밑이 더 좋다는 의견이 있어 궁궐을 짓도록 했으나 무학은 물론 정도전 등 많은 신하들이 반대하여 공사는 중단되었고 신도안(新都安)이라는 이름만 남게 되었다.

결국 도읍지는 한양(서울)으로 결정되었는데 궁궐터를 놓고 무학과 정도전의 의견이 갈리게 되었다. 한양 땅을 두루 살펴본 무학이 "인왕산을 주산(主山)으로 삼고 백악산(白岳山)과 남산이 좌우의 용호(龍虎)가 되어야 한다."고 주장했지만 정도전은 "왕이 동향(東向)을 하여 나라를 다스렸다는 말을 들어본 적이 없다."며 반대했던 것이다. 그로 인해 다시 잡은 궁궐터가 북한산 아래 남쪽 방향으로 있는 지금의 경복궁 자리다.

태조 3년에 도읍을 확정짓고 본격적으로 공사를 시작해 먼저 대궐이 완성되자 동쪽 문은 봄을 상징해 건춘문(建春門), 서쪽 문은 가을을 상징해 영추문(迎秋門), 남쪽 문은 여름을 상징해 광화

문(光化門)이라 했다. 북쪽 문인 신무문(神武門)은 나중에 만들어졌다. 이어 모든 건물이 완성된 후에는 정도전이 대궐과 전각의 이름을 지었다. 새 대궐은 큰 복을 누리라는 뜻에서 경복궁(景福宮), 큰 침전은 늘 평안하라는 뜻에서 강녕전(康寧殿), 나랏일을 보는 건물은 부지런히 일하라는 뜻에서 근정전(勤政殿)이라 붙였다.

태조 5년에는 성곽을 쌓기 시작하여 숙정문(肅靖門 : 북문), 흥인지문(興仁之門 : 동대문), 숭례문(崇禮門 : 남대문), 돈의문(敦義門 : 서대문)의 사대문(四大門)과 광희문(光熙門), 소덕문(昭德門), 창의문(彰義門), 홍화문(弘化門)의 사소문(四小門) 등을 완성함으로써 왕성의 규모를 갖추었다. 훗날 소의문(昭義門)으로 이름을 바꾼 소덕문(昭德門)은 서소문(西小門)이라고도 하는데 수구문(水口門) 또는 시구문(屍口門)이라고도 하는 광희문과 함께 시체를 성 밖으로 운반하던 통로 구실을 하였다. 이로써 조선 왕조는 차츰 기반을 잡아 나갔다.

▲ 무학대사

태조 이성계와 무학 대사는 직책을 뛰어넘어 허물없이 지내는 절친한 친구 사이였던 것 같다. 하루는 태조가 무학 대사와 함께 수창궁을 거닐다 누가 더 농담을 잘하는지 내기를 하자고 제의했다. 태조가 먼저 말했다.

"내가 보기에 스님은 돼지처럼 생겼소이다."

무학 대사는 대답했다.

"소승이 보기에 대왕께서는 부처님 같습니다."

태조는 의아해하며 물었다.

"스님은 왜 농담을 안 하시오?"

"저는 농담을 했습니다."

"무슨 농담이 그러하오?

"돼지의 눈에는 모두 돼지로 보이고, 부처님의 눈에는 모두가 부처님으로 보인다고 말한 것입니다."

순간 태조는 크게 웃으며 자신이 졌다는 것을 시인했다.

제1차 왕자의 난

태조는 신의왕후(神懿王后) 한씨와의 사이에 방우(芳雨), 방과(芳果), 방의(芳毅), 방간(芳幹), 방원(芳遠), 방연 등 여섯 아들을 두었고, 계비 신덕왕후(神德王后) 강씨와의 사이에 방번(芳蕃), 방석(芳碩) 두 아들을 두었다.

태조가 왕이 되자 누구를 세자로 삼을 것인지를 놓고 갈등이 일어났다. 맏아들인 방우가 고려에 반역을 저질렀다는 이유로 행방을 감추어 버렸기 때문이다. 태조는 방과와 방원 둘 중에 한 명을 세자로 삼으려 했지만 왕비 강씨와 가장 믿는 신하인 정도전의 건의로 막내아들 방석을 세자의 자리에 앉혔다.

▲ 정도전(1342~1398)
조선 전기의 문인 · 학자.

방원은 자신이 아니면 형이 될 줄 알았던 세자의 자리가 동생에게 넘어가자 큰 불만을 품게 되었다. 그러나 방석의 뒤에는 태조가 있었고 태조의 총애를 받는 왕비와 정도전도 있었다. 특히 정도전은 최고의 군 통솔기관인 의흥삼군부(義興三軍府)의 판사직(判事職)을 맡고 있는 인물이었다. 섣불리 나섰다간 오히려 위험한 상황에 처할 수 있었다.

한편 방석을 세자로 내세운 정도전은 남은(南誾), 심효생(沈孝生) 등과 함께 비밀리에 모의한 끝에 태조의 병이 위중하다고 알려 여러 왕자들을 대궐로 불러들인 후 신의왕후 소생의 왕자들을 모두 죽여 없애기로 결정했다. 그러나 정도전 일파의 계략을 눈치 챈 방원과 방원의 부인 민씨의 기지로 대궐에 들어갔던 왕자들 모두 죽음을 피할 수 있었다.

이를 계기로 방원은 이숙번(李叔蕃) 등과 함께 정도전 일파가 있는 남은의 소실 집을 포위하고 이웃집 세 곳에 불을 지르게 했다. 깜짝 놀란 남은과 정도전은 황급히 달아났다. 방원은 먼저 세자의 장인인 심효생 등을 죽인 후 정도전과 남은도 붙잡아 목을 벴다.

세자 방석은 믿었던 정도전과 심효생 등이 모두 죽었다는 소식이 듣고는 태조에게 달려가 목숨만 살려 달라며 매달렸다. 이에 태조는 조정 중신들과 의논하여 끝까지 세자를 지키려고 했지만 세자를 경질하라는 여론이 크게 일어나자 어쩔 수 없이 폐위시키고 방번과 함께 귀양을 보냈는데 방석과 방번 또한 귀향 가는 도중에 살해당하고 말았다. 태조 7년 8월에 일어난 이 사건을 '제1차 왕자의 난', '방원의 난', '무인정사(戊寅靖社)', '정도전의 난'이라고 한다.

태조는 방원을 세자로 책봉해야 한다는 대신들의 뜻을 물리치고 서열에 따라 둘째 아들인 영안군(永安君) 방과를 세자로 삼으려 했다. 이에 방과는 "조선의 건국에 가장 많은 공을 세운 사람은 정안공(靖安公)입니다. 저는 세자가 될 자격이 없습니다."며 완강하게 거절했지만 방원의 양보로 결국 세자가 되었다.

자식들이 서로 죽이고 죽는 꼴을 더 이상 보고 싶지 않았던 것일까. 태조는 한 달 후에 왕위마저 방과에게 물려주었다. 이로써 태조는 상왕(上王)이 되었고, 방과는 조선 제2대 임금인 정종(定宗)이 되었다.

제2차 왕자의 난

즉위한 해에 송도로 도읍을 옮긴 정종은 과제를 개혁하고 학교를 세우는 등 국정에 힘썼다. 정종은 나랏일의 대부분을 아우인 방원과 상의해서 결정했으며 방원에게 왕위를 물려주려 했다. 그러자 왕위를 탐내던 방간이 불만을 품게 되었다. 그 무렵 제1차 왕자의 난 때 공을 세우고도 일등 공신이 되지 못한 박포(朴苞)가 방간을 찾아와 충동질하기 시작했다.

"공을 바라보는 정안공의 눈빛이 이상합니다. 장차 무슨 일이 일어날 것 같으니 공께서 먼저 선수를 치십시오."

박포의 충동질에 결심을 굳힌 방간은 처조카 이래(李來)를 불러 넌지시 물었다.

"정안공이 나를 시기하고 있다. 어떻게 하면 좋겠느냐?"

이래는 방간의 속마음을 알아채고 만류했다.

"친동생을 해치려 하시면 반드시 대악(大惡)의 이름을 얻을 것이고, 일도 또한 이루어지지 않을 것입니다."

방간이 화를 내며 말했다.

"나를 도울 사람이면 이런 말은 하지 않을 것이다."

그리고는 처의 양부(養父)인 강인부(姜仁富)를 불렀지만 강인부 역시 "공은 왜 이런 말씀을 하십니까? 다시는 하지 마십시오." 하고 물러났다.

한편 방간의 집을 나온 이래는 스승인 우현보(禹玄寶)를 찾아가 "방간이 군사를 일으키려 한다."고 말했다. 우현보는 아들 우홍부(禹洪富)를 시켜 이 같은 사실을 방원에게 알렸다. 이로써 왕위를 둘러싼 형제간의 싸움이 또다시 벌어지게 되었다. 방간은 민원공(閔原功), 이성기(李成奇), 아들 이맹종(李孟宗)과 수백 명의 군사를 거느리고 나섰고, 방원 측에서는 이숙번이 나서서 싸움을 지휘했다. 양군은 선죽교 근처에서부터 가조가에 이르기까지 치열하게 싸웠지만 수적으로 우세한 방원의 승리로 끝났다. 정종은 우승지(右承旨) 이숙(李淑)을 보내 교서를 내렸다.

"대낮에 서울 거리에서 군사를 움직인 죄 용서할 수 없다. 그러나 형제지간의 정으로 차마 죽일 수 없어 귀향에 처한다."

이후 방간은 귀향을 떠났고 박포는 붙잡혀 사형을 당하였다. 이를 '제2차 왕자의 난', '방간의 난', '박포의 난' 이라고 부른다.

이 사건으로 방원의 지위는 더욱 확고해졌고, 그해 11월 정종으로부터 왕위를 물려받아 태종(太宗)이 되었다.

한 번 가면 돌아오지 못하는 함흥차사

연이은 왕자의 난으로 이방원이 왕위에 오르자 태상왕이 된 태조는 형제간의 싸움에 실망하여 함흥(咸興)으로 떠났다. 태종은 이성계를 모셔오기 위해 자주 *차사(差使)를 보냈지만 이성계는 그때마다 화살을 쏘아 죽여 태종에 대한 노여움을 표현했다. 이후부터 한 번 가면 아무 소식 없이 돌아오지 않는 것을 '함흥차사' 라 부르게 되었다.

태종은 자신 때문에 죄 없는 여러 사람이 죽자 더 이상 차사를 보내지 않았는데 판승추부사(判承樞府事)였던 박순(朴淳)이 자청

*차사
임금이 중요한 임무를 위하여 파견하던 임시 벼슬

하여 함흥으로 떠나겠다고 아뢰었다. 태종은 박순의 안위가 걱정되었지만 혹시나 싶어 그를 보내 주었다.

박순은 하인도 거느리지 않은 채 혼자 새끼가 딸린 어미 말을 타고 함흥에 갔다. 이윽고 태상왕이 있는 곳에 다다른 그는 일부러 새끼 말을 나무에 매어놓고 어미 말만 타고 갔다. 이때 태조는 측근 부하들과 함께 놀이를 구경하며 풍악 소리와 기생들의 춤에 잠시나마 시름을 잊고 있었다. 그런데 난데없는 말의 울음소리가 연회장 안을 뒤흔드는 것이 아닌가. 태상왕이 곁에 있는 신하에게 물었다.

"웬 말이 저렇게도 슬피 우느냐? 듣기 거북하구나."

당황한 신하는 급히 달려 나가다 박순이 말의 울음소리를 내고 있는 것을 보았다. 박순은 울음소리를 멈추고 빙그레 웃으며 물었다.

"저기 건너편 정자 위에 계시는 분이 태상왕 전하이십니까? 저는 지난날 태상왕을 모시던 박순이라는 사람입니다. 제가 뵙기를 청한다고 태상왕께 여쭈어 주시겠습니까?"

신하는 곧 태상왕에게 되돌아가 박순이 찾아온 것을 알렸다. 태상왕은 태종이 보낸 것이 아닌가 의심했지만 박순의 행색이 누추하다는 소리에 측은한 마음이 생겨 그를 데려오도록 했다. 박순은 하인 하나 없이 초라한 옷차림으로 태상왕을 뵈었다. 태상왕은 두 손으로 덥석 박순의 손을 잡고 흔들었다.

"공께서는 이제 벼슬을 그만두고 나라 안을 두루 돌아다니시는 구려."

"예. 전하가 안 계시는 조정은 마치 텅 빈 집 같사옵고 신도 나이 들어 편히 쉬고 싶기에 그리하였습니다."

그 순간 갑자기 아까보다 몇 배는 더 구슬프고 소란스러운 말 울음소리가 들렸다.

"아직 어린 망아지를 존엄한 어전에 데려올 수 없어 밖에 두었더니 서로 떨어진 것이 슬퍼 우는 듯합니다. 잠시 후 신이 떠나면 조용해질 것이오니 하잘것없는 짐승이라 할지라도 모자간에 서로 못 잊는 정을 생각하시어 통촉하여 주시옵소서."

박순의 말에 태상왕은 가슴 한구석이 아파 오는 것을 느꼈다. 태상왕 역시 신분을 떠나 자식을 그리워하는 한 사람의 아비였던 것이다.

그 후 태상왕과 박순은 함께 지내며 장기 두는 일을 낙으로 삼았다. 그러던 어느 날 쥐 한 마리가 지붕 모퉁이에서 떨어졌다. 그 쥐는 새끼 두 마리를 꼭 껴안고 있었다. 이를 본 군사들이 죽이려 하자 박순이 말리며 말했다.

"죽을 지경에 이르러서도 새끼들과 함께 도망치려 애쓰는 어미 쥐의 모습이 참으로 불쌍합니다. 더욱이 이곳은 태상왕께서 계시는 곳이니 아무리 미물이라도 죽이는 것은 금해야 할 줄 압니다."

"어미 쥐가 불쌍하다? 박 판추는 여전히 인정이 많으시구려."

태상왕은 무엇을 느꼈는지 장기판을 옆으로 치우고 생각에 잠겼다. 박순은 태상왕의 기색을 알아차리고 재빨리 엎드려 울음을 터뜨렸다.

"전하. 말과 같은 짐승도 어미와 새끼가 서로를 그리워하며 헤어져 있음을 슬퍼합니다. 그리고 보셨다시피 어미 쥐도 새끼 쥐를 버리고 혼자 살겠다고 도망치지 않습니다. 그런데 전하는 어찌하여 홀로 오셔서 나날을 보내시나이까? 매일같이 북쪽 함흥 땅을 바라보며 눈물짓는 *금상(今上)은 왜 염두에 두지 않으십니까? 전하, 언제까지 여기 계실 수는 없나이다."

박순은 간곡히 태상왕에게 한양으로 되돌아갈 것을 청하였다. 태상왕도 박순의 진심어린 충언에 마음이 움직여 돌아가기로 결심했다.

그러나 이튿날 박순이 떠나자 태상왕을 모시는 신하들이 박순도 죽여야 한다고 강권하기 시작했다. 박순을 죽이고 싶지 않았던 태상왕은 그가 강을 건넜으리라 믿고 "강을 건넜으면 내버려 두고 건너지 못하였으면 목을 가져오라."고 명하였다. 자객들은 서둘러 박순의 뒤를 따라갔다. 박순은 이제 막 용흥강(龍興江)에 도착해 배 위에 오르려는 중이었다. 이를 본 자객들은 지체 없이 박순을 잡아 목을 베고 말았다.

후세의 사람은 이와 같은 박순의 기막힌 사연을 다음과 같은 시구로 읊었다.

반은 강 속에 있고 반은 배 안에 있네.

박순마저 죽었다는 소식을 들은 태종의 근심은 더욱 깊어졌다.

그때 신하 한 사람이 나서서 무학 대사라면 능히 태상왕을 모셔올 수 있을 거라고 아뢰었다. 태종은 좋은 생각이다 싶어 무학에게 태상왕을 모셔와 달라고 부탁했다. 무학은 왕의 부탁을 거절할 수 없어 함흥 땅으로 내려갔다. 그러나 태상왕은 무학을 보자마자 크게 화를 냈다.

"방원의 부탁을 받고 온 것입니까? 그렇다면 어서 돌아가십시오."

무학은 웃으며 대답했다.

"아니옵니다, 전하. 전하를 모신 것이 몇 해인데 아직도 저를 모르십니까? 저는 단지 전하를 위로하기 위해 먼 길을 걸어 여기까지 온 것입니다."

그제야 태상왕은 언짢은 기색을 풀고 무학을 반갑게 맞이했다. 무학은 태상왕과 함께 머무는 내내 침묵을 지켰다. 그러다가 어느 날 갑자기 태상왕을 찾아가 말했다.

"금상은 비록 큰 죄를 지었지만 유일하게 남은 전하의 자식입니다. 금상마저 버리신다면 전하가 이룩해 놓은 대업은 누가 이어받겠나이까? 남에게 물려줄 수는 없는 일 아니옵니까?"

묵묵히 듣고 있던 태상왕은 고개를 끄덕이며 말하였다.

"옳은 말씀입니다. 왕사의 뜻대로 하겠습니다."

하지만 태상왕은 두 달을 소요산에서 보낸 후에야 비로소 한양으로 향했다. 무학의 설득으로 돌아가긴 하지만 태종에 대한 원망이 아직도 가슴에 남아 있었던 것이다.

태종은 태상왕이 온다는 소식을 듣고 교외까지 나가 맞이하려 했다. 이때 하륜이 태종에게 아뢰었다.

"태상왕의 노여움은 아직 가라앉지 않았을 것입니다. 만일의 사태에 대비해 굵은 기둥을 세워 놓으십시오."

태종은 그렇게 하라 일렀고 하륜은 큰 나무를 베어 기둥으로 삼았다. 하륜의 예측은 정확히 들어맞았다. 곤룡포를 입고 기다리는 태종의 모습을 본 태상왕이 갑자기 활을 당겨 *백우전(白羽箭)을 쏘았던 것이다. 태종은 다급히 기둥 뒤로 몸을 숨겼다. 화살은 탁 소리와 함께 기둥에 꽂혔다. 참으로 아슬아슬한 순간이었다. 태상왕은 자신이 쏜 화살이 기둥에 박히자 이는 하늘의 뜻이라며 옥새를 태종에게 넘겨주었다.

*백우전
흰 깃털의 화살

태종의 개혁 정치

형제들과의 피를 뿌리는 싸움 끝에 왕위에 오른 태종이었지만 나라의 기반을 다지는 업적을 많이 남겼다. 태종은 먼저 공신 이거이(李居易) 등과 외척 민무구 등을 숙청함으로써 공신 세력과 외척이 함부로 횡포를 부리거나 왕의 권위에 도전할 수 없게 했고 각 지방 호족들이 보유하고 있던 사병을 없애는 한편 왕의 친위병을 두어 군사력을 강화했다.

태종은 대궐 안에 신문고(申聞鼓)를 설치하여 원통하고 억울한 일을 당한 사람의 사정을 직접 살폈으며 양반집 정실부인이 세 번 이상 혼인할 경우 그 자녀는 아무리 뛰어나도 등용하지 않는 등 불이익 처분을 내리는 삼가금지법(三嫁禁止法)을 실시하여 유교 도덕을 확립하였다.

태종 2년(1402년) 5월에는 김사형(金士衡), 이무(李茂) 등에 의해 우리나라 최초의 세계지도인 혼일강리역대국지도(混一疆里歷代國地圖)가 만들어졌다. 이 지도는 이회가 그린 조선의 팔도도(八道圖)와 박돈지(朴敦之)가 일본에서 가지고 온 일본 지도, 김사형이 명나라에서 가져온 성교광피도(聲敎廣被圖) 등을 합쳐 만든 것이다.

태종 3년에는 *주자소(鑄字所)를 설치하고 *계미자(癸未字)를 만들게 하여 좀 더 쉽게 서적을 편찬할 수 있도록 했다.

태종 13년에는 지방을 효율적으로 관리하기 위해 전국을 경기(京畿), 충청(忠淸), 경상(慶尙), 전라(全羅), 강원(江原), 황해(黃海), 함경(咸鏡), 평안(平安)의 8도로 나누고 그 밑에 부·목·군·현을 두었는데 각 도는 중앙에서 파견된 관찰사가 다스렸고, 부·목·현·군은 부사, 목사, 현령, 군수 등 목민관이 다스렸다.

지방 제도를 대폭 개편한 태종은 백성들을 보다 쉽게 파악하기 위하여 호적을 만들고 호패를 몸에 지니고 다니도록 했다. 16세 이상의 남자는 누구나 호패를 허리에 차고 다녀야 했는데 신분에 따라 그 재료와 색깔과 기재 내용이 달랐다. 2품 이상의 관리는 관

*주자소
활자를 만드는 곳

*계미자
계미년에 만들어진 동활자

직과 성명을 기재했지만 노비는 주인, 나이, 거주지 등도 기록하

*호패법
조선 시대 때, 16세
이상의 남자들에게
신분을 증명하기 위
해 호패를 가지고 다
니게 하였던 제도

였다. *호패법을 실시한 목적은 국가의 비상사태에 대비하여 장정의 숫자를 정확히 파악하고 그들에게 세금을 거둬들여 국가 재정을 튼튼하게 하려는 데 있었다고 할 수 있다.

한편 태종은 세자인 양녕대군(讓寧大君)이 나랏일에는 전혀 관심을 보이지 않고 방탕한 생활을 일삼자 과감하게 쫓아낸 후 어질고 총명한 충녕대군(忠寧大君)을 세자로 삼아 대를 잇게 하였다. 이분이 바로 우리나라 역사상 가장 위대한 임금인 세종대왕(世宗大王)이시다.

역사에 길이 남을 성군 세종대왕

태종의 셋째 아들인 세종대왕의 이름의 도, 자는 원정(元正)이다. 태종 8년(1408년)에 충녕군(忠寧君)에 봉해졌다가 태종 13년에 대군이 되었다. 태종 18년에 양녕대군이 폐위되자 세자로 책봉되어 그해 8월에 태종의 양위로 왕위를 이어받았다.

일설에 의하면 양녕대군은 태종의 마음이 어디에 있는지 알고 일부러 미친 척 행동해서 폐위를 당했다고 한다. 양녕대군은 그후 둘째인 효령대군(孝寧大君)이 더욱 열심히 글공부를 하자 아버지 태종의 마음과 충녕대군의 뛰어남을 이야기하여 뜻을 접게 했

다고 한다.

이들 삼형제의 우애는 매우 돈독했던 것
으로 알려져 있다. 양녕대군은 전국을 유람
하면서 풍류를 즐겼는데 여러 차례 탄핵을
받았음에도 불구하고 세종의 배려로 무사할
수 있었다. 한편 양녕대군의 충고를 듣고 순
순히 세자 자리를 포기한 효령대군도 동생에
게 피해가 가지 않도록 불교에 귀의하였다.
효령대군은 회암사(檜巖寺)를 중수하고 원각
법회(圓覺法會)를 여는 등 많은 불사를 주관

▲ 세종대왕

했으며 『반야바라밀다심경(般若波羅蜜多心經)』과 『원각경(圓覺
經)』 등을 한글로 해석하여 펴내기도 했다.

두 형의 양보로 임금이 된 세종은 재위 32년 동안 수많은 업적
을 이룩하여 나라 안의 모든 백성들에게 성군(聖君)으로 떠받들어
졌다.

세종대왕과 집현전 학자들

세종은 학문을 좋아하여 새벽에 일어나 나랏일을 보기 위해 나
가기 전까지 글을 읽었다. 세종이 늘 강조한 것은 "아무리 어려운

책이라도 여러 번 되풀이하여 읽게 되면 그 뜻을 저절로 알게 된다(讀書百遍義自通)."는 것이었다.

세종은 정종 때 설치되었지만 유명무실해진 집현전(集賢殿)을 대궐 안에 설치하여 뛰어난 학자들을 양성하였다. 집현전은 학문을 연구하는 기관으로 제도적으로는 도서 수집과 보관 및 이용, 학문 활동, 국왕의 자문에 대비하는 기능 등을 가지고 있었다. 세종은 도서 편찬에도 힘쓰게 하여 10명으로 구성된 학자의 수를 20명으로 늘렸는데, 10명의 학자에게는 경서(經書)를 읽히고, 다른 10명의 학자에게는 학문을 연구하게 하여 매일 20명이 번갈아 글을 읽게 하였다.

세종은 집현전 학자들을 매우 아꼈고 학문에만 온 힘을 쏟을 수 있도록 도왔다. 젊은 학자들이 아침 일찍 들어와 학문을 연구하고 밤늦게 돌아가는 일이 많아 때로는 음식을 보내 대접하는 일도 있었다.

어느 추운 겨울밤, 세종은 평소처럼 집현전에 들렀다. 자정이 훨씬 지난 시간이었지만 집현전에는 여전히 불이 켜져 있었다. 안에 누가 있는지 궁금해진 세종은 옆에 있던 내시에게 일렀다.

"이 늦은 시간까지 누가 무엇을 하고 있는지 알아보도록 하여라."

"네, 마마. 분부대로 거행하겠나이다."

▲ 세종실록
단종 2년(1454년)에 정인지 등이 엮은 세종 재위 32년 간의 실록이다.(규장각 소장)

내시는 즉시 집현전으로 들어가 살펴보고 나온 후에 세종에게 아뢰었다.

"지금 신숙주 혼자 책을 읽고 있사옵니다."

"그래? 그럼 언제까지 책을 읽는지 보고 있다가 짐에게 알리도록 하라."

세종은 집현전 학자들이 얼마나 열심히 공부하는지 알고 싶었던 것이다. 세종의 기대를 아는 듯 집현전의 불은 좀처럼 꺼지지 않았다. 어느덧 긴긴 겨울밤이 지나고 새벽을 알리는 닭의 울음소리가 멀리서 들렸다. 내시가 오기를 기다리던 세종은 직접 집현전으로 나아갔다. 신숙주는 고단해서인지 꾸벅꾸벅 졸고 있었다. 왕은 계속 그를 지켜보았다. 신숙주는 마침내 책상 위에 엎드려 잠이 들었다. 왕은 살며시 문을 열고 안으로 들어갔다. 신숙주는 왕이 들어오는 기척도 느끼지 못한 채 자고 있었다. 왕은 입고 온 초구(貂裘)*를 벗어 신숙주의 몸을 덮어 주고 돌아갔다.

*초구
수달의 가죽으로 만든 두루마기

아침에 잠에서 깨어난 신숙주는 자신에 몸을 덮고 있는 옷을 보고 깜짝 놀랐다. 보통 사람이 입는 옷은 아니었기 때문이었다. 그는 밖으로 나가 내시에게 자초지종을 물었다. 내시는 전날 밤 왕이 다녀갔다는 사실을 알려 주었다. 순간 신숙주는 세종의 온정과 은혜에 감복하여 왕의 침전을 향해 절을 하였다. 그 후 신숙주와 집현전 학자들은 더욱더 학문 연구에 힘썼다고 한다.

나라의 말 훈민정음 창제

세종은 무수히 많은 업적을 남겼지만 가장 대표적인 것이 바로 훈민정음 창제이다. 당시에는 중국의 한자를 빌려서 사용하고 있었는데 너무 어려운 탓에 일반 백성들은 배울 엄두도 내지 못했다. 따라서 한자는 양반들만이 배우는 글자가 되어 갔고 일반 백성이나 천민들은 평생을 까막눈으로 살아야만 했다. 어린 시절부터 책을 가까이 했던 세종은 이를 안타깝게 여겨 백성들이 쉽게 읽고 쓸 수 있는 글자를 만들려는 생각을 갖게 되었다.

그 후 세종은 세자 향(珦：훗날의 문종)이 나랏일에 참여하게 되자 집현전 학자인 최항(崔恒), 신숙주(申叔舟), 성삼문(成三問), 박팽년(朴彭年) 등과 함께 본격적인 한글 연구에 들어갔다. 세종과 집현전 학자들은 밤낮을 가리지 않고 연구한 끝에 세종 25년에 자음 17자와 모음 11자를 만들었는데 자음과 모음을 아울러 쓰면 어떠한 발음이라도 모두 나타낼 수 있었다. 하지만 현재 4자는 사용되지 않고 24자만 쓰이고 있다.

훈민정음은 창제된 지 3년이 지난 세종 28년 9월에 반포되었다. 백성을 사랑하는 세종의 어진 마음은 훈민정음 창제의 동기를 밝힌 「어제문(御製文)」에도 잘 나타나 있다.

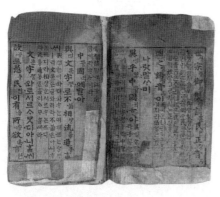

▲ 훈민정음(국보 제70호)
세종 28년(1446년)에 훈민정음 28자를 세상에 반포할 때에 찍어 낸 판각 원본

우리나라의 말은 중국의 말과 달라서 한자를 가지고는 서로 뜻을 통할 수 없다. 이런 까닭에 하고 싶은 말이 있어도 제 뜻을 충분히 담지 못하는 백성들이 많다. 나는 이것을 불쌍히 여겨 새로 스물여덟 글자를 만들어 내놓으니, 모든 사람이 쉽게 배우고 익혀 일생생활에서 편히 쓰기를 바랄 뿐이다.

훈민정음이 창제되자 일반 백성은 물론 부녀자들까지도 글을 읽고 쓸 수 있게 되어 민족 문화의 기반을 더욱 굳건히 하게 되었다.

▲ 월인천강지곡
세종 31년(1449년)에 세종이 석가모니의 공덕을 찬양하여 지은 노래를 실은 책

세종은 책 만드는 일에도 힘을 써 세종 자신이 지은 『월인천강지곡(月印千江之曲)』과 정인지(鄭麟趾)·권제 등이 왕명을 받아 훈민정음으로 지은 최초의 문헌 『용비어천가(龍飛御天歌)』를 비롯하여 『운회언역(韻會諺譯)』·『용비어천가주해(龍飛御天歌註解)』·『훈민정음해례(訓民正音解例)』·『동국정운(東國正韻)』·『사서언해(四書諺解)』·『치평요람(治平要覽)』·『자치통감훈의(資治通鑑訓義)』·『정관정요주(貞觀政要註)』·『역대병요(歷代兵要)』·『고려사』·『고려사절요』·『효행록(孝行錄)』·『삼강행실(三綱行實)』 등 수많은 서적들이 쏟아져 나왔다.

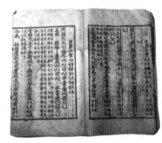

▲ 용비어천가
세종 29년(1447년)에 정인지, 안지, 권제 등이 지은 악장의 하나

세종은 또한 농업, 의약, 음악, 과학 분야에 있

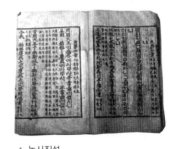

▲ 농사직설
세종 11년(1429년)에 정초 등이 농사에 관한 지식을 모아 엮은 농서

어서도 뛰어난 업적을 남겼다. 먼저 농업 분야에서는 중국의 농서인 『농상집요(農桑輯要)』·『사시찬요(四時纂要)』 등과 우리나라 농서인 『본국경험방(本國經驗方)』 등을 통하여 농업 기술을 권장하였으며, 정초(鄭招)·변효문(卞孝文) 등에게 『농사직설(農事直說)』을 짓게 하여 농업 발전에 이바지했다. 의약 분야에서는 『향약채집월령(鄕藥採集月令)』·『향약집성방 鄕藥集成方』·『의방유취 醫方類聚』 등을 편찬하여 우리나라와 중국의 의약학을 총정리하였다.

음악 분야에서는 관습도감(慣習都監)을 두어 박연 등에게 아악을 정리하고 아악보를 새로 만들게 하여 조회아악(朝會雅樂)·회례아악(會禮雅樂) 및 제례아악(祭禮雅樂) 등을 제정하였다. 박연은 왕산악(王山岳), 우륵(于勒)과 더불어 우리나라의 3대 악성(樂聖)으로 불린다. 세종은 직접 「정대업(定大業)」·「보태평(保太平)」·「발상(發祥)」·「봉래의(鳳來儀)」 등을 직접 작곡하기도 했는데 현재 국립국악원에서 연주되는 여민악(與民樂)은 「봉래의」 일곱 곡 중 한 곡이고, 「정대업」과 「보태평」은 현재 무형문화재 제1호로 지정되어 있다.

과학자 장영실과의 만남

세종이 특히 과학 분야에 눈부신 업적을 많이 남기게 된 것은 장영실이라는 과학자가 있었기에 가능했다고 볼 수 있다. 부산 동래현(東來縣)에서 관기의 아들로 태어난 장영실은 나이가 들자 관례에 따라 동래현의 관노로 들어갔다. 원래 손재주가 좋았던 장영실은 무기를 만들고 고치는 일, 성을 쌓는 일, 농기구를 개량하는 일 등에 뛰어난 솜씨를 보여 마을 사람들을 놀라게 했다.

세종 5년에 평소 장영실을 눈여겨보던 동래 현감은 그를 왕에게 추천하였다. 세종은 장영실의 인물됨을 알아보고 즉시 버슬을 주려 하였으나 여러 대신들이 그의 신분이 천하다는 이유를 들어 반대하였다. 하지만 세종은 뜻을 굽히지 않고 장영실에게 상의원 별좌(尙衣院別座) 버슬을 주어 노비의 신분에서 벗어나게 하였다.

임금의 배려에 감동한 장영실은 과학 연구에 온 힘을 쏟아 세종 6년에 물시계를 완성하여 정5품 행사직(行司直)에 올랐다. 세종 14년에는 중추원사 이천(李蕆)을 도와 천문 관측에 필요한 간의대(簡儀臺)를 만들었으며, 다음 해에 천체 관측 기구인 혼천의(渾天儀)를 완성하였다.

장영실은 세종 16년에 새로운 형태의 물시계인 자격루(自擊漏)를 완성하여 그 공로로 대호군(大護軍)에 오른 후 금속 활자인 경자자(庚子字)의 결함을 보완한 갑인자(甲寅字)의 제작을 감독했다. 자격루는 우리나라 최초의 자동 시계로 12지신을 나타내는 동물의 모형이 시(時)와 경(更)과 점(點)에 따라 자동적으로 종과 북과 징을 쳐서 시보를 알리도록 되어 있었

▲ 혼천의
천체의 운명과 그 위치를 측정하는 천문시계

다. 세종은 자격루를 보고 크게 기뻐하며 경복궁 남쪽에 보루각(報漏閣)을 지어 보관하도록 하였다. 그러나 자격루가 대궐 안에 있어 백성들이 시보 소리를 들을 수 없게 되자 장영실은 해를 이용한 앙부일구(仰釜日晷)를 만들었고, 세종은 이를 종묘 앞에 설치하여 백성들이 시간을 쉽게 알 수 있게 하였다. 따라서 앙부일구는 우리나라 최초의 공중시계(公衆時計)라고 할 수 있다.

세종 19년에는 천체 관측용 기구인 대간의(大簡儀), 소간의(小簡儀)를 제작하였고, 가지고 다닐 수 있는 해시계인 현주일구(懸珠日晷), 낮과 밤의 시간을 재는 일성정시의(日星定時儀), 그림자의 길이로 태양의 높낮이를 측정하는 규표(圭表) 등을 완성했다.

세종 20년에는 자격루와 혼천의의 기능을 동시에 할 수 있는 옥루(玉漏)를 만들었으며, 세종 23년에는 세계 최초로 측우기를 발명하였다. 이것은 1639년 이탈리아의 가스텔리가 발명한 측우기보다 약 200년이나 앞선 것이다.

그밖에도 물의 높낮이를 재는 수표교(手票橋) 등 수많은 발명품들을 내놓은 장영실은 그 공으로 상호군(上護軍)에 올랐지만 한순간에 모든 것을 잃고 말았다. 이듬해에 임금이 탈 가마를 제작했는데 세종이 그 가마를 타고 가다 가마가 부서지는 바람에 부상을 입게 되어 곤장을 맞고 벼슬자리에서 쫓겨났던 것이다.

한편 군사 훈련, 무기 제조, 병서 간행 등에도

▲ 측우기
세종 23년(1441년)에 강수량을 측정하기 위해 만든 세계 최초의 우량계

힘을 쏟은 세종은 왜구가 쳐들어오자 이종무(李從茂)를 시켜 쓰시마 섬(對馬島)을 정벌하게 하였고 육진(六鎭)과 사군(四郡)을 설치하게 하여 변방을 자주 쳐들어오던 여진을 막아냈다.

세종에게 육진을 설치해야 한다고 건의한 사람은 바로 함길도 관찰사로 있던 김종서(金宗瑞)였다. 김종서는 두만강 하류에 종성(鐘城)·온성(穩城)·회령(會寧)·경원(慶源)·경흥(慶興)·부령(富寧)의 육진을 개척하였다. 세종은 이후 압록강 상류에 여연(閭延)·자성(慈城)·무창(茂昌)·우예(虞芮)의 사군을 두어 두만강과 압록강이 국경으로 정해지게 되었다.

김종서의 인물됨을 알아보고 왕에게 추천한 사람은 어질고 청렴하기로 이름 높은 명재상 황희(黃喜)였다. 황희는 태종 때 세자 폐위를 반대하다가 남원으로 귀양을 가기도 했는데 세종이 왕위에 오르자 귀양에서 풀려나 예조 판서에 올랐다. 황희는 세종 13년에 69세의 나이로 영의정이 되어 18년 동안 세종을 도와 좋은 정치를 많이 베풀었다.

아쉬운 문종의 죽음

한평생 백성들을 위해 여러 분야에서 수많은 업적을 남겨 성군으로 떠받들어졌던 세종에게도 고민이 하나 있었다. 자신의 뒤를 이를 세자, 즉 문종(文宗)의 몸이 약하다는 것이었다. 세종에게는 18명이나 되는 아들이 있었다. 그중에서 둘째 수양대군(首陽大君 : 훗날의 세조)은 학문뿐만 아니라 무예도 뛰어났으며 야심이 있는 인물이었다. 때문에 세종은 건강이 좋지 못한 문종이 일찍 죽으면 나이 어린 손자 홍위(弘暐 : 단종)가 왕위 다툼에 휘말려 큰 화를 입지나 않을까 걱정되었다. 죽기 전에 황보인과 김종서 등을 불러 세손을 잘 보살펴 달라고 부탁한 것도 그런 이유에서였다.

1450년 37세의 나이로 왕위에 오른 문종은 어려서부터 학문을 좋아해 학자를 가까이 했으며, 측우기 제작에 직접 참여했을 정도로 천문과 역법, 산술에 뛰어났고 서예에도 능했다. 성품 또한 어질고 자상하여 사람들이 많이 따랐고, 침착하고 신중하여 남에게 비난 받을 만한 일은 하지 않았다. 더군다나 부왕의 배려로 세종 27년부터 본격적으로 나랏일을 보기 시작해 즉위하기 전에 이미 실제 정치의 경험을 쌓을 수 있었다.

문종은 먼저 언로를 더 넓히는 정책을 펼쳐 6품 이상의 신하들에 대해서는 *윤대를 허락해 벼슬이 낮은 신하들의 말도 귀담아들었다. 세자 시절부터 진법을 편찬하는 등 군정에 관심이 많았던 문종은 즉위 초에 군제 개혁안을 마련하여 총 12사로 나누어져 있던 군제를 5사로 모으고, 신기전을 발사하는 화차를 직접 제작하기도 했다. 우리 민족이 고조선 시대부터 고려 말에 이르기까지 중국의 한족(漢族)을 비롯한 외세의 침입에 맞서 싸운 기록을 담은 『동국병감(東國兵鑑)』을 편찬한 것도 이때였다. 『동국병감』은 우

*윤대
돌아가면서 왕을 만나는 것

*동국병감
문종의 명에 따라 편찬하여 선조 때 간행한 것으로 고조선부터 고려 말기까지 우리나라, 중국, 여진 사이에 일어난 30여 차례의 전쟁을 시대순으로 기술한 책

리 민족이 어떻게 국란을 겪었는가 하는 것보다는 어떻게 극복해 왔는가에 초점을 맞추고 있다.

그러나 문종은 갈수록 건강이 악화되어 왕위에 오른 지 2년 3개월 만에 아쉽게도 세상을 떠나고 말았다.

수양대군의 야심과 계유정난

문종이 승하하자 맏아들 단종(端宗)이 12세의 어린 나이에 왕위에 올랐다. 문종도 세종과 마찬가지로 죽기 전에 김종서와 성삼문, 신숙주, 박팽년 등 믿을 만한 신하들을 불러 어린 세자를 잘 보살펴 달라고 당부하였다. 문종 역시 야심 많은 동생 수양대군이 마음에 걸렸던 것이다.

아니나 다를까. 수양대군은 정인지(鄭麟趾)·권람(權擥)·한명회(韓明澮) 등과 결탁하여 왕위를 빼앗으려는 음모를 꾸몄다. 당시 임금은 나이가 어려 나랏일을 제대로 돌볼 수 없었고, 더군다나 어머니와 할머니도 없어 수렴청정을 할 수도 없었다. 때문에 영의정 황보인(皇甫仁), 좌의정 김종서, 우의정 정분(鄭奔) 등이 왕을 도와 조정의 정사를 이끌어 나갔으며 글을 좋아하고 서도에도 뛰어난 안평대군(安平大君)의 집에는 많은 문신들이 출입하고 있었다. 수양대군은 세 정승과 동생인 안평대군이 뜻을 합친다면 자신이 임금의 자리에 오르는 것은 불가능하다는 생각에 미리 싹을 잘라 버리기로 결심했다.

　수양대군은 단종 1년에 사은사(謝恩使)로 명나라에 다녀오자마자 신숙주를 끌어들이는 한편 홍달손(洪達孫)·홍윤성(洪允成)·양정(楊汀) 등 30여 명에 이르는 뛰어난 무인들을 모았다. 그리고는 마침내 10월 10일 밤 한명회 등의 계책에 따라 유숙(柳淑)·양정·어을운(於乙云) 등을 거느리고 김종서의 집을 찾아가 철퇴로 쓰러뜨려 죽였다. 그는 단종에게 "김종서가 역모를 일으켜 죽였으나 일이 갑자기 일어나는 바람에 아뢰지 못했다."고 보고하고는 왕명을 빌어 황보인, 조극관(趙克寬), 이양(李穰) 등 반대 세력에 속하는 중신들을 대궐로 불러들여 죽였다. 이들의 죄명은 김종서 등과 함께 안평대군을 왕위에 앉히려는 역모를 꾀했다는 것이었다. 이어 정분과 조극관의 동생 조수량(趙遂良) 등은 귀양을 보낸 뒤에 죽이고, 안평대군은 강화도로 귀양 보냈다가 교동(喬桐)으로 옮긴 뒤에 스스로 목숨을 끊도록 했다. 이 사건을 계유년인 1453년에 일어났다고 하여 계유정난(癸酉靖難)이라 부른다.

　이로써 정권을 장악한 수양대군은 영의정부사·*영경연서운관사(領經筵書雲觀事) 겸 *판이병조사(判吏兵曹事)가 되어 문신과 무신에 대한 인사권을 장악하였고, 새로이 내외병마도통사(內外兵馬都統使)를 설치하고 그 자리에 올라 군사권마저 손에 넣었다. 일이 이렇게 되자 단종은 거사에 참가한 43명(수양대군 포함)을 정난공신(靖難功臣)으로 인정하여 공신의 칭호를 내려 주

*영경연서운관사
임금과 자주 만나 글을 가르치며 토론하는 경연관의 우두머리

*판이병조사
이조와 병조의 판서

었고, 수양대군은 정인지(鄭麟趾)를 좌의정, 한확(韓確)을 우의정
으로 삼는 등 정난공신들을 주요 자리에 앉혀 권력의 기반을 튼
튼히 했다.

계유정난은 성삼문(成三問)·박팽년(朴彭年)·하위지(河緯之)
등 집현전 학사들이 김종서·황보인 등의 권력이 지나치게 커지
는 것을 견제하려는 분위기가 형성되어 성공할 수 있었다. 당시
집현전 학자들은 다수의 유학자가 참여하고 공론을 실현하는 신
하 중심의 정치 운영을 이상으로 여겼으므로 재상 중심의 정치 운
영에 불만을 느꼈고, 수양대군이 정적을 없애는 일에 동참할 수
있었던 것이다. 그러나 수양대군이 권력을 손에 쥐고 흔들자 이들
은 수양대군에 협력하는 사람들과 반대하는 사람들로 나뉘게 되
었다.

한편 단종은 숙부인 수양대군의 위세에 눌려 두려움에 떨며 지
내다 마침내 1455년 6월에 왕위를 넘겨주었다. 이리하여 수양대
군이 꿈에 그리던 왕위에 올라 나라를 다스리게 되었으니 그가 바
로 세조(世祖)다.

단종 복위 운동

세조는 단종에게 왕위를 넘겨받는 형식으로 임금의 자리에 올

랐지만 실은 빼앗은 것이나 마찬가지였다. 더군다나 세조는 집현전 출신 관료들의 생각과는 달리 왕권 강화를 통해 국왕이 중심이 되는 정치를 펼치려 했다. 집현전 출신의 관료들은 신하 중심의 정치를 펼쳐야 한다고 주장했지만 세조는 듣지 않았다.

이에 불만을 품은 성삼문·박팽년·하위지·이개·유성원·유응부 등은 세조를 몰아내고 상왕이 되어 수강궁(壽康宮)에 머무르고 있는 단종을 복위(復位)시키려 하였다. 특히 성삼문은 세조가 반 강제로 임금의 자리에 오르자 몹시 안타까워하며 다음과 같은 시를 짓기도 하였다.

수양산을 바라보며 백이와 숙제를 한탄하노라.
굶주려 죽을지언정 고사리를 캐어 먹어서야 되겠는가?
비록 산과 들에 절로 나는 것들이라 하지만 그 누구의 땅에서 난
것인가?

이 시조는 차라리 죽을지언정 두 임금은 섬길 수 없다는 굳은 의지를 표현한 것이라 할 수 있다.

성삼문은 성균관 사성 유성원, 집현전 직제학 이개 등과 함께 박팽년의 사랑방에 모여 거사 계획을 의논하였다.

"명나라 사신이 온다고 하니 그때를 이용하면 어떻겠소?"

성삼문이 먼저 입을 열었다. 세조가 즉위한 지 1년 만에 명나라로부터 왕과 왕비의 책봉을 승인하는 고명(誥命)이 오기로 되어 있

었던 것이다. 이 고명을 받아야만 임금으로서의 권위를 세울 수 있었다.

성삼문의 제안에 모두들 찬성했고 세부적인 계획을 잡아 나갔다. 성삼문은 자신의 아버지 성승(成勝)과 중추원동지사(中樞院同知事) 유응부(俞應孚)가 *별운검(別雲劍)으로 임명되었음을 알리며 말했다.

*별운검
두 사람의 무관이 큰 칼을 차고 임금의 좌우에 서서 호위하는 벼슬

"이 두 분께서 수양과 그 아들의 목을 쳐서 없앨 것입니다."

하지만 세조와 그 아들만 죽인다고 해서 거사가 성공했다고 볼 수는 없었다. 주요 자리는 세조의 측근이 모두 차지하고 있었기 때문이었다. 그들을 모두 쳐내야 단종을 복위시킬 수 있었다. 따라서 성삼문 등은 비밀리에 단종 복위에 동조하는 사람들을 모았는데 예조참판 하위지, 박팽년의 아버지 박중림(朴仲林), 단종의 외삼촌 권자신(權自愼), 단종의 이모부 윤영손(尹鈴孫), 성균관 사예 김질(金礩) 등이 뜻을 함께하기로 했다.

마침내 거사일인 6월 2일의 아침이 밝아 왔다. 명나라 칙사들이 수강궁 광연전(廣延殿)에 도착했고, 상왕 단종과 태조를 비롯한 종친과 대신들도 모였다. 이때 한명회는 무슨 생각이 들었는지 세조에게 아뢰었다.

"전하, 오늘 날씨가 좋지

▲ 성삼문의 글씨

않아 무슨 일이 생기지나 않을까 염려되옵니다. 왕세자 마마는 경복궁에 계시도록 하여 만약의 사태에 대비하고 별운검도 세우지 않는 것이 좋겠나이다."

한명회는 평소부터 성승과 유응부를 달갑지 않게 여겼던 것이다. 세조는 한명회의 말을 따라 세자를 경복궁에 남게 하고 별운검도 세우지 않았다. 연회 장소에 들어와서야 이 일을 알게 된 성삼문 일행은 당황하고 말았다. 이때 성승과 유응부는 운검이 폐지되었음을 알리는 한명회의 목을 치고 계획대로 세조를 죽이려고 했지만 성삼문은 극구 만류했다. 경복궁에 있는 세자가 많은 군사들을 몰고 올 것을 염려했던 것이다. 이로 인해 거사일은 미루어지게 되었는데, 원래부터 겁이 많았던 김질은 혹시 들켜서 목숨을 잃게 되지는 않을까 하는 두려움에 장인인 우찬성 정창손(鄭昌孫)에게 달려가 이 같은 사실을 고해 바쳤다. 정창손은 곧바로 한명회를 찾아갔고, 한명회는 다시 세조에게 알려 그 진상이 드러나게 되었다.

세조는 성삼문 등을 잡아들이고 직접 심문에 나섰다. 참기 어려운 모진 고문이 가해졌지만 이들은 끝내 굴복하지 않았다. 성삼문은 세조를 '나으리' 라 부르며 충신은 두 임금을 섬기지 않는 법이라고 당당하게 말했다. 박팽년 또한 세조를 임금으로 인정하지 않았다. 그는 충청감사로 있을 때부터 *장계(狀啓)를 올릴 때 단 한번도 '신(臣)' 자를 쓴 적이 없었다고 한다. 그 대신 '거(巨)' 자를 썼다고 한다. 한편 단종이 세자였을 때부터 가르쳤던 유성원은 거

*장계
지방에 나가 있는 신하가 중요한 일을 왕에게 보고하던 일 또는 문서

사가 실패했다는 소식을 듣고 스스로 목숨을 끊었다.

사람들은 이들은 높은 뜻을 기려 사육신(死六臣)이라고 하였다. 남효온(南孝溫)의 『육신전(六臣傳)』과 역사적인 사실을 각 왕별로 기록한 『조선왕조실록(朝鮮王朝實錄)』은 사육신에 대해 다르게 적고 있다. 『육신전』은 성삼문·박팽년·하위지·이개·유성원·유응부를 사육신으로 내세운 반면 『조선왕조실록』에는 성삼문·박팽년·하위지·이개·유성원·김문기 등 여섯 사람을 주모자로 기록하고 있는 것이다. 삼군도진무 김문기(金文起)는 거사 당시에 군사를 동원하는 임무를 맡은 것으로 되어 있다.

세조는 이들의 가족은 물론 자신에게 반대하는 사람들을 모두 처벌하였고, 단종도 노산군(魯山君)으로 강등시킨 후에 강원도 영월(寧越)로 귀양을 보냈다. 세조는 단종 3년에 역모를 꾀했다는 혐의로 삭녕(朔寧)에 유배되었다가 광주(廣州)로 옮겨진 친동생 금성대군(錦城大君) 역시 단종 복위 운동에 관여했다는 이유로 경상도 순흥(順興)으로 유배지를 옮기도록 했다. 금성대군은 이곳에서 부사 이보흠(李甫欽)과 함께 고을 군사와 향리를 모으고 의병을 일으켜 단종을 복위시키는 계획을 세웠지만 관노가 일러바치는 바람에 실패하고 말았다. 이에 정인지, 신숙주 등은 역모의 불씨를 안고 있는 금성대군과 노산군을 죽이라고 청하여 두 사람은 결국 사약을 받게 되었다.

* 조선왕조실록
(국보 제151호)
조선 태조에서 철종 때까지 25대 472년 동안의 역사적 사실을 쓴 사서

굳은 절개의 선비들

세조가 왕위에 오르자 뜻있는 선비들은 벼슬을 그만두거나 벼슬길에 나오지 않고 한평생 시골에 묻혀 살았다. 이들 중에서 특히 대표적인 여섯 사람을 사육신과 대비시켜 생육신(生六臣)이라 부른다. 생육신은 주로 김시습(金時習)·원호(元昊)·이맹전(李孟專)·조려(趙旅)·성담수(成聃壽)·남효온(南孝溫) 등을 일컫는데 남효온 대신 권절(權節)을 꼽기도 한다.

김시습은 21세 때 수양대군이 왕위를 빼앗았다는 소식을 듣고 3일간 대성통곡을 한 끝에 보던 책들을 모두 불사르고 스스로 머리를 깎은 후 승려가 되어 전국 각지를 돌아다녔다. 그는 세조가 백성들에게 본보기를 보이기 위해 갈기갈기 찢어 거리에 버려둔 사육신의 시신을 목숨을 걸고 거두어 임시로 매장했다고 한다.

김시습이 지은 『금오신화(金鰲新話)』는 우리나라 최초의 소설로 인정되고 있는데 아쉽게도 현재 「만복사저포기(萬福寺樗蒲記)」·「이생규장전(李生窺牆傳)」·「취유부벽정기(醉遊浮碧亭記)」·「남염부주지(南炎浮洲志)」·「용궁부연록(龍宮赴宴錄)」 등 5편만이 전해지고 있다. 이밖에도 그는 『유금오록(遊金鰲錄)』『매월당집(梅月堂集)』『탕유관동록(宕遊關東錄)』『탕유호남록(宕遊湖南錄)』 등의 저서에 수많은 시편을 남겼다.

▲ 김시습
조선 전기 학자. 생육신의 한 사람이며 유·불 정신 사상과 탁월한 문장으로 일세를 풍미하였다.

문종 때 집현전 직제학을 지낸 원호는 수양대군이 정권을 잡자 병을 핑계로 벼슬을 버리고 고향인 원주로 내려가 세상을 등졌다. 그는 세조 3년에 단종이 영월로 쫓겨나자 영월 서쪽에 집을 짓고 관란재(觀瀾齋)라는 이름을 붙인 다음 강가에 나가 시를 읊기도 하고 집에서 글을 짓기도 하면서 아침저녁으로 단종이 있는 쪽을 바라보며 눈물을 흘렸다.

　　원호는 단종이 죽은 후 상복을 지어 입고 삼년상을 지냈고 삼년상을 마친 뒤에는 다시 원주로 돌아와 문 밖을 나가지 않았다. 그는 앉을 때 반드시 동쪽을 향해 앉고 누울 때는 반드시 동쪽으로 머리를 두었다. 단종의 장릉(莊陵)이 자기 집 동쪽에 있었기 때문이었다.

　　그는 조카인 판서 원효연(元孝然)이 하인들을 물리치고 혼자 찾아와서 뵙기를 청했으나 끝내 거절하였고 세조가 호조참의의 벼슬을 내리고 불러도 응하지 않았다. 그의 마음속에는 오직 단종만이 있을 뿐이었다.

　　이맹전은 세종 9년에 친시문과(親試文科)에 급제한 후 거창현감(居昌縣監)이 되어 고을 백성들을 위해 선정을 베풀고 수양이 단종을 쫓아냈다는 소식을 들었다. 그는 즉시 벼슬을 내던지고 고향 선산으로 돌아가 문을 굳게 닫은 채 외부 사람을 만나지 않았고 문밖출입도 하지 않았다. 혹 누가 찾아오기라도 하면 눈이 멀었다며 쳐다보지도 않았다.

　　이후 조정에서는 여러 차례에 걸쳐 이맹전을 불렀으나 응하지 않았을 뿐만 아니라 대궐 쪽을 향해서는 앉지도 않았다. 세상의 모든 사람들과는 인연을 끊은 그였지만 오직 김숙자(金叔滋)만은 서로 뜻이 통해 가까이 지냈다. 그러나 말년에는 김숙자와도 만나지 않고 김숙자의 아들 김종직(金宗直)만 만나 세상 이야기를 나누었다. 이맹전은 김종직에게 "이제 젊은 사람들이 나라를 바로잡아야 한다. 야은(冶隱 : 길재) 선생에게서 배운 학문을 널리 펼쳐라."고 말했다. 자신은 비록 두 임금을 섬길 수 없어 선산 금오산(金鳥山) 아래 묻혀 살지만 젊은 후학들은 세상에 나가 백성들을 위한 좋은 정치, 올바른 정치를 해주길 바랐던 것이다.

조려는 단종 1년에 성균관 진사가 되었으나 단종이 세조에게 왕위를 물려주었다는 소식을 듣고 대성통곡하며 아끼던 책을 모두 불살라 버리고 고향 함안(咸安)으로 내려갔다. 이후 그는 깊은 산속에 집을 짓고 살면서 사람들과의 접촉을 끊고 시냇가에서 낚시질하며 지냈고, 스스로 어계(漁溪)라는 호를 붙였다. 후세 사람들은 그가 살던 곳을 백이산(伯夷山)이라고 불렀다.

조려는 단종이 영월에 있을 때 500여 리나 되는 먼 거리를 찾아가 청량포(淸涼浦) 앞에서 단종이 있는 곳을 향해 사배를 올리곤 하였다. 그 무렵 단종을 찾는 충신들의 왕래를 막기 위해 뱃길을 막아버려 건널 수 없었기 때문이었다. 잠은 근처에 있는 원관의 집에서 잤는데 두 사람은 매일 아침저녁으로 단종이 있는 곳을 향해 절을 하며 만수무강을 빌곤 하였다. 조려는 이처럼 수차례 함안과 영월을 왔다 갔다 하면서 단종의 안위를 걱정하였다.

조려는 세조 3년 1월 10일에 단종이 세상을 떠났다는 소식을 듣고 정신없이 영월로 달려갔다. 그가 밤낮을 가리지 않고 걸음을 재촉하여 청량포에 이른 것은 새벽 무렵이었다. 그러나 배가 없어 강을 건널 수 없었다. 그는 하늘을 우러러보며 하염없이 눈물을 흘리다 옷을 모두 벗었다. 배가 없으니 헤엄을 쳐서라도 건널 생각이었던 것이다. 그는 벗은 옷을 묶어 머리 위에 올려놓고 물에 들어갔다. 이때 무엇인가가 뒤에서 잡아당기는 것이 느껴졌다. 뒤를 돌아보니 커다란 호랑이가 앉아 있었다. 깜짝 놀란 조려는 두려움을 누르고 호랑이를 향해 말하였다.

"나는 승하하신 임금님의 용안이라도 뵐까 하여 천릿길을 달려왔다. 이 강을 건너야 임금님을 뵙고 시신을 거둘 수 있지만 보다시피 배가 없어 건너지 못하고 있다. 강을 건너지 못할 바에는 차라리 물에 빠져 죽는 것이 낫거늘 어찌하여 나를 잡아당기느냐?"

조려의 말을 들은 호랑이는 무슨 뜻인지 알아들었는지 그의 앞으로 다가와 엎드리더니 올라타라는 시늉을 하였다. 하늘이 자신의 정성을 갸륵하게 여겨 돕는 것이라고 생각한 조려는 성큼 호랑이 등에 올라탔다. 호랑이는 단숨에 강을 건너 조려를 내려놓고 어디론가 사라졌다.

조려는 부랴부랴 걸음을 옮겨 단종이 있는 곳으로 갔다. 겨우 두 사람만이 단종의 시신을 지키고 있을 뿐 빈소는 쓸쓸하기 그지없었다. 한참 동안 통곡을 하던 조려는 정신을 차리고 사배를 올린 다음 명복을 빌었다.

조려가 밖으로 나와 강가에 이르렀을 때 아까 그 호랑이가 나타났다. 호랑이는 슬픔에 잠긴 조려를 등에 업고 다시 강을 건넜다.

한편 당시 세조의 서슬이 시퍼래 아무도 단종의 시신을 거두려하지 않자 영월의 호장(戶長:아전)이었던 엄흥도(嚴興道)가 아들 삼형제와 함께 죽음을 무릅쓰고 밤중에 몰래 단종의 시신을 자신의 선산인 동을지산(冬乙旨山:지금의 장릉)에 모셨다고 한다.

성담수는 성희(成熺)의 아들로 성삼문과는 사촌 형제간이다. 성희는 성삼문에 연좌되어 무서운 국문을 받은 후에 김해(金海)로 귀양 갔다가 3년 만에 풀려나서 공주(公州)로 돌아왔지만 결국 화병으로 죽었다. 이 일에 충격을 받은 성담수는 벼슬을 단념하고 파주(坡州) 문두리(文斗里)에 있는 아버지 무덤 밑에 숨어 살았다.

천성이 조용하고 욕심이 없었던 그는 높은 가문의 자제이면서도 티를 내지 않아 고을 사람들은 평범한 농부로 알 정도였다. 경기 관찰사로 임명된 조카 성몽정(成夢井)이 그 고을을 순시할 때 성담수를 만나 보려 하였지만 고을 사람들은 그가 있는 곳을 알지 못했다. 수소문 끝에 겨우 찾아간 성담수의 집은 다 쓰러져 가는 초가에 앉을 자리도 없었다. 성몽정이 탄식하고 돌아와 돗자리 몇 장을 보냈지만 성담수를 받지 않고 돌려보냈다 한다.

당시 나라에서는 단종 복위와 관련된 죄인의 자제에게는 참봉 벼슬을 내려 그들의 거취를 살폈는데, 모두가 고개를 숙이고 시키는 대로 하였지만 성담수만은 끝내 벼슬하지 않고 시와 낚시질로 소일하였다.

남효온은 김종직에게 글을 배웠는데 김종직이 항상 '우리 추강'이라고 했을 만큼 존경했다고 한다. 성종 때 *소릉의 복구를 청하였으나 받아들여지지 않자 벼슬을 단념한 그는 주위 사람들의 만류에도 불구하고 『육신전』을 지어 사육신의 이름을 세상에 널리 알렸다.

*소릉
문종의비,
현덕왕후의능호

권절은 세종 29년에 친시문과에 급제하여 사복시(司僕寺) 직장(直長)을 거쳐 집현전 교리(校理)를 지냈다. 수양은 권절이 문무(文武)를 두루 갖춘 뛰어난 인재임을 알고 여러 번 찾아가 단종을 폐할 뜻을 밝히고 함께 일할 것을 권유했지만 권절은 그때마다 귀머거리 행세를 하며 듣지 않았다. 수양이 왕위에 오른 후에도 수차례 사람을 보내 설득했지만 이번에는 미친 사람 흉내를 내며 벼슬에 나가지 않다가 아예 몸을 감추어 버렸다.

이들 외에도 세조의 찬탈에 반대하여 세상을 등진 선비들은 무수히 많다. 조상치 또한 세조가 왕위에 오르자 병을 핑계로 사직을 청하는 상소를 올렸다. 세조는 그의 뜻을 가상히 여겨 예조참판의 벼슬을 내렸지만 조상치는 끝내 받지 않았다. 그는 다리가 아프다는 핑계로 입궐하여 인사하지 않고 곧바로 영천(永川)으로 내려갔다. 그는 평생 서쪽을 향해 앉는 일이 없었으며, 단종이 세상을 떠나자 밤마다 홀로 앉아 잠도 자지 않고 슬피 울었다고 한다.

조상치는 죽기 전에 다듬지 않은 돌을 구해 '노산조 부제학 포인 조상치지묘(魯山朝 副提學 逋人 曹尙治之墓)'라고 새긴 후 무덤 앞에 세워 달라는 유언을 남겼다. 노산조라는 말은 세조의 신하가 아니라는 것을 뜻하고 포인이란 망명하여 도망친 신하라는 뜻이니 죽어서까지도 세조를 인정하지 않겠다든 의미임을 알 수 있다.

이시애의 난

칠삭둥이로 잘 알려진 한명회는 경덕궁 궁지기를 하다 권람(權擥)의 주천으로 수양대군의 참모가 되었다. 그는 계유정난을 주도하며 살생부를 작성하기도 했는데 사육신의 단종 복위 운동을 좌절시켜 마침내 영의정의 자리에까지 올라 부와 명예를 누렸다.

하지만 그런 한명회에게도 크나큰 위기가 있었다. 바로 *이시애(李施愛)의 난이었다. 세조 13년에 길주(吉州) 출신의 호족 이시애가 아우 이시합(李施合), 매부 이명효(李明孝) 등과 모의하여 난을 일으키면서 "절도사 강효문(康孝文)과 길주목사 설징신(薛澄新) 등이 반란을 일으켰나이다. 그들의 목을 베어 죽임으로써 위급한 사태는 넘겼지만 한명회, 신숙주 등이 내응하기로 되어 있다 합니다."는 장계를 올렸던 것이다.

장계를 읽은 세조는 고민 끝에 무예별감에게 명하여 신숙주와 한명회를 궐내 인지당(麟趾堂)에 가두었다. 그러나 다행히 열흘 후에 이시애가 올린 장계의 내용이 사실이 아니라는 것이 밝혀져 두 사람은 가까스로 풀려나올 수 있었다.

*이시애의 난
세조 13년에 길주의 토호 이시애가 북도의 수령을 남도 사람으로 임명하는 것에 불만을 품고 일으킨 난

회령부사(會寧府使)로 있던 이시애는 어머니 상을 당하여 고향인 길주에 내려가 머무르게 되었다. 그 무렵 세조는 중앙집권 강화 정책의 일환으로 북도 출신의 수령을 점차 줄이고 서울에서 직접 관리를 파견하였으며, 호패법(號牌法)을 더욱 강력히 시행하여 호족과 도민들의 불만을 샀다. 그러자 이시애는 불만에 찬 북도의 호족과 도민을 끌어 모아 조직화하고 헛소문을 퍼트려 민심을 흔들어놓았다.

"하삼도(下三道 : 충청 전라 경상도) 군병이 함길도(咸吉道 : 함경도)를 쳐들어오고 있다."

"충청도 군병들이 배를 타고 이미 후라도(厚羅島)에 들어와 있다."

"황해도 병사들이 설한령(薛罕嶺, 雪寒嶺)을 넘어 들어와 우리를 모두 죽이려 한다."

등등의 유언비어가 함길도 일대에 급속히 퍼졌다. 함길도 관찰사 오응(吳凝)은 근거 없는 소문이 걷잡을 수 없이 퍼져 나가자 절도사 강효문을 보내 민심을 수습하려 했다. 이때 이시애와 이시합은 강효문이 온다는 소식을 듣고 만반의 준비를 갖추고 있었다. 관기로 있는 이시합의 첩의 딸을 이용하여 강효문에게 잔뜩 술을 먹이고 잠든 틈을 타서 목을 베기로 한 것이다.

그들의 예상대로 길주목사 설징신은 강효문을 반갑게 맞이하여 밤늦게까지 주연을 베풀었다. 그리고 어느덧 밤이 깊어 술이 거나하게 취한 두 사람은 관기 한 명씩 품에 안고 침실로 들어갔는데,

사전에 계획한 대로 이시합의 첩의 딸이 강효문의 수청을 들게 되었다. 그녀는 강효문이 깊이 잠들자 신호를 보내며 잠긴 문을 모두 열었다. 그 순간 밖에서 대기하고 이시합의 부하 50명이 달려들어 강효문과 설징신 등을 죽였다.

다음 날 이시애는 거짓 장계를 올려 시간을 버는 한편 유언비어에 속아 날뛰는 군중들을 끌어들여 함길도 일대는 자기들이 다스려야 한다고 반란을 일으켰다. 그러자 여러 고을에서 수령을 살해하고 반란군에게 호응하는 일이 일어났다.

이에 세조는 즉시 토벌군을 편성하라는 지시를 내려 도총사에 구성군(龜成君) 이준(李浚), 부총사에 조석문(曹錫文)을 임명하고 강순(康純), 어유소(魚有沼), 남이(南怡) 등을 대장으로 삼아 반란군을 토벌하게 하였다. 그 전에 조정에서는 최윤손(崔允孫)을 함길도로 내려 보내 반란군을 회유하고 민심을 안정시키도록 했는데, 최윤손이 반란군의 편이 되어 조정의 현황을 알려주는 사태가 벌어졌다. 이후 자신을 얻은 이시애는 병력을 동원하여 며칠 만에 함흥 이북의 땅을 손에 넣었다.

그사이 이준이 이끄는 군사들이 진격해 와 본격적인 싸움이 시작되었다. 적은 숫자에도 불구하고 반란군의 기세는 대단하여 토벌군은 *일진일퇴(一進一退)를 거듭하였다. 그러나 함길도에 거주하던 왕실의 먼 친척이나 공신들이 반란군에 대한 정보를 알려오자 상황은 점차 토벌군에게 유리해졌다. 토벌군은 8월에 들어서면서부터 곳곳에서 반란군을 물리치기 시작했는데 토벌군의 기세에

*일진일퇴
한 번 앞으로 나아갔다 한 번 뒤로 물러섰다 함

눌린 반란군은 계속 물러설 수밖에 없었다. 결국 내부의 분열이 일어나고 말았다.

이시애의 처조카 허유례(許有禮)는 이시애 밑에서 길주권임(吉州權任)으로 있던 아버지의 마음을 돌리기 위해 거짓으로 항복하는 척하여 운위원(雲委院)으로 들어갔다. 그는 아버지에게 역모임을 설명하여 동의를 얻은 후 반란군의 장수인 이주(李珠)·이운로(李雲露)·황생(晃生) 등을 설득하여 이시애와 이시합 등을 사로잡았다. 이시애 형제는 곧바로 토벌군에게 넘겨져 참형을 당했다. 이로써 약 4개월 동안 계속된 난은 끝이 났다.

사화의 불씨

세조는 왕권을 확립하는 한편 *간경도감(刊經都監)을 설치해 여러 불경을 우리말로 번역하고, 『경국대전(經國大典)』의 편찬을 지시하는 등 재위 기간 동안 많은 일을 했지만 자신이 저지른 악업 때문인지 말년에 문둥병에 걸려 고생하다 쓸쓸히 세상을 떠났다.

세조는 맏아들인 의경세자(懿敬世子)를 먼저 보냈는데, 그때 세자의 나이 19세였다. 그리고 세조의 뒤를 이은 둘째 아들 예종(睿宗)마저 왕위에 오른 지 1년 2개월 만에 19세의 나이에 숨을 거두었다. 당시 사람들은 이 일을 두고 단종을 죽인 벌을 받은 것이라

*간경도감
조선 시대 불경의 번역 및 간행을 맡아보던 임시 관아

*『경국대전』
조선 초부터 시행되어진 법을 모두 정리한 법전

고 수군거렸다.

예종의 뒤를 이은 성종(成宗)은 훗날 덕종(德宗)으로 *추존(追尊)된 의경세자의 둘째 아들이다. 몸이 약한 형 월산군(月山君)을 대신하여 왕위에 올랐는데 나이가 13세에 불과해 그 뒤 7년간 왕의 할머니인 정희대비(貞熹大妃)가 수렴청정을 했다.

성종이 본격적으로 나랏일을 보기 시작한 것은 20세 때부터였다. 어려서부터 영특하고 학문을 즐겼던 성종은 백성들의 원망과 고통을 생각하여 형벌을 가볍게 하고 인재를 널리 등용하였다. 세조 때의 공신을 중심으로 하는 훈구 세력을 견제하기 위해 김종직(金宗直)을 따르는 신진 사림들을 많이 등용하여 두 세력의 균형을 조절해 왕권을 안정시켰고, 세조 때 폐지되었던 집현전을 홍문관(弘文館)이라는 이름으로 다시 부활시켰다.

성종은 또한 군신들에게 명하여 『동국여지승람(東國輿地勝覽)』 『동국통감(東國通鑑)』 『삼국사절요(三國史節要)』 『동문선(東文選)』 『오례의(五禮儀)』 『악학궤범(樂學軌範)』 등 각종 서적을 편찬하였다. 할아버지인 세조 때부터 편찬해 오던 『경국대전』을 완성한 것도 이때였다.

한편 국방을 튼튼히 하는 데에도 힘써 성종 10년에 좌의정 윤필상(尹弼商)을 도원수로 삼아 압록강 건너에 있는 건주(建州) 여진과 야인(野人) 여진의 본거지를 정벌하였다. 성종 22년에는 함길도관찰사 허종(許悰)을 도원수로 삼아 두만강 건너에 있는 *우디거족(兀良哈族)의 부락들을 모두 정벌하여 조선을 세울 때부터 자주

*추존
왕위에 오르지 못하고 죽은 이에게 임금의 칭호를 주던 일

*우디거족
가장 큰 여진족 중 하나.

쳐들어 왔던 여진족들을 물
리쳤다.

이렇듯 성종은 여러 가지
치적을 이루었지만 주색을
지나치게 좋아하여 훗날 아
들 연산군(燕山君)이 사화를
일으키는 원인을 제공하기
도 하였다.

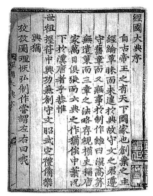

▲ 경국대전 (국립중앙박물관)
조선시대 법령을 종합한 기본법전

성종 4년에 숙의(淑儀)로 봉해진 후 3년 만에 왕비로 책봉된 윤
씨는 한때 성종의 사랑을 독차지 했었다. 성종은 왕비 윤씨의 몸에
서 원자(연산군)가 태어나자 매우 기뻐하며 윤씨를 더욱 아꼈지만
워낙 술과 여자를 좋아하여 후궁들과 밤을 보내는 일이 많았다.

그러던 어느 날 왕은 원자를 보러 내전에 들렀는데 왕비 윤씨의
질투심 때문에 크게 다투었다. 윤씨가 원자를 감추고 어젯밤엔 누
구의 처소에서 잤느냐고 따졌던 것이다. 모처럼 원자를 보러 내전
에 들었던 성종은 윤씨의 행동을 몹시 불쾌하게 여겼고 원자를 다
른 사람에게 맡겨 기르게 하였다.

이후 성종은 아들을 가까이 하지 못하는 윤씨의 처지를 가엾이
여겨 내전에 들렀는데 우연히 윤씨가 감추어 둔 비상을 발견했다.
크게 놀란 성종은 윤씨에게 물었다.

"이건 비상이 아니오?"

"예, 맞습니다. 신첩이 죽으려고 감추어 두었습니다."

"어허, 이런. 한 나라의 어머니가 비상을 감추어 두다니 있을 수 없는 일이오!"

"제 자식도 마음대로 보지 못하는 신세입니다. 후궁들이 저를 모함하여 내쫓으려 하고 있는데 원자는 왜 돌려주시지 않는 것입니까?"

윤씨는 원자를 빼앗긴 초조함과 후궁들에 대한 질투심에 눈이 멀어 음식상을 뒤엎었고 성종의 얼굴과 옷에 음식물이 튀었다. 뿐만 아니었다. 윤씨는 원자를 되찾으려고 일부러 상한 젖을 보냈다. 원자가 아프면 자신에게 보낼 거라고 믿었던 것이다. 이 사실을 알게 된 성종은 윤씨를 찾아가 단속을 엄격히 하여 일체의 출입을 금지시키겠다고 말했다. 그러자 윤씨는 차라리 죽여 달라며 성종에게 대들었고, 마침내 성종의 얼굴에 손톱자국을 내고 말았다. 결코 일어나서는 안 되는 일이 일어난 것이다.

성종은 머리끝까지 화가 치밀어 자리를 박차고 나왔다. 하지만 성종의 어머니 인수대비(仁粹大妃)의 노여움은 그보다 더 컸다. 인수대비는 즉시 여러 중신들과 상의한 끝에 중전을 폐위시키고 친정으로 내쫓는다는 교지를 내렸다.

그 후 3년이 지나 왕자 연산군을 세자에 책봉해야 한다는 논의가 있자 조정 대신들 간에 왕위를 이을 세자의 어머니를 사가에 방치해서는 안 된다는 동정론이 일었다. 그러나 이것은 오히려 윤씨의 죽음을 재촉하는 결과를 낳았다. 폐비 윤씨의 동정론에 위기를 느낀 인수대비가 후궁들과 모의하여 친정으로 쫓겨난 윤씨가 전혀 반성의 빛을 보이지 않는다고 왕에게 고해바친 것이다. 성종은 크게 화를 내며 윤씨에게 사약을 내리도록 명하였다.

윤씨는 좌승지 이세좌(李世座)가 왕명을 받들고 나타나자 처음엔 자신을 다시 왕비로 복위시키기 위해 온 것인 줄 알고 기뻐했다. 하지만 이세좌가 들고 온 것은 사약이었다. 순간 윤씨는 모든 것을 체념한 채 임금에게 하직 인사를 올리고 사약을 들이켰다.

피를 토하고 쓰러진 윤씨는 간신히 몸을 일으키고는 옷소매를 찢어 어머니 신씨에게 건네주었다.

"이 옷소매를 간직하였다가 원자가 용상에 오르거든 반드시 전해 주세요. 제가 당한 원통한 사연을 알려 주시고 원수를 갚아 달라고 하세요."

이것이 폐비 윤씨가 남긴 유언이었다.

꼬리를 물고 이어지는 사건들

무오사화

성종의 뒤를 이은 연산군은 폭군으로 이름 높지만 재위 초에는 국방에도 힘을 쓰는 등 나라를 다스리기 위해 애썼다고 한다. 그 무렵 훈구파와 사림파가 대립하는 사건이 벌어졌다. 성종 때부터 벼슬길에 오른 *사림파들은 세력이 커지자 *훈구파의 잘못된 행동

*사림파
조선 초기 자연과 벗삼아 유학 연구에 힘쓰던 문인들의 한파

*훈구파
조선 초기 각종 정변에서 공을 세워 높은 벼슬을 해 오던 관료층

을 알리며 꾸짖었다. 훈구파는 사림파를 야생귀족(野生貴族)으로 보고 사림파가 붕당을 만들어 정치를 어지럽힌다고 비난했던 것이다.

이러한 상황에서 훈구파의 유자광(柳子光)과 이극돈(李克墩)은 각각 사림파의 중심인물인 김종직과 김일손(金馹孫)에게 원한에 가까운 감정을 지니고 있었다. 유자광이 일찍이 함양에 놀러갔다가 지은 시를 군수에게 부탁해 현판(懸板)을 만들어 달게 했는데 함양군수로 부임한 김종직이 떼어내고 불태운 일이 있었던 것이다. 또한 김종직의 제자 김일손은 성종 때 춘추관(春秋館)의 사관(史官)으로 있으면서 훈구파 이극돈이 전라감사로 있을 때 국상이 났는데도 향을 올리지 않고 기생들과 놀았다는 사실을 사초(史草: 사기(史記)의 초고(草稿))에 기록하였다. 이 때문에 유자광과 이극돈은 김종직 일파를 증오하여 함께 보복하기로 마음을 모았던 것이다.

* 『성종실록』
연산군 때 신승선 등이 편찬한 성종 재위 25년간의 실록

* 무오사화
연산군 4년. 유자광 중심의 훈구파가 김종직을 중심으로 한 사림파에 대해서 일으킨 첫 번째 사화이다. 〈조의제문〉을 트집 잡아 죽은 김종직의 관을 파헤쳐 그의 목을 베고, 김일손을 비롯한 많은 선비들을 죽이거나 귀양 보낸 사건

연산군 4년(1498년) 전례에 따라 실록청이 개설되어 『성종실록(成宗實錄)』의 편찬이 시작되었는데 실록의 사초는 김일손이 쓰게 되었다. 이때 당상관(堂上官)이었던 이극돈은 눈엣가시처럼 여기던 김일손이 사초에 실은 김종직의 「조의제문(弔義帝文)」을 보게 되었다. 유자광과 함께 공모하여 '김종직의 조의제문은 세조가 단종을 죽인 것을 간접적으로 비판한 내용'이라는 상소를 올려 무오사화(戊午士禍)를 일으키고 말았다.

연산군은 즉시 유자광을 시켜 심문을 하게 했다. 사건은 확대되

어 평소 사림파에 불만이 많았던 유자광은 김일손 일파의 가택을 샅샅이 뒤지고 관련자들을 모조리 잡아들였다. 이들 대부분은 김종직의 제자들이었다. 연산군은 김일손을 비롯하여 권오복(權五福)·이목(李穆)·허반(許盤)·정여창(鄭汝昌)·김굉필(金宏弼) 등 30여 명을 죽이거나 귀향을 보냈고, 모든 죄는 김종직에게 있다 하여 이미 죽은 그를 *부관참시(剖棺斬屍)하였다. 그 결과 대부분의 사림파들이 제거되었고, 상소를 올린 이극돈 역시 문제의 사초를 보고도 내버려 두었다는 이유로 파면되어 유자광 혼자 높은 권세를 누리게 되었다. 이 사건을 일컬어 사초가 발단이 되어 일어났다고 해서 사화(士禍)라 부른다.

*부관참시
무덤을 파고 관을 꺼내어 시신의 목을 베는 형벌

갑자사화

연산군이 폐비 윤씨에 대해 알게 된 것은 간신 임사홍(任士洪) 때문이었다. 그는 효령대군(孝寧大君)의 아들 보성군(寶城君)의 사위였고, 그의 아들 광재(光載)는 예종의 부마이며, 숭재(崇載)는 성종의 부마로 왕실의 측근이었다. 그러나 성종은 그를 탐탁지 않게 여겨 등용하지 않았다. 때문에 연산군이 왕위에 오르자 어떻게든 임금의 환심을 사서 권력을 누리고 싶었던 임사홍은 연산군의 처남인 신수근(愼守勤)과 모의하여 폐비 윤씨 사건을 연산군에게 일러 바쳤다.

어머니가 어떻게 죽었는지 자세히 알게 된 연산군은 인수대비의 만류에도 불구하고 마침내 성종의 후궁 엄 숙의와 정 귀인을 죽이고, 그들의 자식인 안양군(安陽君)과 봉양군(鳳安君)을 변방으로 귀향 보낸 뒤에 죽였다. 한편 연산군이 포악한 행동을 꾸짖던 인수대비는 연산군에게 몽둥이로 머리를 맞은 후 화병을 얻어 세상을 떠나고 말았다.

▲ 연산군에 관한 기록

정 숙의와 엄 귀인을 죽인 연산군은 윤씨를 왕비로 복위하려 하였으나 권달수(權達手), 이행(李荇) 등이 반대하자 권달수를 죽이고 이행을 귀양 보냈다. 이어 입직승지에게 윤씨가 폐비된 일의 자초지종과 사약을 내린 경위를 적은 시말단자(始末單子)를 적어 올리라고 명하여 윤씨에게 죄를 엮어 씌운 사람, 윤씨 폐출을 반대하다 벌을 받은 사람, 사약 공론에 참여했거나 이의 부당함을 아뢰지 못하고 어명을 그대로 따른 사람들의 명단을 받았다. 연산군은 이를 바탕으로 조정에 한바탕 피바람을 일으켰다.

연산군은 윤씨에게 사약을 전했다는 이유로 이세좌에게 사약을 내렸다. 이세좌는 연회에서 연산군이 술을 돌릴 때 어의에 술을 엎지르는 실수를 저질러 미움을 샀고, 이로 인해 무안과 온성에서 귀양살이를 하다 거제도로 이배되던 중이었다.

이후 연산군은 윤씨 사사와 관련된 신하들을 모두 잡아들여 26간(奸)이라 이름하고 죄를 물었다. 26간은 윤필상을 비롯하여 26명인데 살아 있는 사람은 모두 죽였고, 한명회, 정인지, 정창손 등

죽은 사람은 부관참시로 다스렸다. 연산군 10년(1504년)에 일어난
이 사화를 갑자사화(甲子士禍)라 한다.

*갑자사화
연산군 10년. 폐비
윤 씨가 사약을 받고
죽은 일에 관계한 신
하들과 윤 씨의 복위
를 반대한 사람들이
임금의 노여움을 사
서 죽음을 당한 사건

중종반정

연산군의 횡포는 날이 갈수록 심해졌다. 왕은 경연(經筵)과 대
제학 제도를 없애고, 창덕궁과 담을 사이에 두고 있는 성균관을
놀이의 장소로 만들었으며, 원각사(圓覺寺)에 연방원(聯芳院)을 두
고 기녀들을 양성하였다. 뿐만 아니라 전국에 채청사(採靑使)와
채홍사(採紅使)를 보내 미녀를 뽑아오게 하는 등 음란한 짓을 일삼
았다. 심지어 연산군은 당숙인 제안대군(齊安大君)의 종을 후궁으
로 삼기도 했는데 그녀가 바로 장녹수(張綠水)다. 연산군보다 나
이가 많았지만 미모가 뛰어나 왕의 사랑을 독차지한 장녹수는 국
사에 관여하여 나라를 어지럽히고 국가 재정을 바닥나게 하였다.

한편 연산군은 사냥을 위해 도성 밖 30리의 민가를 철거하여
백성들의 원성을 샀으며, 왕의 폭정을 비난하는 한글 투서 등이
있자 언문구결(諺文口訣)을 불태우는 등 한글 사용을 금지하여 국
문학 발전에 악영향을 끼쳤다.

연산군이 장녹수의 치마폭에 휩싸여 정사는 돌보지 않은 채 패
륜의 행동을 일삼자 마침내 대의를 위해 연산군을 몰아내려는 사
람들이 나왔다. 바로 이조참판 성희안(成希顔)과 전 경기관찰사
박원종(朴元宗), 이조판서 유순정(柳順汀) 등이었다.

이미 정현왕후(貞顯王后 : 성종의 계비이며 진성대군의 친어머니)의 허락까지 받아 놓은 박원종은 연산군 12년(1056년) 9월 1일 밤에 정현왕후를 찾아가 거사가 있음을 알렸다. 원래 거사는 9월 2일 장단(長湍) 석벽(石壁)에서 일으키기로 되어 있었다. 연산군이 장단 석벽에 새로 지은 정자에서 잔치를 벌이기로 되어 있어 잔치를 끝내고 돌아오는 길에 왕을 잡아 가두고 진성대군(晉城大君)을 왕으로 모실 생각이었던 것이다. 그러나 이때 호남에서 귀양살이를 하고 있던 유빈(柳濱)과 이과(李顆) 등이 거사를 알리는 격문을 보내오자 박원종, 성희안 등은 거사 일을 앞당기고 서둘러 군사를 경복궁 옆에 있는 훈련원에 모았다.

정현왕후의 처소를 나온 박원종은 훈련원으로 가 칼을 높이 쳐들고 외쳤다.

"여러분, 이제 모두 칼을 뽑읍시다."

순간 반정군들도 일제히 칼을 뽑아 들었다. 이때 밤늦게까지 술을 마신 연산군은 두 명의 여자를 불러들여 음탕한 놀이를 마음껏 즐긴 후에 잠들어 있었다.

훈련원에 있던 반정군이 크게 소리치며 대궐로 쳐들어오자 잠에서 깬 왕비는 상궁을 불러 무슨 일인지 물었다. 상궁은 울면서 박원종이 반정을 일으킨 사실을 알렸고, 다급해진 왕비는 왕의 침전으로 달려갔다. 그러나 연산군이 이런 상황을 알 리 없었다. 왕비가 흔들어 깨우자 간신히 일어난 연산군은 박원종이 거사를 일으켰다고 해도 믿지 않고 입직승지를 불러 밖의 상황을 살피고 오라고 일렀다. 입직승지는 이때를 놓칠세라 달아났고, 연산군은 한참을 기다려도 아무 소식이 없자 비로소 겁을 내기 시작했다.

박원종이 이끄는 반정군은 먼저 연산군의 측근인 임사홍과 신수근 등을 죽이고 연산군에게 갔다. 연산군은 박원종이 군사들과 함께 들이닥치자 크게 당황했다.

"전하, 때는 이미 늦었나이다. 옥새를 내놓으시옵소서."

박원종이 무릎을 꿇고 외쳤다. 하지만 연산은 좀처럼 옥새를 내놓으려 하지 않았다. 언제까지 기다릴 수 없었던 박원종은 군사들을 불렀다.

"뭣들 하느냐? 어서 폭군 연산을 끌어내라!"

박원종이 크게 소리쳤다. 연산군은 칼을 뽑아 든 채 들어온 군사들을 보고 겁에 질려 어쩔 수 없이 옥새를 내놓고 말았다.

정변이 성공하자 성희안 등은 연산군을 폐위시켜 강화도 교동으로 쫓아내고 진성대군을 왕으로 추대하였다. 진성대군은 이튿날인 9월 2일 경복궁 근정전에서 왕위에 올랐는데 이분이 곧 중종(中宗)이며, 이 정변을 *중종반정(中宗反正)이라 한다.

> *중종반정
> 연산군 12년, 성희안, 박원종 등이 연산군을 몰아내고 성종의 둘째 아들 진성대군 왕으로 추대한 사건

기묘사화

새 임금이 된 중종의 왕비는 연산군의 처남인 신수근의 딸이었다. 반정공신들은 역적의 딸을 왕비로 삼을 수 없다며 새로운 왕비를 맞이해야 한다고 강력하게 주장했다. 반정공신들의 힘으로

왕위에 오른 중종이었다. 오랫동안 정을 나눈 부인을 내보내는 것이 마음 아팠지만 중종은 어쩔 수 없이 새 왕비를 맞이하였다.

연산군 때의 여러 가지 폐정(弊政)을 개혁하기 위해 노력했던 중종은 반정공신들 때문에 소신껏 일을 하지 못한다는 생각을 늘 갖고 있었다. 그렇게 10년이란 세월이 흐르자 중종은 훈구 세력을 견제하고 나랏일을 함께 이끌어 나갈 인물을 찾았다. 그때 마침 성균관 유생들과 이조판서 안당(安塘)이 추천한 조광조가 눈에 띄었다.

▲ 조광조
중종 때의 문신·성리학자

중종은 조광조에게 조지서사지(造紙署司紙)라는 벼슬을 내리고 그의 건의를 받아들여 정사에 반영하였다. 조광조는 도학정치를 실현하기 위해 과거 제도에 현량과(賢良科)를 새로 두어 사림을 등용하였으며 도교와 관련된 종교 행사를 폐지하고 유교식 의례를 장려하였다. 도학정치란 도학, 즉 본성을 지키며 하늘의 명을 따르는 학문인 도학을 정치와 교화의 근본으로 삼아 왕도정치와 요순시대를 이루고자 하는 정치 형태였다.

조광조는 현량과를 통해 정계에 진출한 신진 사류들과 함께 훈구 세력을 물리치고 오래된 제도를 바꾸고 새로운 질서를 세우려 하였다. 이들은 중종 14년에 훈구 세력인 반정공신을 공격하며 정국공신(靖國功臣)이 너무 많다는 것을 강력히 비판했다. 반정공신 2, 3등 중에서 심한 것은 개정하고, 특히 4등 50여 명은 공이 없는

데도 나라의 녹을 함부로 먹고 있으므로 삭제해야 한다고 주장했다. 그리하여 마침내 2, 3등 공신의 일부와 4등 공신 전원, 즉 반정공신의 4분의 3에 해당되는 76명을 훈적(勳績)에서 삭제하기에 이르렀다.

일이 이렇게 되자 불안을 느낀 훈구 세력은 공공연하게 조광조 일파를 헐뜯고 다녔다. 중종도 처음과는 달리 조광조의 지나친 도학적 언행에 짜증을 느끼기 시작했고, 이를 눈치 챈 훈구파들은 조광조 일파를 몰아낼 궁리를 하기 시작했다. 훈구파 중에서도 조광조를 가장 미워하는 사람은 남곤(南袞)과 심정(沈貞)이었다. 조정에 형조판서 자리가 비게 되자 남곤은 자기 파 사람인 심정을 앉히려고 같은 애를 썼는데 조광조가 반대하는 바람에 형조판서로 임명되기 직전에 무산되고 말았던 것이다.

그들은 희빈 홍씨의 아버지인 홍경주(洪景舟)를 찾아가 조광조 일파를 없애려는 음모를 꾸몄다. 홍경주는 희빈을 만나 조광조 일당이 자신과 남곤, 심정 등을 모두 죽이고 박원종과 성희안 등 반정공신들을 부관참시하려 한다며 도와 달라고 부탁했다. 이에 희빈은 조광조가 공신들을 없애고 임금이 되려 한다는 소문을 퍼트렸고, 남곤 등은 사람을 시켜 대궐 후원 동산에 있는 나무의 잎에 꿀로 '*주초위왕(走肖爲王)'이라는 글자를 써서 벌레가 뜯어먹게 한 뒤에 임금에게 보여주었다. 그리고는 중종이 충격에서 헤어 나오기 전에 계속해서 조광조를 헐뜯고 모략하였다.

중종은 마침내 조광조 일파를 옥에 가두었는데 하옥된 사람들

*주초위왕
조씨, 즉 조광조가
왕이 되려 한다는 설

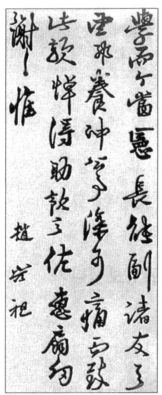

▲ 조광조의 글씨

＊공초문
죄인이 범죄 사실을
실토한 것을 적은 글

＊기묘사화
중종 14년에 일어난
사화. 남곤, 심정, 홍
경주 등의 훈구파가
성리학에 바탕을 둔
이상 정치를 주장하
던 조광조, 김정 등
의 신진파들을 죽이
거나 귀양 보낸 사건

을 하나하나 심문할 경우 자신들의 음모가 들통 날 것이 염려된 남곤 등은 그들을 당장 죽여야 한다고 주장하였다. 이 모습을 지켜보던 병조판서 이장곤(李長坤)은 중종에게 나라의 막중한 책임을 맡은 대사헌을 죄상이 가려지기 전에 죽일 순 없다며 삼정승을 불러 의논한 다음에 일을 처리하라고 아뢰었다. 중종은 이장곤의 말이 옳다고 생각되어 삼정승을 들게 했지만 새벽녘이 되어 삼정승이 모두 모였을 때는 이미 왕이 침수에 든 후였다.

다음 날 아침 조광조에 대한 국문이 열렸는데 한 시간쯤 걸려 끝났다. 남곤 등은 조광조를 대역 죄인으로 만들어 놓은 ＊공초문(供招文)을 삼정승에게 잠깐 보인 다음 임금에게 조광조 일당을 문초한 결과 대역 죄인임이 밝혀졌다며 모두 참형에 처하라고 아뢰었다. 임금은 곧 조광조 이하 8명을 모두 죽이라는 명을 내렸지만 이 소식을 들은 유생들과 일반 백성들이 몰려와 조광조를 살려 달라고 호소하자 임금은 고민 끝에 조광조를 비롯한 네 명은 귀향 보내고 나머지는 백대의 태형을 선고하였다.

그 후 조광조는 귀향을 갔다가 결국 사약을 받고 38세의 나이에 억울하게 죽었다. 남곤 등이 지은 죄에 비해 형벌이 너무 가볍다며 조광조를 죽여야 한다고 강력히 건의한 결과였다. 중종 13년(1519년)에 일어난 이 사건이 바로 ＊기묘사화(己卯士禍)다. 이때 조광조를 따르던 무리들도 모두 귀양을 가거나 파면을 당했고 사림파의 개혁 정치는 물거품이 되었다.

작서의 변

중종 22년(1527년) 2월 26일 동궁(東宮 : 뒤의 인종)의 생일에 쥐를 잡아 사지와 꼬리를 자르고 입과 귀와 눈을 불로 지진 후 동궁의 정원에 있는 은행나무에 걸어놓은 사건이 일어났다. 이 일을 작서(灼鼠)의 변(變)이라고 하는데, 3월 초하루에도 같은 일이 대전(大殿)의 침실에서 일어나자 우의정 심정이 왕에게 아뢰어 범인을 잡으려 했다. 그러나 범인은 좀처럼 잡히지 않고 의혹만 커져 갔다.

당시 가장 큰 의심을 받던 사람은 경빈(敬嬪) 박씨였다. 자신의 아들 복성군(福城君)을 세자로 만들기 위해 이 같은 음모를 꾸몄다는 것이었다. 마침내 경빈 박씨의 시녀와 사위인 홍려(洪礪)의 종들이 심문을 받게 되었다. 심문이 어찌나 가혹했던지 매를 맞아 죽은 사람도 있고 형벌에 못 이겨 거짓으로 자백한 자도 있어 경빈 박씨와 복성군은 억울한 누명을 쓰고 서인(庶人)이 되어 쫓겨나고 말았다. 이후 다시 동궁의 인형을 만들어 나무패를 걸고 망측한 글을 써놓은 일이 일어나자 서인이 된 경빈 박씨와 복성군은 사약을 받게 되었고, 좌의정 심정도 경빈 박씨와 결탁했다는 이유로 사사되었다.

그 후 중종 27년(1532년) 이종익(李宗翼)의 상소에 의해 작서의 변을 일으킨 진범이 김안로(金安老)의 아들 희(禧)라는 사실이 밝혀졌다. 기묘사화 때 유배를 갔다가 풀려나 이조판서에 오른 김안로는 자신의 아들이 중종의 큰딸 효혜공주(孝惠公主)와 결혼하자 권력을 함부로 휘두르다가 심정 등의 탄핵으로 또다시 유배되었다. 이에 앙심을 품고 심정과 유자광 등을 없애기 위해 작서의 변을 일으킨 것이다.

그러나 죽은 사람은 오히려 상소를 올린 이종익이었다. 김안로는 승승장구하여 중종 29년 우의정에 올랐고 이듬해에는 좌의정에 올랐다. 그는 동궁을 보호한다는 구실로 실권을 장악하고 허항(許沆), 채무택(蔡無擇) 등과 함께 뜻에 맞지 않는 사람들은 유배를 보내거나 죽여 조정을 공포에 떨게 했다. 하지만 그 역시 중종의 제2계비인 문정왕후(文定王后)를 폐위시키려는 음모를 꾸미다 발각되어 유배된 뒤에 사사되었다. 이때 허항과 채무택도 처형되었는데 이들을 *정유삼흉(丁酉三凶)이라 한다.

*정유삼흉
중종 32년, 왕의 외척 윤원로 등이 김안국, 허황, 채무택 등을 흉물이라 하여 세 사람을 살해하였다.

을사사화

반정으로 왕위에 올라 신하들에게 휘둘리던 중종이 39년 11월에 세상을 떠나자 30세의 세자가 뒤를 잇게 되었다. 이분이 바로 하늘이 내린 효자로 알려져 있는 인종(仁宗)이시다. 인종은 중종이 병을 얻어 자리에 눕게 되자 반드시 먼저 약의 맛을 보고, 손수 잠자리를 살폈으며 중종의 병이 깊어지자 한시도 곁을 떠나지 않고 병수발을 들었다고 한다.

왕위에 오른 인종은 비록 계모이긴 하지만 일찍 돌아가신 어머니 장경왕후(章敬王后)를 대신하여 자신을 키워 준 문정왕후를 극진히 모셨다. 그러나 문정왕후는 인종을 원수 대하듯 하며 문안 인사차 들른 인종에게 자신과 아들 경원대군(慶原大君 : 후의 명종)을 언제 죽일 거냐고 악을 써댔다고 한다. 효심이 깊은 인종으로썬 견디기 힘든 일이었을 것이다.

결국 병을 얻게 된 인종은 원년 6월에 다시 일어날 수 없음을 알고 삼정승을 불러 자신이 죽으면 경원대군을 왕으로 세우고 조광조의 관직을 회복시켜 주기 바란다는 유언을 남겼다. 그리고 왕위에 오른 지 9개월도 채 되지 않아 세상을 떠났다.

그 후 명종이 12세의 어린 나이에 왕위를 물려받자 어머니 문정왕후가 수렴청정을 하게 되었다. 이때부터 문정왕후의 친정 형제들인 윤원로(尹元老)와 윤원형(尹元衡) 일파가 세력을 얻게 되어 인종이 즉위할 당시 한때 세력을 떨쳤던 장경왕후의 동생 윤임(尹任) 일파를 칠 준비를 하게 되었다.

세간에서는 윤원형 형제 일파를 소윤(小尹), 윤임 일파를 대윤(大尹)이라 했는데 윤원형은 윤임이 중종의 8남인 봉성군(鳳城君)에게 왕위를 옮기려 했다고 무고하는 한편, 인종이 죽을 당시에는 성종의 3남인 계성군(桂城君)을 왕으로 모시려 했고 좌의정 유관(柳灌)과 이조판서 유인숙 (柳仁淑) 등이 이에 동조하였다는 소문을 퍼뜨렸다. 이로 인해 윤임과 유관, 유인숙 등은 반역 음모죄로 유배되었다가 사약을 받았고, 이들의 일가와 그 일파인 사림 세력들도 유배되었다. 또한 계성군의 아들인 계림군(桂林君)도 음모에 관련되었다는 경기감사 김명윤(金明胤)의 밀고로 죽임을 당하고 말았다. 명종 즉위년(1545년)에 일어난 이 사건이 바로 *을사사화(乙巳士禍)다.

*을사사화
명종이 왕위에 오른 해(1545년) 일어난 사건으로 명종의 외숙인 소윤의 윤원형이 인종의 외숙인 대윤의 윤임 일파를 몰아내는 과정에서 대윤파에 가담했던 사림이 크게 화를 입은 사건

이후 윤원형은 미처 제거하지 못한 정적들을 없애기 위해 양재역(良才驛) 벽서 사건을 일으켜 또다시 사림 세력 20여 명을 유배시켰으며, 봉성군을 역모와 연루되었다고 무고하여 사사시켰다. 경기도 광주(廣州) 양재역에서 발견된 벽서의 내용은 위로는 문정왕후, 아래로는 병조판서 이기가 권세를 휘둘러 나라가 망하려 하니 보고만 있을 수 없다는 것이었다. 명종 3년(1547년)에 일어난 이 사건을 *정미사화(丁未士禍)라고도 한다.

*정미사화
명종 2년 정미년에 문정 왕후에게 정언 각·정순붕 등이 사실이 아닌 것을 거짓으로 꾸며 고발하여 송인수·이약수 등이 사약을 받아 죽고, 이언적·노수신·백인걸 등이 유배되었다.

윤원형 일파가 정적들을 모두 없애고 조정을 완전히 손에 쥐게 되자 명종은 그들의 횡포에 시달릴 수밖에 없었다. 이후 윤원형은 권력을 독차지하기 위해 친형인 윤원로를 유배시켜 사사시켰고 온갖 횡포를 부리며 사리사욕을 채우기에 급급했다. 그는 애첩 정난정(鄭蘭貞)과 공모하여 정실부인 김씨를 죽이고 그녀를 정경부인의 자리에 앉히는 패악까지 저질렀다. 이전부터 자주 대궐에 드나들며 문정왕후의 책사 노릇을 했던 정난정은 봉은사의 승려 보우(普雨)를 문정왕후에게 소개시켰다. 문정왕후의 신임을 얻은 보우는 병조판서에 올라 잠시 불교가 융성하기도 했다.

명종이 직접 나랏일을 보기 시작한 이후에도 윤원형은 조정을

자기 마음대로 이끌었다. 이를 보다 못한 명종은 드디어 윤원형을 견제하기 위해 이량(李樑)을 등용하였다. 이량은 명종의 왕비인 인순왕후(仁順王后) 심씨의 외숙이었다. 하지만 이량 역시 자신의 세력을 기르고 개인적인 부를 쌓은 일에 힘써 그의 집 앞은 항상 시장 바닥처럼 사람들이 들끓었다고 한다. 당시 사람들은 윤원형, 심통원(沈通源), 이량 등 세 사람을 가리켜 '조선의 3흉(凶)'이라 불렀다.

조선의 의적들

연산군 이후 왕권이 약해지자 조정 대신들 사이에서 권력을 차지하기 위한 다툼이 끊이지 않고 일어나 백성들의 삶은 갈수록 힘들어져 갔다. 돈으로 벼슬을 산 관리들은 부정부패를 일삼고 부를 쌓기 위해 힘없는 백성들의 피와 땀을 쥐어짰고 견디다 못한 백성들은 산속으로 숨어들거나 도적떼가 되기도 했다.

이 시기에 나타난 의적들로는 홍길동(洪吉童), 임꺽정(林巨正), 장길산(張吉山) 등이 있는데 조선 후기의 실학자 이익(李瀷)은 자신의 저서 『성호사설(星湖僿說)』에서 이 세 사람을 조선의 3대 도적으로 꼽고 있다. 이들은 모두 썩은 벼슬아치들에게 빼앗은 금품을 가난한 백성들에게 나눠 주었다. 때문에 조정에서는 이들을 극악무도한 도적이라 일컬었지만 백성들은 '의적'이라 부르며 크게 환영했다.

그러나 광해군 때의 문신이자 이름 높은 문장가였던 허균이 지은 한글 소설 『홍길동전』을 통해 널리 알려진 홍길동은 『조선 왕조실록』에 연산군 때 활동했으며 연산군 6년(1500년)에 체포되었다고 나와 있을 뿐 전해지는 기록이 거의 없다.

▲ 홍길동전(국립중앙도서관)
　허균이 지은 최초의 한글 소설

홍길동 이후 조선에는 또 한 명의 의적이 나타났다. 바로 임꺽정이다. 경기도 양주골 백정 임돌의 아들로 태어난 그의 이름 '꺽정'은 어릴 때부터 힘이 장사여서 종종 사고를 일으켜 부모를 '걱정'시키는 일이 많았기 때문에 붙여진 것이라고 한다.

명종 10년 전라도에 왜변이 일어났을 때 출전하여 큰 공을 세웠지만 백정이라는 이유로 아무 보상도 받지 못했던 임꺽정은 뜻을 같이하는 비슷한 처지의 농민 수십 명과 그 가족들로 집단을 이루어 황해도 산악 지대를 중심으로 의적 활동을 시작했다.

이들의 세력은 급속도로 늘어나 1559년경에는 경기도와 평안도, 강원도에까지 활동 영역을 넓혔다. 평양과 한양을 오가는 길목 등 주요 도로를 장악하여 정부가 농민들로부터 거두어들인 토지세, 공물, 진상물 등을 빼앗았다. 임꺽정은 빼앗은 재물을 가난한 백성들에게 나누어 주어 의적으로서의 이름을 드높이고 백성들의 적극적인 도움을 받았다. 이들은 곳곳에 거점을 두고 관군들의 행동을 정탐하여 미리 대처하였고, 대낮에도 관청을 습격하여 옥에 갇혀 있는 죄수들을 빼내기도 하였다.

조정에서는 이들의 세력이 커지자 임꺽정을 잡기 위해 황해도와 강원도에 *토포사를 보냈다. 또한 현상금을 내걸어 백성들로부터 신고하게 하였으나 아무도 신고하는 사람이 없었다. 오히려 관군과 토벌군의 움직임을 즉시 임꺽정에게 알려 주어 토벌군들은 번번이 허탕을 쳤다.

*토포사
도둑을 잡은 일을 맡은 벼슬

그러나 명종 15년(1560년) 11월에 참모인 서림(徐林)이 체포되고 관군의 대대적인 토벌이 이어져 임꺽정 부대는 위기에 몰리게 되었다. 조정의 회유와 협박을 견디지 못한 서림이 마침내 임꺽정 부대의 계획을 털어놓았던 것이다.

하지만 임꺽정 부대는 그 해 11월 말에 벌어진 관군과의 전투에서 큰 승리를 거두었고, 조정은 임꺽정을 잡아들이는 일에 더욱 열을 올렸다. 토벌군들은 공을 세우려고 임꺽정의 형인 가도치(加都致)를 임꺽정이라며 잡아오고 엉뚱한 사람을 잡다 임꺽정이라고 몰아세우는 등 소란을 피우기도 했다.

조정은 명종 16년에 황해도 토포사에 남치근(南致勤)을 임명하였는데 남치근은 서림을 이용하여 끈질기게 임꺽정을 추격하였다. 수적으로 열세였던 임꺽정 부대는 오랜 기간 관군과의 싸움으로 지쳐 있었고, 식량과 무기마저 제대로 구하지 못해 어려움을 겪었다. 임꺽정은 남은 무리들을 이끌고 구월산으로 들어가 험준

한 곳에 자리 잡고 관군에게 대항하였다. 그러나 토벌군들이 산을 샅샅이 뒤지면서 포위망을 좁혀 오자 상당수의 무리들이 투항을 했고 임꺽정은 어느 촌가로 숨어들었다. 그는 놀라서 벌벌 떠는 주인 노파에게 도둑이 급히 뒤로 도망쳤다고 소리치게 한 후 군관 옷으로 갈아입고 도망치려 했다. 하지만 남치근을 따라온 서림이 임꺽정을 발견하고 외쳤다.

"저놈이 임꺽정이다, 저놈 잡아라!"

순간 임꺽정은 재빨리 산속으로 달아났지만 관군들은 일제히 화살을 쏘아대며 뒤쫓아 왔다. 결국 임꺽정은 온몸에 화살을 맞고 쓰러졌다. 아무리 천하장사라 한들 마구 쏟아지는 화살을 당해낼 재간은 없었던 것이다. 그 후 임꺽정은 15일 만에 숨을 거두었다. 명종 17년 1월의 일이었다. 이로써 3년여에 걸친 임꺽정의 의적 활동은 막을 내리게 되었다.

* 『숙종실록』
영조 4년 실록청에
서 편찬한 숙종 재위
46년 동안의 실록

한편 『숙종실록』[*]에 처음으로 등장하는 장길산에 대한 기록 역시 거의 남아 있지 않다. 천한 광대 신분이었던 장길산은 다른 도적들과는 달리 잡히지 않고 행방을 감추어 그의 일생은 곧 전설이 되었다.

선조의 등극과 당파 싸움의 시작

조선이 혼란을 겪게 된 근본 원인은 문정왕후에게 있었다. 그녀는 '여왕'으로 불릴 정도로 왕권을 마음대로 쥐고 흔들었던 것이다. 때문에 명종을 포함하여 대부분의 신하들과 백성들은 그녀가 죽기만을 바라는 상태였고, 마침내 1565년 그녀가 죽자 빠르게 평화를 되찾았다.

그녀의 죽음으로 가장 먼저 철퇴를 맞은 것은 승려 보우와 윤원형 일파였다. 승려 보우는 제주도로 유배되었다가 죽었고, 윤원형 역시 그의 애첩 정난정과 함께 강음(江陰)으로 유배되었다가 스스로 목숨을 끊었다.

그 후 명종은 인재를 고르게 등용하여 좋은 정치를 펼치기 위해 애썼고 조정이 안정되자 사회도 차츰 질서를 되찾아갔다.

하지만 명종은 그동안 지나치게 시달린 탓인지 병을 얻어 문정왕후가 죽은 2년 뒤에 세상을 떠났다. 이때 명종의 나이 불과 34세였다.

명종은 인순왕후 심씨에게서 순회세자(順懷世子)를 얻었으나 세자가 13세의 어린 나이에 죽어 중종의 서자인 덕흥군의 셋째 아들 하성군(河城君)이 왕위를 이어받았다. 이분이 바로 조선 역사상 가장 참혹한 전쟁인 임진왜란을 겪은 비운의 임금 선조(宣祖)다.

선조의 즉위로 조선은 후궁에게서 태어난 방계 혈족이 왕위를 잇는 상황이 벌어졌다. 이로 인해 외척 중심의 척신 정치가 사라지고 사림들이 중용되어 *붕당 정치가 시작되었다.

선조는 16세의 나이에 왕이 되어 1년간 양어머니인 인순왕후(仁順王后)가 수렴청정을 하였다. 그러나 인성황후는 이듬해에 선

*붕당 정치
사림들이 붕당을 이루어 서로 비판하고 견제하면서 행하던 정치

▲ 선조어필 (서울대학교 규장각 소장)
　선조가 의창군에게 내림

조에게 나랏일을 볼 충분한 능력이 있다는 판단하에 *편전(便殿)을 넘겨주었다.

　선조는 친정을 하게 되자 가장 먼저 과거제를 개편하여 다시 현량과를 실시했다. 왕은 기묘사화 때 화를 입은 조광조에게 영의정을 *증직(贈職)하고 억울하게 화를 당한 사림들의 한을 풀어 주었다. 또한 을사사화를 일으킨 윤원형 등의 공적을 삭제하였다. 이로 인해 민심은 안정되었고 사림들이 정계에 진출하여 유교 정치를 펼침으로써 조정은 평화를 되찾았다.

　그러나 평화는 오래가지 못했다. 척신들이 사라지자 정권을 장악한 사림은 당시 문명을 떨치고 있던 선비 김효원(金孝元)과 인순왕후의 동생 심의겸(沈義謙)의 대립으로 동인과 서인으로 나누어져 당파 싸움을 계속해 나갔다.

　영남의 거유 김종직 학파의 계통을 이은 김효원은 윤원형과는 동서지간으로 그의 집에 자주 드나들었다. 심의겸은 이러한 사실을 알고 김효원을 권력에 아부하는 비열한 인간으로 생각했다. 오건(吳健)이 이조전랑(吏曹銓郎)에 있다가 물러나면서 명망이 높은 김효원을 추천했지만 심의겸이 윤원형의 문객 노릇을 한 사람을 이조정랑의 자리에 앉힐 수 없다고 반대하여 결국 무산되고 말았다. 이 일로 김효원은 매우 부끄러워했다고 한다.

　그러자 김효원을 아끼는 신진 사류들은 외척인 심의겸이 지나

치게 간섭을 한다고 들고 일어섰다. 이를 지켜보던 대사간 이이 (李珥)는 그대로 두었다는 큰 싸움이 벌어질 것 같아 왕에게 아뢰어 김효원을 이조정랑에 임명하고 심의겸은 타일러 일단 무마되었다.

하지만 그 후 김효원이 이조정랑에서 물러나게 되자 심의경은 아우 심충경(沈忠謙)을 그 자리에 앉히려 하였는데 김효원 일파의 반대로 뜻을 이루지 못했다. 심의경은 자신이 양보하여 김효원이 이조정랑에 올랐으나 이번에 심충겸은 그렇게 되지 못하니 급기야 쌓였던 감정이 폭발하고 말았다. 이후 김효원과 심의겸은 서로 시기하고 미워하게 되었고, 사림계는 동인(東人)과 서인(西人)으로 나누어지게 되었다. 동인은 당시 동대문에 있던 김효원의 집으로 모여드는 사람들을 일컫는 말이고, 서인은 서대문 근처에 있던 심의겸의 집으로 모여드는 사람을 일컫는 말이다. 동인에는 주로 조식(曹植)과 이황(李滉)의 제자들로 이루어진 영남학파의 인물들이, 서인에는 이이와 성혼(成渾)을 따르는 기호학파 인물들이 참여했다.

이이와 더불어 성리학의 큰 인물로 알려진 이황 (李滉)의 호는 퇴계(退溪) 다. 이황은 34세의 나이

▲ 이황(1501~1570)
조선 시대 유학자. 성리학을 체계화한 대표적인 인물

▲ 이이(1536~1584)
조선 시대 문신·학자, 주기론을 발전시키고 다양한 개혁 조치를 주장함

에 과거에 급제하여 암행어사, 홍문관 대제학, 예문관 대제학, 성균관 대사성, 예조판서 등 중요한 관직을 두루 거쳤지만 마음은 한시도 학문에서 떠나지 않았다. 이황은 벼슬자리에 있을 때 온갖 부정을 없애려고 노력했으며 일곱 번이나 관직에서 물러나기도 했다. 도산서원(陶山書院)을 만들어 김성일(金誠一), 유성룡(柳成龍) 등 수많은 인재들을 길러 냈던 이황은 선조 3년(1570년)에 70세를 일기로 세상을 떠났다.

그 무렵 부제학으로 있던 율곡(栗谷) 이이는 조정이 두 파로 갈라지는 것을 크게 염려하여 우의정 노수신(盧守愼)과 함께 대책을 논의한 끝에 임금에게 김효원과 심의겸 모두 외직으로 내보낼 것을 건의했다. 이에 왕은 동인의 우두머리 김효원은 함경도의 부령부사로, 서인의 우두머리 심의겸은 개성유수로 임명하여 내보냈다.

그러나 김효원을 지지하는 무리들이 반발을 일으켜 김효원은 다시 부령부사로 옮기게 되었는데 부령 역시 변방이라고 반발하여 다시 삼척부사로 옮기게 되었다. 결국 조정이 두 파로 갈라지는 것을 막아 보려는 노수신과 이이의 노력은 실패로 끝났고, 선조는 이조전랑의 추천ㆍ교대 제도를 폐지하기에 이르렀다.

조정이 두 파로 나뉘어 연일 서로를 헐뜯고 임금은 후궁에만 빠져 있자 이를 보다 못한 이이는 벼슬자리를 내놓고 강릉으로 내려갔다. 서인 편에 있던 송강(松江) 정철(鄭澈)도 벼슬을 내놓고 고향으로 내려가 3년 동안 세상에 나오지 않았다.

선조는 이이가 떠나고 조정이 마치 싸움터처럼 변하자 11년 5

월에 이이를 불러 당파 싸움을 조정하게 했다. 하지만 이이는 왕의 부름에 응하지 않다가 11월에 다시 대사간으로 임명되어 당쟁수습의 중책을 맡고 조정에 들어왔다. 그때부터 이이는 파당을 없애기 위해 갖은 노력을 기울였지만 자신에 대한 여론만 나빠질 뿐별 다른 성과를 거두지 못했다. 크게 실망한 이이는 다시 벼슬을 내놓고 시골로 내려갔다.

그 후 다시 형조판서로 조정에 불려온 이이는 선조 16년(1583년)에 여진족이 쳐들어오자 한성에서 1만여 명의 *사수(射手)와 말을 모집하여 이들과 맞서 싸웠다. 그 결과 여진족은 물리쳤지만 나라의 앞날이 걱정된 이이는 어느 날 경연 자리에서 10만의 병력을 길러야 한다고 주장했다.

*사수
총이나 활을 쏘는
사람

"전하, 이대로 가다가는 10년 안에 나라에 큰 위험이 닥칠 것이옵니다. 병사 10만 명을 길러서 한성에 2만 명을 두고, 각 도에 1만 명씩 배치해 두도록 하시옵소서."

그러나 경연에 나와 있던 도승지 유성룡이 반대를 했다.

"지금 나라가 무사하온데 병사를 기른다는 것은 나라를 튼튼히하는 것이 아니라 오히려 화를 기르는 일이옵니다. 많은 군사를 길러내자면 예산이 많이 들어 나라 살림이 어려워질 것이옵니다."

결국 이이의 10만 양병책은 받아들여지지 않았고, 그로부터 불과 8년 만에 임진왜란이 터지고 말았다. 이이는 앞을 내다볼 줄 아는 눈을 가지고 있었던 것이다. 임진왜란이 일어나자 유성룡은 크게 한탄하였다.

"율곡은 참으로 뛰어난 사람이다. 진작 율곡의 말을 들었어야 했거늘!"

이이는 그 다음 해에 병을 얻어 49세의 나이에 세상을 떠났다. 숨을 거두는 순간까지 나라를 걱정했던 그는 죽기 전에 찾아온 송강 정철에게 파당을 가리지 말고 사람을 쓰라는 유언을 남겼다고 한다.

임진왜란

당파 싸움이 몰고 온 전쟁

삼포(三浦)는 일본 사람들의 왕래와 거주를 허락한 부산포(釜山浦:동래), 제포(薺浦:창원), 염포(鹽浦:울산) 등 3포구를 말한다.

세종이 삼포를 열어 준 이유는 왜구들이 노략질을 심하게 하여 그들을 달래 주고 부산포에 집중되는 일본 사람들을 분산시키려 했던 것이다. 세종 25년 2월에 *계해조약(癸亥條約)을 체결할 때 삼포에 머무를 수 있는 일본 사람의 수를 60명으로 정했는데 그 수가 점점 늘어나 세종 말년에는 2,000명 가량이나 되었다. 이들은 조선의 명을 어기고 무질서하게 교역을 했고 걸핏하면 조선의 관리들과 다투었다. 조선 관리들이 제한을 하자 중종 5년(1510년)에는 제포에 거주하는 왜인들의 우두머리 격인 오바리시(大趙馬

*계해조약
세종 25년. 변효문 등이 일본의 쓰시마 섬의 도주 소 사다모리와 세견선 등에 관하여 맺은 조약

道)와 야스고(奴古守長) 등이 쓰시마 도주의 아들 종성홍(宗盛弘)을 대장으로 모시고 약 5,000명의 군사들로 폭동을 일으켰다. 이것이 바로 '삼포왜란'이다.

이들은 제일 먼저 부산포를 공격하여 평소에 자신들을 괴롭혔던 부산진첨사 이우증(李友曾)을 죽였다. 이들은 부산진을 공격하여 많은 사람들을 죽이고 집을 불태웠으며 다시 제포를 공격하여 제포첨사 김세균(金世均)을 납치했다. 이후 웅천과 동래를 공격함으로써 3포 왜란이 본격화되었고, 3포는 6일 만에 거의 초토화되다시피 했다.

조정에서는 즉각 전 절도사 황형을 좌도방어사로, 유담년을 우도방어사로 삼아 그들을 진압하고 3포에 거류하던 왜인들도 모두 추방했다. 이후 1512년 임신조약을 맺을 때까지 3포를 폐쇄하고 일본과 교역을 중단했다.

왜인들은 이후 중종 39년(1544년)에는 사량진(蛇梁鎭)에서 폭동을 일으켰는데 이것이 바로 '사량진왜변'이다. 또 명종 10년(1555년)에는 전라도 남해안에 쳐들어와 전라 병사 이원적을 죽이는 등 행패를 부렸다. 이것이 바로 '을묘왜변(乙卯倭變)'이다.

이렇듯 왜인들의 행패가 끊이질 않자 백성들은 왜국과의 국교를 끊고, 비변사를 설치하여 왜인들이 쳐들어오지 못하게 해야 한다고 아우성을 쳤다. 비변사는 변방의 일을 맡아 보는 관청으로 중종 때 설치되었다가 없어졌는데 을묘왜변을 겪은 명종 때 다시 부활되어 국방의 일을 맡아보게 되었다.

삼국 시대부터 우리나라에 들어와 좀도둑질을 하던 왜구들은 고려 시대에는 강도질을 했고, 떼를 지어 쳐들어와서 약탈은 물론 살인과 방화까지 서슴지 않았다. 조선의 세종은 그들을 달래 보려고 삼포를 열어 주었으나 걸핏하면 난을 일으켰다. 그런 그들이 언젠가 조선을 쳐들어올 것은 분명한 사실이었다.

▲ 도요토미히데요시
일본의 무장 · 정치가로 우리나라를 공격
하여 임진왜란을 일으켰으나 실패하였다.

당시 일본의 도요토미 히데요시(豊臣秀吉)는 전국의 60여 주를 손 안에 넣음으로써 100여 년간 지속되던 전국 시대를 끝냈다. 제후의 우두머리가 되어 군사권을 움켜쥔 그는 조선과 명나라를 정복하기 위한 야심을 품고 이를 실현하고자 애썼다.

도요토미는 선조 19년(1586년) 여름 쓰시마 도주에게 통신사 교환을 구실로 조선에 사신을 보내 정보를 수집하라는 명을 내렸다. 이후 일본은 여러 차례 사신을 보내 수교를 청하는 한편 첩자를 보내 조선의 지리와 군사 기밀을 탐지해 갔다.

처음에 조선 정부는 사신을 교환하자는 일본의 요청을 거절했다. 그러다 선조는 23년 3월에 일본의 정세를 살필 겸 황윤길(黃允吉)을 정사로 임명하고 부제학을 지낸 김성일을 부사에 임명하여 일본에 보냈다.

통신사 일행은 일본을 살펴보고 이듬해 1월에 일본 국사 등과 함께 귀국했다. 정사 황윤길이 먼저 선조에게 아뢰었다.

"왜국이 머지않아서 우리나라를 쳐들어올 것 같사옵니다. 병선들이 많이 있었고 도요토미의 눈빛이 야망으로 가득 차 있었나이다."

그러나 부사인 김성일은 정반대의 의견을 말했다.

"왜국은 결코 우리 조선을 넘보지 못할 것이옵니다. 도요토미는 몸도 작고 보잘것없는 인물로 보였사옵니다."

선조는 누구의 말을 믿어야 할지 몰랐다. 이때 동인은 김성일 편을 들었고 서인은 황윤길 편을 들었는데 세력이 조금 더 우세했던 동인들에 의해 김성일의 주장이 받아들여졌다. 한편 통신사 일행과 함께 건너온 일본 국사 일행은 오억령이 접대했다. 이 자리에서 일본 국사는 오억령에게 내년쯤 일본이 조선의 힘을 빌려 명나라를 칠 것이라고 말했다. 오억령은 이 사실을 즉시 선조에게 알렸지만 동인들은 오억령이 민심을 어지럽힌다는 이유로 벼슬자리를 빼앗고 말았다.

그 사이 일본은 조선 침략에 대한 만반의 준비를 갖추어 가고 있었다. 배를 모는 기술과 성을 쌓는 기술을 익히고 조총을 대량으로 만든 후 조선에 자주 사신을 보내 언제 침략하면 좋을지 염탐하였다. 그러다 마침내 도요토미는 선조 25년(1592년)에 각 지방의 영주들에게 볼모를 오사카 성으로 보내게 하고 3월 12일에 조선을 쳐들어가라는 명령을 내렸다.

부산성과 동래성 전투

왜군의 대병력은 각각 병선을 나누어 타고 바다를 건너오기 시작해 4월 13일 육군 15만 명과 수군 9,000여 명 등 16만 대군이 부산 앞바다에 나타났다.

부산성을 지키던 첨사 정발(鄭撥)은 사냥을 나갔다가 안개 때문에 돌아오지 못하고 다음 날 새벽에 돌아오다 부하 병사가 외치는 소리를 들었다.

"저게 무엇입니까, 사또! 배들이 가득 몰려오고 있습니다."

병사의 말에 바다를 쳐다본 정발은 놀라지 않을 수 없었다. 동서남북 할 것 없이 바다 전체가 배로 뒤덮여 있었던 것이다. 다급해진 정발은 서둘러 배를 돌려 부산성으로 되돌아왔다. 그는 병사들에게 왜군이 쳐들어왔음을 알리고 성문을 굳게 닫고 싸울 준비를 갖추라고 명령했다.

왜적들은 곧 부산성을 포위하고 일제히 공격하기 시작했다. 그들이 마구 쏘아대는 조총에 의해 조선의 군사들은 맥없이 쓰러졌다. 하지만 정발은 한 발자국도 뒤로 물러서지 말라고 독려했다. 왜군의 선봉장 고니시 유키나가(少西行長)가 성 밑에서 소리쳤다.

"우리는 일찍이 원나라가 규슈(九州)를 침략했던 원한을 갚기 위해 명나라를 치러 가는 길이니, 길을 비켜 주시오!"

그러나 정발은 믿지 않고 부산성을 굳게 지키는 한편 급히 장계를 써서 파발을 띄웠다. 장계를 받은 선조는 크게 놀라 어쩔 줄 몰라 했다.

왜군들은 해가 질 때까지 성이 함락되지 않자 일단 공격을 멈추고 다음 날 다시 성을 공격했다. 정발이 직접 선두에 서서 활을 당기고 칼을 휘둘러 병사들을 사기를 돋우며 마지막까지 항전하였으나 온몸에 총알을 맞고 결국 숨을 거두었다. 부산성을 돕기 위해 왔던 경상 좌수사 박홍(朴泓)은 정발이 전사했다는 말을 듣고 발길을 돌려 달아났다. 울산에서 오던 경상 좌병사 이각도 부산성이 함락되었다는 소식을 듣고 동래 근처인 소산역(蘇山驛)으로 달아났다.

왜군들은 부산성을 함락시킨 후 근처에 있는 다대포를 공격하여 다대포 첨사 윤흥신(尹興信)과 많은 병사들을 죽였다. 왜군들이 부산성과 다대포를 점령했다는 소식은 곧 동래부사 송상현(宋象賢)에게 전해졌다. 강직하고 의지가 굳은 송상현은 성문을 굳게 닫고 왜적과 싸울 준비를 서둘렀다.

고니시가 이끄는 5만 병력이 동래성 남문에 다다른 것은 14일 한낮이었다. 그들은 뜻밖에 성이 튼튼하고 방비가 잘되어 있는 것을 보고는 흰 나무판자에 다음과 같은 글자를 크게 써서 세워 놓았다.

'전즉전(戰則戰) 부전(不戰) 가아도(假我道).'

싸울 테면 싸우고 싸우기 싫거든 길을 비켜 달라는 뜻이었다.

송상현은 여기에 답하는 글을 목판에 써서 성 밖으로 던졌다.

'사이(死易) 가도난(假道難).'

죽기는 쉬워도 길을 비켜 주기는 어렵다는 뜻이었다.

이것을 본 고니시는 총공격 명령을 내렸다. 송상현은 문루에 올라서서 군사들과 백성들에게 외쳤다.

"동래성은 조선의 관문이오. 죽기를 각오하고 지킵시다!"

군사와 백성들은 한마음으로 뭉쳐 왜적들에 대항했다. 그러나 조총을 앞세우고 덤벼드는 왜군을 활과 창과 돌멩이로는 당해 낼 재간이 없었다. 송상현은 군사들이 수없이 죽어 나가고 성이 함락되자 갑옷 위에 조복을 입고 남문 위로 올라갔다. 그는 임금이 계신 북쪽을 향해 네 번 절하고 눈물을 흘렸다. 그때 적장들이 나타나자 송상현은 당당히 맞서 싸우다 장렬하게 숨을 거두었다.

▲ 부산진 순절도

▲ 동래부 순절도

동래성을 점령한 왜군은 물밀듯이 북쪽으로 치고 올라갔다. 양산, 울산, 언양, 밀양이 차례대로 왜군에게 빼앗겼다. 한편 도망친 박홍은 조정에 왜적이 침입하여 부산성과 동래성을 차례로 무너뜨리고 북으로 올라가고 있다는 장계를 올렸다. 조정은 그제야 이이의 말을 듣지 않은 지난날을 후회했다. 군대를 편성하려고 해도 군사들의 수가 적어 어찌 해볼 수가 없었다. 왜적은 시시각각 쳐들어오고 있는데 조정에서는 별다른 대책도 내놓지 못하는

회의를 하느라 바빴다. 왕은 이틀간의 회의 끝에 좌의정 유성룡을 도체찰사로 임명하고, 병조판서 김응남(金應南)을 부사로 임명하여 왜군을 막도록 했다. 도체찰사로 임명된 유성룡은 군사를 이끌 대장감을 찾았다. 그때 이일(李鎰)과 신립(申砬)이 물망에 올랐는데 유성룡은 이들이 인재가 아님을 알고 있었다. 하지만 그 혼자 반대할 수도 없었고, 실제로 이들보다 뛰어난 사람도 없었다.

이일은 순변사가 되어 제1군의 고니시가 쳐들어오는 중간 길목에 있는 양산, 대구, 새재의 길을 막으려 내려갔다. 그러나 문경 지방에 내려가 보니 300여 명의 군사만 있을 뿐 상주 목사는 도망가고 없었다. 이일은 군사를 정비하고 진을 쳤다.

왜적이 밀려들자 조선 군사들은 겁을 먹기 시작했다. 이일이 아무리 독려해도 조총의 위력에 놀란 조선 군사들은 싸움 한번 제대로 해 보지 못하고 쓰러지거나 도망쳤다. 장수 이일도 말을 타고 도망치다 왜군에게 발각될까 두려워 갑옷과 투구마저 벗어 버렸다. 고니시의 군대는 대구와 안동을 짓밟았다. 그리고 가토 기요마사(加藤淸正)가 이끄는 군사는 차례로 경주와 영천을 무너뜨렸다.

한편 전쟁터에 나가 공을 세우고 싶어 하던 신립은 이일보다 한 단계 높은 도변순사가 되어 4월 21일에 선조 임금이 친히 내린 상방검(尙方劍)을 받고 남쪽으로 향했다. 신립이 유성룡이 모집한 군사를 이끌고 충주에 다다르자 충청도 관내에서 8,000여 명의 군사들이 그의 명성을 믿고 새재를 지키면 승리할 수 있다는 생각에 모여들었다. 그러나 이일이 도망쳤다는 소식이 들리자 신립은 군사를 움직여 새재로 가지 않고 충주에 머물렀다. 이때 상주에서 패해 달아난 이일이 달려왔다. 신립은 그의 초라한 몰골을 보고 눈살을 찌푸렸다. 그는 이일의 목을 베고 싶은 충동을 억누르고 왜군의 상황에 대해 물어보았다. 왜적들이 조총을 쏘면서 개미떼처럼 몰려들었다는 이야기를 들은 신립은 충주 달래강 앞에 배수진을 치기로 결심했다. 종사관 김여물이 새재로 나가 진을 치자고 누차 간청을 했지만 신립은 듣지 않았다. 높은 산에 진을 치고 적을 내려다보며 막자는 말도 듣지 않았다. 또 다른 군관 이운룡(李雲龍)도 배수진을 치는 것은 죽음을 자초하는 행위라고 말렸지만 아무 소용이 없었다.

결국 신립의 고집대로 달래강을 등지고 탄금대에 배수진을 쳤고 새재를 넘어온 왜군과 치열한 싸움을 벌였다. 고니시는 산으로부터, 무네 요시토모(宗義智)는 강을 따라 공격해 왔다. 싸움의 승패는 이미 정해져 있었다. 활과 창으로 총을 당해 낼 수는 없는 일이었다. 신립은 죽기를 각오하고 부하 장수들과 함께 용감하게 싸웠지만 밀물처럼 밀려드는 적을 막기에는 역부족이었다. 수많은 군사들은 총에 맞아 달래강으로 떨어져 죽었다. 뒤로 가면 달래강이었고, 앞에서는 왜군들이 조총을 쏘아 대며 달려들고 있었다. 벼랑 끝에 몰린 신립은 옆을 돌아보았다. 수십 명의 적을 벤 종사관 김여물도 차츰 밀리고 있었다.

"자네 충고를 들었다면 이런 참패는 면했을 것을. 미안하게 됐

네. 이운룡은 어떻게 됐는가?"

"이미 적의 총탄에 맞아 죽었소이다."

김여물이 연신 창을 휘두르며 대답했다.

"모두 내 탓일세. 나는 이곳에서 죽을 작정이니 자넨 어서 몸을 피하게."

"사나이 대장부가 나라를 위해 죽는 것은 당연한 일. 나도 이곳에서 죽을 것이오."

김여물이 대답했다. 그들은 함께 치열하게 싸운 끝에 장렬한 최후를 맞이했다. 순변사 이일만이 목숨을 보존하기 위해 달아났을 뿐이다.

피난길에 오른 선조

신립이 패했다는 소식이 전해지자 선조와 조정 대신들은 어찌할 바를 몰라 허둥댔고 백성들은 두려움에 벌벌 떨었다. 이 시간에도 왜적은 거침없이 한성을 향해 올라오고 있었다.

"사태가 아주 위급하게 돌아가고 있나이다. 대왕께서는 잠시 평양으로 피해 있는 것이 좋을 듯하옵니다."

영의정 이산해(李山海)를 비롯한 조정 대신들이 선조에게 아뢰었다. 4월 29일 밤의 일이었다. 임금이 망설이자 도승지 이항복(李恒福)이 나서서 일단 몸을 피한 후 명나라에 구원병을 요청하여 충주 이남의 땅을 되찾는 게 상책이라고 말했다. 그제야 선조는 신하들의 뜻을 따랐다. 선조는 광해군(光海君)은 자신의 뒤를 따르게 하고 임해군(臨海君)과 순화군(順和君)은 각각 함경도와 강원도로 보내 군사를 모으도록 하였다.

4월 30일 새벽, 마침내 선조는 피난을 떠났다. 날은 어둡고 비는 억수같이 내리 퍼부어 앞을 분간하기 어려웠다. 병조판서 김응남(金應南)이 임금을 호위해 갈 군사들을 찾았지만 모두 다 도망치고 없었다.

이항복이 촛불을 들고 앞장서서 길을 인도했다. 영의정 이산해와 광해군 등이 선조를 호위했고, 왕비와 숙의 등은 교자를 타고 10여 명의 궁녀와 함께 선조를 뒤따랐다.

임금의 일행은 돈화문을 나와 경복궁에 이르렀다. 임금이 대궐을 버리고 떠나자 크게 분노한 백성들은 대궐에 들어가 함부로 물건을 훔치고 선혜청 곡식 창고를 비롯하여 경복궁, 창덕궁 등에 불을 질렀다. 고관들의 집도 불길에 휩싸이기는 마찬가지였다. 비가 억수같이 쏟아지는 데도 한양은 불바다가 되었고, 왜적이 쳐들어오기 전에 이미 잿더미로 변했다.

선조 일행은 빗속을 뚫고 파주를 거쳐 임진강 가에 다다랐다. 그러나 살펴봐도 나룻배 한 척 보이지 않았다. 그들은 한참 뒤에야 겨우 나룻배를 구했지만 이미 날이 어두워져 있었다. 주위를 살피던 이항복은 호위 군사를 불러 근처 언덕에 있는 정자에 불을 지르라고 명령했다. 정자가 불에 타면서 주위가 환해져 선조 일행은 간신히 배를 타고 강을 건널 수 있었다.

선조 일행이 개성에 이르렀을 때 백성들은 당파 싸움만 하더니 나라꼴이 이 모양이 됐다며 대놓고 욕을 해댔다. 초췌한 몰골로 개성 감영에 도착한 선조 일행은 한양이 함락되었다는 소식을 듣고 서둘러 다시 피난길에 나섰다. 선조 일행이 평양에 다다르자 평양감사 송언신(宋言愼)이 군사 5,000명을 이끌고 마중 나와 있었다. 다행히 평양은 아직 민심이 안정되어 있고 믿음직한 군사들이 있어 선조는 한시름 놓을 수 있었다.

그러나 왜군들은 한성을 함락한 데 이어 도원수 김명원이 지키고 있던 임진강마저 격파하고 계속 북쪽으로 올라왔다. 그 무렵 군사를 모으라고 보낸 임해군과 순화군이 왜군에게 붙잡혀 포로가 되었다는 소식이 들려왔다. 선조의 심정은 한없이 착잡해졌다. 계속되는 패전에 평양도 언제 왜적의 손에 들어갈지 알 수 없었던 것이다.

이때 이항복이 나서서 명나라에 구원병을 청하라고 임금에게 아뢰었다. 그러나 좌의정 윤두수(尹斗壽)는 명나라 군사를 불러들이면 훗날 난처한 일을 당할 것이라며 반대했다. 선조는 또다시 의견이 갈리자 크게 화를 냈다. 누군가가 좋은 의견을 내면 도와서 일을 처리할 생각은 하지 않고 여러 가지 이유를 들어 반대만 하는 신하들이 한심스러웠던 것이다. 마침내 선조는 윤두수의 반대를 물리치고 이덕형(李德泂)을 명나라에 보내어 원병을 청하도록 하였다.

그 후 선조 일행은 왜적이 한양을 함락시킨 지 40일 만에 평양까지 쳐들어오자 다시 의주로 피난을 떠났다.

성웅 이순신과 의병들의 활약

조선에는 바다를 지키는 전라좌수사 이순신(李舜臣)이 있었다. 유성룡의 추천으로 전라좌수사가 된 그는 부임하자마자 거북선 연구에 몰두하였다. 전라좌수영에 왜적이 쳐들어왔다고 전해지자 이순신은 우선 휘하 병력을 비상소집한 후에 면밀히 전황을 분석했다. 그는 전라좌수영 소속 전 함대를 4월 29일까지 수영 앞바다에 모두 집결시켰고, 전라우수영의 군사들과 함께 5월 2일에 출전하기로 결정했다.

이순신은 출전에 앞서 전라감영에 먼저 보고하고 장계를 올려 회신을 받은 후에 출전 계획을 자세히 써서 한양으로 보냈다. 하지만 기다리던 전라우수영 군사들이 오지 않자 더 이상 기다리지 못하고 5월 4일에 단독으로 80여 척의 배를 이끌고 출격하였다. 이순신은 이틀 후 한산도(閑山島)에 이르러 경상우수사 원균(元均)의 선단을 만났는데 그 규모는 전선 3척과 협선 2척에 불과하였다. 그러나 배 한 척이 아쉬운 터라 원균의 군대와 합치지 않을 수 없었다.

5월 7일 옥포(玉浦) 앞바다를 지날 무렵 적선 50여 척이 있다는 보고를 받은 이순신은 곧바로 영기를 흔들어 장수들을 불러 모으고 출전을 명하였다. 이 싸움에서 이순신은 적선 30여 척을 쳐부수고 크게 승리하였다. 역사에 옥포 대첩으로 기록된 이순신의 첫 해전이었다. 그 후 이순신은 사천에서 13척, 당포에서 20척, 당항포에서 100여 척의 적선을 쳐부수어 조선의 백성들에게 희망을 안겨 주었다.

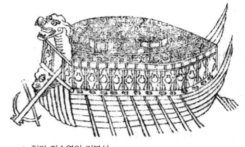

▲ 전라 좌수영의 거북선

사천 해전에서 처음 거북선을 사용한 이순신은 같은 해 7월 한산도 앞바다에서 거북선을 앞세워 학이 날개를 펼치듯 나아가는 학익진을 펼쳐 적선 60여 척을 쳐부수었다. 이 전투가 바로 임진왜란 3대첩의 하나인 [*]한산대첩이다.

이순신은 그 공으로 선조 26년(1593년)에 충청도 · 경상도 · 전라도 3도의 수군을 통솔하는 삼도수군통제사(三道水軍統制使)에 올랐다. 이때 이순신의 나이 49세, 관직 생활을 시작한 지 17년 만이었다.

계속되는 이순신의 승리로 조선 수군은 해상권을 완전히 장악하게 되었다. 이에 따라 전라좌수영은 여수에서 한산도로 본영을 옮겼다. 한산도는 왜적의 전진 기지가 있는 거제도와 서로 마주 보이는 가까운 거리에 있었기 때문에 한시도 긴장을 늦출 수 없었다.

한편 육지에서는 전국 각지에서 나라를 구하려는 의병들이 들고 일어나 왜적에 맞서 싸웠다. 충청도 옥천에서 일어나 조헌(趙憲)은 의병 1,600여 명을 모아 청주성을 되찾았으나 충청도순찰사 윤국형(尹國馨)의 방해로 의병이 강제 해산 당하자 불과 700명의

[*]한산대첩
임진왜란 때 한산도 앞 바다에서 이순신 장군이 왜군과 싸워 크게 이긴 전투(임진왜란의 3대첩)

▲ 난중일기
임진왜란 때 이순신 장군이 적은 일기(9권)

병력을 이끌고 금산으로 나아가 전라도로 진격하려던 고바야가와(小早川隆景) 군과 전투를 벌인 끝에 목숨을 잃었다. 후대의 사람들은 이를 금산전투라 불렀다.

경상도 의령에서 일어난 홍의장군(紅衣將軍) 곽재우는 2,000명에 이르는 의병을 이끌고 많은 전공을 세웠으며 임진왜란 3대첩의 하나인 김시민(金時敏)의 *진주대첩 때 휘하의 의병을 보내 곡창 지대인 전라도를 지키는 데 크게 기여했다.

이 외에도 전라도 담양에서 일어난 고경명(高敬命)은 전라좌도 의병대장이 되어 은진까지 올라왔다가 금산성에서 왜군과 싸우다 목숨을 잃었다. 호남에서는 김천일(金千鎰)이 일어나 수원에서 왜적을 물리치고 강화도로 옮겨 장기간의 전투에서 400여 명의 적을 죽이는 전공을 세웠다. 권율(權慄)의 행주산성 전투 때 강화도에서 나아가 합류했던 그는 진주 싸움에서 장렬하게 전사했다. 또 묘향산의 노승 휴정(休靜 : 서산대사)은 제자 유정(惟政 : 사명당)과 함께 1,700명의 승병을 이끌고 평양을 되찾는 데 큰 공을 세웠다.

*진주대첩
임진왜란 때 진주성에서 우리나라 군사가 왜군과 싸워서 크게 이긴 전투(임진왜란의 3대첩)

권율의 행주대첩

이순신과 의병들의 활약으로 더 이상 북쪽으로 올라가지 못하던 왜적은 명나라 제독 이여송(李如松)이 4만 3,000명의 대군을 이끌고 참전하자 차츰 수세에 몰리게 되었다. 명나라 군사들은 조선의 군사들과 함께 평양을 되찾고 곧이어 개성도 탈환하였으나 한성으로 내려오던 중 벽제관(碧蹄館)에서 왜적들에게 포위당해 크게 패한 후 개성으로 물러나기도 했다. 의주에서 안주까지 내려와 한성을 되찾기만 기다리던 선조는 이여송이 벽제관에서 패했다는 소리를 듣고 한숨만 내쉬었다.

이 무렵 전라감사 권율은 수원에서 왜적을 크게 물리친 후 이여송이 한성을 탈환하기 위해 임진강을 건넜다는 소식을 들었다. 권율은 그들과 힘을 합해 한성을 되찾고자 행주산성으로 진을 옮겼다. 그러자 전라도의 의병대장 김천일과 권율 장군의 친형인 권순(權恂) 등이 권율을 돕기 위해 달려왔다. 하지만 이여송은 임진강 건너로 다시 돌아가 버렸다. 권율은 크게 실망했으나 곧 성을 재정비하고 왜적의 공격에 대비했다.

벽제관 싸움에서 승리를 거둔 왜군과 함경도에서 철수한 왜군이 한성에 집결해 있다는 소식을 듣고 군사를 두 진으로 나누어 행주산성(幸州山城)을 쳐들어왔다. 선조 26년 2월 12일 새벽의 일이었다.

왜적들은 수차례에 걸쳐 공격했지만 모두 패하고 말았다. 산성으로 올라가는 길이 워낙 좁고 가팔라 한꺼번에 많은 군사가 공격할 수 없게 되자 왜적은 3열종대로 조총을 쏘며 올라왔다. 이때 권율은 준비해 두었던 화차로 올라오는 적들을 공격하여 무수히 많은 적들을 죽였다.

이후 왜적은 4열종대로 공격해 들어왔는데 저마다 손에 횃대를 들고 있었다. 산성의 성책이 나무로 되어 있어 불을 지르려는 것이 분명했다. 권율은 병사들에게 물을 많이 길어다 놓고 나무 울타리를 적시게 했다. 산성 뒤가 바로 한강이어서 물은 충분히 많았다.

왜적들은 적당한 거리에 이르자 횃대에 불을 붙여 던지기 시작했다. 하지만 물로 흠뻑 적셔져 있는 나무 울타리는 쉽게 불에 타지 않았다. 조선 병사들은 왜적들이 횃불을 던지느라 총을 쏘지 못하자 화살과 돌을 던져 많은 왜적들을 쓰러뜨렸다. 마침내 왜적들은 수많은 시체를 남겨 놓고 물러갔다.

그러나 왜적은 곧 다시 공격해 왔다. 적장은 흉악하기로 소문난 고바야가와(小早川秀秋)였다. 싸움은 치열하게 전개되었고, 마침내 권율은 화살을 쏘서 고바야가와를 죽이고 말았다. 장수를 잃은 왜적들은 사기가 크게 떨어져 도망치기에 급급했다.

이때 경기수사 이빈과 충청수사 정걸(丁傑)이 배 10여 척에 화약과 화살을 싣고 왔다. 왜장들은 보급 물자를 싣고 오는 조선 군사들을 보자 다른 곳에서도 지원군들이 오는 것으로 알고 황급히 한성으로 달아나 버렸다.

불과 4,000명의 군사로 왜적 10만여 명을 크게 물리친 권율의 *행주대첩은 이순신의 한산대첩, 김시민의 진주대첩과 함께 임진왜란 3대첩의 하나로 역사에 빛나는 승리였다. 이 소식은 이여송

*행주대첩
임진왜란 때 전라도 순찰사 권율이 행주 산성에서 왜적을 크게 물리친 전투(임진왜란의 3대첩)

의 벽제관 패배로 불안해하던 선조에게 큰 위안이 되었고 전국에 있는 의병들에게 희망을 주었다. 이후 권율은 파주로 가서 그곳의 군대와 함께 군사를 재정비하였다.

다시 찾은 한성

평양에 있던 이여송은 권율이 행주산성에서 왜적을 물리쳤다는 소식을 듣고 이덕형에게 기회를 봐서 한성을 되찾을 계획이니 작전에 차질이 없도록 군량미를 조달하라고 말하였다. 이덕형은 그 즉시 개성 등지를 돌아다니면서 열심히 군량미를 모았다.

한편 함흥까지 치고 올라와 있던 왜장 가토 기요마사(加藤淸正)는 남으로 내려가는 길이 막혀 오도 가도 못 하고 있었다. 조선 각지에서 일어난 의병들의 사기는 갈수록 높아지는 데 반해 추위와 굶주림에 지친 왜적들의 사기는 갈수록 떨어지고 있었다.

이때 송응창(宋應昌)은 명나라 장군 풍중영(馮仲纓)을 설득하여 가토를 달래도록 했다. 가토는 풍중영이 찾아와 화친을 제의하자 한성으로 가는 길을 열어 주면 볼모로 잡은 두 왕자를 보내 주겠다고 약속했다. 그 후 가토의 군사들은 남으로 내려갔는데 함부로 노략질을 해대는 바람에 백성들이 큰 곤경을 겪어야 했다.

그 무렵 한성을 되찾기 위해 왜적들의 동태를 살피고 있던 유성룡은 용산창(龍山倉)에 아직도 곡식이 많이 남아 있다는 것을 알았다. 그것은 왜적들이 3개월 이상 먹을 수 있는 분량이었다. 이에 유성룡은 명나라 군대에서 *화전(火箭) 두 배와 포수 10명을 빌려 조선의 장수들과 힘을 합해 용산창을 불태워 버렸다.

*화전
불을 붙여 쏘는 화살

　믿었던 곡식 창고가 재가 되어 사라지자 고니시를 비롯한 왜장들은 초조해지기 시작했다. 그들은 회의를 열어 대책을 논의한 끝에 강화를 맺는 척하면서 한강 이남으로 군대를 물리기로 결정했고 명나라 군대에 편지를 보냈다. 이여송은 고니시의 편지를 받고 심유경(沈惟敬)을 보냈다.

　심유경은 왜적의 진영으로 들어가 고니시와 만나 담판을 지었고 왜적들은 한성에서 철수하기 시작했다. 이 소식을 들은 김천일과 권율 등이 물러가는 왜적들을 무찌르기 위해 급히 한성으로 달려왔지만 이미 왜적들은 한강을 건너 *부교(浮橋)마저 철거한 후였다. 권율 등이 왜적을 뒤쫓으려 하자 이여송은 부하들을 보내 제지하였다. 권율 등은 가슴만 칠 뿐 더 이상 어떻게 할 수 없었다. 당시 조선은 조정의 크고 작은 일들을 모두 명나라 황제에게 보고하고 승낙을 받아야 했기 때문이었다.

*부교
배를 연결해서 만든
다리

　다음 날 이여송이 한성으로 왔고 유성룡 등도 들어왔다. 1년 여 만에 다시 찾은 한성은 그야말로 잿더미였다. 궁궐들은 불타고 거리에는 시체들이 나뒹굴어 썩는 냄새가 진동했다.

정유재란

그 후 이여송은 화친을 기다리며 왜적과의 싸움을 피하다 얼마 후 몸이 아프다는 핑계로 명나라로 돌아가 버렸다. 뒤이어 심유경도 왜적의 강화 사절을 데리고 명나라로 떠났다. 명나라 주력 부대가 돌아가자 조선은 전쟁도 아니고 평화도 아닌 상태가 되고 말았다. 이에 선조는 서둘러 한성으로 돌아와 권율을 도원수로, 이순신을 삼도수군통제사로 임명하여 왜적을 물리칠 태세를 갖추었다.

한편 명나라로 돌아갔던 심유경은 강화 회담을 위해 일본으로 건너갔다. 그는 도요토미를 만나 교섭을 벌였지만 아무 성과도 거두지 못한 채 회담은 결렬되고 말았다. 그 이유는 도요토미가 무리한 조건을 내걸었기 때문이었다. 도요토미는 첫째 명나라 황녀(皇女)를 일본의 후비(后妃)로 삼을 것, 둘째 감합인(勘合印:무역 증서)제를 부활할 것, 셋째 조선 8도 중에서 4도를 일본에 넘겨줄 것, 넷째 조선왕자 및 대신 12명을 인질로 일본에 보낼 것 등을 요구했던 것이다.

심유경은 명나라 황제가 이 같은 조건을 받아들이지 않을 것이 뻔했으므로 '도요토미가 왜왕으로 책봉되기를 바란다.'는 거짓 보고를 올렸다. 명나라 황제는 심유경의 보고를 사실로 믿고 양방형(楊方亨)을 정사로, 심유경을 부사로 삼아 도요토미를 왜왕에 봉한다는 책서(冊書)와 금인(金印)을 가지고 왜국으로 가게 했다. 그러자 도요토미는 양방형 등이 가져온 명나라의 국서를 보고 크게 화를 내며 부하 장수들에게 조선으로 다시 쳐들어가라는 명령을 내렸다. 이것이 바로 *정유재란(丁酉再亂)이다.

선조 30년(1596년) 1월에 왜적의 장수 고니시, 가토 등이 이끄는 육군 14만과 도토가 이끄는 수군이 다시 쳐들어와 동래성과 울산성을 함락시키고 곧바로 경남 일대를 점령하였다. 이때 삼도수군통제사였던 이순신은 옥에 갇혀 있었고, 새로이 삼도수군통제사가 된 원균이 왜적과 맞서 싸웠다. 그러나 적의 함정에 빠진 원균은 칠천량(漆川梁) 해전에서 크게 패해 조선 수군은 엄청난 피해를 입었고, 원균 자신은 죽고 말았다.

이로 인해 제해권을 장악한 왜적의 기세는 등등해졌고 육지에서도 연일 승리를 거두었다. 이 소식을 들은 명나라에서는 형개를 총독으로 한 구원군을 보내 왜적에 대항하게 하였다. 그러나 왜적은 그해 9월에 남원과 전주를 함락시키고 충청도 직산까지 밀고 올라왔다. 그러다 직산 근방의 소사평(素沙坪) 전투에서 조선과 명나라 연합군에게 패해 달아오르던 기세가 한풀 꺾였다.

한편 조정에서는 이순신이 필요하다는 사실을 절실히 깨닫고 권율의 막하(幕下)로 들어가 *백의종군(白衣從軍)하게 했다. 나라를 사랑하는 마음이 지극했던 이순신은 백의종군도 마다 않고 전투에 임했고, 얼마 후 다시 삼도수군통제가 되었다. 이순신은 남은 병선 12척과 흩어진 수군들을 모아 부서진 배를 수리하고 군사를 훈련시키며 앞으로 벌어질 싸움에 대비했다. 그리고 그해 8월에 벌어진 명량(鳴梁 : 물돌목) 해전에서 수리한 병선 12척과 새로

*정유재란
임진왜란 휴전 교섭
이 결렬된 뒤, 일본
왜장 가토 기요마사
등이 14만 대군을
이끌고 다시 쳐들어
온 전쟁

*백의종군
벼슬 없이 군대를 따
라 싸움터로 감

건조한 1척 등 단 13척을 이끌고 나가 왜선 133척과 맞서 싸워 30여 척을 쳐부수고 제해권을 되찾았다.

그 무렵 조선과 명나라의 연합군은 육지에서 총공격을 펼치고 있었는데 갑자기 왜적들이 비밀리에 철수하기 시작했다. 그해 8월 왜국의 도요토미가 갑자기 병사하면서 철군하라는 유언을 남겼기 때문이었다.

왜적들이 자기 나라로 돌아가기 위해 노량에 집결하자 고금도에 있던 이순신은 적선 500척을 발견하고 싸움을 피하려는 명나라 수군제독 진린(陳璘)을 설득하여 공격에 나섰다. 이순신은 함대를 이끌고 물러가는 적선을 향해 맹렬한 공격을 퍼부었고 왜적들은 수많은 사상자와 함께 많은 배를 잃었다. 그러나 선두(船頭)에 서서 전투를 지휘하던 이순신도 적의 유탄에 맞아 숨을 거두었다. 이때 그의 나이 54세였다. 뒤늦게 이순신이 전사했다는 사실을 안 병사들은 어버이를 잃은 것처럼 슬퍼했다. 선조 31년 11월 19일에 벌어진 이 싸움을 끝으로 7년 동안 계속되었던 전쟁은 끝을 맺었다.

비록 전쟁은 승리했지만 조선이 입은 피해는 극심했다. 전국 8도 대부분이 왜적들의 살육과 약탈에 짓밟혔는데 특히 경상도의 피해가 가장 컸다. 사람 수는 줄어들고 농촌은 황폐해져 백성들은 굶주림과 병에 시달려야 했다. 나라의 재정난도 심각하여 *매관매직(賣官賣職)이 성행하였고 신분 제도까지 흔들리게 되었다.

한편 명나라는 국력을 지나치게 소비하여 얼마 지나지 않아 멸

*매관매직
돈이나 재물을 받고
벼슬자리를 내주는
것

망하였다. 왜국은 도요토미가 죽자 도쿠가와 이에야스(德川家康)가 정권을 잡았다.

계속되는 당파 싸움

선조의 둘째 아들로 태어난 광해군은 임진왜란 중에 평양에서 왕세자로 책봉되었다. 중전인 의인왕후(懿仁王后)가 아들을 낳지 못해 후궁인 공빈(恭嬪) 김씨가 낳은 임해군과 광해군이 세자 후보에 올랐으나 대신들이 임해군은 성격이 매우 거칠고 포악하다고 반대하여 광해군이 세자가 된 것이다.

이후 의인왕후가 죽고 인목왕후(仁穆王后)가 선조의 계비가 되어 선조 39년에 영창대군(永昌大君)을 낳았다. 그러자 조정은 광해군을 섬기려는 대북파와 영창대군을 섬기려는 소북파로 나뉘어 또다시 싸움을 벌이기 시작했다.

대북파와 소북파는 원래 같은 북인이었다. 이이가 죽은 후 서인은 동인에게 밀리게 되었지만 정여립(鄭汝立)의 모반 사건을 계기로 동인을 물리칠 수 있었다. 정여립은 이이의 각별한 사랑을 받았는데 훗날 이이를 배반하고 비판하여 왕의 미움을 샀다. 그러자 정여립은 진안 죽도(竹島)에 내려가 대동계(大同契)를 조직하여 세력을 확장해 나갔다. 그는 선조 20년에 왜선이 전라도 손죽도(損

竹島)에 침범했을 때 당시 전주부윤 남언경(南彦經)의 요청으로 대동계를 동원하여 왜선을 물리치기도 하였다. 그 뒤 대동계의 조직은 전국적으로 확대되었는데 선조 22년에 이들이 신립(申砬)과 병조판서를 살해하고 병권을 장악하기로 했다는 소식이 전해져 관련자들은 모두 붙잡히고 이발을 비롯한 1,000여 명의 동인이 제거되었다.

그러나 동인이 정여립의 모반 사건을 조사했던 정철이 제 마음대로 정권을 휘둘렀다고 공격하면서 이산해와 유성룡이 주축이 된 동인의 세력은 되살아났다. 그 후 동인은 다시 세자 책봉 문제로 분열되어 유성룡의 남인과 이산해의 북인으로 나뉘어졌고, 북인은 또 대북파와 소북파로 나뉜 것이다.

대북파인 이이첨(李爾瞻), 정인홍(鄭仁弘) 등은 소북이 광해군을 해치려 한다고 공격했으나 오히려 선조에 의해 귀향을 가게 되었다. 그러다 선조가 갑작스럽게 숨을 거두고 광해군이 34세의 나이에 왕위에 오르자 세상은 대북파의 손아귀에 들어가고 말았다.

대북은 먼저 소북의 거두 유영경(柳永慶)과 기자헌(奇自獻) 등을 몰아내고 소북의 일당 수십 명도 모두 제거했다. 유영경의 조카는 이산해의 사위였는데 같은 북인으로 있을 때는 친하게 지내다 당파가 갈리고부터 원수지간이 된 것이다. 그런 다음 대북파는 광해군의 친형 임해군이 역모를 꾀한다고 모함하여 사약을 내리라고 요구했다. 광해군은 처음에는 받아들이지 않았지만 대북파들이 계속 종용하자 임해군을 진도로 귀향 보냈다. 광해군은 이 모든 일이 당쟁 때문이라 여기고 당파 싸움을 없애기 위해 원로인 이원익(李元翼)을 영의정에 임명했지만 당쟁은 끊이지 않았다.

*대동법
여러 가지 공물을 쌀로 통일하여 바치게 한 납세 제도

한편 전국을 돌아다니며 임진왜란을 몸소 겪었던 광해군은 *대동법(大同法)을 실시 농민들의 부담을 크게 줄여 주었다. 대동법은 중앙과 지방 관청에 바치는 모든 세금을 전결세화(田結稅化)하여 토기 1결(結)당 쌀 12말을 봄, 가을로 나누어 내게 한 것이다. 또한 전쟁으로 무너진 신분 체계를 바로잡기 위해 충신과 효자, 열녀들을 발굴하여 상을 내리기도 했다.

그 후 잠시 나라가 안정을 찾아가는 듯했지만 대북파들은 자신들의 세력을 더욱 확고히 하기 위해 또다시 계략을 꾸며 인목대비를 죽이려 했다. 그러나 박승종(朴承宗)이 결사적으로 보호하여 실패하자 행상인을 죽이고 금품을 빼앗은 박응서(朴應犀), 서양갑(徐洋甲) 등을 매수하여 인목대비의 아버지인 김제남의 뜻에 따라 영창대군을 왕으로 세우려 했다고 무고하게 하였다. 이로 인해 김제남은 사약을 받게 되었고, 영창대군은 강화도로 귀양을 가게 되었는데 광해군 6년에 이이첨의 눈에 들기 위해 애쓰던 강화부사 정항에 의해 증살(蒸殺)되었다. 그 이듬해에는 임해군도 누군가에게 죽임을 당하고 말았다.

대북파는 여기서 그치지 않고 신경희(申景禧), 양시우(楊時遇) 등이 능창군을 왕으로 세우려 한다고 무고하는 한편 계속 인목대비를 폐위시키라는 상소를 올렸다. 그리하여 마침내 광해군은 10년 1월에 인목대비를 폐위시키고 서궁(西宮)에 가두었다.

인조반정

그 무렵 중국에서는 후금(後金 : 청나라)이 건국되어 명나라를 공격하고 있었다. 광해군은 명나라가 구원병을 요청해 오자 강홍립(姜弘立)을 도원수로 삼고 김경서(金景西)를 부원수로 삼아 1만 3,000여 명의 군사를 보냈다. 이때 사전에 광해군의 밀명을 받은 강홍립은 후금과 싸우다 항복하여 포로가 된 이후 계속 광해군에게 밀서를 보내 후금의 상황을 알렸다. 이로써 조선은 임진왜란 당시 도움을 주었던 명나라를 저버리지도 않고 후금의 침략에 대비할 수 있었다. 그리고 얼마 후 조선은 후금과 국서를 교환하게 되었고 후금은 강홍립과 김경서 등 10여 명을 제외한 포로들을 풀어 주었다.

광해군은 이후에도 명나라와 후금 사이에서 실리적인 외교를 펼쳐 나갔는데 이를 비방하고 나서는 이들이 있었다. 인목대비의 유폐 사건을 계기로 대북파에게 반격할 기회를 노리고 있던 서인들이었다. 광해군 14년에 이귀(李貴), 김자점(金自點), 이괄(李适) 등은 서궁을 찾아가 인목대비에게 자신들의 뜻을 알리고 도와줄 것을 요구했다.

한편 이귀가 자주 서궁을 드나드는 것을 이상하게 여긴 유천기(柳天機)가 "이귀가 인목대비와 함께 흉악한 일을 꾸미고 있다."고 보고하였으나 광해군은 확실한 증거가 없다는 이유로 무시해 버렸다. 그러자 한유상(韓惟翔)이 이귀, 김자점 등을 역모 혐의로 고발

했는데 광해군은 이귀를 파직시키는 것으로 사건을 마무리 지었다.

　그러는 동안 서인들은 거사일을 3월 13일로 정하고 12일 밤부터 모여 때를 기다렸다. 하지만 이미 조정에서는 이들의 거사 계획을 눈치 채고 훈련도감 이확(李廓)에게 역모 가담자들을 잡아오라는 명령을 내린 상태였다. 이 소식을 들은 이귀는 거사 시간을 앞당겨 대궐로 쳐들어갔는데 광해군은 반란군이 손쉽게 대궐을 점령하자 수하 몇 명을 거느리고 다급히 궁을 빠져나갔다.

　서인들은 광해군이 도망칠 때 떨어뜨린 옥새를 주워 능양군(綾陽君 : 인조)에게 바쳤고, 능양군은 인목대비를 찾아가 반정이 성공했음을 알렸다. 아버지와 아들을 광해군 때문에 잃어 가슴 깊이 원한을 품고 있던 인목대비는 크게 기뻐하며 광해군을 폐하고 능양군으로 하여금 왕위를 잇게 한다는 교서를 내렸다.

　광해군은 다음 날 반란군에게 붙잡혀 강화로 유배되었다가 제주도로 유배되어 67세의 나이에 세상을 떠났다.

이괄의 난

*이괄의 난
　인조반정 때 공을 세운 이괄이 안병사 겸 부원수로 좌천되자 이에 불만을 품고 일으킨 난

　인조(仁祖)가 반정으로 왕위에 오른 뒤에도 수많은 사건이 일어났다. 나라 안에서는 *이괄이 난을 일으켰고 만주를 본거지로 한 후금이 쳐들어와 정묘호란(丁卯胡亂), 병자호란(丙子胡亂)을 겪기

도 했다.

인조반정 당시 큰 공을 세웠던 이괄은 다른 반정공신들은 모두 일등공신이 되었는데 자기만 이등공신에 한성판윤이라는 자리가 주어지자 불만을 품게 되었다.

그러다 얼마 후 이괄은 다시 외직인 평안병사에 임명되었다. 이 때부터 그는 노골적으로 불만을 토로하게 되었다. 그로 인해 차츰 이괄이 반역을 일으킬 것이라는 소문이 나돌기 시작했다. 이에 조정에서는 이괄의 아들을 먼저 잡아들이고 금부도사를 보내 이괄을 붙잡아 오게 하였다. 금부도사가 내려오는 동안 아들이 붙잡혔다는 소식을 들은 이괄은 기익헌(奇益獻), 이수백(李守白), 한명련(韓明璉) 등과 모의를 한 후 부하 병사들을 모두 모아놓고 일장연설을 했다.

"지금 조정에서는 하나밖에 없는 내 아들을 잡아 가두고 나를 역적으로 몰아 붙잡으려고 하고 있소. 나는 죽기를 각오하고 일어서려 하는데 여러분의 힘이 필요하오. 남자가 세상에 태어난 이상 한 번은 큰일을 하고 죽어야 하지 않겠소. 앉아서 죽기만 기다릴 수는 없는 노릇이오."

이괄의 말이 끝나자 여기저기서 찬성하는 소리가 들려왔다.

"옳습니다! 먼저 금부도사의 목부터 베고 다 같이 일어섭시다!"

인조 2년 2월에 이괄은 자신에게 항복하여 수하가 된 왜병 100명을 선봉으로 삼고 1만 명의 병력을 이끌고 한성으로 향했다. 평양을 지키던 도원수 장만(張晩)은 5,000여 명의 군사로 1만 여 명의 군사를 상대하는 것은 무리라는 생각에 이괄이 지나가는 것을 못 본 척했고, 이괄의 반란군이 철저히 샛길로 가는 바람에 황해방어사나 경기방어사의 부대도 이들을 막지 못했다. 반란군과 관군이 처음으로 충돌한 곳은 황해도 황주였다. 이 싸움에서 크게 승리한 이괄은 곧장 도성으로 치고 올라갔다. 하지만 그가 채 도성에 닿기 전에 그의 아내와 동생은 관군에게 체포되어 목숨을 잃었다.

반란군과 관군의 두 번째 싸움은 개성과 임진강을 사이에 두고 있는 평산에서 벌어졌다. 이괄은 방어사 이중로(李重老)와 평산부사 이확이 이끄는 관군을 급습하여 또다시 승리를 거두었다. 세 번째 벌어진 임진강 전투에서도 관군을 크게 물리친 이괄은 벽제관까지 쳐들어갔다.

반란군이 벽제관에 와 있다는 소식을 들은 인조와 서인들은 옥에 갇혀 있는 수십 명의 대북 세력들이 반란군과 내응할지도 모른다는 생각에 그들을 모두 죽이고 서둘러 공주로 피했다.

이괄이 당당하게 한성으로 들어오자 백성들은 모두 나와 구경을 했다. 이괄은 먼저 선조의 열 번째 아들 흥안군(興安君)을 왕으로 세우고 곳곳에 방을 붙여 백성들에게 생업에 충실할 것을 당부했다. 그러나 다음 날 장만과 정충신이 흩어져 있는 군사들을 모아 한성으로 올라왔다. 그들은 작전을 짠 끝에 인왕산 줄기인 길마재에 진을 쳤다. 이괄은 이 소식을 듣고 군사를 둘로 나누어 산 위로 쳐들어갔다. 그러나 지형상 유리한 위치에 있던 관군에게 크게 패해 선봉장 한명련은 부상을 당했고, 이괄의 반란군은 후퇴하기 시작했다. 그들은 급히 한성을 빠져나가 이천에 다시 진을 쳤지만 반란군들은 이미 뿔뿔이 흩어진 뒤였다. 그러자 전세를 회복하기 힘들다고 판단한 기익헌, 이수백 등 부하 장수들은 이괄과 한명련을 죽이고 관군에 항복하였다. 이로써 이괄의 삼일천하도 막을 내리고 말았다. 이 난은 훗날 정묘호란의 원인이 되었다. 반란으로 변방의 주력 부대를 잃어 북방 수비가 허술해진 것이 호시탐탐 조선을 노리던 후금을 자극하여 결국 정묘호란이 일어나게 된 것이다.

정묘호란

그 무렵 후금에서는 1대 황제인 누르하치가 죽고 그의 아들 홍타이치(태종)가 등극하면서 세력을 더욱 넓혀 나가고 있었다. 처음부터 조선과의 화친을 반대했던 홍타이치는 조선이 명나라를 가까이하고 후금을 멀리하자 더욱 못마땅하게 여겼다. 이때 이괄의 잔당들이 도망쳐 와서 광해군 폐위와 인조 즉위의 부당함을 알리고 조선을 공략할 것을 요청했다. 당시 명나라와 대치하고 있었던 후금은 조선과 명나라 사이를 떼어놓을 필요성을 느끼고 있었던 터였다. 그러한 시기에 이괄의 잔당들이 계속 부채질하자 후금

태종은 마침내 인조 5년(1672년) 1월 14일 왕자인 패륵(貝勒)과 아민(阿敏)에게 3만 명의 군사를 주어 조선을 공격하게 하였다. 이것이 곧 *정묘호란이다.

*정묘호란
인조 5년, 후금의 아민이 인조반정의 부당성을 내세워 침입한 난

후금의 군사는 압록강을 건너 먼저 의주를 공격했다. 이들은 항복하라고 크게 소리쳤지만 의주성은 아무런 반응을 보이지 않았다. 이때 의주부윤으로 있던 이완(李莞)은 기생과 함께 단꿈에 빠져 의주성이 함락된 것도 모르고 있었다. 뒤늦게 이 사실을 안 이완은 다급히 군사를 모아 후금에 대항하다 패하자 무기고에 불을 지른 후에 뛰어들어 죽었다. 이완은 이순신의 조카로 임진왜란 당시 이순신이 전사하자 대신 군대를 지휘하여 전투를 승리로 이끈 사람이었다. 그런 사람이 여자에 빠져 목숨을 잃고 만 것이다.

의주가 무너지자 후금은 곽산, 정주를 거쳐 안주까지 밀고 들어왔다. 그러자 다급해진 인조는 강화도로, 소현세자(昭顯世子)는 전주로 피난을 떠났다. 평안도와 황해도의 수령들은 관군이 후금에게 패했다는 소식을 듣고 싸울 생각은 하지 않고 모두 도망쳐 버렸다. 또한 유도대장(留都大將) 김상용(金尙容)은 비축되어 있는 양곡을 적에게 넘겨주지 않기 위해 불태워 버리고 나라에서 사용하는 어고(御庫)는 물론 병조, 호조의 창고와 태창 선혜청의 창고까지 불태우고 강화도로 도망쳤다. 한성을 지켜야 할 유도대장의 행동이 이러하니 일반 백성들의 심정은 답답하기만 했다.

조선 대신들의 어이없는 작태에 기고만장해진 후금은 연일 승리를 거두고 평양과 황주를 거쳐 평산에 들어왔다. 이때 또다시 나

라를 구하려는 일념으로 전국 각지에서 의병이 일어나 후금의 배후를 공격하기 시작했다. 이로 인해 후금은 후방이 무너질 것을 염려하여 더 이상 밀고 내려오지 못하고 평산에 머물렀다. 정묘년 2월 9일 후금군의 부장 유해(劉海)가 강화도로 들어와 화친을 제의하며 세 가지 요구 조건을 내걸었다. 첫째 압록강 이남 변경 지역의

▲ 청나라 병사들의 모습

땅을 내줄 것, 둘째 철산(鐵山)의 가도(假道)에 주둔하며 후금과 대치하고 있는 명나라의 장수 모문룡(毛文龍)을 잡아 보낼 것, 셋째 명나라와의 싸움에 조선 군사 1만 명을 지원할 것 등이었다.

그러자 조정 대신들은 척화(斥和)와 화친(和親) 양론으로 갈려 의견이 분분했다. 척화파 대신들은 북의 오랑캐와 화친을 맺는 것은 부당하다고 극구 반대했고 대부분의 의견이 척화 쪽으로 기울었다. 그러나 최명길(崔鳴吉)은 일단 화친을 한 후에 힘을 길러야 한다고 주장했고 힘이 없던 조정은 그의 주장을 받아들여 화의 교섭을 벌였다.

화친 과정에서 후금은 명나라의 연호를 사용하지 말고 왕자를 인질로 달라는 등 몇 가지 조건을 덧붙였다. 이에 조선은 왕자는 아직 어려서 보낼 수 없다며 종친 이구(李龜)를 보냈고, 병조판서

이정구(李廷龜), 이조판서 장유(張維) 등에게 교섭을 계속하도록
했다.

조선의 화의 조건은 첫째 후금군은 평산을 넘지 않을 것, 둘째
화친 조약 후 후금은 즉시 군사를 되돌릴 것, 셋째 되돌아간 이후
에는 다시 압록강을 넘어오지 말 것, 넷째 조선과 후금은 형제지
국이 될 것, 다섯째 후금과 화친을 맺어도 명나라와는 적대하지
않는다는 것을 인정할 것 등이었다.

후금은 이 조건을 받아들여 화친이 이루어졌는데 그 내용은 양
쪽 모두에게 만족스럽지 못한 것이었다. 이때 조선과 후금이 맺은
조약을 *정묘조약이라 한다.

*정묘조약
인조 5년. 정묘호란
때 후금과 맺은 강
화 조약으로 후금
군대의 철수, 형제
국의 약속 등을 조
건으로 함

이후 후금은 군대를 모두 되돌리겠다는 약속을 어기고 의주에
군대를 남겨 두어 명나라 군대를 막게 하는가 하면 민가를 약탈하
기도 했다. 또한 인조 10년에는 조선과의 관계를 형제의 관계에서
군신의 관계로 바꾸자는 무리한 요구를 하기도 했다. 이에 조정 대
신들은 물론 일반 백성들까지 후금의 오만방자함을 비난하였다.

마침내 인조는 다음 해 1월에 후금과의 화친을 전부 없었던 것
으로 한다는 척화교서를 발표하고 백성들에게 만일에 있을지도
모르는 전쟁에 대비해 달라는 교시를 내렸다. 그러는 동안 인조
13년 12월에 인조의 왕비인 인열왕후(仁烈王后)가 세상을 떠나고
말았다.

병자호란

그 무렵 크게 세력을 넓힌 후금의 태종 자신은 만주, 몽고, 한의 3민족을 대표하는 군주라며 나라 이름을 청(淸)이라 하였다.

청 태종은 인조 14년 2월에 용골대(龍骨大)와 마부대(馬夫大)를 조문사설로 보냈는데 이들은 인조를 만난 자리에서 청나라가 황제지국이 되었다고 통보했다. 이들이 문상은 뒤로 미루고 거만한 태도로 임금을 대하는 것을 본 조정 대신들은 분노로 치를 떨며 조문사절을 죽여 없애고 청에 대항하자고 목소리를 높였다. 그러나 청나라와 싸울 만한 힘이 없는 조선이었다.

한편 조정 대신들의 심상치 않은 모습에 겁을 먹은 용골대 등은 문상도 제대로 하지 못하고 도망치고 말았다. 이들은 민가에서 말을 빼앗아 달아나다 우연히 조정에서 평안관찰사에게 내린 문서를 손에 넣게 되었는데 문서에는 청나라의 부당한 행동을 더 이상 두고 볼 수 없으니 전시에 대비하여 병사들의 기강을 바로잡고 군대를 정비하라는 내용이 담겨 있었다. 청 태종은 용골대가 갖다 바친 이 문서를 보고 다시 조선을 침략하겠다는 뜻을 내보였다.

용골대가 떠난 후 조정에서는 척화론이 강력이 대두되어 조선은 전쟁 준비에 들어갔다. 화친을 주장하던 최명길은 화친을 계속하면서 힘을 길러야 한다고 주장했지만 아무도 듣는 사람이 없었다. 최명길이 나라의 앞날을 걱정하며 마음을 졸이고 있을 때 청나라는 대관식에 참석한 조선 사신에게 왕자를 볼모로 보내 사과

하지 않으면 대군을 이끌고 쳐들어가겠다고 협박했다. 그러나 청의 대한 감정이 극도로 악화되어 있던 조선 조정은 그들의 제의를 단칼에 잘라 버렸다. 그 해 11월에 청나라가 다시 왕자와 척화론을 내세우는 대신들을 심양(瀋陽)으로 압송하라는 통첩을 보내왔지만 이번에도 조선 대신들은 콧방귀만 뀌어 댔다.

마침내 청 태종은 12월 2일 청군 7만, 몽고군 3만, 한족 군사 2망 등 12만 대군을 이끌고 직접 압록강을 건너 쳐들어왔다. 청군은 임경업(林慶業)이 지키고 있는 의주를 피해 곧장 한성으로 내려왔다. 12일에 도원수 김자점(金自點)과 의주부윤 임경업으로부터 적병이 압록강을 건넜다는 장계가 올라왔고, 13일에는 청군이 평양에 도착했다는 장계가 올라왔다.

청군이 빠른 속도로 밀고 내려오자 이를 예상치 못했던 조정 대신들은 당황하기 시작했다. 14일에는 개성에 이르렀다는 개성유수의 급보가 전해졌고 인조는 또다시 피난을 떠날 준비를 했다. 인조는 먼저 종묘사직의 신주와 함께 세자빈 강씨, 원손, 둘째 아들 봉림대군(鳳林大君), 셋째 아들 인평대군(麟坪大君)을 강화도로 보내고 자신도 그날 밤 도성을 빠져나가려 했다. 하지만 적의 상황을 살피던 군졸이 청나라 군대가 벌써 영서역(迎曙驛:은평구와 불광동 사이)을 지나 강화도로 가는 길을 막고 있다고 보고하자 인조는 강화도로 가는 것을 포기했다.

이때 최명길이 나서서 임금에게 자신이 적장을 만나 회담을 하면서 시간을 끌 테니 그동안 남한산성으로 피하라고 아뢰었다. 임금의 허락을 받은 최명길은 서둘러 적장을 만나 시간을 끌었고 그 사이에 왕은 남한산성으로 몸을 피했다.

청나라의 대군은 마침내 12월 16일 남한산성에 도착해 성 주위를 겹겹이 에워싸는 한편 수비가 허술한 강화도를 함락시켰다. 이후 별다른 싸움 없이 40여 일이 지나자 성 안의 식량은 떨어졌고 피로에 지친 군사들의 사기는 땅에 떨어졌다. 남한산성으로 향하던 조선군은 모두 크게 패해서 달아났고 명나라에 요청한 원군도 오지 않아 남한산성은 고립무원이 되고 말았다.

이에 척화파와 화친파의 논의를 거듭한 끝에 최명길 등의 제의를 받아들여 청군에 화의를 청하기로 결정했다. 최명길은 즉시 국서를 작성하고 좌의정 홍서봉(洪瑞鳳), 호조판서 김신국(金藎國) 등을 청군 진영에 보냈으나 청 태종은 조선 국왕이 직접 상문 밖으로 나와 항복하고 척화파 대신 2, 3명을 보내라고 했다. 인조는 처음에는 가당치 않은 조건이라며 받아들이지 않으려 했지만 어쩔 수 없다고 느꼈는지 며칠 후 성문을 열고 나갔다.

인조는 세자와 함께 삼전도(三田渡:지금의 송파)에 설치된 수항단(受降檀)으로 가 청 태종 앞에 무릎을 꿇고 세 번 절하고 아홉 번 머리를 조아리는 삼배구고두례(三拜九敲頭禮)를 올렸다. 인조 15년 1월 30일의 일이었다. 이는 조선 역사상 가장 치욕스러운 항복으로 기록되어 있다.

청 태종은 인조의 항복을 받았음에도 다음의 조건들을 요구해 왔다.

1. 조선은 청나라에 신하의 예를 올릴 것

2. 조선은 명과의 우호 관계를 끊을 것

3. 왕의 장자와 제2자, 그리고 대신의 자녀를 인질로 보낼 것

4. 청나라가 명나라를 칠 때는 원군을 보낼 것

5. 내외 재신과 혼인을 맺고 친하게 지낼 것

6. 황금 100냥, 백은 1,000냥을 비롯하여 20여 종의 물건은 세
   배로 바칠 것

7. 성절(聖節), 정삭(正朔), 동지(冬至), 경조(慶弔)의 사신은 청
   나라의 예를 따를 것

이러한 조건에 따라 소현세자와 봉림대군이 인질로 갔고, 척화
파의 홍익한(洪翼漢), 윤집(尹集), 오달제(吳達濟) 등 삼학사(三學
士)는 끌려가 참형을 당했다.

청나라 군대는 철군하면서 50만에 달하는 조선의 여자들을 끌
고 갔다. 이들의 목적은 끌고 간 여자들을 돈 받고 조선에 되돌려
주는 데 있었다. 하지만 대부분은 가난한 집안 출신이어서 되돌아
오지 못했고, 비싼 값을 치르고 되돌아온 일부 환향녀(還鄉女)들
은 순결을 지키지 못했다는 이유로 받아들여지지 않자 스스로 강
물에 뛰어들거나 목을 매 죽기도 했다.

그 후 임경업 등은 *병자호란의 원한을 씻기 위해 명나라와 손
을 잡고 청을 치려고 했지만 조정의 대신들이 권력을 잡기 위한
당쟁만 되풀이할 뿐이어서 뜻을 접을 수밖에 없었다.

*병자호란
인조 14년 청나라에
서 임금과 신하의 관
계를 요구하자 조선
이 거절하자 청나라
태종이 20만 대군을
거느리고 침략한 난

한편 인질로 끌려 간 소현세자는 청나라에 수입된 서양의 문물에 많은 관심을 가졌다. 그는 과학자이자 선교사인 아담 샬(Adam Schall)과 사귀면서 천주교를 알았고 서양의 과학 문명에 눈을 떴다. 인조 23년에 조선으로 되돌아온 소현세자는 계속 아담 샬과 연락하며 청나라와도 좋은 관계를 유지했다. 하지만 인조는 소현세자의 이 같은 행동에 불만을 품고 동궁을 뒤져 서양의 문물과 책 등을 불태워 버리기도 했다. 심지어는 말다툼을 하던 중에 벼루를 들어 소현세자의 얼굴을 내리치기까지 했다. 그 일이 있은 후 소현세자는 병을 얻어 자리에 눕게 되었는데 며칠 만에 숨을 거두고 말았다. 『인조실록』에 소현세자의 주검을 놓고 '시체는 온몸이 새까맣고 얼굴의 일곱 구멍에서는 피가 흘러나왔다.'고 기록되어 있는 것을 보면 독살되었을 가능성이 크다고 할 수 있다.

* 『인조실록』
효종 4년. 이경여 등이 인조 재위 27년 동안의 기록을 한 실록

인조는 세자빈 강씨를 귀향 보낸 후에 사사하고 세자의 어린 세 아들을 제주도로 귀향 보냈다. 이로 인해 세자의 두 아들은 죽고 셋째 아들만 간신히 살아남았다. 인조의 이러한 일련의 조치들은 인조가 소현세자를 독살했다는 추측을 가능케 한다.

봉림대군은 소현세자가 죽었다는 소식을 듣고 급히 조선으로 돌아왔다. 인조는 그해 9월에 봉림대군을 세자 자리에 앉혔다. 봉림대군은 1649년 5월 인조가 당파 싸움에 휘

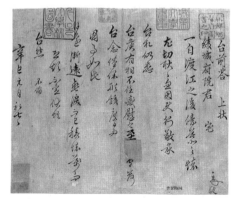

▲ 효종 어필(서울대학교 규장각)

말려 올바른 정치 한번 제대로 펼쳐 보지 못하고 마침내 세상을 떠나자 왕위를 이어받았다. 이분이 바로 조선 17대 임금 효종(孝宗)이다. 효종은 일찍이 심양에서 겪었던 굴욕을 씻기 위해 북벌론을 내세우며 국력 강화에 온힘을 쏟았지만 뜻을 이루지는 못했다.

상복을 둘러싼 당파 싸움

효종이 승하하자 맏아들 현종이 왕위에 올랐다. 현종은 외적의 침입이 있었던 것도 아니요, 나라 안에 반란이 일어난 것도 아니었지만 15년의 세월을 불안한 마음으로 보내야 했다. 현종이 즉위하자마자 효종의 어머니 자의대비(慈懿大妃)가 아들 효종의 상복을 1년상을 입어야 하느냐, 3년상을 입어야 하느냐 하는 문제가 제기되어 대신들 간의 의견이 분분했는데 이것이 당쟁으로 번져 재위 기간 내내 계속되었던 것이다.

당시 일반 백성들은 주자의 『가례(家禮)』에 의한 사례(四禮)의 준칙을 따랐지만 왕가에서는 성종 때 제정된 『오례의(五禮儀)』를 따르고 있었다. 그런데 『오례의』에는 효종과 자의대비의 관계와 같은 사례가 실려 있지 않았다. 효종이 인조의 맏아들이었다면 문제가 없었겠지만 둘째 아들이었고, 맏아들 소현세자가 죽었을 때 이미 3년상 상복을 입은 일이 있었던 것이다.

당시 인조반정으로 다시 세력을 잡은 서인과 역시 인조 때 정계에 복귀한 남인의 대립이 심상치 않았다. 인조와 효종 때는 서로 간의 감정적인 대립이 적었고 학문 교류가 원활히 이루어졌지만 예론을 둘러싼 대립으로 감정이 격해졌던 것이다.

이때 서인인 우암(尤菴) 송시열(宋時烈)은 현종이 장자가 아니라 차자이므로 1년상이 적합하다고 주장했는데 나인 윤후는 큰아들이 죽은 후에는 둘째 아들이 장자가 되는 것이니 당연히 3년상을 입어야 한다고 반박했다. 이후 남인 허목(許穆)이 송시열의 주장은 무리가 있다

▲ 송시열
숙종 때의 문신·학자

하여 윤후의 의견에 동조하고 나섰다. 윤선도(尹善道) 또한 윤후의 학설이 옳다며 효종을 장자로 인정하지 않는 것은 소현세자의 아들을 왕으로 세우려는 뜻이 있기 때문이라고 비판했다. 그러다 마침내 윤선도는 귀양을 가게 되었고 조정은 논쟁이 장기화되자 1년상이 적합하다는 송시열의 주장을 받아들여 *기년복(朞年服)이 결정되었다.

*기년복
1년 동안 입은 상복

그러나 예론은 지방으로 번져 시비가 더욱 확대되었다. 현종 7년에 조정은 기년복의 결정을 재확인하면서 이에 항의하면 이유를 불문하고 엄벌에 처한다고 공표했다.

이후 현종 15년에 효종의 왕비 장씨가 세상을 떠나자 또다시 시모인 자의대비가 1년상을 입어야 하느냐 9개월상을 입어야 하느냐 하는 문제로 시비가 일어났다. 이때 재위 기간 내내 무기력하게 지내던 현종은 과감하게 서인의 *대공설(大功說)을 물리치고 남인의 기년설을 받아들여 서인들의 세력이 한풀 꺾이게 되었다.

*대공설
9개월의복

당쟁에 휘말린 인현왕후와 장희빈

현종이 승하하자 외동아들인 숙종이 뒤를 이었는데 숙종 시대는 당파 싸움이 가장 치열했던 시기였다. 숙종은 인경왕후가 공주만 둘을 낳고 세상을 떠나자 인현왕후를 맞이하였지만 오랫동안 후사를 보지 못했다. 그러던 중 궁녀인 장소의(張昭儀)가 왕자 균(昀:경종)을 낳자 크게 기뻐하며 장소의를 희빈(禧嬪)에 봉하고 균을 세자로 책봉하려 했다.

그러자 송시열 등 서인들은 왕비가 아직 젊으니 원자를 기다려야 한다며 세자 책봉을 반대하였다. 하지만 오랫동안 아들이 태어나기만을 기다렸던 숙종은 15년 정월에 균을 세자로 책봉하고, 이에 반대했던 송시열을 제주도로 유배시켰다가 정읍으로 이배한 뒤에 사약을 내렸다. 또한 서인들을 모두 파직시키거나 유배를 보내 하루아침에 남인들이 세력을 얻게 되었다.

권력을 잡은 남인들은 정권욕에 사로잡혀 서인 편에 있는 왕비를 내쫓고 그 자리에 희빈 장씨를 앉히려는 음모를 꾸몄다. 이들의 계략으로 마침내 숙종은 왕비를 폐출하라는 명을 내렸다. 이소식을 들은 박태보(朴泰輔), 이세화(李世華) 등은 인현왕후의 폐출에 반대한다는 상소를 올렸지만 상소문을 본 숙종은 크게 화를 내며 이들을 문책하라 명했다. 박태보는 모진 고문을 받아 귀향을 가던 도중에 숨을 거두었으며 이세화 등은 유배를 당했다.

남인의 계략대로 왕비가 쫓겨난 후 희빈 장씨가 중전에 오르게 되었고 서인은 급격히 세력을 잃었다. 그러나 희빈 장씨 역시 행복한 일생을 마치지는 못했다.

숙종은 어느 정도 시간이 흐르자 인현왕후에게 미안한 마음을 갖게 되었는데 그 무렵 김춘택(金春澤), 한중혁(韓重赫) 등 서인들이 폐비 민씨를 복위하려는 운동을 벌이다 남인들에게 고발당하는 사건이 일어났다. 이때 남인의 거두인 우의정 민암 등이 대옥사(大獄事)를 일으켜 서인을 완전히 없애 버리려고 했지만 인현왕후를 폐위시킨 것을 후회하던 숙종은 옥사를 다스리던 민암을 파직시킨 후에 죽이고 서인들을 다시 등용했다. 숙종은 또한 장씨를 희빈으로 강등시키고 폐비 민씨를 다시 중전으로 복위시켰다. 그러나 이후 서인들은 소론과 노론으로 나뉘어 또다시 당쟁을 시작하였다.

한편 서인들을 몰아내기 전에 오히려 남인들이 몰락하고 자신도 희빈으로 강등되자 불만을 품은 장씨는 오빠인 장희재(張希載)

와 함께 인현왕후를 해치려는 음모를 꾸미다 발각되었다. 조정에서는 논쟁 끝에 장희재를 죽이려 했으나 남구만(南九萬), 윤지완(尹趾完) 등 소론파들이 세자에게 해를 미칠 것을 염려하여 말리는 바람에 귀향을 가는 데 그쳤다.

희빈 장씨는 숙종 27년에 인현왕후의 병세가 점점 악화되자 또다시 왕비가 되려는 망상에 사로잡혀 취선당(就善堂) 서쪽에 신당(神堂)을 꾸며놓고 무당을 불러들여 굿을 하는가 하면 왕비의 인형과 초상화를 만들어 놓고 활로 쏘는 등 요망한 짓을 서슴지 않았다. 인현왕후가 죽은 후 이 사실을 알게 된 숙종은 희빈 장씨와 장희재에게 사약을 내리고 관련된 궁인과 무당을 처벌하는 동시에 장희재에게 관대한 처분을 내리게 한 소론 일파도 모두 숙청하여 정권은 노론에게 넘어갔다.

재위 기간 내내 당쟁 속에서 살았던 숙종은 병이 들어 죽기 전에 연잉군(延礽君) 금(昑 : 영조)을 경종의 후계자로 삼으라는 유언을 남겼다. 본래 병약했던 경종은 자식을 볼 수 없는 몸이었던 것이다.

경종이 즉위하자 영의정 김창집(金昌集) 등 노론은 연잉군을 세자로 책봉해야 한다고 주장했다. 그러자 소론에서 들고 일어나 반대했지만 막을 수 없었고 오히려 연잉군이 임금 대신 나랏일을 보게 되었다. 이에 소론의 김일경(金一鏡)은 노론에서 소론으로 옮긴 목호룡(睦虎龍)을 시켜 김창집 일당이 경종을 죽이려 한다며 자신도 처음에는 가담했다는 거짓 자백을 하게 했다. 이로 인해 대옥사가 일어나 연잉군은 대리청정(代理聽政)을 취소당하고 김창집 등 노론은 제거되었다.

영조 시대의 빛과 어둠

병약한 경종이 세상을 떠나자 영조(英祖)가 왕위를 이어받았다. 영조는 당쟁을 없애기 위해 *탕평책을 폈는데 김일경과 목호령이 없는 사실을 만들어 노론파들을 없앴다는 사실을 알고는 이들을 모두 죽이고 소론파들을 쫓아냈다.

이후 영조는 당쟁을 뿌리 뽑기 위해 누구든 당파를 위하는 행동이나 말을 하면 쫓아내 버렸다. 하지만 오랜 역사를 지닌 당쟁이 쉽게 사라질 리 없었다. 불만을 품은 이인좌(李麟佐), 김영해(김일경의 아들), 정희량(鄭希亮) 등 노론의 잔당들은 영조 4년에 영조는 숙종의 아들이 아니라며 소현세자의 혈손인 밀풍군(密豊君)을 받들고 청주성에서 반란을 일으켰다. 이들은 청주성을 점령한 후 곧장 한성으로 쳐들어왔다. 때마침 용인에 은거하고 있던 소론의 원로 최규서(崔奎瑞)가 이 같은 사실을 조정에 알렸다. 조정에서는 병조판서 오명항(吳命恒) 등을 보내 안성에서 이인좌의 반란군을 물리쳤다.

이후 영조는 노론의 영수 민진원(閔鎭遠)과 소론의 영수 이광좌

*탕평책
영조 때, 당쟁의 폐단을 없애기 위해 각 당파에서 인재를 고르게 등용하던 정책

▲ 영조 어진(궁중유물전시관 소장)

(李光座)를 불러 서로 화해하라고 명하였다. 두 사람은 임금 앞에서도 자신들은 절대 파당을 일삼지 않았으니 화해할 필요도 없다며 임금을 기만했다. 왕은 어쩔 수 없이 노론의 홍치중(洪致中)을 영의정으로 삼고 소론의 조문명(趙文命)을 우의정으로 삼아 서로 타협하여 조정을 이끌도록 하였다.

영조는 자신의 어머니 숙빈 최씨가 무수리였던 탓에 일반 백성들을 생각하는 마음이 남달랐다. 영조는 백성들의 부담을 덜어주기 위해 *균역청을 설치하고 두필 씩 받던 군필을 한 필로 줄였고 국방을 튼튼히 하기 위해 조총 훈련을 장려했으며 화차를 제작하게 하고 수어청에 총포를 제작하라는 명을 내렸다. 또한 학문을 즐겨 『*악학궤범(樂學軌範)』의 「어제경세문답(御製警世問答)」을 직접 만들기도 했다. 「어제경세문답」은 후세를 경계할 목적으로 지은 문답 형식의 책으로 『*중용』과 『*대학』을 비롯한 경사(經史) 가운데서 그 내용을 뽑아 적은 것이다.

영조는 탕평책을 실시하는 한편 유능한 인재를 등용하여 실학의 학통을 수립하였다. 이로 인해 문란했던 정치는 차츰 안정을 찾아 세종 때와 같은 태평성대를 바라보게 되었다.

그러나 참으로 보기 드문 참사가 영조 때 일어나게 되었다. 바로 사도세자(思悼世子)의 뒤주 사건이었다. 영조는 두 명의 왕비

*균역청
영조 때. 균역법의 실시에 따른 모든 사무를 맡아보던 관아

*『악학궤범』
성종 24년. 성현 등이 왕명에 의해서 만들어진 음악의 원리 · 악기 배열 · 무용 절차 · 악기에 관한 음악책

*『중용』
공자의 손자인 자사가 지은 것으로 유학 경전인 사서의 하나

*『대학』
공자의 유서 혹은 증자의 저서라는 설이 있으나 유교 경전인 사서의 하나

를 맞이하였으나 모두 후사를 보지 못했다. 효장세자(孝章世子)와 장헌세자((莊獻世子:사도세자)는 영빈 이씨가 낳은 아들이었다. 효장세자는 일찍 죽어 장헌세자가 세자에 올랐는데 영조 25년에 노론의 건의에 따라 대리청정을 하게 되었다. 그러나 세자의 나이 14세에 불과해 학문을 게을리 하고 궁녀와 내시를 함부로 죽이며 여승을 희롱하는 등의 행동을 일삼아 영조를 분노케 했다.

사도세자가 나이가 들어가면서 주변에는 점차 아첨을 일삼는 무리들이 모여 들었다. 세자는 이들의 꼬임에 빠져 관서 지방(평안도 지방)까지 놀러갔다 왔는데 기생들과 함께 놀고 때로는 한성까지 데려와 음탕한 놀음을 즐겼다. 평소 세자와 사이가 나빠 영조에게 세자를 헐뜯는 말을 자주 했던 계비 정순왕후(貞純王后)는 관서 지방을 다녀온 것을 빌미 삼아 더욱 심하게 무고했다. 또한 당시 영조의 총애를 받던 숙의 문씨까지 세자가 평양 기생을 데려다 어느 암자에 숨겨놓고 음탕한 놀이를 한다고 일러바쳐 그렇지 않아도 세자를 못마땅하게 여기던 영조의 마음을 더욱 어지럽혔다.

이때 정순왕후와 그의 아버지가 나경언(羅景彦)을 사주하여 세자의 비행 10여 가지를 적은 상소문을 올리게 하였다. 본시 자상하지만 엄할 때는 매우 엄하고 냉혹한 면도 있었던 영조는 상소문을 보고 크게 노하여 세자를 폐위시키고 스스로 목숨을 끊으라고 명했다. 그러나 세자가 말을 듣지 않자 영조는 마당에 뒤주를 가져다 놓고 세자를 그 안에 들어가게 하였다. 영조 38년 5월 13일의 일이었다.

세자와 어린 왕세손 산(정조), 세자빈 혜경궁(惠慶宮) 홍씨(洪氏)는 영조 앞에 엎드려 눈물로 세자를 용서해 주기를 빌었지만 한 번 굳어진 영조의 마음을 되돌릴 수는 없었다. 결국 세자는 몸도 제대로 펴지 못하는 상태에서 8일 만에 굶어죽고 말았다.

그 후 영조는 아들을 죽인 자신의 행동을 몹시 후회하며 세자에게 사도라는 시호를 내렸다.

이어지는 태평성대

영조가 83세의 나이로 세상을 떠나자 대리청정을 하던 왕세손 정조(正祖)가 왕위를 이어받았다. 정조는 왕위에 오르자마자 영조 편을 들어 사도세자를 죽게 한 홍인한(洪麟漢)과 정후겸(鄭厚謙) 등을 모두 유배 보낸 후에 사약을 내려 아버지의 원한을 풀고 사도세자를 장헌세자로 추존하였다.

이후 정조는 정치에 흥미를 잃고 사도세자를 죽인 일파들로부터 자신을 지켜 주었던 홍국영(洪國榮)에게 모든 업무를 맡겼다. 그러나 홍국영은 자신의 지위를 이용해 지나치게 횡포를 부렸다. 그는 자신의 누이동생을 빈으로 들이고 누이동생이 죽자 왕비를 의심해 독살하려다 발각되어 죽고 말았다.

홍국영을 쫓아낸 정조는 영조의 뜻을 이어받아 탕평책을 펼치

고 숙종 이후 실각되었던 남인들을 등
용하고 서인, 북인들까지 골고루 등용
하였다.

남달리 총명했던 왕은 왕실 연구
기관인 규장각을 만들어 선왕들의 친
필 문서나 서적들을 정리하여 보관하
게 하였는데 오늘날 도서관과 같은 기
능을 했다. 또한 활자에도 관심이 많
아 새로운 활자를 만들어 인쇄술 발달
에 크게 기여했으며, 서적 편찬에도
힘을 기울여 『국조보감(國朝寶鑑)』,

▲ 정조 어진(수원 회령전 소장)

『무예도보통지(武藝圖譜通志)』, 『추관지(秋官志)』, 『대전통편(大典
通編)』 등을 편찬하였고, 자신의 저서인 『홍재전서(弘齋全書)』도
완성하였다.

학문을 좋아했던 정조는 24에 걸친 재위 기간 동안 특히 남인
학자들을 중용하여 *실사구시(實事求是)와 *이용후생(利用厚生)을
내건 실학이 크게 번성하였다. 이때 활동한 실학자들로는 박제가
(朴齊家), 홍대용(洪大容), 박지원(朴趾源), 정약용(丁若鏞) 등을 들
수 있다. 이들 북학파들은 당시 서구 문명을 받아들인 청나라의
문물을 조선에 맞게 개량해서 쓸 것을 주장했다.

정조는 양반 계급보다는 일반 백성을 위하는 정책을 많이 펼쳤
는데 쌀값이 오르면 국가에 보관하고 있는 곡식을 나누어 주는 등

*실사구시
실실에 토대를 두어
진리를 탐구하는 일.
공리공론을 떠나서
정확한 고증을 바탕
으로 하는 과학적이
며 객관적인 학문 태
도를 말함

*이용후생
기구를 편리하게 쓰
고 먹을 것과 입을
것을 넉넉하게 하여
백성들의 생활을 나
아지게 한다는 뜻

혜택을 베풀어 백성들의 생활은 많이 향상되었다. 영조 52년과 더불어 정조 24년을 조선의 황금기라고 부르는 것도 바로 이 때문이다.

정조가 세상을 떠나자 일찍 죽은 문효세자(文孝世子)를 대신해 둘째 아들 순조(純祖)가 11세의 어린 나이에 왕위에 올랐다. 이때 이미 우리나라에는 천주교가 들어와 있었다. 정조 7년에 이동욱(李東郁)이 사신이 되어 청나라로 건너가게 되자 그의 아들 이승훈(李承薰)이 따라가 천주교에 입교하고, 조선인으로서는 최초로 북경 교구의 그라몽(J. J. de Grammont) 신부로부터 세례를 받았다.

이듬해 이승훈은 성서와 성상 등을 가지고 돌아와 조선에 천주교를 전파하기 시작했다. 한성에 있던 중인 출신인 김범우(金範禹)의 집에 최초의 교회가 설립되어 신도 수가 점차 늘어났다.

정조는 천주교를 탄압하려는 마음이 없었지만 조정의 대신들이 돌아가신 부모의 제사를 지내지 않고 사당을 없애 충효사상에 어긋나고 군신의 도리를 어지럽힌다고 주장하여 마침내 탄압을 시작하게 되었다.

제1차 탄압은 정조 9년에 일어났으나 김범우 등을 정배(定配)

*정배
죄인을 지방이나 섬
으로 보내 정해진 기
간 동안 그 지역 내
에서 감시를 받으며
생활하게 하던 형벌

보내고 천주교 서적들을 모두 불태우는 것으로 일단락되었다. 그

이듬해에 정조는 경서 이외에는 어떠한 책도 들여오지 말라는 금

지령을 내렸다.

제2차 탄압은 정조 15년에 윤지충(尹持忠)과 권상연(權尙然)이

부모의 상과 제례를 유교식이 아닌 천주교식으로 거행하고 신주

까지 불살라 버린 것이 발각되어 일어났지만 다행히 몇 사람의 희

생으로 끝이 났다. 그러나 이를 계기로 소설류는 물론 경서와 사

기, 문집까지 가져오지 말라는 더욱 강력한 금지령을 내려졌다.

*벽파
사도세자의 죽음을
당연시 여기는 정파

그러던 중 순조가 즉위하여 정순왕후가 수렴청정을 하게 되면

서 조정은 벽파(僻派)의 세상이 되었고, 시파(時派)를 누르기 위

*시파
사도세자의 죽음을
동정하는 정파

해 신유사옥(辛酉邪獄)을 일으켰다. 천주교가 우리의 전통과 문화

에 맞지 않는다 하여 천주교도들을 크게 학살한 신유사옥은 사실

*신유사옥
(=신유박해)
순조 원년인 신유년
에 있었던 가톨릭교
도 박해 사건

시파를 몰아내기 위한 것이었다. 시파 중에 천주교인이나 천주교

를 연구하는 사람들이 많았던 것

이다.

신유사옥으로 인해 1년 동안 약

300여 명의 천주교인들이 희생되

었고, 정조 18년에 몰래 들어온 청

국인 신부 주문모(周文謨 : 야고보)

가 모든 죄는 자신에게 있으니 신

도들을 풀어 달라고 자수하여 참

▲ 주요요지(절두산 순교 박물관 소장)
천주교 · 교리를 알기 쉽게 쓴 책

형을 당하였다. 정약용과 정약전(丁若銓) 형제는 각각 전라도 강
진과 흑산도로 유대당했다.

얼마 후 황사영(黃嗣永)이라는 신도가 북경에 있는 주교에게 이
사실을 알리고 서양의 힘을 빌려 조선의 조정을 설득하고 억압하
여 자유롭게 포교하고자 하였으나 밀서가 발각되는 바람에 붙잡
혀서 사형을 당하는 일이 일어났다. 이 사건 이후 천주교에 대한
조선 조정의 박해는 더욱 심해졌다. 조정에서는 천주교도들이 서
양 오랑캐를 끌어들여 나라를 망치려 한다고 생각했던 것이다.

정순왕후는 순조가 열다섯 살이 되자 수렴청정을 그만두고 나
랏일을 순조에게 맡겼다. 하지만 천주교에 대한 박해는 여전히 계
속되어 순조 15년에는 경상도에서, 27년에는 전라도에서 수백 명
의 신도가 박해를 당했다. 그러나 고난이 심해질수록 천주교인들
의 믿음은 깊어만 갔고 교인들의 숫자도 늘어나 순조 31년에 조선
의 천주교는 북경교구에서 독립하여 조선교구가 되었다.

그 후 헌종(憲宗) 2년에 프랑스 선교사 모방(P. P. Maubant)
신부가 들어왔고, 그 이듬해에는 샤스탕(Chastan) 신부와 앵베르
(Imbert) 주교 등이 들어와 교세를 더욱 넓혀 나갔다. 그러자 다시
탄압을 시작한 조정은 헌종 5년에 *기해사옥(己亥邪獄)을 일으켜
세 명의 선교사와 수많은 사람들을 죽였다.

그러나 신부들의 포교 활동은 계속되어 마침내 헌종 11년에는
우리나라 최초의 신부가 탄생되었다. 바로 김대건(金大建)이라는
사람이었다. 그는 페레올(Ferreol) 주교와 다블뤼(Daveluy) 신부

*기해사옥
(=기해박해)
헌종 5년에 두 번째
로 가톨릭교도를 학
살한 사건

를 데리고 조선으로 들어와 포교 활동에 힘쓰다 체포되어 결국 목숨을 잃고 말았다.

홍경래의 난

순조가 왕위에 오르자 수렴청정을 했던 정순왕후는 경주 김씨였으나 순조 2년에 왕비로 맞이한 김조순(金祖淳)의 딸은 안동 김씨였다. 이후 순조의 생모인 박씨의 친정 반남(潘南) 박씨가 안동 김씨와 결탁하여 경주 김씨에 대항하는 세력을 굳혀 나갔고, 순조 25년에 정순왕후가 죽자 마침내 세도 정치를 시작했다.

이로써 조정에는 그들의 친인척들이 들끓게 되어 아무리 유능한 사람일지라도 이들에게 밉보이면 과거에 합격할 수 없었는데 특히 서북인들은 벼슬자리에 오를 생각을 버려야 했다. 사실 서북인들은 이미 조선 초기부터 무시를 당해 왔던 터라 이들의 불평과 불만은 뿌리 깊은 것이었다.

평안도 가산(嘉山)에 사는 홍경래(洪景來)는 몇 번에 걸쳐 사마시(司馬試)에 응시했는데 번번이 실패하고 말았다. 그 후 우연히 함께 과거에 합격한 사람과 실력을 겨루어 본 홍경래는 상대방의 학문이 형편없다는 것을 알게 되었고, 그제야 자신이 서북인이어서 과제에 급제하지 못했다는 사실을 뼈저리게 인식했다.

이후 홍경래는 뜻이 맞는 동지들을 모으기 위해 전국 각지를 돌아다녔다. 그러던 중 가산에 사는 명망 있는 가문의 서자 출신인 우군칙(禹君則)을 만나게 되었고, 이때부터 반란을 일으킬 준비를 하였다. 홍경래는 우군칙과 관로가 막혀 현실에 불만을 품고 있던 진사 김창시(金昌始) 등을 참모로 삼고 우군칙의 제자 김사용(金士用)과 홍총각(洪總角), 이제초(李濟初) 등 용맹이 있는 자들을 선봉장으로 삼았다.

가산 다복동(多福洞) 부근에 근거지를 마련한 홍경래는 10여 년간의 준비 끝에 순조 11년 극심한 흉년으로 민심이 흉흉해진 틈을 타 난을 일으켰다. 홍경래는 군대를 둘로 나누어 스스로 평서대원수(平西大元帥)라 칭하고 우군칙을 참모로 삼아 남쪽으로 진군했다. 다른 한 부대는 김사용을 부원수, 김창시를 참모, 박성간(朴聖幹)을 보급책임자로 정하여 북진하도록 하였다.

이들은 12월 18일에 공격을 시작하여 청천강 이북의 가산, 박천, 곽산, 정주, 선천, 태천, 용천 등을 불과 6일 만에 점령했다. 홍경래군을 얕잡아봤던 관군들이 뒤늦게 총공격을 펼쳤는데 봉기에 가담하지 않은 사람들까지 함부로 죽여 많은 사람들이 관군을 피해 홍경래군에 합류하게 되었다.

홍경래군은 안주를 공격하기 위해 박천의 송림리(松林里)에 모였지만 안주에 있던 병마절도사 이해우(李海愚)와 목사 조종영(趙鍾永)이 공격해 들어오고 곽산 군수 이영식(李永植)의 군대까지 합세하자 이들을 당해 내지 못하고 크게 패하여 정주성으로 쫓겨 들어갔다.

한편 뒤늦게 반란 소식을 들은 조정은 병조참판 정만석(鄭晩錫)을 양서위무사(兩西慰撫使)로 임명하여 반란 지역을 수습하게 하는 한편 이요헌(李堯憲)을 양서순무사(兩西巡撫使), 박기풍(朴基豊)을 중군으로 삼아 토벌 작전을 펼쳤다.

이후 정주를 제외한 모든 고을을 되찾은 관군이 정주성에 도착하자 홍경래군은 완전히 고립되고 말았다. 그래도 홍경래는 좀처럼 항복하지 않았다. 4개월이 지난 후에는 성 안의 식량이 부족해지기 시작했지만 누구 하나 불만을 표시하거나 도둑질하는 사람이 없었다. 오히려 서로 격려하며 농성을 계속했다. 이는 반란군과 일반 백성들이 그만큼 조정에 대한 불만이 컸음을 의미한다.

농성이 계속되자 초조해진 관군은 화약으로 성 밑을 폭파하고 일제히 성 안으로 들어가 굶주림과 피로에 지친 홍경래군을 제압하였다. 홍경래는 싸움 도중 총에 맞아 죽고 우군칙은 잔인하게 살해되었으며 선봉장이었던 홍총각 등은 붙잡혔다. 홍경래가 군사를 일으킨 지 5개월 만이었다.

이때 어사로 유명한 박문수(朴文秀)의 아들 박종일(朴鍾一)은 이진채(李振采)와 모의해 강화도에 유배 중이던 은언군(恩彦君)의 아들을 왕으로 추대하여 홍경래와 뜻을 같이하려 했으나 순조 12년 3월에 체포되어 참형되었다.

강화 도령 철종

순조는 홍경래 난 이후에도 전국 각지에서 크고 작은 반란이 끊임없이 일어나자 재위 17년에 자신이 덕이 없기 때문이라는 자책감을 느끼고 세자로 하여금 대리청정을 하게 하였다.

대리청정을 하게 된 효명세자(孝明世子 : 익종)는 현명한 인물을 많이 등용하고 신중하게 나랏일을 돌보았지만 4년 만에 세상을 떠났고, 얼마 후에는 순조도 숨을 거두어 왕세손인 헌종(憲宗)이 8세의 어린 나이에 왕위에 올랐다.

헌종이 즉위하자 할머니 순원왕후(純元王后) 김씨가 수렴청정을 하게 되었는데 말로만 수렴청정일 뿐 안동 김씨가 정권을 쥐고 흔들었다. 그런 와중에 헌종의 외가인 풍양 조씨 몇 사람이 등용되어 조인영(趙寅永)이 재상에 올랐다. 이로 인해 조정은 두 외척 간의 권력 다툼으로 편할 날이 없었다. 그러나 풍양 조씨들은 지나친 욕심을 부려 얼마 후 쫓겨나게 되었고, 정순왕후(神貞王后)의 친정인 경주 김씨도 몰락해 조정은 안동 김씨의 손 안에 떨어지게 되었다.

헌종이 10세 때 맞이한 왕비도 안동 김씨였는데 아들을 낳지 못하고 세상을 떠나자 헌종은 홍씨를 계비로 맞이했다. 하지만 홍씨의 몸에서도 후사를 얻지 못했고, 후궁들도 아들을 낳은 이가 없어 대가 끊길 형편이었다. 그러던 중 평소 몸이 허약했던 헌종이 23세의 젊은 나이에 세상을 떠나고 말았다.

헌종이 승하한 후 안동 김씨들은 자신들이 계속 세력을 유지할 수 있는 인물을 찾았다. 마침내 강화도에서 숨어 지내던 이원범(李元範)을 덕완군(德完君)으로 올려 임금의 자리에 앉혔으니, 그가 바로 강화 도령 철종(哲宗)이다.

철종은 형 회평군(懷平君)이 헌종 10년에 역모 혐의로 체포되어 살해된 후 줄곧 강화도에서 숨어 살았던 터라 19세가 되도록 글도 배우지 못했다. 둘째 형도 일찍 죽어 천애고아였던 철종이 아는 것이라곤 농사일밖에 없었다. 따라서 철종이 즉위한 후 순원왕후가 수렴청정을 하게 되었다.

▲ 철종 어진(고궁박물관 소장)

순원왕후는 2년 후 가까운 친척 김문근(金汶根)의 딸을 철종의 왕비로 들여 안동 김씨의 세력은 하늘을 찌르게 되었다. 특히 김문근은 탐욕이 심하고 몸이 비대하여 사람들에게 포물부원군(包物府院君)이라 불리었다.

김씨들의 횡포로 탐관오리가 들끓게 되어 백성들이 받는 고통은 이루 말할 수 없을 만큼 컸다. 당시 16세 이상 60세 이하의 남자에게 군포를 받게 되어 있었는데 탐관오리들은 나이를 올리거나 줄여 세금을 뜯어냈다. 봄에 먹을 것이 떨어진 백성들에게 양식을 빌려 주었다가 가을에 받아들이는 환곡(還穀)은 부정이 더 심했다. 환곡에 모래나 왕겨 등을 섞었고 흉년이 들어 나라에서 탕감해 주는 것까지 그대로 거둬들였다. 형식적으로만 장부를 기재하여 서류상으로는 수천, 수만 석이 있지만 창고에는 먼지만 가득한 곳이 대부분이었다.

이렇듯 탐관오리의 횡포가 극성을 부리자 백성들의 분노는 극에 달했다. 이때 진주에 새로 부임한 진주병사(晉州兵使) 백낙신(白樂莘)이 온갖 명목을 다 만들어 백성들의 재물들을 긁어모으기 시작해 일반 백성들은 물론 양반들로부터도 미움을 샀다.

이에 양반 계층인 유계춘(柳繼春), 이계열(李啓烈) 등은 농민들을 비롯하여 나무꾼과 목동들까지 규합하는 한편 격문과 선전문 등을 나누어 주고 한글 노래를 지어 힘을 모아 함께 일어설 것을 부추겼다.

이들은 마침내 철종 13년 12월 18일에 관가를 습격하였고 아전의 집에 불을 지른 후 백낙신을 붙잡아 죄를 물었다. 이들은 계속 관청을 습격하고 환곡을 불태웠으나 아무도 막지 못하였다.

뒤늦게 보고를 받은 조정은 관찰사와 현재의 관원을 처벌함과 동시에 북학파의 거두 박지원의 손자인 박규수(朴珪壽)를 보내 사태를 수습하려 했지만 한번 폭발한 민심은 불길처럼 번져 삼남 지방 전역에서 민란이 일어났다. 이 무렵 더 이상 임금과 조정을 믿지 못하게 된 백성들 사이에 천주교가 급속히 퍼져 나가기 시작했고, 수운(水雲) 최제우(崔濟愚)가 천주교에 반하는 동학(東學)을 창시하여 전파하기도 했다.

한편 이름뿐인 왕 철종은 강화도에서 올라왔을 때는 건장한 농부였지만 궁궐에 갇혀 궁녀들과 어울려 주색을 즐기는 동안 몸이 약해졌다. 철종은 궁녀들과의 사이에 많은 자식들을 낳았지만 살아 있는 자식이 없는 탓에 사촌의 아들을 양자로 들여 세자로 삼고 싶다는 뜻을 비쳤다.

▲ 철종대왕부묘도감의궤(규장각 소장)
철종을 효문전에서 종묘에 모신 일을 1865년 10월부터 1866년 2월까지 기록한 책

그러나 김문근은 안동 김씨들과 의논하여 전날 순조의 뒤를 이을 물망에 올랐던 종친들을 없애기로 하고 이하전(李夏詮)을 역모로 몰아 죽였다. 이것을 본 종친들은 벌벌 떨며 숨어 살았는데 흥선군(興宣君) 이하응(李昰應)은 불량배들과 어울리며 일부러 방탕하게 행동하여 목숨을 부지해 나갔다. 이때 그는 '상갓집 개'라는 소리까지 들어야 했다.

하지만 이하응은 헌종의 어머니인 조 대비(신정왕후)와 은밀히 훗날을 도모하고 있었다. 대비의 친정인 풍양 조씨들이 전날 안동 김씨에게 밀려난 집안이었던 것이다. 또한 대비의 조카로 조성하(趙成夏), 조영하(趙寧夏), 조강하(趙康夏) 등이 있었지만 20대여서 중용되지 못하고 있었다.

조성하는 철종이 14년 12월에 갑자기 세상을 떠나자 조 대비에게 옥새를 간수하라고 은밀히 아뢰었다. 조 대비는 왕이 의식을 완전히 잃기 전에 손을 써서 옥새를 손에 넣었다. 그런 다음 흥선군과 약속을 지켜 흥성군의 둘째 아들 명복(命福:고종)으로 철종의 뒤를 잇겠다는 교지를 내렸다.

그동안 철종의 후계자를 정해 놓지 못했던 안동 김씨들은 살아 있는 대원군을 둘 수 없다며 강력히 반대했지만 이미 벌어진 상황을 되돌릴 수는 없었다.

마침내 고종이 왕위에 올랐고 흥선군은 대원군에 봉해졌다. 이후 조 대비가 수렴청정을 했지만 흥선 대원군에게 정책 결정권을 주어 사실상 대원군이 나라를 다스렸다.

흥선 대원군의 개혁 정치와 쇄국 정책

정권을 잡은 흥선 대원군은 부정부패를 일삼던 안동 김씨를 조정에서 몰아내고 그들을 실질적으로 뒷받침하던 *비변사를 없애는 등 과감한 개혁을 시작했다. 그는 먼저 당쟁의 온상이 되어 온 서원을 47개만 남기고 모두 정리한 후 온후한 덕망을 갖춘 영의정 조두순(趙斗淳)을 등용하여 원만한 정치를 펼쳤고 남인, 북인, 중

*비변사
나라의 군무와 국정 사무를 맡아보던 관아

인의 구별 없이 유능한 인재를 적재적소에 기용하였다. 또한 지방의 탐관오리들을 철저히 찾아내 처벌하였다.

이후 홍선 대원군은 의정부와 삼군부(三軍俯)를 두어 행정권과 군사권을 나누었고, 세금의 법령을 고쳐 양반이나 상인 할 것 없이 세금을 거두었으며 조세를 운반하는 과정에서 발생하는 지방관들의 부정을 막기 위해 [*]사창(社倉)을 설치하였다. 이로 인해 백성들의 부담이 줄어들어 생활이 다소 안정되었고 국고는 튼튼해졌다.

▲ 홍선 대원군(고궁박물관 소장)

그러나 임진왜란 때 불탄 경복궁을 중건하기 시작하면서 공사 기간이 길어지자 부족한 자금을 마련하기 위해 돈을 받고 벼슬을 팔거나 갖가지 세금을 거둬들이는 한편 당백전이라는 화폐를 발행하여 공사비에 충당하기도 했다. 결국 우여곡절 끝에 고종 9년 조선 말기의 건축, 공예, 미술의 결정체인 경복궁은 중건되었지만 백성들은 물론 양반들에게까지 원성을 사게 되었다. 또한 중국과의 우호 관계만 유지할 뿐 다른 나라와는 국교를 맺지 않은 쇄국 정책을 펼쳐 국제 관계는 악화되었고 서구의 발달된 문명을 빨리 흡수하지 못하게 되어 뒤처지게 되었다.

[*]사창
재정에 관한 일을 맡아보던 중앙 관아

그 무렵 북쪽에서는 러시아가 남하하려 하고 있었고, 서해에서는 외국의 배들이 나타나 통상을 요구하고 있었다. 이때 예전부터 친교가 있던 남인 남종삼이 대원군에게 프랑스의 힘을 빌려 러시아의 세력을 견제하고 선교의 자유를 허용하자는 제의를 해왔다. 대원군은 남종상의 말을 받아들여 프랑스 선교사를 통해 제의를 하려 했지만 선교사가 거절하여 뜻을 이루지 못했다.

그러자 대원군은 오래전부터 금지시켜 온 천주교를 허용한다는 것은 조선의 전통에 어긋나는 일이라 여기고 강력한 천주교 탄압 정책을 펴 조선에 들어와 있던 12명의 프랑스 선교사 중 9명을 처형시켰다. 이 소식을 들은 프랑스 함대의 사령관 로즈(Rose)는 고종 3년 9월에 3척의 군함을 이끌고 인천 앞바다를 거쳐 양화진(楊花津)까지 올라왔다. 하지만 3척의 함대로는 공격할 수 없다는 것을 알고 11월에 군함을 늘려 5척으로 강화도를 공격하였다. 이들은 처형당한 9명의 프랑스 신부에 대한 보상금과 통상 조약 체결 등의 요구 조건을 제시했으나 조선이 응하지 않자 강화도를 점령하고 외규장각을 습격하여 300여 권의 책을 탈취해 갔다. 그러나 전국 각지에서 모여 든 젊은이들이 목숨을 걸고 프랑스 군대와 싸운 결과 강화도를 되찾을 수 있었다. 이 사건을 *병인양요(丙寅洋擾)라 한다.

*병인양요
대원군의 가톨릭 탄압으로 고종 3년에 프랑스 함대가 강화도를 침범한 사건

이보다 앞선 7월에는 미국의 상선 제너럴셔먼(General Sherman)호가 대동강을 거슬러 평양까지 올라와 통상을 요구하다 거절당하자 중군(中軍) 이현익(李玄益)을 감금하는 등 횡포를 부려 격분한 평양 사람들이 셔먼호를 불태워 버리는 사건이 일어났다.

미국은 이 사건을 계기로 조선을 개항시키려 하였다. 고종 8년

북경에 주재하던 미국 공사 로우(Low)와 아시아 함대 사령관 로저스(Rodgers)는 군함 5척을 이끌고 강화도로 쳐들어왔다. 미국은 초지진(草芝鎭)과 덕진진(德津鎭) 등을 점령하고 광성보(廣城堡)에 침입했지만 어재연(魚在淵)이 이끄는 조선 수비병 600여 명이 끝까지 저항해 결국 물러나고 말았다.

이를 본 대원군은 고종의 이름으로 전국 각처에 [*]척화비(斥和碑)를 세우도록 하였는데 그 내용은 다음과 같다.

*척화비
고종 8년에 흥선 대원군이 서양을 배척하며 서울과 지방 각처에 세운 비석

서양 오랑캐가 침입하는데 싸우지 않는 것은 화친을 하자는 것이고, 화친을 하자는 것은 나라를 파는 것이니 이를 만년 자손들에게 경고하기 위해 병인년에 지어 신미년에 세운다.

한편 고종이 성인이 되자 평소 대원군과 사이가 좋지 않았던 명성황후는 최익현으로 하여금 경복궁 중건, 원납전 징수 등의 실정을 내세워 대원군 집정의 부당함을 알리는 상소를 올리게 하였다. 이로써 고종은 친정을 선포했고 대원군은 집정 10년 만에 물러나게 되었다. 세도 정치의 폐해를 누구보다 잘 알았던 대원군은 친정에 형제자매가 없는 민비(명성황후)를 왕비로 간택했지만 이것은 큰 실수였다. 대원군이 뒤로 물러나자 민승호(閔升鎬)와 민경호(閔京鎬), 이유원(李裕元), 박규수(朴珪壽), 이최응(李最應), 조영하(趙寧夏), 김병국(金炳國) 등 명성황후 일파가 또다시 세도 정치를 꿈꾸게 되었던 것이다.

명성황후 일파가 정권을 잡은 이후 박제가 등 여러 실학자들이 외국과 통상을 해야 한다는 의견을 내놓았고, 대원군과 대립 상태에 있던 명성황후는 나라의 문을 열기로 마음먹게 되었다.

▲ 명성황후

그 무렵 정한론(征韓論)을 내세워 조선을 치려는 야욕을 드러냈던 일본은 고종 12년 9월 운양호(雲揚號)를 비롯한 함대 3척을 조선에 보냈다. 이때 운양호는 강화도 남단에 있는 조치진을 거슬러 올라왔는데 조선의 수병들이 경고성 포격을 가하자 기다렸다는 듯 함포 사격을 퍼부어 초지진(草芝鎭)을 파괴시켰다. 그런 다음 배를 돌려 영종진(永宗鎭)을 공격하고 육지에 부대를 보내 살육과 약탈을 감행했다. 일본이 이처럼 무력을 휘두른 것은 조선과 통상하기 위한 하나의 수단이었다.

이후 조선은 일본과 3차에 걸친 협상 끝에 마침내 고종 13년에 *강화도조약을 체결하였다. 총 12조로 되어 있는 강화도조약의 공식 명칭은 조일수호조규(朝日修好條規)이며 그 내용은 조선은 자주의 나라이며 일본과는 평등한 권리를 갖는다, 20개월 이내에 조선은 부산 이외의 3개 항구를 연다, 일본은 조선의 연해(沿海), 도서(島嶼) 등지를 자유로이 측량한다, 조선에 거주하는 일본 상인의 범죄는 일본 관원이 심판한다 등 조선에게는 절대적으로 불리

*강화도조약
고종 13년. 일본의 강압에 의해 조선과 일본 사이에 맺어진 불평등 조약

한 것들이었다.

조약이 맺어지자 조선은 김기수(金綺秀)를 수신사로 임명해 일본에 다녀오게 했다. 일본에서는 일본 공사 하나부사 요시모토(花房義質)가 들어왔다. 조선의 수신사들은 일본에서 서양의 새로운 문명을 직접 보고 느낀 것을 바탕으로 『수신사일기(修信使日記)』를 저술하였고, 김기수는 『일동기유(日東記遊)』를 지어 왕에게 바쳤다.

고종 17년에는 김홍집(金弘集)이 수신사로 일본에 건너가 주일 청국참사관 황준헌(黃遵憲)이 지은 『조선책략(朝鮮策略)』을 기증받아 돌아왔다. 『조선책략(朝鮮策略)』에는 조선이 러시아의 남침을 막으려면 서양의 제도와 기술을 배우고 중국과 일본, 그리고 미국과 친하게 지내며 연합해야 한다는 내용이 담겨 있었다.

수신사들이 지은 책으로 인해 일본에 대한 조선의 인식은 새롭게 바뀌어 갔다. 고종 18년에는 조준영(趙準永), 박정양(朴定陽), 엄세영(嚴世永), 강문형(姜文馨), 조병직(趙秉稷), 민종묵(閔種默), 이헌영(李憲永), 심상학(沈相學), 홍영식(洪英植), 어윤중(魚允中), 이원회(李元會), 김용원(金鏞元) 등으로 이루어진 신사유람단(紳士遊覽團)이 일본에 건너가 약 4개월 동안 머물며 메이지유신(明治維新) 이후 발전된 일본의 새로운 문물과 제도를 보고 돌아왔다.

또한 조정에서는 신식 무기의 제조법과 사용법을 배우게 하기 위해 김윤식(金允植)을 영선사(領選使)로 임명하고 69명의 유학생, 전문가 등과 함께 청나라에 파견하였다.

임오군란

강화도조약 체결로 대원군의 쇄국 정책이 점차 무너지면서 정권은 명성황후를 중심으로 하는 개화파와 대원군을 중심으로 하는 수구파로 대립하게 되었다. 강력한 쇄국 정책을 폈던 대원군은 국방을 중시하여 군인들을 잘 대우해 주었지만 명성황후가 세력을 잡은 이후로 대우가 나빠지고 봉급도 제대로 나오지 않게 되었다. 그러던 중 기존의 5영(營)과 훈련도감을 없앤 후 무위(武衛) · 장어(壯禦)의 2영을 설치하고 일본의 후원으로 신식 군대인 *별기군(別技軍)을 만들자 구식 군대 군졸들의 불만은 높아만 갔다.

*별기군
고종 18년. 일본인 교관을 채용하여 근대식 군사 훈련을 시켜 사관생도를 양성한 군대

이후 고종 19년 6월 호남 지방에서 세금으로 거둔 쌀이 올라와 구식 군대의 군졸들에게 우선적으로 밀린 봉급을 지불하였다. 하지만 그 분배가 공평하지 못했고 선혜청 관리들이 자신들의 배를 채우기 위해 농간을 부려 봉급미 안에 겨와 모래를 섞었는데 그나마 수량도 턱없이 모자랐다.

가뜩이나 별기군과의 차별 대우로 불만이 많았던 군졸들은 치밀어 오르는 화를 참지 못하고 봉급미를 지급하던 관리들을 때려 상처를 입혔다. 이 소식을 들은 선혜청 당상(堂上) 민겸호(閔謙鎬)는 난동을 부린 김춘영(金春永), 유복만(柳卜萬), 정의길(鄭義吉), 강명준(姜命俊) 등을 잡아 가두었다. 민겸호는 이들에게 혹독한 고문을 가한 후 그중 2명을 처형하도록 하였다.

그러자 조정에 불만을 품고 있던 구식 군대 군졸들의 분노가 마

침내 폭발하고 말았다. 군졸들은 민겸호의 집을 습격하여 부수고는 운현궁으로 들어가 대원군에게 억울함을 호소하며 이후의 행동 방침을 정해 달라고 요청하였다.

재집권을 꿈꾸던 대원군은 군졸들을 달래는 척하며 난병의 주동자인 유춘만(柳春萬 : 유복만의 동생)과 김장손(金長孫)에게 계책을 내리는 한편 심복 허욱(許煜)으로 하여금 난병을 지휘하도록 하였다. 군졸들은 대원군의 후원으로 힘을 얻게 되었고 사태는 민씨와 일본 세력에 대한 배척 운동으로 번지게 되었다.

군졸들은 동별영(東別營)의 무기고를 공격하여 병기를 탈취한 후 포도청과 의금부를 습격하여 옥에 갇혀 있는 동료들을 구했다. 그런 다음 두 개의 부대로 나누어 제1대는 강화유수(江華留守) 민태호(閔台鎬)를 비롯한 척신들의 집을 습격하고 제2대는 별기군 병영으로 몰려가 일본인 교관 호리모토 레이조(堀本禮造)를 죽였다. 날이 저물자 이들은 군중과 합세하여 일본 공사관으로 쳐들어가 건물에 불을 지르고 일본인 13명을 살해했다. 이때 일본 공사 하나부사는 간신히 도망쳐 목숨을 건졌다.

다음 날에는 더 많은 군중이 모여 들어 민씨 일파인 흥인군(興寅君) 이최응(李最應 : 흥선 대원군의 형)과 민창식(閔昌植)을 죽이고 명성황후를 없애기 위해 창덕궁 돈화문(敦化門)으로 달려갔다. 고종은 할 수 없이 군중들을 뒤에서 움직이고 있는 대원군을 불러들여 사태를 수습하게 하였다. 하지만 이미 창경궁 문턱을 넘어선 군중들은 대궐에 들어와 있던 민겸호(閔謙鎬)와 경기도관찰사 김보현(金輔鉉)을 죽이고 명성황후를 찾았다. 그러나 사태가 심각하다는 것을 알고 궁녀 옷으로 갈아입은 명성황후는 무예별감 홍재희(洪在羲)의 도움을 받아 대궐을 빠져나간 후 충주목사 민응식(閔應植)의 집에 숨어 있었다. 이 사건이 바로 *임오군란(壬午軍亂)이다.

*임오군란
고종 19년. 임오년에 구식 군대의 군인들이 신식 군대인 별기군과의 차별 대우와 밀린 급료에 불만을 품고 군제 개혁에 반대하며 일으킨 난

*통리기무아문
국내외의 군무와 국정의 기밀과 외교 통상을 총괄하는 관청

고종의 부름으로 다시 집권하게 된 대원군은 2영과 별기군을 없애고 5영을 부활하였으며, *통리기무아문(統理機務衙門)을 폐지하고 군졸들에게 봉급 문제를 해결해 주겠다고 약속했다. 또한 아들 이재면(李載冕)에게 훈련대장, 호조판서, 선혜청 당상을 겸임하게 하여 군사력과 재정권을 모두 손에 넣었다.

이 일로 민씨 일파는 큰 타격을 입었지만 발 빠르게 대처하여 다시 정권을 잡을 수 있었다.

명성황후는 청나라에 가 있는 김윤식에게 연락하여 청나라에 도움을 요청하도록 하였다. 김윤식은 대원군 집권의 부당성을 역설하였다. 일본의 세력이 커지는 것을 경계하고 있던 청은 즉시 마건충(馬建忠), 오장경 등에게 군사를 주어 조선에 머물며 감시하라고 하였다. 이들은 조선의 종주국으로서 조선을 보호할 의무가 있다며 내정에 간섭하여 대원군을 임오군란의 선동자로 몰아 청국으로 끌고 갔다.

한편 일본으로 돌아간 하나부사가 조선의 상황을 정부에 보고하자 일본은 군함 4척과 1개 대대를 파견하여 강경한 태도로 협상을 요구했고, 결국 고종 19년 8월 30일에 *제물포조약(濟物浦條約)이 체결되었는데 그 내용은 다음과 같다.

*제물포조약
고종 19년. 임오군란으로 발생된 문제를 처리하기 위하여 조선과 일본이 맺은 조약

1. 조선은 20일 안에 주동자를 가려내 중벌로 다스릴 것

2. 조선은 피해를 입은 일본국 관리를 융숭한 예로 장사지낼 것

3. 조선은 피해자의 유족 및 부상자에게 5만 원을 지급할 것

4. 조선은 일본이 받은 손해 및 공사를 호위한 군비 중에서 50만 원을 부담할 것

5. 조선은 일본 공사관에 병사를 두어 경비하게 할 것

6. 조선은 일본에 공식적으로 사죄할 것

갑신정변과 열강들의 침입

고종 19년에 일어난 임오군란을 계기로 청나라와 일본이 대립하자 조선의 정계도 두 갈래로 나뉘게 되었다. 일찍이 대원군의 쇄국 정책을 반대하던 민씨 일파는 이제 청나라에 기대는 보수 세력이 되었다. 대표적인 인물로는 민승호, 김홍집, 김윤식, 어윤중 등이 있는데 이들을 사대당(事大黨) 또는 수구당(守舊黨)이라 불렀다.

이에 반하여 일본의 메이지유신을 본받아 빠른 시일 내에 개화를 실현하려는 개화파가 등장했다. 이들을 개화당(開化黨) 또는 독립당(獨立黨)이라 부르는데 대표적인 인물로는 김옥균(金玉均), 박영효(朴泳孝), 서재필(徐載弼), 홍영식(洪英植) 등이 있다.

이들은 고종 21년에 청나라의 국내 문제가 복잡해지자 일본 공

▲ 갑신정변의 주역들
왼쪽부터 박영효, 서광범, 서재필, 김옥균

사 다케조에 신이치로(竹添進一郎)와 은밀히 논의하여 정변을 일으켜 새로운 나라를 세우려고 했다. 그러던 중 10월 17일에 우리나라 최초의 우체국인 우정국(郵政局)이 개국되어 축하 만찬회가 열리게 되었다. 이들은 연회가 열릴 즈음 우정국의 이웃집에 불을 질러 혼란해진 틈을 이용해 사대당 요인들을 모조리 죽일 계획을 세웠지만 겨우 민영익(閔泳翊)에게 중상을 입혔을 뿐이었다.

김옥균, 박영효 등은 창덕궁으로 들어가 고종에게 사대당과 청나라의 군대가 변란을 일으켰다고 거짓으로 보고하고 왕을 경우궁으로 모셨다. 그런 다음 일본 군사들로 하여금 궁을 호위케 하고 사대당들에게 입궐하라는 명령을 내리게 하여 민영목(閔泳穆), 민태호(閔台鎬), 조영하(趙寧夏) 등을 죽였다. 이것이 바로 *갑신정변(甲申政變)으로 세상은 하루아침에 개화파의 것이 되었다.

이들은 다음 날 각국의 공사, 영사들에게 새로운 정부가 수립되었음을 알리는 한편 문벌 폐지와 사민평등(四民平等) 확립, 대원군의 송환 요구, 내시부와 규장각 등 불필요한 관제의 폐지, 경찰제도 실시, 재정의 일원화 등 14개 개혁 요강을 내세웠다. 그러나 미처 공포도 하기 전에 청나라의 원세개(袁世凱 : 위안스카이)가 군

*갑신정변
고종 21년. 김옥균, 박영효 등의 개화당이 민 씨 일파를 몰아내고 새로운 정부를 세우기 위해 일으킨 정변

대를 이끌고 창덕궁을 공격하여 일본군을 물리치고 고종을 명성황후가 있는 곳으로 모셨다. 이로써 개화당의 집권은 3일 천하로 끝나고 김옥균, 박영효 등은 일본 공사관으로 몸을 피했다. 그러나 일본 공사관이 조선 군대와 난민의 습격을 받자 이들은 인천을 거쳐 급히 일본으로 망명하였다.

그 후 조선의 정계는 다시 수구당의 차지가 되었고 청나라와 일본의 조선 쟁탈전은 더욱 치열해졌다.

정변 후 조선 정부는 일본과 협상하여 *한성조약(漢城條約)을 맺고 일본인 피해자에 대한 보상금을 지불할 것과 공사관 신축에 드는 비용을 부담할 것, 그리고 관련자를 처벌할 것을 약속했다.

* 한성조약
고종 21년, 조선과 일본이 갑신정변의 뒤처리를 위하여 맺은 조약

일본은 조선 내에서 청나라와 충돌이 자주 일어나고 조선인들이 일본을 배척하는 감정이 깊어지자 이토 히로부미(伊藤博文)를 청나라에 파견해 이홍장(李鴻章)과 협상하게 하여 고종 22년에 *텐진조약(天津條約)을 맺었다. 그 내용은 양국의 군대는 조선에서 철수하고, 조선에 파병할 일이 생기면 양국은 서로 통고하기로 한다는 것이었다.

* 텐진조약
중국 텐진에서 청국과 여러 외국 간에 맺은 조약

텐진조약에 따라 양국의 군대는 모두 조선에서 철수했는데 이때부터 일본은 본격적으로 조선을 차지하기 위한 음모를 꾸미기 시작했다. 고종 21년에 베베르(Waeber) 공사를 보내 *조로수호통상조약(朝露修好通商條約)을 맺었던 러시아도 조선을 넘보기 시작했다.

* 조로수호통상조약
고종 21년 7월 조선과 러시아가 체결한 통상조약

청나라의 지나친 내정 간섭에 불만을 느낀 고종과 명성황후는

점차 러시아 쪽으로 기울기 시작했고 러시아의 세력은 커져 갔다. 고종 26년에는 러시아와 *육로통상조약(陸路通商條約)을 맺어 함경도 경흥이 러시아에 개방되었다. 이에 불안을 느낀 청나라는 러시아의 남하 정책에 불만이었던 영국을 끌어들였다. 영국은 청나라의 사전 양해하에 조선의 거문도를 점령하고 2년간 머무르며 병영을 설치하고 포대를 쌓는 등 군사 기지를 마련했다. 그러자 러시아는 영국에 항의하는 한편 청나라가 영국의 행동을 인정한다면 러시아도 조선을 점령하겠다고 위협하여 중재를 요청하였다. 그 결과 영국은 러시아로부터 '어떠한 나라도 조선의 영토를 점령하지 않는다.'는 다짐을 받고 철수했다.

*육로통상소약
1888년에 조선과 러시아가 맺은 두만강 지역의 국경무역에 관한 조약

동학 혁명

19세기 말 개항 이후 조선은 통치 질서가 무너지고 일본 등 세계열강들이 조선을 둘러싸고 이해관계가 복잡해지는 등 나라 안팎이 어지러운 때였다. 특히 일본의 독점적 통상 무역은 조선의 경제를 더욱 궁핍하게 만들었다. 양반 지배층은 권력과 조세 제도의 문란을 이용하여 농민을 억압하고 더욱 심하게 수탈했다. 이러한 때 토속 신앙을 바탕으로 유교, 불교, 도교, 천주교의 장점을 합친 *동학이 창시되어 백성들 사이에 급격히 전파되

*동학
최제우가 백성을 구제하고 탐관오리의 수탈과 외세의 침입을 저항하는 민족 종교

었다.

동학은 모든 인
간은 평등하다는 시
천주(侍天主)와 인
내천(人乃天) 사상
을 내세워 신분 차

▲ 최제우

▲ 최시형

별을 없애고 사회를 개혁할 것을 부르짖었고 민중들이 이에 호응
하여 교세는 갈수록 확장되어 갔다. 그러나 조선 조정은 백성을
속이는 요사스러운 종교라 하여 1대 교주 최제우를 처형하고 동학
을 탄압하였다.

최제우에 이어 2대 교주가 된 최시형(崔時亨)은 교인들이 많이
살고 있는 영양(英陽)의 용화동(龍化洞)에 거처를 정하고 자연 발
생의 교화조직인 접(接)과 행정 목적이 강한 포(包)라는 특수한 제
도를 마련해 신도들을 합리적으로 조직하고 포교를 추진했다.

이로 인해 다시 교세가 커져 나가자 고종 29년 11월에 전국의
신도들이 전주 삼례역(參禮驛)에 모여 교조 최제우를 신원(伸寃)하
고 신도들에 대한 탄압을 중지해 달라고 청원했다. 하지만 탄압은
계속되어 고종 30년 2월 광화문에 모여 40여 명의 대표가 임금에
게 직접 상소를 올렸다. 이때 정부 측의 회유로 일단 해산했는데
오히려 탄압이 더 심해지자 3월 10일 충청도 보은에 수만 명의 신
도가 모여 대규모 시위를 일으키려 했다. 이 소식을 듣고 깜짝 놀
란 조정에서 선무사 어윤중(魚允中)을 파견하여 탐관오리를 파면

시키는 등 신도들을 달랬고 신도들은 뿔뿔이 흩어졌다.

그 후 전라도 고부 지방의 동학 접주인 전봉준(全琫準)이 고종 31년 1월 10일에 1,000명의 농민들과 봉기를 하여 먼저 군청을 습격해 무기를 마련하고 농민들로부터 부당하게 거두어들인 곡식을 다시 농민들에게 나누어 준 후 만석보(萬石洑)를 허물어 버리고 10일 만에 해산하였다. 이들이 일어선 이유는 당시 고부 군수 조병갑(趙秉甲)에게 있었다.

고종 29년에 전라도 고부 군수로 부임해 온 조병갑은 아버지의 비석을 세우겠다며 불법으로 돈을 거두고, 재산이 있는 사람들에게는 거짓 죄를 뒤집어씌워 재산을 빼앗았으며, 농민들을 동원하여 만석보(萬石洑)를 증축하게 한 뒤 물세까지 거두기 시작했다. 조병갑의 행패를 참다못한 농민들은 군수와 전라도 관찰사를 찾아가 물세를 없애 달라고 간청했지만 아무런 효과가 없었다. 오히려 탄압만 당할 뿐이었다. 때문에 전봉준과 민중들이 봉기를 한 것이었다.

그러나 조정은 사건의 내막은 알아보려고도 하지 않고 민란의 책임을 동학교도들에게 돌린 후 그들을 잡아 죽이고 집을 불사르는 등 무차별 탄압을 시작했다. 이에 격분한 전봉준과 김개남(金開男), 손화중(孫華仲) 등 동학교도들은 *보국안민(輔國安民)과 *제폭구민(除暴救民)의 기치를 내걸고 농민들에게 궐기할 것을 호소하였다. 그러자 정읍, 태인, 부인 등지의 농민들이 합세하여 그 수가 수천에 달하였다.

동학군의 무기는 대부분 대나무로 만든 창이었지만 사기가 충

*보국안민
나랏일을 돕고 백성을 편안하게 함

*제폭구민
포악한 것을 물리치고 백성을 구원함

천하여 전주에서 출동한 관군을 물리치고 고창을 점령하였으며 영광을 지나 함평에 도착했다. 조정에서는 홍계훈(洪啓薰)을 양호 초토사(兩湖招討使)로 삼아 동학군을 토벌케 하였지만 크게 패해 도망쳤고, 동학군은 쉽게 전주를 점령하였다.

승산이 없는 싸움임을 안 정부는 청나라에 군사를 보내 달라고 요청했는데 청은 텐진조약에 따라 이를 일본에게 알려 일본군도 조선에 오게 되었다. 이에 당황한 정부는 동학군에게 휴전을 제의 하였다. 동학군은 탐관오리와 횡포를 부리는 양반 부호는 엄벌에 처하고, 노비문서를 없애고, 젊은 과부의 재가를 허용하고, 인재 본위로 관리를 채용한다는 것 등을 주요 내용으로 한 12개의 폐정 개혁을 내세웠고, 정부에서 이를 받아들여 '전주화약(全州和約)' 이 성립되자 해산하였다.

그러던 중 그해 6월에 일본군이 갑자기 궁궐에 침입하여 민씨 일파를 없애고 대원군을 옹립하여 새 정권을 수립하는 사건이 벌 어지자 전봉준은 10월에 동학군을 전주에 집결시키고 다시 일어 섰다. 이번에는 조선을 침략하려는 일본을 무찌르기 위해서였다. 사기가 충천한 동학군은 처음에는 곳곳에서 승리했지만 근대적인 무기와 훈련으로 무장된 일본군과 힘을 합친 관군을 당해 낼 수 없었다. 동학군은 공주의 우금치(牛金峙)에서 관군과 일본군을 만 나 7일 동안 전투를 벌인 끝에 크게 패해 전주, 태인을 거쳐 전라 도 남단까지 후퇴하였다.

전봉준은 관군을 피해 다니며 재봉기를 꿈꾸었으나 12월 28일

상금에 눈이 먼 동료의 배신으로 붙잡히고 말았다. 이후 동학군은 더 버티지 못하고 달아났고 농민군들도 일본군에 의해 해산되었다. 이로써 약 1년 동안 계속되었던 동학 혁명은 끝이 나고 말았다.

동학 혁명은 비록 실패했지만 양반 중심의 봉건 체제에 대항하고 외세의 침투에 정면으로 맞서 싸웠다는 점에서 큰 의의를 지닌다.

갑오개혁

동학 혁명을 계기로 조선에 다시 들어온 일본은 청나라를 등에 업고 있던 민씨 세력을 몰아내고 정치를 다시 대원군에게 위임하도록 하였다. 일본이 이렇게 텐진조약을 무시하고 함부로 행동하자 청나라는 잘못을 지적하며 공동으로 군사를 철수할 것을 요구했다. 하지만 일본은 오히려 청나라에 공동으로 조선의 내정에 간섭하자고 주장하면서 청나라가 거절하면 단독으로라도 조선의 내정을 개혁시키겠다고 선언했다.

일본 공사 오토리 게이스케(大鳥圭介)는 임금을 만나 다음과 같은 5개의 개혁 방안을 제시했다.

*부원
경제적 부를 생산할 수 있는 근원이나 천연 자원

1. 중앙과 지방 제도의 개정 및 인재 등용

2. 재정의 정리와 *부원(富源)의 개발

3. 법률의 정돈 및 재판법 개정

4. 안녕 질서 보호 및 군비 시설 확충

5. 교육 제도의 확립

일본이 강경한 자세로 나오자 청나라의 원세개는 정세가 불리하다는 것을 알고 본국으로 돌아갔고 조선 조정에는 다시 친일파인 김홍집(金弘集) 내각이 조직되었다.

한편 청나라는 원세개가 병을 핑계로 돌아오자 그해 7월에 조선으로 군사를 보냈는데 고종 32년 4월 17일에 일본이 승리하여 *시모노세키조약(下關條約)이 맺어질 때까지 약 9개월에 걸쳐 청일전쟁이 일어났다. 이에 따라 일본은 조선에 대한 정치적 · 군사적 · 경제적 지배권을 확립할 가능성을 가지게 되었다.

일본의 야욕을 눈치 채지 못한 조선은 개혁의 중추 기관인 군국

*시모노세키조약
청일 전쟁 뒤, 청의 강화 대사 이홍장과 일본의 이토 히로부미가 일본의 시모노세키에서 체결한 강화 조약

▲ 시모노세키 조약 체결 모습

기무처(軍國機務處)를 설치하고 일본 공사 오토리를 고문으로 삼았다. 군국기무처는 가장 먼저 관제를 개혁했다. 청국과의 조약 폐지, 문벌과 신분 계급 타파, 노비제도 폐지, 조혼(早婚) 금지, 과부 재가 허용 등 23개 항의 개혁안을 발표했다. 이것이 곧 *갑오개혁(甲午改革: 갑오경장이라고도 함)이다. 하지만 이 개혁안은 강제적인 데다가 조정이 백성들로부터 신임을 잃어 실효를 거두지 못했다.

*갑오개혁
(=갑오경장)
고종 때 개화당이 정권을 잡아 개혁을 통해 재래 문물제도를 근대식으로 고치고 정치 · 경제 · 사회 전반에 걸쳐 추진되었던 개혁 운동

우리나라 최초의 헌법 홍범 14조

갑오개혁이 실패하자 오토리의 후임 이노우에 가오루(井上馨)는 청나라와 내통했다는 이유로 대원군을 쫓아내고 갑신정변 때 일본에 망명했던 박영효와 서광범을 불러들여 김홍집과 함께 친일 연립 내각을 구성하도록 하였다.

새로운 내각은 군국기무처를 없애고 2차 개혁을 시작해 홍범(洪範) 14조를 제정했다. 그 후 고종 32년 1월 7일에 임금이 왕족과 백관을 거느리고 종묘에 나아가 독립서고문(獨立誓告文)과 홍범 14조를 선포했다. 우리나라 최초의 헌법인 홍범 14조의 내용은 다음과 같다.

1. 청나라에 의존하지 않고 자주 독립의 기초를 확실히 세운다.

2. 왕실 규범을 제정함으로써 대위(大位) 계승과 종친·척족의 명분과 의리를 명백히 한다.

3. 군주는 정전(正殿)에 나와 정사를 보고, 국정은 각 대신과 논의하여 재결하며, 종실(宗室), 외척의 내정간섭을 허용하지 않는다.

4. 왕실과 국정 사무는 분리한다.

5. 의정부와 각 관아의 직무 권한을 명백히 한다.

6. 백성의 조세는 모두 법령이 정한 바에 따르며, 명목을 더해 함부로 징수하는 것을 금한다.

7. 조세의 징수와 경비지출은 모두 *탁지아문(度支衙門)에서 관할한다.

8. 왕실 비용을 절감하고 각 아문·지방관의 모범이 된다.

9. 왕실·관부 비용은 연간 예산을 작성하고 재정적 기초를 확립한다.

10. 지방관제를 개정하고 지방관리의 직권을 한정한다.

11. 나라 내의 총명한 자제들을 널리 외국에 파견하여 학술과 기예를 배우도록 한다.

12. 장관(將官)을 교육하고 징병법을 실시하여 군제의 기초를 확립한다.

13. 민법·형법을 엄히 제정하여 함부로 감금하거나 징벌하는 것을 금지하며 백성의 생명과 재산을 보호한다.

14. 인재를 구함에 있어 문벌에 구애받지 않고 널리 골고루 등

용한다.

그러나 이 같은 조항은 일본의 지나친 간섭과 무력한 내각 때문에 민중의 지지를 얻지는 못하였고 개혁을 주도한 박영효가 민씨 세력에 의해 축출당하자 흐지부지되고 말았다.

아관파천과 대한제국 선포

한편 일본은 조선의 민심이 일본에 등을 돌리고 고종과 명성황후가 러시아에 의지하려고 하자 1895년(고종 32년)에 일본 공사 이노우에의 후임자 미우라 고로(三浦梧樓)가 낭인을 이끌고 경복궁에 침입하여 명성황후를 참혹히 살해한 후 [*]을미사변(乙未事變)이 일어난다.

*을미사변
고종 32년, 일본 공사 미우라 고로 등이 친러파 세력을 제거하기 위하여 경복궁을 습격하여 명성 황후를 죽인 사건

하루아침에 국모를 잃은 조선의 백성들은 일본의 잔악한 행동에 치를 떨었고, 가뜩이나 좋지 않았던 일본에 대한 감정은 극에 달해 전국 각지에서 의병들이 들고 일어났다. 동학 혁명에 참여했던 사람들도 합류하여 마침내 친일 내각은 무너지고 개혁은 중단되었다.

이렇듯 나라 안이 소란스러워지자 러시아 공사 베베르는 공사관을 보호한다는 명목으로 수병 150명을 이끌고 서울로 데려왔

다. 이때 기회를 노리고 있던 이범진 등 친
러파들은 러시아 공사 베베르와 모의하여
고종 32년 2월 11일 새벽에 임금과 세자를
모시고 러시아 공사관으로 들어갔다.

▲ 왕 고종과 왕세자 순종

명성황후가 살해된 후 불안해진 고종이
친러파의 제의를 받아들여 러시아 공사관
으로 들어가자 러시아 공사는 임금과 세자
만 받아들이고 나머지 사람들은 돌려보냈
다. 이로써 고종과 태자는 사실상 감금 상
태가 되었고 아무도 함부로 임금을 만날
수 없었다. 임금을 만나기 위해서는 러시아 공사의 승인을 받아야
했던 것이다. 다만 통역관인 김홍륙(金鴻陸)만이 자유롭게 출입할
수 있었다. 이 사건이 바로 *아관파천(俄館播遷)이다.

이로써 정권은 하루아침에 친러파의 손에 넘어갔고 많은 친일
파들이 일본으로 망명해 목숨을 건졌으나 총리대신 김홍집과 상
공대신 정병하(鄭秉夏)는 경복궁 앞에서 성난 군중들에게 맞아 죽
었고, 탁지부 대신 어윤중(魚允中)은 도망치다 백성들에게 살해되
었다.

이후 친일파들이 사라진 자리를 친러파가 대신하여 이범진(李
範晉)이 법무대신, 안경수가 경무사(警務使)가 되어 실권을 쥐었
다. 탁지부 고문에 임명된 러시아인 알렉시예프(Alexiev)는 막대
한 소개비를 받고 경인철도 부설권 등 조선의 각종 이권을 여러

*아관파천
일본 세력에 대한 친
러 세력의 반발로 고
종과 세자가 1896년
2월 11일~1897년 2
월 20일까지 러시아
공사관으로 거처를
옮긴 사건

나라에 넘겨주었다. 그러나 힘없는 백성들은 세상 돌아가는 꼴을 멍하니 지켜볼 수밖에 없었다.

그 무렵 갑신정변의 주동자였던 서재필이 12년 만에 미국에서 돌아왔다. 서재필은 자유주의와 민주주의적 개혁 사상을 민중에게 보급시키고 일깨워 민중의 힘으로 조국을 자주 독립 국가로 만들기 위해 「독립신문(獨立新聞)」을 창간하고 이승만(李承晚), 이상재(李商在), 윤치호(尹致昊) 등과 함께 *독립협회(獨立協會)를 창립하였다.

이들은 첫 사업으로 국민들의 성금을 모아 청나라 사신을 맞아들이던 영은문을 헐고 그 자리에 독립문을 세웠다. 이어 러시아 공사관에 국왕과 태자를 환궁시키라고 요구하는 한편 이권 양도를 반대하는 운동을 펼쳐 많은 사람들의 지지를 받았다.

▲ 고종황제

러시아 공사는 독립협회가 끊임없이 국왕 환궁을 요구해 오자 마침내 아관파천 1년 만인 고종 33년 2월 20일에 고종을 경운궁(慶運宮:덕수궁)으로 돌려보냈다. 고종은 그해 8월에 독립협회와 손잡고 자주 국가임을 내외에 선포하기 위해 나라 이름을 조선에서 대한제국(大韓帝國)으로, 연호를 건양(建陽)에서 광무(光武)로 고친 다음 왕을 황제라 칭하고 10월 12일에 정식으로 즉위식을 거행하였다.

대한제국은 서울에 무관학교를 새로 설립하여 근대식 군사 훈련을 통해 국방 체제를 확립시키고자 하였고, 국어와 국사 교육을 강화하여 민족 문화를 수립하려 하였다. 또한 근대식 교육을 보급하고 해외에 유학생을 보내는 일에도 힘을 기울였다. 하지만 대한제국의 근대화 시책은 별다른 효과를 보이지 못했으며 외세 역시 이를 받아들이려 하지 않았다.

독립협회와 황국협회

한편 독립협회는 개혁파 정부와의 협의를 통해 중추원(中樞院)을 개편하여 의회(上院)를 설립하기로 합의했다. 이에 따라 정부는 1898년 11월 5일에 우리나라 최초의 의회를 열기로 하고 중추원 신관제(中樞院新官制 : 의회설립법)를 공포하였다.

독립협회는 그해 10월 28일~11월 2일까지 6일간 종로에서 만민공동회(萬民共同會)를 열었고, 백정 출신인 박성춘(朴成春)의 발언을 시작으로 각계각층의 사람들이 단상에 올라 러시아를 비롯한 외국의 침략 정책을 규탄했다. 이들은 6개의 건의안을 만들어 고종 황제에게 제출했다. 이를 '헌의(獻議) 6조'라 하며 그 내용은 다음과 같다.

*만민공동회
1898년 독립협회 주최로 외세의 배격과 언론, 집회의 자유를 주장하는 민족주의 운동을 제창하며 열린 민중대회

1. 외국에 의존하지 말고 관민(官民)이 협력하여 전제황권(專制皇權)을 견고히 할 것
2. 각부 대신과 중추원 의장이 광산·철도·석탄·산림·차관·차병(借兵)과 외국과의 조약에 합동으로 서명할 것
3. 전국의 재정은 모두 탁지부에서 관할하여 정부의 다른 기관이나 개인 회사가 간섭하지 못하게 하고 예산과 결산을 국민에게 공포할 것
4. 중죄인을 공개 재판하되, 피고가 저지른 죄를 자백한 후에 재판할 것
5. *칙임관(勅任官)은 황제가 정부의 과반수 동의를 받아 임명할 것
6. 갑오개혁 때 제정된 *장정(章程)을 실천할 것

헌의 6조는 그 자리에 참석했던 대신들에게 동의를 받고 고종으로부터도 그대로 실시할 것을 약속받았다.

그러나 의회 설립 하루 전인 11월 4일 밤에 갑자기 순검들이 독립협회를 습격하여 회장 윤치호를 제외한 17명의 간부들을 잡아갔다. 그 후 고종은 독립협회 등 민간단체의 해산을 명하였다. 이는 의회가 설립되어 독립협회와 개혁파 정부와 연합하면 자신들은 영원히 정권을 잡지 못할 것이라고 판단한 친러 수구파들에게 속아서 내린 결정이었다.

친러 수구파들은 독립협회가 활발한 활동을 벌이며 민심과 고

종 황제의 호감을 얻자 보부상들을 중심으로 [*]황국협회(皇國協會)를 만들었다. 그런 뒤 황국협회 회장 이기동(李基東), [*]찬정(贊政) 조병식(趙秉式) 등은 '독립협회 등이 나라의 체제를 왕정에서 공화정(共和政)으로 바꾸려고 백성들을 선동한다.' 는 내용의 익명서(匿名書)를 뿌리고 고종에게도 보고하였다.

이에 놀란 고종은 독립협회 간부들을 체포하게 하고 민간단체를 해산하게 했던 것이다. 그 후 고종은 박정양(朴定陽), 민영환(閔泳煥) 등의 개혁파 정부를 쫓아내고 다시 조병식을 내각 수반으로 하는 친러 수구파 정부를 조직했다.

그러나 독립협회 회원들과 배제 학당 학생들은 고종의 해산 명령에도 불구하고 경무청 앞에 모여 독립협회 간부들의 석방을 요구하며 시위를 벌였다. 당황한 정부는 간부들을 풀어 주고 독립협회를 합법적인 단체로 인정했지만 독립협회는 다시 경무청 앞에서 만민공동회를 열어 익명서는 황국협회 측의 모함이라며 익명서를 작성한 이기동과 조병식 등의 처벌을 요구했다. 그제야 사실을 알게 된 고종은 이기동과 조병식 등을 체포하라는 명령을 내렸는데 조병식 일파는 붙잡혔지만 이기동은 끝내 잡히지 않았다.

이기동은 지방의 보부상들을 서울로 불러들여 무력으로 독립협회에 대항하게 하였다. 약 2,000명의 보부상들은 길영수(吉泳洙), 홍종우(洪鍾宇)의 지휘 아래 몽둥이로 무장하고 11월 21일에 만민공동회를 기습하여 많은 시민들이 부상을 입었다. 하지만 이튿날

* 황국협회
1898년 이기동, 홍종우, 박유진 등이 개화 세력을 탄압하기 위하여 수구 세력이 조직한 어용 단체

* 찬정
의정부 소속의 벼슬

분노한 시민들이 들고 일어나 보부상들은 본부가 있는 마포까지 밀려났다.

이들의 싸움이 계속되자 고종은 두 협회의 대표자를 불러 요구 조건을 들어주겠다고 약속하고 협회를 해산하라고 타일렀다. 그 후 협회는 해산되었지만 독립협회는 만민공동회라는 이름으로 존속되었다. 이에 친러 수구파들은 또다시 고종을 부추겨 430여 명의 만민공동회와 독립협회 지도자들을 체포하여 최정식(崔廷植)은 사형시키고 이승만(李承晩)은 종신형에 처하였고, 만민공동회와 독립협회는 마침내 해산되고 말았다. 이때 서재필은 강제로 출국당해 미국에서 대한제국의 독립을 위해 애쓰다 숨졌다. 서재필의 유해는 1994년 4월 전명운(田明雲) 의사의 유해와 함께 고국에 돌아와 국립묘지에 안장되었다.

독립협회가 약 3년에 걸쳐 해온 일을 요약하면 자주 국권 사상과 자유 민권 사상, 그리고 자강 개혁 사상을 민중들에게 심어 준 것이라 할 수 있다. 독립협회는 비록 해산되었지만 20여 년 뒤인 1919년 4월에 김구(金九), 이동녕(李東寧), 이시영(李始榮) 등 40여 명은 중국 상해에 임시정부를 수립하여 27년간 민주공화정 체제를 유지하였다.

을사조약

한반도에서 러시아의 세력이 점점 커지자 일본은 러시아에게 39도선을 경계로 우리나라를 분할 점령할 것을 제의했지만 거절당했다. 이후 일본은 러시아의 남진 정책을 막으려는 영국과 동맹을 맺는 한편 러시아를 공격하기 위한 준비를 시작했다.

일본은 마침내 광무 8년(1904년) 2월 6일 러시아에 최후통첩을 보내고 8일에 인천 앞바다에서 러시아 군함을 공격하여 *러일전쟁이 일어나게 되었다. 전쟁은 예상과는 달리 일본 측에 유리하게 전개되었고 친러파들은 갑자기 친일파로 변해 일본 공사관에 모여 들었다. 그러자 일본은 2월 23일에 한국 정부를 위협하여 전문(全文) 6조로 된 한일의정서(韓日議定書)를 체결하게 하였다. 이 조약에는 '대한제국 정부는 일본 정부를 확신하고 시정(施政)의 개선에 관한 충고를 받아들이고 군략상 필요한 지점은 언제든지 제공한다.'는 내용이 담겨 있었다.

8월 23일에는 제1차 한일협정을 맺어져 일본은 본격적으로 대한제국의 내정에 간섭하기 시작했다. 이때 미국은 국무장관 태프트(Taft)를 일본에 보내 외상 카스라 다로(桂太郎)와 비밀 협약을 맺게 했다. 이에 카스라-태프트 밀약이 이루어졌는데, 그 내용은 대한제국은 일본이 다스리고 필리핀은 미국이 다스린다는 것이었다.

일본은 또한 러시아와의 전투에서 승승장구하여 광무 9년 8월 10일에 미국 루스벨트 대통령의 중재로 포츠머스(Portsmouth)에

*러일전쟁
1904년에 한반도와 만주에 대한 지배권을 둘러싸고 러시아와 일본 사이에 일어난 전쟁

서 강화도 조약을 맺은 후 전쟁을 끝냈다. 이 조약에는 대한제국에 대한 일본의 지배권을 인정한다는 내용이 명시되어 있어 일본은 국제적으로 대한제국에 대한 지배권을 승인받게 되었다.

그 후 일본은 일진회(一進會) 등 친일 단체를 끌어들여 을사조약(乙巳勒約 : 제2차 한일협약)의 필요성을 여론화시키고 이토 히로부미(伊藤博文)를 파견했다. 이토 히로부미는 군대로 궁궐을 포위하고 고종과 대신들을 위협하여 을사조약에 조인할 것을 강요했다. 이에 참정대신 한규설(韓圭卨) 등은 강력히 거부했지만 학부대신 이완용(李完用), 내부대신 이지용(李址鎔), 외부대신 박제순(朴齊純), 군부대신 이근택(李根澤), 농상공부대신 권중현(權重顯) 등 다섯 명이 찬성하여 1905년 11월 17일에 *을사조약(을사늑약)이 체결되었다. 이 다섯 명을 을사오적(乙巳五賊)이라 한다. 조약의 내용은 다음과 같다.

1. 일본 외무성이 대한제국의 외국에 대한 관계 및 사무를 관리 지휘한다.

2. 대한제국 정부는 일본을 거치지 않고는 어떤 국제적 조약이나 약속을 할 수 없다.

3. 대한제국 황제 밑에 1명의 통감(統監)을 두어 대한제국의 외교에 관한 사무를 관리한다. 일본 정부가 필요하다고 인정되는 각지에는 이사관(理事官)을 배치하며 통감은 이들을 직접 지휘한다.

이 사실이 알려지자 나라의 앞날을 걱정한 시종무관 민영환(閔泳煥), 법부주사 안병찬(安秉瓚), 주영공사 이한응(李漢應), 학부주사 이상철(李相哲) 등은 스스로 목숨을 끊어 죽음으로써 조약의 체결을 취소할 것을 간청하였다.

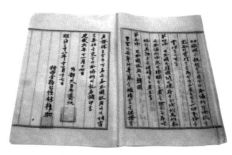

▲ 을사 보호 조약문

「황성신문(皇城新聞)」의 주필 장지연(張志淵)은 「시일야방성대곡(是日也放聲大哭)」이란 제목의 사설을 써서 무료로 각 가정에 나누어 주었고, 「대한매일신보(大韓每日申報)」도 고종의 친서를 실어 여론을 환기시켰다. 이에 전국 각지에서 조약 취소를 요구하는 상소문이 날아들고 의병들이 일어나 일본 군대와 치열한 싸움을 벌였다.

충남 홍주(洪州)에서는 민종식(閔宗植)이 의병을 일으켰고, 전북 순창(淳昌)에서는 선비 최익현(崔益鉉)이 제자 임병찬(林炳瓚)과 더불어 400여 명의 의병을 모아 항전하다 대마도로 유배되어 단식 끝에 숨졌다.

경상도 영해에서 일어난 평민 출신 의병장 신돌석(申乭石)은 3,000여 명을 이끌고 일본 수비대와 맞서 싸워 많은 일본군을 죽였다. '태백산 호랑이'로 불렸던 신돌석은 일본군이 거액의 현상금을 내걸자 이를 욕심 낸 부하 김상렬의 집에 은신했다가 이들 형제의 계략에 빠져 암살당했다. 이후 수많은 우국지사들이 나라를 되찾겠다는 일념으로 일어섰지만 훈련과 무기 부족으로 도처에서 일제의 총검에 의해 목숨을 잃었다.

한편 고종은 1907년 6월에 네덜란드 수도 헤이그에서 제2차 만국평화회의가 열린다는 것을 알고 '을사조약은 강제로 체결된 것이어서 무효화되어야 한다.'는 것을 알리기 위해 밀사를 파견했다.

고종의 밀명을 품고 서울을 떠난 이준(李儁)은 러시아 블라디보스토크에서 이상설(李相卨)을 만나 합류한 후 상트페테르부르크(현 레닌그라드)에서 러시아 주재 공사관의 서기관이었던 이위종(李瑋鍾)을 만나 세 사람이 함께 시베리아를 거쳐 네덜란드 헤이그로 갔다.

6월 25일 헤이그에 도착한 이들은 일제의 방해로 회의에 참석조차 할 수 없었다. 그러나 세 사람은 영국, 미국, 프랑스 등 여러 국가의 대표들을 방문하여 을사조약의 부당성을 역설하고, 각국의 신문을 통해 일제의 침략 행위를 폭로하였다. 이로 인해 어느 정도의 호응과 동정은 얻었지만 구체적인 성과를 얻지 못하자 이준은 울분을 참지 못하고 헤이그에서 순국했다.

▲ 헤이그 특사(이준, 이상설, 이위종)

이 사실을 알게 된 일본은 고종을 문책하고 황태자에게 섭정을 시키도록 압력을 가했다. 고종은 처음에는 거절했지만 일본이 계속 협박해 오자 마침내 7월 19일에 조서를 내려 황태자에게 섭정할 것을 명했다. 그러나 일본은 섭정을 양위(讓位)로 왜곡하여 발표하고 고종을 몰아냈다. 이로 인해 고종은 태황제(太皇帝)가 되었고 대한제국의 마지막 황제인 순종(純宗)이 즉위하였다.

이 소식을 듣고 격분한 민중은 일진회의 기관지인 국민신보사를 습격하고 을사오적의 집으로 몰려가 이완용 등의 집을 불태워 버렸다.

▲ 이완용

융희(隆熙) 2년(1908년)에 미국인 스티븐스는 대한제국의 외교권이 일본으로 넘어가자 외교 고문직을 내놓고 미국으로 돌아갔다. 샌프란시스코에 도착한 스티븐스는 "일본이 대한제국의 정치에 간섭한 후 대한제국 국민의 생활은 보다 안정되었고, 일반 국민들은 일본의 보호정책을 환영한다."는 말을 서슴없이 했다. 이에 격분한 장인환과 정명운은 스티븐스가 기차를 타려고 할 때 총을 쏴서 죽였다.

한편 러일전쟁 이후 상해로 망명하여 중국과 러시아 등지에서 항일 활동을 하던 안중근(安重根)은 을사조약의 원흉 이토를 암살하기 위해 기회를 노리고 있었다. 그러던 중 안중근은 1909년 9월에 신문을 보고 이토가 러시아의 대장대신(大藏大臣) 코코프체프

▲ 안중근
이토 암살 후, 여순 감옥에서 사형당했다.

(Kokovsev)와 하얼빈에서 회견하기 위해 만주에 온다는 사실을 알게 되었다. 안중근은 우덕순(禹德淳), 조도선(曹道先), 유동하(劉東夏) 등과 함께 이토 암살에 대한 모의를 하고 만반의 준비를 갖추었다.

드디어 1909년 10월 26일 이토를 태운 열차가 하얼빈에 도착했다. 이토는 코코프체프와 약 25분간의 열차 회담을 마치고 내려 러시아 장교단을 사열하고 환영하는 군중 쪽으로 발길을 옮겼다. 그 순간 안중근은 군중 속에서 뛰쳐나와 이토에게 권총을 발사하여 3발을 명중시켰다.

이 소식이 전해지자 일본은 크게 놀랐고, 더욱 강력한 신민지화 정책을 추진하게 되었다.

대한제국의 최후

*한일신협약
1907년 헤이그 밀사 사건 뒤, 일본의 강압에 의하여 우리나라와 일본이 맺은 조약

일본은 순종이 즉위하자 *한일신협약(韓日新協約정미7조약)을 맺게 하여 통감부를 설치하고 1907년 8월 1일에 대한제국의 군대를 완전히 해산시켰다. 이후 한일 양국 군대 간에 전투가 벌어져

많은 사상자를 냈는데 해산된 군인들이 의병에 가담하여 의병들의 전력이 향상되었고 규모도 더욱 확대되었다.

일본은 그 이듬해에는 서울 을지로 한복판에 동양척식회사(東洋拓殖會社)를 세우고 사법권마저 빼앗았다. 1910년 8월 10일에는 이완용과 '한국 병합(倂合)에 관한 조약'을 맺고 8월 29일에 순종 황제 이름으로 발표했다.

전문 8조로 이루어진 이 조약의 내용은 다음과 같다.

제1조 : 한국 황제는 일체의 통치권을 영구히 일본 황제에게 양여(讓與)한다.

제2조 : 일본 황제는 제1조에 기재한 양여를 수락하고 한국을 일본에 병합함을 승낙한다.

제3조 : 일본 황제는 한국 황제, 태황제, 황태자 및 그 후비(后妃)와 후손이 각각의 지위에 맞는 존칭과 위엄 및 명예를 누리도록 하며 이를 유지하도록 충분한 세비를 제공한다.

제4조: 일본 황제는 3조 이외의 한국 황족(皇族) 및 그 후손에 대해서도 각각의 지위에 맞은 명예 및 대우를 누리게 하며, 이를 유지하는 데 필요한 자금을 제공한다.

제5조 : 일본 황제는 공이 있는 한국인에게 영광스런 작위(爵位)를 수여하고 은사금(恩賜金)을 지급하기로 한다.

제6조 : 일본 정부는 전적으로 한국의 시정을 담당한다.

제7조 : 일본 정부는 신제도를 존중하는 한국인으로서 상당한
　　　　자격을 가진 자를 사정이 허락하는 한 한국 내의 일본
　　　　제국의 관리로 등용한다.
제8조 : 본 조약은 일본 황제와 한국 황제의 재가를 거친 것으
　　　　로 공포일로부터 시행한다.

이로써 조선 왕조와 대한제국은 27대 519년 만에 역사 속으로
사라지게 되었다. 한일합방이 선포되자 전국 각지에서 많은 사람
들이 순국하였다. 금산군수 홍범식(洪範植)이 목을 매어 숨졌고,
전 러시아 공사 이범진(李範晉)도 스스로 목숨을 끊었다. 그러나
나라를 판 대가로 작위를 받은 사람들도 무려 76명이나 되었다.

그 무렵 일본에 맞서 우리 민족의 국권을 되찾기 위한 애국 계
몽 운동이 끊임없이 전개되었다. 개화 자강 계열의 애국 단체들이
설립되어 일진회에 대항하면서 구국 민족 운동을 계속해 나간 것
이다

1904년 7월에 설립된 보안회(保安會)는 일본의 황무지 개간권
요구에 강력히 반대하는 운동을 벌여 이를 막는 데는 성공했지만
일본 측의 압력으로 결국 해산되었다. 그리고 헌정연구회(憲政研
究會)는 국민의 정치의식 고취와 입헌 정체의 수립을 목적으로
1905년 5월에 설립되었는데 일진회의 반민족적 행위를 규탄하다
해산당하고 말았다.

개화 자강 계열의 민족 운동은 을사조약 이후 국권 회복을 위한

실력 양성 운동으로 전개되었다. 애국 계몽 운동을 이끌어 나간 전국 규모의 단체로는 대한자강회(大韓自強會), 대한협회(大韓協會), 신민회(新民會) 등이 있다.

독립협회 운동의 맥락을 이어 헌정 연구회를 모체로 하고 사회 단체와 언론 기관이 주축이 되어 1906년 3월에 창립된 대한자강회는 교육과 산업을 진흥시켜 독립의 기초를 만든다는 목적하에 대한자강회월보의 간행과 연설회의 개최 등을 통하여 국권 회복을 위한 실력 양성 운동을 전개해 나갔다.

대한자강회는 전국 각지에 지회를 설치하고 1,500여 명의 회원을 확보하기에 이르렀다. 당시 일제는 이토를 보내 헤이그 특사 파견을 구실로 고종 황제에게 양위를 강요했는데, 이에 격렬한 반대 운동을 주도하다가 강제로 해체되었다.

대한자강회를 이어받아 1907년 11월에 설립된 *대한협회는 교육의 보급, 산업의 개발, 민권의 신장, 행정의 개선 등을 강령으로 내걸고 실력 양성 운동을 전개했다. 그러나 일제의 한국 지배권이 강화되자 국권 회복에 대한 의지가 크게 약화되었고, 국권 회복 운동의 큰 흐름은 신민회로 이어졌다.

신민회는 1907년 4월에 사회 각계각층의 인사 20여 명이 모여 만든 비밀 결사 단체였다. 신채호(申采浩), 안창호(安昌浩), 양기탁(梁起鐸), 전덕기(全德基), 이동휘(李東輝), 이동녕(李東寧), 이갑(李甲), 유동열(柳東說) 등을 지도부로 한 신민회는 국권의 회복과 공화정체의 국민국가 건설을 궁극적 목표로 삼았다.

*대한협회
1907년 윤효정, 장지연 등이 국력 증강, 교육과 산업 발달을 목적으로 조직한 국민 계몽 단체. 뒤에 일진회와 연합하여 본래의 취지가 퇴색되기도 하였다.

신민회는 겉으로는 문화적, 경제적 실력 양성 운동을 전개하면서 실질적으로는 해외에 독립군 기지를 건설함으로써 군사력을 키우기 위해 노력했다. 하지만 일제가 뒤집어씩운 *105인 사건으로 그 조직이 무너지고 말았다.

*105인 사건
데라우치 총독 암살 음모를 구실로 애국지사 700명을 검거하여 105명에게 실형을 선고한 사건

이후 실력 양성을 통한 국권 회복을 목적으로 정치와 교육을 결합시킨 단체들도 나타났다. 1908년 1월에 안창호, 이동휘 등이 주축이 되어 설립한 서북학회(西北學會)와 이용직(李容植), 지석영(池錫永) 등이 주축이 되어 설립한 기호흥학회(畿湖興學會) 등이 대표적이다.

제 4 부

근·현대사

일제 강점기

일제의 무단 통치와 3 · 1 운동

일제는 '한국 병합(倂合)에 관한 조약'이 이루어지자 대한제국을 다시 조선이라 칭하고 순종 황제를 이왕(李王)이라 불렀다. 그들은 서울 남산에 최고 통치 기관인 조선총독부를 두고 초대 총독에 육군 대장 데라우치를 임명했다. 이로써 조선은 마치 일본의 한 지방처럼 되었다. 데라우치는 헌병이 민간의 치안 유지 역할까지 겸하는 헌병 경찰 제도를 도입하여 무단 통치를 펼쳤다.

일제는 국권을 빼앗기 전에 이미 *신문지법(新聞紙法) 등 출판법(出版法)과 보안법(保安法) 등을 만들어 우리 민족의 눈과 귀를 틀어막고, 사립학교령을 내려 당시 민족 운동을 전개했던 민족주의계 사립학교와 종교계 사립학교를 규제하고 독립 사상과 민족의식을 말살시키려 했다.

*신문지법
대한제국법률 제1호로 신문을 단속할 목적으로 제정된 법

일제는「황성신문」「대한매일신보」등 모든 신문을 폐간하고 조선총독부의 어용 신문인「경성일보」와 경성일보의 한글판인「매일신보」만을 남겨 두었다. 『초등대한역사』와 같은 교과서를 비롯하여 『월남 망국사』『이순신전』『프랑스 혁명사』등이 판매 금지되었고, 애국 계몽 운동 잡지들도 모두 폐간되었다.

일제는 또한 집회취체령(集會取締令)을 내려 모든 정치적인 모임을 금하고 단체들을 해산시켰다. 여기에는 애국 계몽의 단체뿐만 아니라 일진회 등 친일단체도 포함되어 있었다.

이미 1908년부터 동양척식주식회사를 앞세워 많은 토지를 강제로 빼앗았던 일제는 1912년에 *토지조사령(土地調査令)을 내려 본격적으로 토지를 조사하기 시작해 1918년에 끝마쳤다. 그 목적이 지세 부담을 공평히 하고, 소유권을 보호하여 매매와 양도를 원활히 하며, 토지의 개량과 이용을 자유롭게 하여 생산력을 높이는 데 있다고 하였다.

*토지조사령
일제가 반포한 토지 조사 사업에 관한 법령

일제는 토지조사령 제4조에 의해 토지를 조사했다. 이는 토지 소유주가 신고하면 소유권을 주는 것으로 많은 토지를 가지고 있는 양반들에게나 유리한 것이었지 실제로 경작을 하던 농민들에게는 불리한 것이었다. 신고 절차가 까다로워 증거가 없다거나 관련 서류가 부족하다는 이유로 소유권을 잃는 경우가 지극히 많았다.

그 결과 조선총독부는 전 국토의 40% 해당하는 전답과 임야를 갈취할 수 있었고, 이를 동양척식주식회사나 일본인이 경영하는 기업에 헐값으로 팔아 넘겼다. 졸지에 땅을 빼앗긴 농민들은 터무니없이 많은 소작료를 요구하는 지주들 때문에 힘든 생활을 하게 되었다. 농민들은 견디다 못해 화전(火田)을 일구기 위해 산으로 들어가기도 했고, 날품을 팔러 도시로 나가기도 했으며, 아예 조국을 떠나 만주, 시베리아, 미국 등으로 가기도 했다.

일제는 의병을 *불령지도(不逞之徒), 독립 운동가를 *완미지배(頑迷之輩)라고 부르며 재판도 거치지 않고 헌병 마음대로 고문을 가하고 형벌, 과료(科料) 등을 처분하게 하였다.

일제의 탄압으로 반일 투쟁이 어려워지자 독립운동가들은 비밀리에 활동하거나 외국으로 건너가 행동할 수밖에 없었다. 그러던 중 미국의 윌슨 대통령이 제1차 세계대전이 끝나고 1918년 1월에 열린 파리강화회의에서 14개조로 되어 있는 평화원칙을 발표했다.

이 평화원칙 안에 '민족 자결의 원칙'도 들어 있어 우리나라를 비롯한 약소국가들은 희망을 가지게 되었고, 독립의식도 높아져 국내외에서 조직적인 독립운동이 펼쳐지게 되었다. 안창호(安昌浩), 이승만(李承晩), 정한경(鄭翰景), 민찬호(閔瓚鎬) 등은 미국에서, 김규식(金奎植), 여운형(呂運亨), 조동호(趙東祜), 김철(金澈), 장덕수(張德秀) 등은 상해에서, 이동휘 등은 연해주에서 활약하였다.

1919년 1월에 태황제인 고종이 의문의 죽음을 당하자 일제가 독살한 것이라는 소문이 퍼졌고, 국내의 지식인들은 격분하여 구

*불령지도
나라에 불평불만을 품고 제멋대로 행동하는 무리

*완미지배
융통성 없이 고집이 세어 사리에 어두운 무리

체적인 독립운동을 계획했다. 한편 조선청년독립단(朝鮮靑年獨立團)을 만들어 활동을 시작한 일본 유학생들은 최팔용(崔八鏞), 서춘(徐椿), 백관수(白寬洙), 이종근(李琮根), 김상덕(金尙德), 김도연(金度演), 윤창석(尹昌錫), 최근우(崔謹愚)·이광수(李光洙), 김철수(金喆壽) 등을 대책위원으로 뽑고 송계백(宋繼白)을 국내에 보내 운동자금과 인쇄 활자를 준비해 가져오도록 했다. 그런 뒤 이광수가 기초한 독립선언서(獨立宣言書)를 최원순(崔元淳), 정광호(鄭光好) 등이 인쇄하여 2월 8일에 동경의 조선기독교청년회관(YMCA)에서 낭독하였다.

이들은 모두 일본 경찰에 붙잡혔지만 일본 유학생들은 모두 귀국할 것을 결의했다. 이 일은 국내의 애국지사들에게 큰 자극을 주어 천도교 측에서는 손병희(孫秉熙), 권동진(權東鎭), 오세창(吳世昌), 임예환(林禮煥), 나인협(羅仁協), 홍기조(洪基兆), 박준승(朴準承), 양한묵(梁漢默), 권병덕(權秉悳), 김완규(金完圭), 나용환(羅龍煥), 이종훈(李鍾勳), 홍병기(洪秉箕), 이종일(李鍾一), 최린(崔麟) 등 15명이, 기독교 측에서는 이승훈(李昇薰), 박희도(朴熙道), 이갑성(李甲成), 오화영(吳華英), 최성모(崔聖模), 이필주(李弼柱), 김창준(金昌俊), 신석구(申錫九), 박동완(朴東完), 신홍식(申洪植), 양전백(梁甸伯), 이명룡(李明龍), 길선주(吉善宙), 유여대(劉如大), 김병조(金秉祚), 정춘수(鄭春洙) 16명이, 불교 측에서는 한용운(韓龍雲)과 백용성(白龍成) 등 2명이 참가하여 모두 33인으로 구성된 민족 대표가 독립선언서에 서명을 하고 총대표에 천도교 교주인

손병희를 추대하였다.

33인의 민족 대표는 고종의 장례식이 3월 3일로 정해지자 3월 1일 정오를 기해 파고다 공원(탑골 공원)에서 독립선언서를 낭독하고 인쇄물을 뿌리며 시위운동을 벌이기로 약속한 후 이를 전국 각지에 알렸다.

▲ 독립 선언서 전문
3 · 1운동 당시 국내외에 배포함

독립선언서와 일본 정부에 보내는 통고문, 미국 대통령과 파리 강화회의 대표들에게 보내는 의견서는 최남선이 기초하기로 하였다. 비용과 인쇄는 천도교 측이 맡아 2월 27일 밤에 보성 인쇄소에서 3만 5,000부를 인쇄하여 전국의 주요 도시에 나누어 주었다.

33인은 2월 28일에 손병희 집에 모여 의논한 끝에 독립 선언 장소를 인사동에 있는 태화관(泰和館)으로 결정했다. 파고다 공원에는 너무 많은 사람이 모여 혼잡할 것으로 예상된다는 것이 그 이유였다.

마침내 3월 1일 정오가 되었다. 사람들이 하나둘 모여 들어 파고다 공원과 그 주변은 발 디딜 틈조차 없게 되었다. 그러나 민족 대표들이 장소를 바꾼 사실을 모르는 학생들은 민족 대표들이 나타나지 않자 초조해 하다가 정오를 알리는 오포(午砲) 소리를 듣고 정재용(鄭在鎔)이 단상에 올라가 독립선언서를 낭독하였다.

정재용이 독립선언서를 낭독한 후 대한독립만세를 외치자 여기저기서 만세 소리가 들렸다. 학생들은 태극기를 흔들며 만세를 부르며 공원을 나와 거리를 행진하기 시작했다. 순간 거리에 모여 있던 수많은 군중들도 함께 만세를 외치며 그 뒤를 따라갔다. 대한문에 이른 이들은 고종의 빈전이 있는 덕수궁을 향해 세 번 절을 올린 후 일대는 정동의 미국 영사관으로, 일대는 조선총독부로 향했다.

그 무렵 태화관에 모인 민족 대표들은 오후 2시경 한용운이 독립선언서를 낭독하고 만세를 부른 다음 전화로 경찰에 신고하여 체포되었다.

시위는 오후 6시쯤 일단 끝이 났으나 8시에 마포에서 1,000여 명이, 11시경에는 예수교 부속 전문학교 학생 500여 명이 다시 시위를 하며 만세를 불렀다.

서울뿐만 아니라 개성, 평양, 진남포, 선천, 안주, 의주, 원산, 함흥, 대구, 황주 등지에도 만세운동이 일어났다. 다음 날에는 전국 방방곡곡으로 퍼져 학생, 농민, 노동자, 상인, 남녀노소 할 것 없이 모두 참여했다. 학생들은 학교에 가지 않고 상인들은 가게 문을 닫고 농민들은 일손을 놓고 노동자들은 파업을 했다. 국내뿐만 아니라 만주, 하와이, 하얼빈 등지로 나가 있던 동포들도 만세 운동에 참여했다.

　이에 대해 일제는 처음부터 무력으로 탄압하여 전국에서 수많은 사람들이 죽거나 부상을 당했다. 가장 대표적인 예가 *제암리(堤巖里) 학살 사건이다. 일본군은 수원 제암리 교회에 마을 사람 1,000여 명을 몰아넣고 총격을 가한 후에 불을 질러 모두 죽였다. 이 밖에도 화수리, 정주, 강서, 맹산, 대구, 밀양 등지에서 집단 학살을 자행했고, 서대문 형무소에서 감옥살이를 하게 된 유관순(柳寬順)을 매질하여 결국 죽음에 이르게 했다.

*제암리 학살 사건
3 · 1운동 당시 일본 군대가 경기도 수원군 향남면 제암리에서 주민을 집단적으로 살해한 만행 사건

▲ 유관순(1904~1920)

　일본 측 기록에 따르면 집회 횟수는 1,542회, 참가 인원은 202만 3,089명, 사망자 수는 7,509명, 부상자 수는 1만 5,961명에 달하고 체포된 사람은 5만 2,770명이라고 한다. 또한 교회 47개소, 학교 2개교, 민가 715채가 불에 탔다고 한다.

　전국적으로 벌어진 3 · 1 운동은 원하는 독립을 이루지는 못했지만 상해에 임시정부를 세우는 계기를 마련해 주었다. 또한 우리 민족의 자주 의식과 독립 의식을 전 세계에 널리 알리는 한편 민족의 결속을 한층 더 다지게 되었다.

　일제는 얼마 후 무단 정치를 폐하고 문화 정치를 펼쳤다. 총과 칼로는 우리 민족을 다스릴 수 없다는 것을 깨달았기 때문이었다.

의열단의 활약

3 · 1 운동 후 많은 젊은이들이 해외로 나가 독립단을 만들고 독립운동을 펼치기 시작했다. 그중에서 가장 맹렬한 활동을 벌인 단체는 의열단(義烈團)이라고 할 수 있다.

1919년 11월 9일, 만주 길림성에서 결성된 의열단 단원은 김원봉(金元鳳), 윤세주(尹世冑), 이성우(李成宇), 곽경(郭敬), 강세우(姜世宇), 이종암(李鍾岩), 한봉근(韓鳳根), 한봉인(韓鳳仁), 김상윤(金相潤), 신철휴(申喆休), 배동선(裵東宣), 서상락(徐相洛), 권준(權俊) 등 13명이며 단장에는 김원봉이 선출되었다.

이들은 일본 관리의 암살과 관청 파괴를 주 목적으로 활동했는데 단원들이 갈수록 늘어나 일본인들은 의열단이라는 이름만 들어도 겁을 먹었다. 의열단원 박재혁(朴載赫)은 1920년 9월 14일에 부산경찰서를 방문했다. 박재혁은 하시모토(橋本秀平) 서장을 만나 진기한 고서를 보여준다며 봇짐을 풀고 짐 속에 있던 폭탄을 꺼내 던졌는데 두 사람 사이가 너무 가까워 둘 다 중상을 입었다.

그해 12월에는 의열단원 최수봉(崔壽鳳)이 밀양경찰서에 폭탄을 던졌고, 1922년 3월 28일에는 의열단원 김익상(金益相)과 오성륜(吳成崙 : 본명 이정룡(李正龍))이 일본 육군 대장 다나카 기이치(田中義一)를 암살하려고 총을 쏘고 폭탄을 던졌지만 실패하고 말았다. 또한 1924년 1월에는 의열단원 김지섭(金祉燮)이 일본으로 건너가 침략의 아성인 황성(皇城)에 폭탄을 던지고 호위 경관들이 달려오자 나머지 폭탄은 니주바시(二重橋) 한복판에 던지고 붙잡혔다.

신채호(申采浩)는 1923년 의열단 단장 김원봉의 부탁을 받고 의열단 혁명 선언서를 작성했다. 이것이 바로 [*]「조선혁명선언(朝鮮革命宣言)」이다. 선언문은 첫째, 일본을 조선의 국호와 정권과 생존을 박탈해 간 강도로 규정하고 이를 타도하기 위한 혁명이 정당한 수단임을 천명하였다.

둘째, 3·1운동 이후 국내에서 대두된 자치론(自治論), 내정독립론(內政獨立論), 참정권론 및 문화운동을 일제와 타협하려는 '적'으로 규정하였다.

셋째, 상해 대한민국 임시정부의 외교론, 독립전쟁 준비론 등의 독립운동 방향을 비판하였다.

넷째, 일제를 몰아내려는 혁명은 민중이 직접 하는 혁명이어야 한다고 주장하였다.

다섯째, '조선 혁명'과 관련하여 다섯 가지 파괴와 다섯 가지 건설의 목표를 제시하며 다섯 가지 파괴 대상은 이족(異族) 통치, 특권 계급, 경제 약탈 제도, 사회적 불평균 및 노예적 문화 사상이고 다섯 가지 건설의 목표는 고유적 조선, 자유적 조선 민중, 민중적 조선, 민중적 사회 및 민중적 문화라고 선언하였다.

그 후 의열단은 여러 번 대대적인 암살과 파괴를 계획했지만 모두 실패하고 말았고, 의욕과 패기만으로는 뜻하는 바를 이룰 수 없다는 것을 깨달았다. 의열단은 1926년에 총회를 열어 먼저 각급

학교에 들어가 필요한 것들을 배우기로 결정했다. 이에 따라 김원봉과 몇몇 단원은 황포군관학교에, 이동화는 국민혁명군 제2군관학교에, 강세우는 중산대학 정치과에 들어갔다. 그리고 5년 후에 남경(南京)의 선수암(善壽庵)이라는 절에 조선정치군사간부학교를 열었다.

이후 1935년에 의열단, 한국독립당, 신한독립당, 조선혁명당, 미주대한인독립당 등의 대표들이 남경에서 모여 이들 단체를 모두 통합한 민족혁명당(民族革命黨)을 만들었다. 이로써 의열단은 사라졌지만 이들 중 일부는 조선독립동맹과 광복군을 탄생시켰다.

대한민국 임시정부

3·1 운동 이후 독립운동을 계속 확대해 나가고 일본의 통치에 조직적으로 대항할 수 있는 대표 기관이 필요하다고 느낀 애국지사들은 블라디보스토크와 상해, 서울에서 임시정부 수립 운동을 전개해 나갔다.

블라디보스토크에서 활동하던 애국지사들은 1919년 3월 17일에 독자적으로 독립선언을 하고 21일에는 손병희를 대통령, 이승만을 국무총리로 하는 정부 조직을 발표했다.

이어 4월 10일에는 이동녕, 이승만, 안창호, 김규식, 이동휘 등

▲ 상하이 임시 정부 청사와(임시 의정원 신년 축하식 기념 사진)

*임시의정원
1919년에 중국 상하
이의 대한민국 임시
정부 안에 두었던 입
법 기관

1,000여 명의 애국 청년들이 상해에 모여 임시의정원을 구성했다. *임시의정원 원장은 이동녕, 부의장은 손정도가 맡았는데 각도 대의원(국회의원) 29명이 회합하여 10개조로 된 임시헌장을 채택하여 발표했다. 그리고 국무총리에 이승만, 내무총장에 안창호, 외무총장에 김규식, 군무총장에 이동휘, 재무총장에 최재형, 법무총장에 이시영, 교통총장에 문창범 등 6부의 총장을 임명한 뒤 4월 13일에 정부 수립을 선포했다.

그 후 4월 23일엔 서울에서 13도 대표에 의해 국민대회가 열리고 임시정부가 수립되었다. 이들은 이승만을 집정관 총재로, 이동휘를 국무총리로 한 뒤 약법 6조를 발표했다.

모두 공화제를 선택한 세 곳의 임시정부는 협상 끝에 9월 6일 하나의 임시정부를 탄생시키고 9월 11일에 임시헌법 전문 8장 56조를 개정 공포하고 내각을 개편하였다. 이에 따라 대통령은 이승만, 국무총리는 이동휘, 내무총장은 이동녕이 되었다.

임시정부는 국내외를 연결하는 비밀 조직으로 교통국과 연통제를 두었다. 교통국은 주로 정보를 수집하고 검토, 교환, 연락하는 업무를 했는데 독립운동 자금을 모으는 업무도 겸했다. 상하이에 본부를 둔 연통제는 각 도에 독판(督辦), 각 군에 군감(郡監), 각 면에 사감(司監)을 두어 관내의 행정 사무를 관리하고 지휘·감독하게 했다. 또한 서울에 임시 총판을 설치하고 해외 한인 사회에 거류민단제(居留民團制)를 실시하고자 했다.

실제로 연통제는 국내의 9개도, 1부, 45개 군에 조직이 이루어져 독립 활동을 전개했으며, 만주에도 3개 총판부가 설치되어 국내외와 연락할 수 있었다. 연통제의 업무는 법령 및 공문을 전달하고, 군인들을 모집하고, 군수품을 조사하고, 시위운동을 계획하고, 애국 성금을 거두는 등 다양했다.

임시정부는 1919년 4월 김규식(金奎植)을 전권대사로 임명해 파리 강화회의에 나가 일본의 침략 행위를 규탄하고 한국의 독립을 청원하도록 했다. 1919년 7월에는 스위스에서 열리는 만국사회당대회에 이관용(李灌鎔)과 조소앙(趙素昻)을 보내 대한민국 임시정부 승인결의안을 통과시켰다.

▲ 이승만

▲ 안창호

▲ 이동휘

▲ 김규식

1921년 11월 11일에는 워싱턴에서 열리는 태평양회의에 이승만, 서재필 등 5명으로 구성된 대표단을 보내 외교 활동을 전개했다. 이 회의에서도 한국의 독립 문제가 승인되지는 못했지만 대표단은 개인적으로 회의 참석자들을 만나 일제의 탄압과 식민 정책의 포악성을 폭로하여 한국 국민의 상황을 전 세계에 알리는 데 기여했다.

임시정부는 상해에 육군무관학교를 설치하여 양성한 청년 장교 100여 명을 동삼성 지역에 파견, 일제 군경과 대결하게 했다. 그리고 여러 지역에서 조직된 무장 독립군을 임시정부 직할 부대로 편입하여 활용하기 위해 김좌진(金佐鎭), 김동삼(金東三) 등 장군들을 임시정부의 국무위원으로 임명하기도 했다. 또한 박달학원, 인성학교, 3·1중학, 남화학원 등 여러 학교를 세우고 의무교육제를 실시하여 동포들의 자제를 교육했다. 이들은 대학까지 의무교육제를 확대할 계획을 세웠지만 실시하지는 못하고 중국의 각 대학에 진학시켰다.

임시정부는 1919년 8월 21일 이동녕의 지휘하에 이광수, 조동호(趙東祜) 등이 「독립신문」을 창간하여 연통제를 통해 국내외에 배포하면서 국민들에게 희망과 용기를 주었다.

그러나 임시정부는 자금 부족과 사상의 대립으로 차츰 혼란에 빠지게 되었다. 이에 국무총리인 이동휘는 모스크바로 특사를 보내 원조를 요청하였다. 레닌은 독립운동을 지원하겠다는 약속과 함께 금화 200만 루블을 독립운동 자금으로 주기로 하고 먼저 60

▲ 김구

▲ 백범일지(자서전 원본)

만 루블을 주었다. 그러나 이동휘는 이 돈을 임시정부에 입금하지 않고 자신이 총수로 있는 사회주의 정당인 *한인사회당(韓人社會黨)에 사용했다. 이승만 또한 미국 교포들이 보내 준 자금을 임의로 사용하여 임시정부는 내부적으로 흔들리기 시작했다.

그러다 마침내 1925년에 이승만이 탄핵을 당해 대통령 직에서 물러났고 박은식이 제2대 대통령이 되었다. 이어 또다시 개헌을 해 국무령제(國務領制)를 택하고 김구를 국무령에 임명했다.

1932년 1월 8일 이봉창(李奉昌)은 이동녕, 김구 등과 협의한 후 일본 왕을 암살하려 했으나 실패했다. 4월 29일에는 윤봉길(尹奉吉)이 상해 홍구(虹口) 공원에서 열린 일본 왕의 생일과 1·28 상해사변의 승리를 축하하는 식장에 폭탄을 던져 일본군 사령관 시라카와 요시노리(白川義則) 등 20여 명을 살상했다. 이 의거가 있은 후 임시정부는 극악해진 일제의 보복을 피해 가흥(嘉興), 항주(杭州), 소주(蘇州), 진강(鎭江), 남경(南京), 장사(長沙), 광주(廣

*한인사회당
1918년 대한민국임시정부의 전면 개편을 주장하며 공산주의를 지향한 사회주의정당

州), 유주(柳州) 등을 전전하며 남서쪽으로 이동하게 되었다. 그러나 윤봉길 의사의 의거로 중국의 국민정부로부터 지원을 받게 되었고 한국 독립에 대한 여론을 중국뿐만 아니라 대외적으로도 환기시킬 수 있었다. 이에 따라 1933년 5월 김구와 장개석(蔣介石)은 남경 정상회담에서 중국 낙양군관학교에 한인훈련반을 설치하기로 합의하여 11월 5일부터 운영에 들어갔다.

이후 중국 국민정부를 따라 중경에 정착한 임시정부는 1940년에 광복군을 창설하여 내외에 선포했다. 1941년 12월 9일에는 일본과 독일에 선전 포고를 하고, 1943년 8월 13일에는 연합군사령부의 요구로 인도와 버마(지금의 미얀마)에 광복군을 파견하여 유엔군으로 활약하기도 했다.

임시정부는 중국에 파견되어 있던 미국전략사무국(Office of Strategic Service, OSS)과 협약을 맺고 OSS 훈련을 받은 광복군에게 각종 비밀 무기를 주어 국내의 주요 시설들을 파괴하거나 점령하게 한 후 미국 비행기로 무기를 운반한다는 계획을 준비하던 중 1945년 8월에 일본이 무조건 항복하자 귀국하게 되었다.

봉오동 전투와 청산리 대첩

1920년 6월 홍범도(洪範圖)가 이끄는 대한독립군은 함경북도

종성(鐘城) 지방에서 국경을 수비하던 일본군을 쳐부수고 뒤따라 온 일본군 1개 중대를 공격하여 물리쳤다. 일본군은 이에 대한 보복으로 제19사단 1개 부대와 남양수비대(南陽守備隊) 1연대를 보내 독립군의 본거지인 봉오동(鳳梧洞)을 공격하게 하였다.

당시 봉오동에는 독립군이 대한북로독군부(大韓北路督軍府)라는 연합 부대를 편성하여 주둔하고 있었는데 부장(府長) 최진동(崔振東)과 부관(副官) 안무(安武)가 정치를, 북로 제1군사령부 부장(部長) 홍범도가 군사를 맡고 있었다.

홍범도는 일본군이 독립군을 추격하여 봉오동으로 오고 있다는 보고를 받고 주민을 대피시킨 후 포위망을 구성해 놓고 제2중대 제3소대 제1분대장 이화일(李化日)에게 고려령(高麗嶺)에 대기하여 일본군을 유인해 오도록 하였다. 일본군 전위중대(前衛中隊)는 고려령에서 독립군의 공격을 받아 패배했지만 본대는 대오를 정비하여 봉오동 골짜기의 독립군 포위망 속으로 들어왔다.

홍범도는 즉시 공격 명령을 내렸다. 매복한 독립군들이 기다렸다는 듯 집중 사격을 가하자 일본군은 막대한 희생자를 내고 도망쳤다. 이때 강상모(姜尙模)가 지휘하는 제2중대는 달아나는 일본군을 추격하여 또다시 큰 타격을 주었다.

이 싸움에서 일본군 157명이 죽고 300여 명이 부상당했지만 독립군 측의 피해는 전사 4명, 중상 2명에 불과했다. 이로 인해 독립군뿐만 아니라 독립 운동가와 동포들의 사기가 크게 올라갔다. 반면에 봉오동 전투의 참패로 충격을 받은 일본군은 관동군까지 동

▲ 홍범도

▲ 김좌진

원하는 대대적인 독립군 토벌 계획을 세우게 되었다.

그 후 독립군은 일본군의 추적을 피해 연해주로 떠나기 시작했다. 이에 홍범도는 부하들을 이끌고 만주에 남아 있는 북로군정서(北路軍政署)에 합류했다.

북로군정서는 홍범도의 참여로 독립군 최고의 무력을 갖추게 되었다. 부대는 새롭게 개편되어 제1연대장은 홍범도가, 제2연대장은 김좌진(金佐鎭)이, 제3연대장은 최진동(崔振東)이 맡았다.

그 후 북로군정서는 독립군 때문에 난처한 입장에 처해 있던 중국의 권유로 장백산(長白山)으로 가기 위해 청산리(靑山里) 계곡을 지나가던 중에 일본군의 기습을 받았다. 1920년 10월 21일에 일어난 일이었다. 이때부터 6일 동안 10여 차례에 걸쳐 북로군정서와 일본군의 싸움이 벌어졌다. 청산리 전투에서 일본군 1,257명이 죽고 200여 명이 부상당했으며, 독립군은 130여 명이 죽고 220여 명이 부상을 당했다. 이는 항일 무장 투쟁 사상 최대의 승리였고 세계적으로도 보기 드문 전과였다.

학생들의 항일 운동

1920년대에는 나이 어린 학생들이 나라 안팎에서 죽음을 두려워하지 않고 나라의 독립을 위해 싸웠다. 1924년에는 3·1 운동의 정신을 이어받아 전국 각지의 수많은 대중 단체를 통합한 조선노농총동맹(朝鮮勞農總同盟), 조선청년총동맹(朝鮮靑年總同盟) 등이 결성되었고, 1925년에는 조선공산당(朝鮮共産黨)이 조직되었다.

이러한 상황에서 1926년 4월 26일 대한제국의 마지막 황제인 순종이 자신의 무능함을 탓하며 외부와의 접촉을 끊은 채 살다가 병을 얻어 세상을 떠나고 말았다. 이로 인해 반일 감정은 더욱 고조되어 4월 28일에는 송학선(宋學先)이 금호문(金虎門)에서 사이토 마코토(齋藤實) 총독을 암살하려 했지만 실패하고 말았다.

순종의 인산일(因山日 : 장례식)은 6월 1일로 결정되었다. 사회주의 운동가들은 이날을 기해 반일 시위를 벌일 예정이었다. 조선공산당은 중앙집행위원회를 개최하여 권오설(權五卨)을 총책임자로 하는 '6·10 운동 투쟁지도 특별위원회'를 구성했다.

그러나 6·10 만세운동을 준비하던 지도부는 거사 전에 격문 및 전단이 일본 경찰에 발각되어 총책임자 권오설이 연행됨으로써 와해되었다. 이에 조선학생과학연구회(朝鮮學生科學硏究會) 간부들은 6·10 만세운동을 지도하기 위한 지도부를 다시 구성하기 위해 노력하면서 중동고보(中東高普), 중앙고보(中央高普) 학생들과 접촉하여 투쟁 전술에 대해 구체적인 협의를 했다. 이때

▲ 6·10 독립 만세 운동

3·1 운동 당시 크게 혼났던 일제는 이미 거리마다 경찰을 배치하여 시위에 대비하고 있었다.

드디어 6월 10일이 되자 일본 경찰의 경계를 뚫고 이선호(李先鎬), 이현상(李鉉相) 등의 지도로 8차례의 시위를 벌였다. 6월 10일을 전후하여 인천, 개성, 강경, 홍성, 공주, 당진, 전주, 고창, 구례, 순창, 병영, 통영, 마산, 하동, 원산, 이원, 평양, 신천 등지에서도 산발적인 시위가 일어났다. 이 투쟁으로 전국에서 약 5,000여 명의 시위대가 연행되었고, 사건이 확대되면서 그해 7, 8월에 제2차 조선공산당 탄압 사건이 일어나 약 100여 명이 검거되었다.

6·10 만세운동은 서울의 각급 학교 학생들이 벌인 항일 운동으로 수많은 시민들이 동참하였으나 3·1 운동처럼 대대적으로 전개되지는 못하였다. 하지만 조선 민중에게 일본 제국주의의 폭

력성과 본질을 더욱 명확히 인식할 수 있게 하는 계기가 되었고 준비 과정에서 사회주의자와 민족주의자 일부(천도교 구파)가 힘을 모은 경험은 이후 민족 단일 조직을 만들려는 움직임으로 이어져 1927년 2월 15일에 *신간회(新幹會)를 탄생시켰다.

신간회가 출범한 2년 후에는 광주에서 역사적인 사건이 일어났다. 바로 3·1 운동 이후 최대의 민족 투쟁인 *광주학생운동(光州學生運動)이다.

1929년 10월 30일 나주역에서 일본인 학생 몇 명이 광주여자고등보통학교 3학년 학생 박기옥(朴己玉), 이금자(李錦子), 이광춘(李光春) 등의 댕기 머리를 잡아당기며 욕을 하고 조롱을 했다. 이를 지켜보던 박기옥의 사촌 남동생 박준채(朴準採) 등이 문제의 일본인 학생에게 따지다 싸움이 벌어졌는데 경찰은 일방적으로 일본인 학생을 편들며 박준채를 구타하고 체포했다.

평소 항일 의식이 높았던 광주고보 학생들은 경찰의 편파적인 행위에 분노하여 "조선 독립 만세"를 외치며 거리로 뛰쳐나왔다. 시위는 곧 광주 전 지역으로 번져 나갔고 광주의 모든 학교에는 휴교령이 내려졌다. 그러나 각 학교마다 조직되어 있던 독서회 중앙 본부의 적극적인 활동으로 하나로 뭉쳐 1929년 11월 3일 대항일 학생운동을 전개할 수 있었다.

11월 3일 이후 광주 청년계에 영향력을 가졌던 장석천(張錫天), 장재성(張載性), 강석원(姜錫元) 등이 학생 투쟁 지도 본부를 만들어 광주학생운동은 보다 조직화되었고, 이후 신간회를 통해 전국

*신간회
민족주의와 사회주의운동의 대립을 막고, 항일 투쟁에서 민족 단일 전선을 펼 목적으로 조직한 민족 운동 단체

*광주학생운동
1929년 11월 3일 전라남도 광주에서 기차 통학을 하던 한일 중학생 사이의 싸움이 시발점이 되어 광주의 2,000여 학생이 일어난 항일 투쟁 운동

에 알려지자 수많은 학교의 학생들이 동참하기 시작했다.

학생운동이 전국적으로 번져 나가자 일제는 대대적인 탄압을 가했다. 보도를 금지하는 등 학생운동이 더 이상 확대되지 않도록 안간힘을 썼다. 하지만 학생운동은 더 거세게 타올라 1930년까지 초등학교 54곳, 중등학교 91곳, 대학 및 전문학교 4곳 등 총 194개교에서 5만 4,000여 명의 학생들이 거리로 뛰쳐나왔다.

일제의 비참한 항복

1930년대에 이르러 전 세계에 경제 공황이 일어나 일본에까지 영향을 미치자 일본은 자국 내의 불만을 밖으로 돌리기 위해 1931년 9월 만주 철도 폭파 사건을 조작했다. 그러고는 이를 구실 삼아 만주사변을 일으켜 만주 일대를 점령하였다.

1932년 일본은 청나라의 마지막 황제 부의(溥儀)를 내세워 만주국을 세우고 대륙 침략 정책의 근거지로 만들려 하였다. 그러나 미국, 영국 등 강대국들은 일본의 침략 정책을 알아채고 군사 행동을 비난하는 한편 국제연맹에도 조사단을 파견해 자제할 것을 권고했지만 일본은 1933년 3월 국제연맹의 타협안을 거절하고 탈퇴했다.

이후 일본의 대륙 침략 정책은 본격화되어 1932년 1월 28일 상해사변을 일으켜 상해를 점령하였고, 1937년 7월 7일 북경 근처의 노구교(蘆溝橋)에서 중국군을 습격하여 중일전쟁을 일으켰다.

일본군은 전쟁을 신속히 끝내려 했으나 *국공합작(國共合作)을 이룬 중국군의 완강한 저항에 부딪혀 그해 12월에 이르러서야 남경(南京)을 점령하고 엄청난 학살을 자행했다. 일본군은 1938년 5월에 서주(徐州), 10월에 광동(廣東), 우한(武漢)을 점령했다.

그러나 일본군의 전력이 한계에 도달하게 되어 전선은 고정되고 일본군은 점(點:도시)과 선(線:철도)을 확보하는 데 주력했다. 한편 중국 국민정부도 광동과 우한이 함락되자 사기가 떨어져 왕조명(汪兆銘)이 중경(重慶)을 탈출, 난징 괴뢰정부를 수립했다.

전쟁이 장기화되자 일제는 조선을 대륙 침략의 병참기지로 설정해 군수 산업을 촉진하는 한편 1938년 2월에 육군특별지원병령을 공포하여 조선의 젊은이들을 자신들의 전쟁에 끌어들였다. 지원병이라는 것은 이름일 뿐 실제로는 수많은 젊은이들을 강제로 끌고 가 총알받이로 사용했다.

1939년 9월 1일 새벽 4시 45분에 독일군은 히틀러의 명령에 의해 폴란드를 공격해 들어갔고 영국과 프랑스는 9월 3일 독일에 선전포고를 했다. 이로써 제2차 세계대전이 시작되었다. 이때 일본은 독일과 이탈리아와 군사 동맹을 맺어 침략 야욕을 한껏 불태웠다.

1941년 12월 8일 마침내 일본은 하와이의 미국 해군기지 진주만을 기습 공격하여 미국과 영국에 선전포고를 했다. 이와 동시에

*국공합작
중국 국민당과 공산당의 연합

각 전선에서 공격을 감행하여 홍콩과 말레이시아, 필리핀, 싱가포르 등을 함락시켰다.

제2차 세계대전이 시작되자 일제는 조선 내의 모든 인적, 물적 자원을 강제로 끌어내는 전시 총동원 체제를 구축했다. 이를 위해 내선일체(內鮮一體), 황국신민화(皇國臣民化)의 구호 아래 창씨개명, 신사참배 등을 강요하며 우리 민족의 정신을 말살하려 했다. 그 결과 1939년부터 8 · 15 해방 직전까지 징용, 징병 등으로 일제에 의해 강제로 끌려간 조선인은 480여 만 명에 달했다.

*내선일체
일본과 조선은 하나

1942년 6월 미드웨이 해전이 일어나 미국은 일본의 가장 중요한 항공모함 전력과 최정예 해군 조종사 대부분을 궤멸시켰다. 이로 인해 결정적인 타격을 입은 일본은 가마카제(神風)라는 자살 특공대를 편성하는 등 최후의 발악을 하기 시작했다.

한편 일제는 태평양 전쟁이 막바지로 치닫던 1944년 8월 '여자 근로정신대 근무령'을 공포하여 부녀자들을 마구 전쟁터로 끌고 갔다. 미혼이거나 과부인 12세 이상 40세 미만의 조선인 부녀자들은 영장이 나오면 무조건 정신대로 끌려 나갔다. 정신대 부녀자들은 낮에는 전쟁에 필요한 무기 등을 나르고 저녁에는 일본군들의 욕망을 처리해 주어야 했다. 인간으로서는 차마 하지 못할 만행을 일제는 태연히 저지른 것이다.

1945년 4월 독일의 히틀러가 패배하여 수도 베를린이 연합군에게 넘어갔고, 5월에는 항복을 선언하고 말았다. 이로써 유럽을 휩쓸던 전쟁은 끝이 났고, 이제 일본 혼자 연합군에 대항해야 했다.

1945년 8월 6일 미국 공군은 히로시마(廣島)에 원자폭탄을 투하했고, 8월 9일에는 나가사키(長崎)에 원자폭탄을 떨어뜨렸다. 그러자 일본은 더 이상 견디지 못하고 8월 15일에 전쟁에 진 것을 공포하고 항복을 선언했다.

대한민국 정부 수립과 발전

대한민국 정부 수립

＊카이로 회담
1943년 카이로에서 미국, 영국, 중국 사이에 열린 회담이다. 미국 대통령 루스벨트, 영국 수상 처칠, 중국 주석 장제스 및 외교 사절들이 일본에 대한 군사 행동과 전후 처리에 관하여 협의하였다.

＊포츠담 회담
1945년 8월 미국·영국·소련 3개국 정상이 포츠담에 모여 제2차 세계대전의 전후 처리 문제를 의제로 개최하였다.

한국은 제2차 세계대전 중이던 1943년 11월에 열린 ＊카이로 회담에서 국제적으로 독립을 보장받았고, 1945년 7월에 열린 ＊포츠담 회담에서 다시 독립을 확인받았다. 그리고 1945년 8월 15일에 일본 왕 히로히토(裕仁)가 무조건 항복을 선언함으로써 마침내 해방되었다.

그러나 한국의 해방은 우리 민족의 힘이 아니라 연합국의 승리로 얻어진 결과라고 할 수 있었다. 이로 인해 남한과 북한을 점령한 미국과 소련에 의해 38도선을 경계로 남과 북이 갈리게 되었고, 결국에는 피를 나눈 형제가 서로에게 총부리를 겨누고 죽고 죽이는 비극적인 상황을 맞이하게 되었다.

1945년 12월 15일 미국, 소련, 영국의 3개국 회상들은 모스크

바에서 회의를 열고 한국의 독립에 관한 구체적인 절차를 결정했는데 그 내용은 다음과 같다.

1. 한국을 독립국으로서 재건·발전시키기 위하여 임시정부를 수립한다.
2. 한국 임시정부 수립을 돕기 위해 미·소 양군 사령부의 대표로 공동위원회를 구성한다.
3. 공동위원회는 미·소·영·중 4개국이 한국 임시정부의 수립과 완전 독립을 목적으로 최고 5년간 신탁통치를 한다는 협정을 작성한다.
4. 남북한에 관한 긴급한 여러 문제를 검토하기 위해 주한 미·소 양군 사령부 대표 회의를 2주일 내에 소집한다.

이 소식이 전해지자 한국 국민들은 좌익, 우익 할 것 없이 모두 강력하게 반대했다. 그러다 차츰 찬탁이냐 반탁이냐를 둘러싸고 좌우익 정치 세력이 분명히 갈라서게 되었다. 신탁에 찬성하는 사람은 좌익, 반대하는 사람은 우익이라 하였다.

1946년 3월 20일 모스크바 협정에 따라 한국 임시정부 수립 방안을 협의하기 위한 제1차 미소공동위원회가 서울 덕수궁에서 개최되었다. 이 회의에서 모스크바 협정을 지지하는 정당과 사회단체들만이 앞으로 수립될 임시정부에 참여할 수 있다는 소련 측의 주장과 신탁통치를 반대하는 세력들도 참가시켜야 한다는 미국

▲ 미·소 공동위원회의 양국 대표

측의 주장이 맞서 결국 합의를 보지 못하고 5월 9일부터 무기 휴회에 들어갔다.

1947년 5월 21일에 제2차 미소 공동위원회가 다시 서울에서 개최되었지만 이번에도 참가 단체 문제에 대한 이견을 좁히지는 못했다.

한국 문제는 그해 10월에 국제연합으로 넘어갔고 국제연합은 11월 14일에 한국의 독립정부 수립을 돕기 위한 '유엔 한국임시위원단(UN Temporary Commission on Korea. UNTCOK) 설치와 총선거에 대한 결의문'을 통과시켰다.

그러나 유엔이 결의한 전국 범위에서의 총선거는 소련이 거부하고 1948년 1월 유엔 한국임시위원단이 북한으로 들어오는 것을 막아 이루어지지 못했다. 이때 이승만은 남한에서만이라도 총선거를 실시하여 독립정부를 세워야 한다고 주장했고, 김구, 김규식 등 임시정부의 핵심인 한독당 세력은 남북이 협상하여 미군과 소련군이 완전히 철수한 후에 선거를 실시하자고 주장했다.

그러던 중 유엔 소총회는 1948년 2월 26일 '유엔의 감시가 가능한 지역에서의 선거 실시'를 결의하였다. 이에 따라 1948년 5월 10일 38도선 이남에서 유엔 감시하에 자유 총선거가 실시되어 *제헌국회가 구성되어 5월 31일에 개회했다. 제헌국회는 대한민국 임시정부의 정통성을 이어 헌법을 제정하고 7월 17일에 공포함으로

*제헌국회
국제 연합의 감시 아래 시행된 1948년 5월 10일 총선거에 의해 198명의 국회의원이 선출되고, 그해 5월 31일에 대한민국 헌법을 제정한 우리나라 초대 국회를 말한다.

써 대한민국이 수립되었다.

제헌국회는 7월 1일에 나라 이름을 대한민국으로 정하고 7월 20일에 대통령에는 이승만, 부통령에는 이시영을 선출하여 24일에 취임식을 가졌다. 그리고 8월 15일에 조국 광복을 기념하여 대한민국의 건국을 국내외에 선포했다.

한편 소련군의 비호 아래 북한을 장악한 김일성 등 공산주의자들은 1948년 9월 9일에 '흑백선거'를 치러 독자적인 공산 정권인 '조선민주주의 인민공화국'을 선포하고 소련을 비롯한 공산 국가들의 승인을 얻어냈다.

그러나 1948년 12월 12일에 열린 제3차 유엔총회는 대한민국 정부만이 '한반도에 존재하는 유일한 합법정부'(유엔총회 결의 1953호)임을 결의하여 대한민국을 유일한 합법 국가로 승인했다.

대한민국은 정부가 수립되기 전부터 각종 시위에 휩쓸렸다. 1946년 9월 23일에는 철도 노동자 7,000여 명이 파업을 시작해 전국의 약 26만 명의 노동자가 파업에 동참했다. 당황한 미군정은 9월 30일 경찰과 청년회 회원들을 동원하여 철도 노동자들을 강제 해산시켰다. 이 과정에서 5명이 죽고 수백 명이 중상을 입었으며 1,700여 명이 경찰에 붙잡혔다.

그해 10월 1일에는 대구 시민들이 경찰의 탄압에 항의하고 식량을 달라는 시위를 벌였다. 그날 저녁 경찰이 시민들을 강제로 해산시키는 과정에서 함부로 총을 쏘자 더욱 분노한 시민들은 죽은 사람을 들것에 싣고 경찰서로 쳐들어갔다. 크게 놀란 경찰들은 무기와 경찰서를 버리고 도망쳤고 곳곳에서 시민과 경찰의 충돌이 일어났다. 그 후 시위가 전국으로 번지자 미군정은 계엄령을 선포하고 군대를 출동시켜 대대적으로 시위 관련자들을 검거, 항쟁은 점차 수그러들기 시작해 11월에 끝을 맺었다.

1947년 6월 26일에 민족 지도자 김구가 안두희의 총탄에 맞아 숨졌다. 7월 19일에는 여운형이 누군가가 쏜 총에 맞아 세상을 떠났다. 1948년 4월 3일에는 총선거 실시에 항의하는 *제주 4·3 항쟁이 일어나 많은 사람이 목숨을 잃었다. 10월 19일에는 제주도로 출동하라는 명령을 받은 여수 주둔 14연대 중 1개 중대와 순천의 2개 중대가 김지회(金智會), 홍순석(洪淳錫) 중위를 중심으로 반란을 일으켰는데 토벌대는 반란군은 물론 원동과 토산리, 가신리, 북촌리 등의 마을 사람들에게 무차별 살상을 감행했다.

형제에게 총을 겨눈 한국 전쟁

사상의 대립은 민족을 갈라놓았고 나라마저 두 동강 내고 말았다. 마침내 피를 나눈 형제가 서로를 죽고 죽이는 참혹한 전쟁을 불러일으켰다.

1950년 6월 25일 새벽, 북한 공산군은 150대의 소련제 탱크를 앞세우고 38도선을 넘어 남침을 시작했다. 당시 국군은 북한이 6

월 7일과 19일, 23일 등 세 차례에 걸쳐 평화협상을 제의해 경계가 느슨해진 상태였다.

북한군은 10개 보병사단, 1개 전차사단, 3개의 경비여단 등 총 병력 11만 1,000여 명을 동시에 투입했다. 북한군 제1군단 예하 제1·6사단은 개성에서 서울로 공격하고, 제3·4사단과 제105 전차여단은 연천·철원 일대에서 의정부를 거쳐 서울로 공격해 왔다.

이 사실을 안 미국 정부는 급히 *유엔 안전보장이사회를 소집하여 오후 2시에 북한군에게 전투를 중지하고 국경 이북으로 철수할 것을 요구하기로 결의했지만 아무런 효과가 없었다.

안전보장이사회는 27일에 다시 개최되어 북한군의 무력 침략을 격퇴시키고 국제평화와 안전을 회복하기 위해 필요한 원조를 대한민국에 제공할 것을 권고하는 결의를 채택했다. 이에 따라 미국의 트루먼 대통령은 한국에 맥아더 전투 사령부를 설치했다. 미국을 비롯한 영국·오스트레일리아·뉴질랜드·프랑스·캐나다·남아프리카공화국·터키·타이·그리스·네덜란드·콜롬비아·에티오피아·필리핀·벨기에·룩셈부르크 등 16개국이 육·해·공군과 장비를 지원했으며, 그 밖의 많은 나라들이 각종 경제적·인도적 지원을 한국에 제공했다.

7월 7일에는 유엔의 결의에 따라 일본 동경에 유엔군 총사령부를 설치하고 맥아더 장군을 유엔군 총사령관으로 임명했는데 이날 국군도 유엔군에게 편입되었다.

한편 국군은 6월 30일에 삼군 참모총장 채병덕(蔡秉德) 소장을

*유엔 안전보장이
 사회(UNSC)
세계 평화와 안전을
지키고 분쟁을 해결
하기 위하여 미국,
영국, 러시아, 프랑
스, 중국의 5개 상임
이사국과 임기 2년
의 10개 비상임 이
사국으로 구성된 국
제 연합 주요 기관

예비군 사령관으로 전임시키고 정일권(丁一權) 준장을 참모총장에 임명했다. 정일권은 한강 이남의 방어선을 다시 정비하고 북한군에 맞섰지만 전차를 앞세우고 내려오는 북한군을 막지 못했다.

7월 5일에는 선발대로 온 미 제24사단 21연대의 제1 대대가 오산에서 최초로 북한군과 전투를 벌였으나 적의 전차부대에 완전히 포위되어 많은 전사자를 내고 후퇴했다. 7월 20일에 대전을 점령한 북한군은 병력을 셋으로 나누어 하나는 호남 일대를 휩쓴 후 마산으로 진격하고, 하나는 경부선을 따라 대구로 향했으며 나머지는 포항으로 갔다.

8월 7일 국군은 마산 지역에서 본격적으로 반격을 시도하여 3일 만에 하동 지구를 되찾았다. 이것은 전쟁이 일어난 후 처음 거둔 아군의 승리였다. 8월 13일에는 포항에 들어온 북한군을 물리치고 북쪽으로 올라가기 시작했다. 그러자 북한군은 대한민국 정부가 있던 대구를 총공격하기 위해 *인해전술(人海戰術)을 사용하여 낙동강을 건너려는 작전을 펼쳤다. 이에 유엔군은 8월 16일 하루 동안 B29기 99대를 출동시켜 북한군의 집결지인 왜관을 공격했다. 그러나 북한군은 18일에 대구 가까이 다가왔다. 다급해진 정부는 부산으로 후퇴했고 대구 시민들에게 소개령(疏開令)을 내렸다.

그 후 국군 제1사단과 영국, 미국군의 공격으로 전세는 아군에게 유리하게 전개되어 낙동강 이남을 탈환했다. 미 제2사단과 25사단은 마산에서 북한군을 물리쳤고, 국군 제2 군단은 영천 지구

*인해전술
6.25 전쟁 때 중국 공산당이 썼던 전법으로 우수한 소수보다 다수의 병력을 투입하는 전술

에서 북한 최강의 부대인 제15사단과 1개 포
병연대를 포위하여 수많은 적군을 사살했다.
이로써 북한군의 사기는 크게 떨어졌다.

유엔군과 국군 해병대는 9월 15일 맥아더
장군의 지휘 아래 *인천 상륙작전을 감행하여
인천을 되찾고 20일에 한강을 건너 서울로 들
어갔다. 23일에는 국군 해병대와 미 행병사단
이 안산을 되찾고 다음 날 마포를 건너 시내
로 들어갔다. 25일에는 국군 제17연대와 제7
사단이 한강을 건너 서울 시내로 진입, 북한
군을 협공하여 크게 물리쳤다. 그 결과 서울

▲ 한국 전쟁 때 대동강을 넘고 있는 피난민들의 모습

은 탈환되었다. 9월 28일 중앙청에 태극기를 게양함으로써 작전을

*인천상륙작전
1950년 9월 15일 국
제연합(UN)군이 맥
아더의 지휘 아래 인
천에 상륙하여 6 ·
25전쟁의 전세를 뒤
바꾼 군사작전

성공리에 끝마쳤다.

서울을 되찾은 유엔군은 다시 수원 방면으로 내려가 북한군의
뒤를 공격했고 중부와 동부 전선에서는 북진을 계속했다. 9월 30
일에는 맥아더 총사령관이 38도선 근처까지 밀고 올라가 퇴로를
막은 채 김일성에게 항복 권고문을 보냈다. 하지만 김일성은 이를
거부하고 남한에 있는 북한군에게 모두 퇴각하라는 명령만을 내
렸다.

김일성이 항복 권고문을 무시하자 맥아더 총사령관은 휘하 전
장병에게 북진하라는 명령을 내렸다. 10월 1일 국군 3사단은 이종
찬(李鍾贊) 대령의 지휘하에 최초로 38도선을 넘어 북진하기 시작

했다. 이어 수도사단이 올라와 10월 10일에는 수도사단과 국군 3사단이 함께 원산을 점령하는 등 속속 북한 지역을 점령하여 11월 25일에는 청진에 이르렀다. 이로써 조국의 통일을 눈앞에 두게 되었지만 중공군이 갑작스럽게 개입하여 국군과 유엔군은 밀리기 시작했다. 중공군은 50만 병력으로 인해전술로 밀고 내려와 이듬해 1월 4일 중공군과 북한군은 서울을 다시 차지했다.

국군과 유엔군은 후퇴를 거듭하면서도 군대를 재정비하여 반격을 가했다. 이에 북한군은 2월 7일을 기하여 전면 퇴각하기 시작했다.

1951년 7월 초에 미군은 소련의 정전 제의를 받아들여 휴전회담이 시작됐다. 7월 8일 개성에서 예비회담을 갖고 10월 25일 판문점에서 정전회담을 진행했는데, 한국의 강력한 반대에도 불구하고 유엔군과 공산당의 의지대로 회담이 진행되어 11월 28일 당시 전선을 임시 휴전선으로 채택했다. 이때 세계 전사상 유례를 찾아볼 수 없는 제한공격(制限攻擊)이라는 전법을 사용하여 고지나 능선을 사이에 두고 퇴각과 탈환을 20여 회 이상 되풀이했다. 대표적인 전투로는 백마고지, 철마고지 전투 등을 들 수 있다.

그사이에도 회담은 계속 진행되어 마침내 1953년 7월 27일 오전 10시, 북한과 유엔군이 휴전협정에 서명함으로써 3년 1개월에 걸친 한국 전쟁은 종전이 아닌 휴전으로 막을 내리게 되었다. 우리 민족은 동족상잔의 비극으로 또다시 휴전선을 경계로 분단되었다.

한국 전쟁으로 한반도 전 국토는 폐허가 되었고 산업 시설은 마비되었으며 전쟁 기간 중에 대한민국의 경우 99만 명의 민간인이 목숨을 잃거나 부상을 입었다. 또한 유엔 측 사상자 수는 한국군을 포함하여 33만여 명에 달했고, 공산군 측 사상자 수는 북한군 52만 명, 중공군 90만 명에 이르렀다.

독재 정권을 몰아낸 4월 혁명

한국 전쟁이 계속되는 동안에도 이승만은 장기 집권을 위한 모략을 꾸미고 있었다. 1951년 부산을 임시 수도로 정한 이승만은 대통령 *직선제와 *양원제를 주요 골자로 하는 개헌안을 국회에 제출했다. 하지만 이 개헌안은 찬성 19, 반대 143, 기권 1이라는 압도적인 표차로 부결되었는데 이승만은 이듬해에 다시 개헌안을 제출한 다음 7월 4일 의원들을 강제로 연행하고 경찰과 군인, 백골단 등을 동원하여 개헌안을 가결시켰다.

그리고 2년 뒤인 1954년에는 대통령 중임 제한을 폐지시키기 위해 대규모 부정 선거를 저질러 총 203석 중에 137석을 확보했다. 그해 11월 27일 국회가 열리고 개헌안에 대한 투표가 시작되었다. 결과는 헌법 개정에 필요한 찬성표 136표보다 한 표 작은 135표가 나왔다. 사회를 보고 있던 최순주(崔淳周) 국회부의장은 당연히 개헌안이 부결되었음을 알렸다. 그러나 그 다음 날 자유당

*직선제
국민들이 직접 선거를 통하여 선출하는 제도

*양원제
국회의 구성을 양원으로 하는 제도

은 '재적 의원 203명의 3분의 2의 정확한 수치는 135.333… 이다. 자연인을 정수 아닌 소수점까지 나눌 수 없으므로 개혁안은 가결된 것이다.' 라는 성명을 발표하여 국민들을 놀라게 했다. 29일에는 최순주 국회부의장도 국회에서 부결이라고 선고한 것은 계산 착오로 인한 것이기에 가결을 선포한다고 밝혔다. 이를 일컬어 사사오입(四捨五入) 개헌이라 한다.

1958년 1월 12일에는 제4대 국회의원 선거를 앞두고 조봉암(曺奉岩)과 진보당 간부 10여 명을 갑자기 체포하고, 이것을 시작으로 민주 인사 1만여 명을 체포하여 투옥했다. 이들의 죄명은 국가 보안법 위반이었다. 결국 조봉암은 북한에서 내려온 양명산(梁明山)에게 지령과 자금을 받아 간첩 활동을 했다는 이유로 사형 선고를 받아 교수대에 올랐고, 양명산도 처형당했다.

1958년 12월 24일에는 야당 의원들을 국회의사당 지하실에 감금한 채 국가보안법과 지방자치법(모든 시장과 공무원은 선거 없이 직접 대통령이 임명한다는 내용) 개정안을 통과시켰다. 이 사건을 2·4 파동이라 한다. 이로 인해 국민들의 불만은 극에 달해 전국에서 끊이지 않고 시위가 일어났다.

1960년 3월 15일 제4대 대통령 선거를 앞두고 자유당과 정부는 또다시 부정 선거에 나서 야당과 언론을 탄압하고 온갖 수단을 동원하여 국민들을 자기편으로 끌어들이려 애썼다.

그 무렵 민주당의 대통령 후보 조병옥(趙炳玉)이 미국의 육군병원에서 뇌수술을 받던 중 사망하여 이승만은 대통령 선거에 당선

된 것이나 다름없게 되었다. 그러자 이번에는 부통령 후보 이기붕 (李起鵬)을 당선시키기 위해 온갖 비리를 저질렀다.

자유당의 횡포를 보다 못한 대구 학생들은 2월 28일에 처음으로 선거 무효를 외치며 가두시위를 벌였다. 이어 3월 5일에는 서울에서, 7일은 부산에서, 8일은 부산과 대전에서, 10일에는 수원에서, 12일에는 다시 부산에서 시위가 일어나 선거 하루 전날에는 대부분의 고등학교가 참가한 대규모 시위가 벌어졌다.

마침내 3월 15일이 되어 자유당의 부정 투표 공작이 전국에서 자행되었다. 투표장에는 이승만 정권에게 매수당한 폭력배들이 배치되어 야당 선거 감시원들은 투표장에 들어가지도 못했다. 뿐만 아니라 투표는 공개적으로 이루어져 야당 후보를 찍은 표는 그 자리에서 찢겨져 나갔다. 이렇게 부정 선거가 판을 치자 경남 마산에서 학생과 시민들이 들고 일어나 선거 무효를 외치며 시위를 벌였다. 경찰

▲ 4·19 혁명 당시 종로에 집결한 학생 시위대

은 시위 군중들에게 발포했고 수많은 학생과 시민들을 잡아갔다. 이 과정에서 15명이 사망하고 수백 명이 부상을 당했다.

그로부터 20여 일이 지난 4월 11일에 마산 앞바다에서 한쪽 눈에 최루탄이 박힌 어린 학생의 시체가 떠올랐다. 학생은 3월 15일 시위 때 실종되었던 고등학생 김주열(金朱烈) 군이었다. 김주열 군의 시체를 본 학생과 시민들은 살인자를 찾아 파출소와 경찰서

로 몰려갔고 시위는 한밤중까지 이어져 15만여 명이 참가했다. 경찰은 또다시 무력 진압에 나섰으나 부정 선거를 규탄하는 시위는 불길처럼 전국적으로 번져 나갔다.

4월 18일에는 고려대학교 학생 3,000여 명이 국회의사당 앞에서 농성을 벌이고 학교로 돌아가다 폭력배들의 습격을 받아 많은 학생이 부상을 입었다. 이 사건으로 4월 19일에 서울대학교를 비롯한 각 대학과 중·고등학교 학생, 그리고 10만여 명의 시민들이 대규모 시위를 벌여 무장 경찰과 충돌했다. 경찰은 총을 쏴서 시위대를 막으려 했지만 시위는 더욱 확산되었고, 이승만 정권은 계엄령을 선포하고 군대까지 동원했다. 이로써 사태는 잠시 진정되는 듯 했으나 4월 25일에 전국 27대학의 교수 258명이 「시국선언문(時局宣言文)」을 채택하고 시위에 나서 또다시 대규모 시위가 일어났다. 주요 내용은 '학생들의 시위는 주권을 빼앗긴 국민의

▲ 4·19혁명 당시 시위대에게 사격을 퍼붓는 경찰

울분을 대신하여 궐기한 정의감의 발로이며 부정 불의에 항거한 민족정기의 표현이다. 따라서 이러한 민족적 참극을 초래한 당사자들은 모두 책임을 지고 물러나야 한다.'는 것이었다.

그러는 동안 이승만은 전 국무위원 총사퇴, 이기붕 부통령 당선 사퇴 등으로 사태를 수습하려 했지만 아무런 성과도 얻지 못하자 결국 자신도 사의를 표명하고 4월 27일 국회에 사임서를 제출했다. 이로써 온갖 비리와 부정을 일삼던 제1공화정 자유당 정부는 12년 만에 무너지고 말았다.

그 후 정부는 6월 15일에 내각책임제로 개헌하여 7월 29일 총선거를 실시했다. 그 결과 윤보선(尹潽善)이 대통령으로 당선되었고 장면(張勉)은 국무총리가 되어 상하 양원제의 제5대 국회가 성립되었다.

5 · 16 군사 쿠데타와 박정희의 장기 집권

제2공화정은 국민의 지지와 참여하에 출범했지만 집권 초부터 민주당 내의 신 · 구파가 대립되어 국민들의 기대를 저버리고 말았다. 그러자 연일 시위가 벌어져 사회는 지극히 혼란스러웠다.

그러던 중 1961년 5월 16일 새벽, 서울은 또다시 무장한 군인들에게 짓밟혔다. 육군소장 박정희(朴正熙)와 예비역 중령 김종필(金

鍾泌) 등이 군사 쿠데타를 일으킨 것이다. 이들은 먼저 중앙청과 방송국을 점령하고 방송을 통해 다음 6개항을 발표했다.

1. 반공을 국시의 제일의(第一義)로 삼고 지금까지 형식적이고 구호에만 그친 반공 태세를 재정비 · 강화한다.
2. UN헌장을 준수하고 국제협약을 충실히 이행할 것이며, 미국을 비롯한 자유우방과의 유대를 더욱 공고히 한다.
3. 이 나라 사회의 모든 부패와 구악을 일소하고 퇴폐한 국민 도의와 민족정기를 바로잡기 위해 청렴한 기풍을 진작시킨다.
4. 절망과 기안선상에서 허덕이는 민생고를 시급히 해결하고 국가 자주경제 재건에 총력을 기울인다.
5. 민족의 숙원인 국토 통일을 위하여 공산주의와 대결할 수 있는 실력 배양에 전력을 집중한다.
6. 이와 같은 우리의 과업이 성취되면 참신하고도 양심적인 정치인들에게 언제든지 정권을 이양하고 우리들은 본연의 임무에 복귀할 준비를 갖춘다.

*국가재건최고회의
1961년 5 · 16 군사
정변 이후, 총선거에
의해서 국회 및 정부
가 수립될 때까지 국
가의 최고 통치 기관
으로서 설치하였던
의결 기관

박정희는 *국가재건최고회의를 구성하고 반공을 국시로 정해 사회 기풍을 쇄신해 나갔다. 폭력배들을 잡아들이고 부정 선거를 저지른 사람들과 부정 축재자를 처단했고, 농어촌의 고리채를 정리하는 등 사회의 모순과 구악을 제거했다.

하지만 최고회의는 구호, 학술, 종교단체를 제외한 모든 정당과 사회단체를 해체시키고 1,170여 종의 신문과 잡지를 폐간했으며 4,374명의 정치인들의 정치 활동을 6년간 금지시켰다. 아울러 대통령의 권한을 강화한 새 헌법을 만들고, 군 내부의 반대 세력을 없애기 위해 2,000여 명의 장교를 예편시키고 중앙정보부를 창설했다.

박정희는 쿠데타를 일으킬 때 내건 공약을 어기고 민주공화당을 창당하여 1963년 10월 15일에 대통령 선거에 출마했다. 이때 박정희는 막대한 돈으로 사람들을 매수하고 무려 6명이나 출마한 야당 후보들의 단결과 사퇴를 막기 위해 온갖 부정을 저지른 끝에 1,100만 유권자의 42.61% 470만 2,262표를 얻어 간신히 당선되었다.

한 달 뒤에 벌어진 국회의원 선거에서 민주공화당은 총 175개의 의석 중에서 110석을 차지하여 12월 17일에 제3공화정을 출범시켰다.

그 후 1969년 장기 집권을 위한 *3선 개헌을 이룬 박정희는 1971년 대통령 선거에서 엄청난 금품을 뿌려대며 온갖 부정을 저질렀지만 여당인 신민당 대통령 후보 김대중(金大中)에게 근소한 표차로 이기게 되자 대통령 선거 방식을 바꿀 결심을 했다. 결국 민주화 투쟁의 열풍이 번져 나가던 1972년 10월에 박정희는 *10월 유신을 선포하여 국회를 해산하고 정당 및 정치 활동을 금지시켰다.

국회를 해산한 박정희 정권은 비상국무회의로 하여금 국회의 권한을 대행하게 하여 *유신헌법을 만들었고 유신헌법을 통해 대

*3선 개헌
대통령 박정희의 3선을 목적으로 추진되었던 제6차 개헌

*10월 유신
대통령 박정희가 장기집권을 목적으로 단행한 초헌법적 비상조치

*유신헌법
1972년 10월 17일 비상조치에 의해서 국민투표를 단행한 대한민국 헌법

통령이 입법, 사법, 행정의 3권을 장악하게 되었다. 또한 국민들의

*통일주체국민회의
유신헌법에 의해서
공포·조직된 헌법
기관

직접투표를 없애고 [*]통일주체국민회의(統一主體國民會議)라는 기구에서 대통령을 선출하게 했다.

1972년 12월 15일 통일주체국민회의 대의원 선거가 실시되어 2,359명의 대의원이 당선되었다. 그로부터 며칠 후 제8대 대통령 선거가 치러졌다. 박정희 혼자 출마했으니 결과는 뻔한 것이었다. 이로써 6년 임기의 제4공화정이 탄생되었다. 6년 후인 1978년 제9대 대통령 선거도 이와 비슷하게 진행되어 또다시 당선되었다.

박정희는 16년 동안 경제 자립을 목표로 하는 경제 개발 5개년 계획을 추진하는 등 많은 일을 했지만 1979년 10월 26일 중앙정보부장 김재규(金載圭)에게 살해당했다.

문민정부와 국민의 정부

박정희의 갑작스러운 죽음으로 최규하(崔圭夏) 국무총리가 대통령 권한 대행이 되었다. 유신체제가 무너지자 학생과 시민들은 시위를 멈추고 각자의 자리로 돌아갔다. 정부도 긴급조치를 해제하고 수감된 민주인사들을 석방시켰다. 그러나 학생과 시민들은 또 한 번 일어난 군사 쿠데타로 다시 거리로 나서게 되었다.

보안사령관 전두환(全斗煥)은 12월 12일 대통령의 재가도 받지

않고 계엄사령관 정승화 육군 참모총장을 강제로 연행했다. 대통령 살해 사건과 관련이 있다는 것이 그 이유였다. 이후 전두환과 하나회는 본격적으로 자신들에게 반대하는 세력을 제거하기 시작했다.

전두환이 1980년 4월 중앙정보부장을 겸직하며 정치에 뛰어들자 군사 독재에 반대하는 시위가 다시 일어나게 되었다. 전두환은 시위를 잠재우고 정권을 잡기 위해 5·17 쿠데타를 일으켜 서울을 비롯한 전국의 주요 도시에 투입할 공수부대까지 준비했다. 이 공수부대에 의해 가장 먼저 희생된 곳은 전라남도 광주였다. 공수부대원들은 시민과 학생들은 물론 임산부까지 가리지 않고 마구 학살을 자행하여 많은 사람들이 숨졌다. 1985년 정부 발표에 의하면 사망자 수가 191명, 중상자 수가 122명, 경상자 수가 730명이라고 한다.

한편 1980년 8월 4일 *국가보위비상대책위원회는 사회를 정화한다는 명분 아래 '사회악 일소를 위한 특별조치' 및 '계엄포고령 제19호'를 발표하고 폭력배와 사회를 문란하게 하는 자들을 소탕하여 뿌리 뽑겠다고 선언했다. 전두환 정권은 1981년 1월까지 4차에 걸쳐 6만 755명을 체포했는데 피검거자들은 A, B, C, D 4등급으로 분류되어 A급 3,252명은 군법회의 회부, B급과 C급 3만 9,786명은 각각 4주 교육 후 6개월간 노역, 2주의 교육 후 훈방조치, D급 1만 7,717명은 경찰에서 훈방되었다. 대대적인 정화 바람 속에 *삼청교육대에 입소한 사람들 중에는 억울하게 검거된 이들

*국가보위비상대책위원회
유신정권 붕괴 후 등장한 신군부가 통치권을 확립하기 위하여 설치한 기관

*삼청교육대
1980년 5월 17일 비상계엄이 발령된 직후, 국가보위비상대책위원회가 사회정화정책의 일환으로 군부대 내에 설치한 기관

도 많았다.

그 후 최규하 대통령을 하야시키고 1980년 8월 27일 서울 장충체육관에서 열린 통일주체국민회의를 통해 제11대 대통령이 된 전두환은 언론 통폐합을 단행하고 자신에게 협조하지 않는 기업들은 부실기업이라 하여 정리했다.

1981년 1월 15일 전두환을 중심으로 한 민주정의당(민주당)이 창당되었고, 민주한국당(민한당), 민주사회당(민사당) 등도 창당되어 각 정당이 활동하기 시작하면서 계엄령은 해제되었다. 2월 25일 대통령 선거인단에서 전두환을 제12대 대통령으로 선출하여 3월 3일 대통령 취임식과 함께 제5공화정이 출범했다.

전두환은 군사 쿠데타를 함께 일으킨 노태우(盧泰愚)를 후계자로 삼았다. 노태우는 1987년 6월 10일 민주정의당 전당대회에서 차기 대통령 후보로 선출되었는데 전두환 대통령의 4·13 호헌 조치로 인해 전국 각지에서 대통령 직선제 개헌 등을 주장하는 민주화 운동이 확산되자 6월 29일 대통령 직선제 개헌과 김대중 사면 복권 및 구속자 석방 등 8개항으로 이루어진 '6·29 선언'을 발표하였다. 호헌 조치란 간접선거로 대통령을 뽑게 되어 있는 헌법을 지키겠다는 것이었다.

이로써 1987년 12월 16일 16년 만에 국민의 직접투표에 의한 대통령 선거가 실시되어 노태우 후보는 36.6%의 득표율로 2위 김영삼(金泳三) 후보를 8.6% 차이로 누르고 대통령에 당선되었다. 노태우는 1988년 2월 25일 제13대 대통령에 취임하며 제6공화국을 출범시켰다. 이틀 후인 2월 27일에는 시국사범 등 7,234명에 대해 사면 복권을 단행해 국민 통합에도 적극성을 보였다. 1988년 7월 7일에는 남북 동포 교류 추진 등 6개항으로 이루어진 대북 정책 특별선언인 '7·7 선언'을 발표하였으며 그해 열린 제24회 서울올림픽을 성공적으로 치러 국위를 떨치기도 했다. 또한 동구권 국가와 소련, 중국과 수교하는 등 북방 외교를 전개했다.

그러나 1988년 제13대 국회의원 선거에서 민주정의당은 총 276석 중 148석을 얻어 여소야대라는 위기 상황을 맞이했다. 이는 민주정의당이 김종필의 신민주공화당, 김영삼의 통일민주당과 합당해 민주자유당이라는 거대 여당을 탄생시키는 계기가 되었다. 이로써 정국은 216석의 민주자유당과 평화민주당 양당 구도로 굳어졌다.

1992년 12월 민주자유당의 후보 김영삼이 제14대 대통령에 당선되어 1993년 2월에 취임함으로서 마침내 군부 출신의 정부가 물러나고 문민정부가 출범하게 되었다.

김영삼은 '신한국 창조'를 국정 지표로 삼고 광범위한 개혁을 추진했다. 고위 공직자 재산 공개 등 정치개혁을 필두로 군내 사조직인 하나회를 제거하고, 국군보안사 조직을 축소하고 이름을 바꾸었으며, 금융실명제를 실시하여 국민들에게 높은 지지를 받았다. 또한 12·12사태와 대통령 비자금 사건에 대한 책임을 물어 전두환, 노태우 두 전직 대통령을 구속 수감하였다.

그러나 철학과 방향이 모호한 상태에서 대통령의 결단에만 의

존해 개혁이 진행되어 문제점들이 계속 드러났다. 김영삼은 한보 비리 사건 및 아들 김현철의 국정 개입 등으로 심각한 정치적 위기를 맞이했으며 집권 말기인 1997년에 *국제금융위기(IMF)가 일어나 국민들의 비판 속에서 임기를 마감했다.

1997년 12월 18일 실시된 제15대 대통령 선거에서는 김대중이 4차례의 도전 끝에 당선되었다. 1998년 2월 25일 제15대 대통령으로 취임해 자유민주연합과 공동 정부를 구성한 김대중은 '국민의 정부'를 내세우며 '민주주의와 시장 경제의 병행 발전'을 국정 지표로 삼았다. 김대중은 취임하자마자 외환위기를 극복하기 위해 과감하게 경제를 개혁하기 시작했고 *'햇볕 정책'으로 불리는 대북 포용 정책을 꾸준히 펼쳐 얼어붙은 남북 관계를 푸는 돌파구를 마련했다.

김대중은 2000년 6월 13~15일 김정일(金正日) 국방위원장의 초청으로 평양을 방문해 분단 55년 만에 처음으로 남북정상회담을 갖고 역사적인 6·15 남북공동성명을 이끌어냈으며 한국 최초로 노벨 평화상을 수상하여 국위를 선양했다. 하지만 임기 말년에 두 아들과 측근의 비리로 국민들에게 신뢰를 잃었고, 국민적 동의 없이 대북 송금을 추진해 그동안의 노력이 빛이 바랬다.

2002년 12월 19일에 실시된 제16대 대통령 선거에서는 새천년민주당의 노무현(盧武鉉) 후보가 한나라당 이회창(李會昌) 후보를 누르고 당선되었다. 노무현은 1988년 11월 텔레비전으로 생중계된 국회 제5공화국 비리 특별조사위원회 청문회에서 차분하고 논리적인 질의와 치밀한 추궁으로 국민들의 환호를 받으며 일약 '청문회 스타'로 떠오른 인물이었다.

당시 7만 명에 이르는 '노사모'의 자원봉사, 미디어·인터넷을 이용한 선거운동, 희망돼지 저금통이라는 이름의 자발적 후원금 등 노무현의 선거운동은 자금과 조직, 지역주의에 의존한 이회창 후보의 선거운동과 크게 대비되어 국민들에게 신선함을 안겨 주었다.

노무현은 2004년 3월 12일 대통령으로서는 대한민국 헌정사상 처음으로 탄핵 당했지만 그해 5월 탄핵안이 헌법재판소에서 기각돼 대통령 직에 복귀했다.

• 참고문헌

1. 「다시 찾은 우리 역사」 / 경세원 / 한영우

2. 「청소년이 읽는 한국사」 / 동해 / 박문영 · 김경찬

3. 「이야기 한국사」 / 청아출판사 / 이현희 · 교양국사연구회

4. 「살아 있는 한국 교과서」 / 휴머니스트 / 전국역사교사모임

5. 「한권으로 읽는 조선왕조실록」 / 들녘 / 박영규

6. 「조선왕조사」 / 동방미디어 / 이성우

7. 「청소년을 위한 한국 근현대사」 / 두리미디어 / 김인기 · 조왕호